KB212747

제2증보판 │송찬문 편역│

나무아미타불이 팔만대장경이다

인생의 진정한 지혜를 가르쳐주는
불서(佛書) 보급을 위해 소액 정성 후원하기
국민은행 251801-04-224207
송찬문(불서후원)

나무아미타불이 팔만대장경이다
© 2009 송찬문

2009년 11월 15일   초 판 1쇄 발행
2010년 5월 15일   제1증보판 1쇄 발행
2011년 3월 25일   2쇄   2011년 9월 20일   3쇄
2020년11월 1일   제2증보판 1쇄 발행

엮 은 이   송찬문
펴 낸 이   송찬문
펴 낸 곳   마하연
등 록 일   2010년 2월 3일 등록번호   제 311-2010-000006 호
주   소   10266경기도 고양시 덕양구 통일로 966번길 84-4
TEL   010-3360-0751
다음카페 홍남서원 http : //cafe.daum.net/youmawon
이 메 일 youmasong@naver.com
ISBN 978-89-964001-1-0   03220

*책값은 뒤표지에 있습니다. 잘못된 책은 바꿔 드립니다.

제2증보판 서문

　제1증보판을 발행한 지 어느덧 10년이 흘렀습니다. 그동안 내용을 좀 더 충실하게 할 필요를 느꼈으나 시절 인연이 도래하지 않았는지 하지 못했습니다. 마침내 이번에 다음과 같이 증보 수정했습니다.

　제1편에서 불교의 기본 교리인 「3세인과, 6도윤회, 4성제, 8정도, 12연기, 불성 등」의 이해를 위한 경문 등을 뽑아서 추가하였습니다. 또한 「수행 증득과 그 방법」, 정토종의 교상판석인 「불법의 이행도와 난행도」 글을 추가하였으며 「보살 수행의 55 단계 그리고 성불」의 내용은 모두 교체하였습니다. 한편 철오대사의 「염불 가타 교의 백게」를 번역하여 넣었습니다.

　제2편에서는 『아미타경』 번역문의 일부를 약간 수정하고 '일심불란' 단락에 주석을 달았으며, 구마라집 번역본과 비교 참고하도록 현장법사 번역본인 『칭찬정토불섭수경』을 넣었습니다.

　제3편 「연종집요」에서는 『아미타경』 상의 '일심불란(一心不亂)' 관련 문답에 선도대사의 해석을 보충하였습니다.

　이 책을 통해 정토법문 교리의 기본 이해가 분명해지고 자신의 수행법문으로의 확고부동한 선택에 도움이 되기 바랍니다. 그리하여 진실로 믿고, 간절히 왕생 발원하고, 지성으로 염불하여, 극락정토에 왕생함으로써 불교 신앙의 진실한 이익을 얻기 바랍니다.

　나무아미타불!

2020년 9월 하순
경기 고양시 심적재에서
송찬문 삼가 씁니다

증보판 서문

우리가 알 듯이 불법의 대의는 '어떤 악행도 하지 말고, 많은 선행을 하며, 자기의 마음을 정화하는 것[諸惡莫作, 衆善奉行, 自淨其意]'입니다. 그리고 '수행'이란 바로 이 대의에 따라 자기의 행위를 수정(修正)해 가는 것입니다. 즉, 신구의(身口意) 삼업(三業)인 신체행위 · 언어행위 · 심리행위를 반성하고 바르게 고쳐나가는 것입니다.

그러므로 우리들의 수행은, 마음을 닦는다는 막연한 개념에서가 아니라, 무엇이 선(善)이고 무엇이 악(惡)인지 구체적으로 아는 데서부터 출발해야 합니다. 그리고 일상 속에서 자기의 처지에 따라 능력껏 선행을 함으로써 복덕을 쌓아가면서 지혜를 증장시켜야 합니다. 그런 뜻에서 이번 증보판에서는 중국 도가(道家)에서 선행을 권장하고 악행을 징계하는 글인 「태상감응편(太上感應篇)」을 번역하고, 『요범사훈(了凡四訓)』의 글에서 「공덕과 죄과의 경중 일람표[功過格]」를 뽑아 부록으로 실었습니다. 아울러 「연지대사 극락왕생발원문」도 번역해서 사성예문 2에 더하였습니다.

정토종 제13조 인광대사는 「태상감응편」 1928년 출판 서문에서 말했습니다.

"「태상감응편」은 길함을 맞이하고 흉함을 피하며, 선에게 복을 주고 악에게 화를 내리는 지극한 진리를 핵심요체만 간추려 모아, 하늘을 밀쳐 올리고 땅을 움직이며, 눈을 비비게 하고 마음을 놀라게 하는 문장이다. 무엇이 선이고 무엇이 악이며, 선을 행하면 어떤 선한 보답을 받고 악을 행하면 어떤 악한 보답을 얻는지, 그 근원을 모두 파헤쳐 명약관화(明若觀火)하게 밝히고 있다. 무릇 어리석은 사람이 선을 행하지 않고 제멋대로 악을 저지르는 것은, 대개 사리 사욕의 이기심에 따라 움직이기 때문이다. 그런데 지금 사리사욕으로 도리어 큰 이익을 잃고 커다란 재앙만을 얻는다는 사실을 알게 되면, 누가 감히 선행을 실천하여 화가 소멸되고 복이 모여들기를 바라지 않겠는가? 이렇게 본다면 「태상감응편」이 인간에게 끼치는 이익은 정말 막대하다.

이 글은 신선이 되는 데 멈춘다. 만약 대 보리심을 가지고 이를 실행한다면, 충분히 범부를 초월하여 성현의 경지에 들어가 생사를 해탈하고, 견사혹(見思惑)·진사혹(塵沙惑)·무명혹(無明惑)을 끊어 법신을 증득하며, 복과 지혜를 원만히 겸비하여 불도(佛道)를 성취할 것이다. 하물며 구구하게 신선이나 되어, 인간이나 천상의 조그만 과보를 누리는 데 비하겠는가?"

우리는 인과응보의 도리를 깊이 믿어야 합니다. 그리고 「태상감응편」과 「공덕과 죄과의 경중 일람표」를 자주 읽고 보아 자기의 행위를 반성하고 바르게 하는 거울로 삼아야겠습니다. 아울러 선악을 구분하지 못하고 도덕불감증이 갈수록 심각해지고 있는 오늘날의 청소년들에게도 일종의 도덕행위 규범이자 인생 독본으로 활용되기를 바랍니다.

2010년 4월 하순 서울 심적재에서
송찬문 삼가 씀

편역자의 말

　‘나무아미타불(南無阿彌陀佛)!’

　이 여섯 글자는 불교 신앙인은 물론이요 설사 불교 신앙인이 아니더라도 흔히 들어보는 염불 소리입니다. 하지만 교리적으로 그 명호가 담고 있는 심오한 의미와 이치를 아는 사람은 불교인 중에도 그리 많지 않은 것 같습니다.

　도은(道隱)대사는 말하기를, “팔만대장경을 전체적으로 말하면, 『화엄경(華嚴經)』과 『법화경(法華經)』은 서분(序分)이요, 『무량수경(無量壽經)』은 정종분(正宗分)이며, 『아미타경(阿彌陀經)』은 유통분(流通分)이다.”고 했습니다.

　또 선도(善導)대사는 말하기를, “석가모니불이 이 세상에 출현하여 성불을 보이신 목적은 아미타불의 중생제도의 크나큰 서원의 바다를 널리 설하시기 위해서였다.”고 했습니다.

　우익(藕益)대사는 『아미타경요해(阿彌陀經要解)』에서 말하기를, “아미타불 한 마디는 석가모니불께서 5탁악세(五濁惡世)에서 아뇩다라삼먁삼보리를 증득한 법문에 해당하는 것으로, 이제 이 과위의 각[果覺] 전체인 한 마디 ‘아미타불’ 명호를 5탁악세의 중생들에게 가르쳐 주는 것이다. 이 5탁악세에서 믿기 어려운 이 정토법문을 설하여 사람들로 하여금 믿음을 내고, 왕생하기를 발원하고, 이 한 마디 아미타불 명호를 오로지 수지(修持)함으로써 불도를 원만히 성취하도록 가르치신 것이다. 이는 모든 부처님이 행하는 경계로서 오직 부처님과 부처님만이 그 심오한 뜻을 다 알 수 있지, 9법계(九法界: 보살·연각·성문·천인·아수라·인간·축생·아귀·지옥)의 중생들이 자력(自力)으로는 깊이 믿고 이해할 바가 아니다."고 했습니다.

또 『대집경(大集經)』에서는 말하기를, "말법시대에는 도를 이루는 사람이 억억(億億) 숫자의 사람들 가운데 한 둘도 안 된다."고 했습니다.

참선 같은 자력법문은 상상근기(上上根機)라야 닦을 수 있고 불도를 성취하기 지극히 어려운 난행도(難行道)라고 합니다. 그러나 염불법문은 상중하 모든 근기가 닦을 수 있고 아미타불의 힘을 빌려 가장 빠르고 쉽게 생사윤회의 고통에서 벗어나 성불할 수 있는 이행도(易行道)라고 많은 경론들은 염불왕생을 권하고 있습니다. 그리고 나무아미타불 한 마디 외울 때 마다 80억겁의 생사의 중죄가 소멸한다고 했습니다.

그런데도 오늘날 한국불교는 주로 참선법문, 특히 간화선(看話禪)을 주창하고 있습니다. 심지어 어떤 분은 '염불선으로는 절대 견성(見性)하지 못한다'고 오도(誤導)하기도 합니다. 또 흔희들 말하기를 '화두 타파해서 견성하면 부처'라고 합니다. 정말 그럴까요? 교외별전이라면서 '불립문자(不立文字) 직지인심(直旨人心) 견성성불(見性成佛)'을 표방하는 선불교가 '불립문자'의 의미를 '문자를 폐기(廢棄)한다'는 의미로 잘못 이해한 나머지 경전공부를 소홀히 하는 폐단에서 비롯된 무지(無知)나 교만(驕慢)은 아닐까요? 경장(經藏)에 깊이 들어가면 지혜가 바다와 같아진다고 했습니다.

정토경전에서는 염불하여 극락세계 왕생하면 아뇩다라삼먁삼보리에서 물러나지 않는 불퇴전(不退轉)의 지위에 오르고 마침내 성불한다고 분명히 말하고 있습니다. 역사상으로 보면 영명연수(永明延壽)선사나 연지(蓮池)대사나 감산(憨山)대사 등, 교외별전(教外別傳)이라고 하는 선종(禪宗)에서 대오(大悟) 견성했던 대덕 선지식들

중에도 성불의 첩경으로 염불법문의 수승함을 경론을 통해 알고는, 결국은 방향을 바꾸어 교내정전(敎內正傳)이라 할 수 있는 정토염불법문을 닦고 극락왕생한 분들이 많이 있었다는 사실을 간과해서는 안 될 것입니다. 그러한 간화선 제일주의 내지는 무지한 발언들이 얼마나 많은 사람들로 하여금, 한량없는 겁의 세월 속에서 참으로 만나기 어려운, 염불왕생 일생성불(一生成佛)의 기회를 놓치게 하는지 모릅니다. 한편 염불법문을 수행하는 분들도 대부분 정토염불법문의 교학적인 기본 이론에 대한 학습 연구가 부족한 것 같습니다.

이 시대의 우리는 아미타불이 대자대비심에서 상중하 근기의 모든 중생이 쉽게 성불하도록 마련해 놓은 정토염불법문을 자신도 배우고 연구하고 수행하면서 널리 이웃에게 전해야 할 것입니다. 한 사람 한 사람에게 전해줄 때 마다 3대아승지겁 세월의 수행을 거치지 않고 한 번 왕생함으로써 생사윤회에서 해탈하여 부처될 인연을 맺어주는 것이니 그 공덕이 한량없습니다!

이 책은 정토염불법문 입문서로서 편역(編譯)한 것으로 그 주요 내용은 다음과 같습니다.

제1편에서는 왜 정토법문인가에 대해 고승대덕들의 글을 뽑아 엮었습니다. 흔희들 간화선은 최상승선으로 최고의 수행법이고, 정토염불법문은 무지몽매한 사람들이나 닦는 수준 낮은 것으로 아는, 오늘날 우리 불교계의 일반적 오해를 깨닫게 하고 정토법문의 수승함을 이해하는 데 도움이 되는 글들을 약간 뽑았습니다.

'어떤 악행도 하지 말고, 많은 선행을 행하며, 자기의 마음을 정화하라는 것[諸惡莫作, 衆善奉行, 自淨其意]'이 불법의 대의입니다. '수행'이란 자기의 심리행위, 언어행위, 신체행위를 수정(修正)하는 것입니다. 즉, 늘 점검 반성하고 바르게 고쳐나가는 것을 말합니다.

그러므로 우리는 불법의 대의를 늘 강조하여 말하고 사람됨에서부터 반성하고 실천해야 합니다. 그렇지 않고 깨달음이나 논하고, 화두타파(話頭打破), 견성오도(見性悟道), 돈오돈수(頓悟頓修), 돈오점수(頓悟漸修), 도력이니 법력(法力)이니 신통이니, 무슨 생사자재 좌탈입망(坐脫立亡), 유심정토(唯心淨土) 자성미타(自性彌陀)니 하는 그런 담론들은 관념의 유희에 불과합니다. 대부분 수증(修證)이 없을 뿐만 아니라, 있다할 지라도 약간 얻은 것으로 자고자대(自高自大)하거나, 경론(經論)에 근거하지 않고 자기식대로 말하는 경우들이 많다고 보입니다. 그래서 영명연수(永明延壽) 선사가 『종경록(宗鏡錄)』에서 말한 '깨달음을 판단 검증하는 열 가지 기준'과 함께, 『능엄경』에 나오는 「보살수행의 55단계」 등을 실음으로써 거울로 삼게 하였습니다.

제2편에서는 『불설아미타경』 한문원전과 한글 번역을 실었습니다. 번역은 가능한 원문에 충실하되 그 의미를 분명히 하기 위해 필요한 구절은 그 해석상의 의미를 살려 풀었습니다.

제3편에서는 정토염불법문에 대한 기본적 체계적 이해를 돕고자, 독실한 염불행자였던 홍인표(洪仁杓) 거사가 모아 엮고, 고려대장경 한글번역에 큰 업적을 남기신 운허 이학수 스님이 번역한 『연종집요(蓮宗集要)』를 제가 조금 첨삭 증보하고 윤문해서 실었습니다. 목격하신 어떤 분(경서원출판사 이규택 사장님)에게 제가 들은 바에 의하면, 홍인표 거사는 왕생할 때를 미리 알았고 왕생하던 때는 기이한 향기가 실내에 가득한 상서(祥瑞)를 보였다 합니다.

이 책은 2년 전 강의 교재로 급히 엮었던 것인데(당시 편집은 최경희 법우님이 도와주셨습니다) 이제 다시 그 내용을 증보 수정하여 내놓습니다. 부족한 점이나 오류는 앞으로 보완하고 개정해 나아가겠습니다. 아울러 이번 출판은 홍면희(법명: 정선화)·설명환(법명: 묘보) 두 법우님의 빈녀일등(貧女一燈)의 정성으로 이루어졌음을 밝힙니다. 한 등불이 등에서 등으로 전해져 헤아릴 수 없이 많은 등불을 밝히듯이 이 책자가 널리 전파되어 수많은 분들이 정토법문을 공부하고 수행하는 데 도움이 되기를 저도 함께 간절히 간절히 바랍니다.

어떤 인생이야 말로 진정으로 성공한 인생일까요? 어느 분이 말했듯이 '영문을 모른 채 태어났다가, 어쩔 수 없이 살아가며, 까닭을 모르는 채 죽어가는 인생'은 너무나 가련하지 않습니까? 안심입명(安心立命)할 곳을 찾아내고 이 업보(業報)의 몸을 원력(願力)의 몸으로 바꾸어야 하지 않을까요? 중국 정토종 제13조 인광(印光)대사는 염불하여 극락세계 왕생하는 사람이야말로 일등 총명한 사람이라고 했습니다. 염불왕생이야 말로 불교신앙의 진실한 이익을 얻은 것이요, 진정으로 성공한 인생이라고 말할 수 있을 것입니다. 모두 함께 생사윤회의 고통을 벗어나기 위해 보리심을 일으키고, 자신의 처지에서 능력껏 선행을 하면서, 서방정토 극락세계 아미타불을 진실로 믿고, 간절히 왕생발원하고, 지성으로 염불하여 왕생하기를 기원합니다.

나무아미타불!

2009년 10월 하순 심적재(深寂齋)에서
송찬문(宋燦文) 삼가 씀

목 차

제1편 왜 정토법문인가

1. 세상 사람들의 삶 *19*

2. 부처님의 모든 가르침 그 출발점과 귀결점 *36*

제2편 아미타경

✽ 일러두기

1. 이 책은 편역자가 여러 책에서 글을 뽑거나 번역하여 엮은 것으로 그 출처를 글 단락 끝에 표시하였다. 그러나 한 단락의 내용을 여러 책에서 뽑아 엮은 경우 등 단일 출처로 표시하기가 곤란한 것은 표시하지 않았다.

2. 번역은 원전에 충실하되 간단명료함을 추구하는 한문의 기본 특성상 직역만으로는 그 의미가 명확하지 않거나 오해의 여지가 있는 경우 여러 주석을 참고하여 담고 있는 의미를 살려서 풀었다.

3. 불교 용어 중 육경(六境)·육근(六根)·육식(六識)·사대(四大)·사성제(四聖諦)·오온(五蘊)·십이처(十二處)·십팔계(十八界)·사선(四禪)·팔정(八定)·구차제정(九次第定)·육도(六道)·육바라밀·삼업(三業)등과 같은 숫자 개념의 용어 등은 아라비아 숫자로 표시하여 6경·6근·6식·4대·4성제·5온·12처·18계·4선·8정·9차제정·6도·6바라밀·3업 등으로 각각 표기함을 원칙으로 하였다. 이런 용어들에 대해 인용한 글 중에서 우리말 풀이가 다른 것은 그대로 두었으니 서로 비교하여 이해하기 바란다.

5. 역자가 주석을 달거나 보충하였을 경우에는 '각주' 또는 '역자보충'이라 표시하였다. 불교 용어는 주로 홍법원 출판 『불교대사전』이나 인터넷 상의 중국어 불교사전 등을 참고하였으며, 그 출처는 일일이 표시하지 않았다. 모르는 용어나 내용은 사전이나 관련 서적 등을 참고하기 바란다.

6. 원서에 나오는 중국어 인명과 지명, 책이름 등의 고유명사는 중국식 발음으로 표기하지 않고 우리식 한자 발음으로 표기하였다.

제1편
왜 정토법문인가

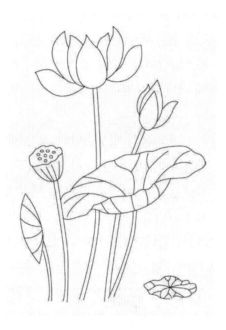

1. 세상 사람들의 삶

인생 결론은 세 마디

여러분들이 인생문제를 제게 물으면 저는 늘 말하기를, 사람이 사는 일생이란 바로 다음 세 마디라고 답합니다. "영문을 모른 채 태어나, 어쩔 수 없이 살아가고, 까닭을 모른 채 죽어간다." 사람마다 다 그렇습니다. 자기 스스로 영문을 모른 채 태어납니다. 어떻게 태어났는지 왜 태어났는지를 모릅니다. 살아가는 것은 어떨까요? 어쩔 수 없이 살아갑니다. 사람들은 이것 추구하고 저것 추구하고... 한없이 추구합니다. 사람들은 늘 말합니다. 모두 쾌락, 행복을 추구하기 위해서 라고요. 이렇게 보면 사람들은 사는 게 즐겁지도 않고 행복하지도 않다는 사실을 알 수 있습니다. 죽기는 싫고 살아가자니 아주 고통스럽습니다. 그렇게 살아갑니다. 최후에 죽을 때는 까닭을 모른 채 떠나갈 뿐입니다.

생각해 보십시오. 우리들의 일생동안의 시간 중에 95%는 이 **몸뚱이를 위해서 바쁩니다.** 이 몸은 잠이 필요하므로 침대에 누워서 인생의 절반이 지나갑니다. 배가 고프므로 세끼 밥을 먹어야 하니 정말 바쁩니다. 먹을거리를 사와서 씻고 삶고 볶아야 합니다. 다 먹고 나서는 또 씻어야 합니다. 또 먹어놓아도 배설해야하니 번거롭습니다. 아침에 일어나면 세수를 해야 하고, 추우면 옷을 더 끼워 입어야 하고, 더우면 옷을 또 벗어야 합니다. 생활하기 위해서 일을 해야 하고, 화를 참아야 합니다. 일생토록 바쁩니다. 그러했음에도 내 몸은 끝내 내 것이 아닙니다. 최후에는 화장터의 화로로 돌아갑니다. 보세요, 우리들이 이 몸에 속아서 얼마나 힘 들었습니까! 중생은 전도(顚倒)되었습니다. 이 밖에도 이익을 구하고 명예를 구하게 되면 더 바쁩니다. 일생동안 바쁘지만 결과는 어떠합니까? 사람이란 정말 가련합니다.

당신은 정확한 인생관이 있습니까

중국의 명말청초(明末淸初) 시기의 문학가인 이립옹(李笠翁)은 말했습니다. "인생은 바로 연극 무대이며, 역사도 연극 무대에 불과하다. 이 무대에서 연극하는 사람은 오직 두 사람일 뿐 제3자는 없다. 그 두 사람이 누구일까? 하나는 남자요, 하나는 여자다."

세간의 사물은 모두 마음 위에 떠도는 티끌먼지입니다. 허둥지둥 노고가 많은 인생은 마침내 한 무더기 번뇌입니다. 천지는 만물이 머물다 떠나가는 여관이요, 세월은 영원한 나그네라, 덧없는 인생이 꿈과 같건만[天地者, 萬物之逆旅. 光陰者, 百代之過客. 浮生若夢], 살아있을 때나 죽은 뒤에나 의론이 분분합니다. 도대체 그 원인과 결과를 알지 못합니다. 무엇을 위해서 왔을까요? 비록 존귀한 제왕이나 미천한 사람이라도 명운이 늙음에 도달하면, 치아가 빠지고 얼굴이 쭈글쭈글 해지며 머리털은 희끗희끗해지고 시력은 흐릿합니다. 이때에 이르러서 슬픔이 일어나지 않음이 없고 어찌할 수 없습니다! 죽은 뒤에는 어디로 갈지를 모릅니다.

철학에는 '인생관'(人生觀)이라는 단어가 하나 있습니다. 저는 늘 말하기를, 오늘날의 교육은 틀렸으며, 진정으로 철학도 말하지 않는다고 합니다. 왜냐하면 진정한 철학을 말하려면 인생관이 대단히 중요하기 때문입니다. 제가 발견한 바로는 오늘날 수많은 사람들, 심지어 6,7칠십 세가 된 사람도 정확한 인생관이 없습니다. 저는 늘 일부 친구들에게 묻습니다. 어느 분은 돈을 많이 벌었고 어느 분은 높은 관직에 있는데, 저는 그 분들에게 묻습니다. 여러분은 도대체 어떤 사람이 되고자 합니까? 정확한 인생관이 하나 있습니까? 그들은 대답합니다. 선생님은 왜 이런 말을 물으십니까? 제가 말합니다. 그래요! 저는 당신이 어떤 사람이 되려고 하는지를 모릅니다! 관직에 있는 당신의 경우, 당신은 아름다운 명예를 천고에 남기고 싶습니까 아니면 악명을 천추에 남기고 싶습니까? 이것이 인생의 두 가지 전형입니다. 돈을 번 사람들은 어떨까요? 역시 제가 늘 물어봅니다, 당신은 지금 돈을 많이 벌었는데, 당신은 도대체 이 일생에서 무엇을 하고 싶습니까? 그러나 제가 접촉한 돈 번 친구들은 열 명 중 거의 열 명은 이렇게 말합니다. 선생님, 정말 모르겠습니다! 돈은 많지만 막연합니다. 저는 말합니다, 맞습니다. 이것은 바로 교육 문제로서 인생관이 없는 것입니다.

사람이 살아가는 생명의 가치는 무엇일까요? 이것도 하나의 문제입니다. 조금 전에 말했듯이 어떤 사람이 관료가 되어서는 아름다운 이름을 천고에 남기고 싶을까요? 아니면 악명을 천추에 남기고 싶을까요? 이 두 마디 말은 제가 한 것이 아니라 진(晉)나라 대 영웅인 환온(桓溫)이 말한 것입니다. 인생의 가치를 얘기하고 있는데 저는 지금 나이가 많습니다. 농담 반 진담 반으로 저는 말합니다, '인생은 영문을 모른 채 태어나고', 우리는 모두 영문을 모른 채 태어났고 부모님도 영문을 모른 채 우리를 낳았습니다. '그런 다음 어쩔 수 없이 살아가고, 까닭을 모른 채 죽어갑니다. 이렇게 일생을 사는 사람은 우습지 않습니까?

사람은 인생관을 정할 수 있어야 비로소 홀로 우뚝 설 수 있습니다. 자신의 인생관을 먼저 확정하고 어떤 사람이 되고자 하는지를 알아야 합니다. 반드시 자신의 포부, 목적, 인생관을 지녀야 할 뿐만 아니라 확고부동하여 시종 변하지 않아야 합니다. 인생관을 세운 사람은 행함에 있어서 지키는 바가 있으므로, 하는 바가 있고 하지 않는 바가 있습니다. 마땅히 해야 할 것은 하고, 해서는 안 되는 것은 하지 않습니다.

맹자는 말하기를 '사람 중에 덕과 지혜와 기술과 지식을 가지고 있는 자는 항상 우환과 질병 속에 있다.'고 했습니다. 큰 사업을 하는 성인(聖人)이나 영웅은 인생의 길에서 중대한 좌절을 많이 겪었지만 그로 인해 큰 성취를 거두었습니다. 한 사람이 도덕적 수양을 완성하거나 지식을 깊고 넓게 하거나 혹은 기능(技能), 예술, 학술, 문장 방면에서 성취하거나 혹은 심성의 최고의 지혜를 깨닫는 데에는 항상 심리적으로 남에게 말할 수 없는 숨겨진 고통과 부담, 번뇌 등의 핍박이 있거나 혹은 신체적으로 질병의 고통이 있습니다. 만약 이러한 장애들을 돌파하고 일어설 수 있다면 성취하는 바가 있습니다.

목숨은 호흡 사이에 있고

석가모니불께서 어느 날 제자들에게 이렇게 물었습니다. "사람의 목숨은 어느 정도로 짧으냐?" 어떤 제자가 이렇게 대답했습니다. "오늘 저녁 잠자기 전에 옷 벗고 신발을 벗어 침대 앞에 놓고, 내일 아침 일어나 다시 입고 신을 수 있을지 알 수 없습니다." 물론 다른 여러 대답이 있었지만 모두 물음에 맞는 대답이 아니었습니다. 오직 한 제자가 이렇게 대답했습니다. "목숨은 호흡 사이에 있습니다." 이 호흡이 나간 다음 다시 들어오지 않으면 곧 죽습니다. 생명의 짧고 무상하기는 바로 이렇게 한 번 들이 쉬고 내 쉬는 호흡 사이에 있습니다. 우리들이 살아오고 있는 것은 이 호흡에 의지하여 이루어지고 있는 것입니다. 호흡을 한 번 들이쉬지 못하면 곧 죽습니다.

죽은 뒤 중음신으로 있기가 쉽지는 않으며

생명이 죽고 나서 아직 또 다른 생명으로 태어나기 전까지 존재하는 중간단계를 중음(中陰)이라 부릅니다. 우리는 보통 그것을 영혼이라 부릅니다. 중음신은 신통(神通)이 있습니다. 사람이 죽은 뒤 중음신(中陰神)으로 변하면 공간적인 장애가 없습니다. 자기의 친척이나 애인이 미국에 있더라도 생각만 하면 즉시 그들 곁으로 갈 수 있습니다. 그리고 미국 친구에게 자신이 이미 죽었으니 괴로워하지 말라고 말하지만 상대방은 듣지 못합니다. 중음신은 우리 살아있는 사람이 하는 말은 다 알아 들을 수 있습니다. 중음신은 당신이 무슨 일을 하든지 수시로 와서 봅니다. 사람이 죽은 후 중음신이 생겨날 때까지는 마치 잠에서 깨어나는 것과 같습니다. 이 단계를 중음신이라 부르는데, 마치 살아있는 것 같아 자신이 몸도 볼 수 있고 볼 수도 들을 수도 있다고 느낍니다. 외국에서 친구가 그를 위하여 울면 다 듣습니다. **중음신은 다섯 가지 신통이 있습니다. 즉, 신족통(神足通)·천안통(天眼通)·천이통(天耳通)·타심통(他心通)·숙명통(宿命通)이 나타납니다.** 어느 곳이든 갈 수 있습니다. 산하(山河)와 장벽, 시간과 공간이 장애가 되지 않습니다. 이런 물리세계는 중음신에게 조금도 장애가 되지 않습니다. 그 빠르기는 빛의 속도보다도 더 빠릅니다. 우리는 그것을 염속(念速)이라 부르는데 정말 빠릅니다. 중음신은 진정한 눈·귀·코·혀·신체·대뇌가 없지만 일체를 볼 수 있습니다. 색(色: 형태와 색깔)·성(聲: 소리)·향(香: 냄새)·미(味: 맛)·촉(觸: 신체에 접촉하여 지각함)·법(法: 생각과 의식의 대상), 이 모두에 감응할 줄 압니다.

우리가 한 행위는 그것이 물리세계 영역이든 정신세계 영역이든, 했던 일체의 일은 모두 기록됩니다. 중음(中陰)이 생겨나면 눈앞에서 영화를 상영하듯이 일생의 모든 행위가 좋은 것이든 나쁜 것이든 선한 것이든 악한 것이든 모두 기억나는데, 대단히 빠릅니다. 텔레비전 장면 바뀌는 것보다 훨씬 더 빠릅니다. 당신이 평생 동안 무의식속에 억눌러 놓았던 일, 남을 속인 일, 미안한 일, 떳떳한 일, 남을 억울하게 했던 일 등이 모두 나타나면서 선악의 과보가 모두 나타납니다. 뿐만 아니라 전생 내지 수많은 전생의 일들도 모두 나타납니다.

사실은 사람이 죽은 뒤 중음신으로 있기가 쉽지는 않습니다. 일생동안 좋은 일을 많이 한 착한 사람이나 수행을 한 사람은 사후에 중음신이 없습니다. 이런 사람은 기(氣)가 끊어지자마자 승천(昇天)하거나, 수행에 성공한 출가자나 재가자(在家者)는 극락세계에 왕생하거나 기타의 불국토에 왕생합니다. 기(氣)가 끊어질 듯 말듯 할 때 이미 그런 불국토에 왕생하기 때문에 중음신을 거치지 않습니다. 나쁜 사람은 곧바로 아귀나 축생으로 변하거나 지옥으로 떨어지는데, 이 경우도 중음신이 없고 바로 갑니다. 어떤 사람들은 아직 죽지 않았지만, 이미 그의 몸은 절반이나 축생으로 변해있는데도 그 자신은 아직 모르고 있습니다. 어떤 사람은 지옥에 이미 절반은 떨어져 있으면서도 이 세상에 아직 살고 있습니다. 많은 사람들이 아직 중음신의 시기에 이르지 않았어도 이미 변해 있습니다. 이것이 바로 인과(因果)입니다. (남회근 선생 저작)

눈 먼 거북이 나무 구멍 만나 듯

세간에 사람으로 태어나기 어렵고	生世爲人難
부처님 세상 만나기도 어려움은	値佛世亦難
마치 망망한 거대한 바다에서	猶如大海中
눈 먼 거북이 나무 구멍 만나기라네	盲龜遇浮木

어느 때 불타께서 비구들에게 말씀하셨다. "비유하건대 이 지구

의 모든 땅[大地]을 바다라고 하자. 그런데 그 바다 속에 눈 먼 거북이 한 마리 있으니 그 수명은 무량겁이다. 그것은 백 년에 한 번씩 그 머리를 물 밖으로 내민다. 그리고 그 바다 속에는 떠다니는 나무가 하나 있는데 그 나무에는 구멍이 하나 뚫려 있고 물결에 떠서 바람에 따라 동쪽이나 서쪽으로 다닌다. 그런데 그 눈 먼 거북이 백년에 한 번씩 그 머리를 내밀 때 꼭 그 나무 구멍을 만날 수 있겠는가 없겠는가?"

아난은 대답했다. "만날 수 없을 것입니다. 세존이시어! 왜냐하면 이 눈 먼 거북이 만일 동쪽으로 갈 때 떠다니는 나무는 바람에 따라 혹은 서쪽으로 가기도 할 것입니다. 그래서 그 거북은 남쪽이나 북쪽, 사유(四維: 동남 · 서남 · 서북 · 북동쪽)를 돌아다닐지라도 그러할 것입니다. 그러므로 그것들은 서로 만날 수 없을 것입니다."

불타께서 다시 아난에게 말씀하셨다. "눈 먼 거북과 떠다니는 나무는 비록 서로 어긋난다 할지라도 혹시 서로 만날 수 있겠지만 **어리석은 범부는 5취(五趣: 6도)에 표류하므로 다시 사람의 몸을 받기는 그 보다도 어려우리라.** 그 까닭은 저 중생들이 옳은 일은 행하지 않고 법을 배우지 않으며 선(善)을 닦지 않고 진실을 구하지 않으며 서로 서로 해쳐서 강한 자는 약한 자를 업신여겨 한량없는 악(惡)을 짓기 때문이니라. 그러므로 비구들아! **4성제(四聖諦)에 대하여 아직 그 도리를 알지 못하는 자는 마땅히 부지런히 증상욕(增上欲)을 일으켜서 그 도리를 배울지니라.**" (『대열반경』 권2 수명품 제1의2와 『잡아함경』 권15, 460경)

백천만겁에도 만나기 어렵고

부처님이 말씀하셨습니다. "사람 몸 얻기 어렵고, 부처님의 나라에 태어나기 어렵다. 밝은 스승 만나기 어렵고, 불법을 만나기 어렵다[人身難得 中土難生 明師難遇 佛法難聞]." 부처님은 말씀하시기를, "사람 몸을 얻기 어려움은 마치 거대한 바다에 사는 거북이가 해면에 떠올라와 때마침 수면에 떠 있는 수레바퀴 구멍에 그 머리를 집어넣을 수 있는 것과 같다."고 했습니다. 이런 기회가 이렇게 어렵습니다. 우리가 젊었을 때 부처님이 너무나 과장해서 말씀하셨다고 생각했습니다. 그런데 훗날 태아가 성립하는 이치를 이해하고 나서야 부처님의 고명함에 크게 탄복했습니다. 우리가 알듯이 남성이 한번 배설하는 정충(精蟲)의 숫자는 마치 수 억 마리의 눈먼 거북이들이 바다 가운데서 있듯이 여자 몸에 들어가서 배란과 딱 만나게 됩니다. 건강한 난자는 오직 하나 뿐인데, 그 많은 정충 중에서도 오직 하나만이 그 난자와 결합하고 그 나머지는 모두 희생됩니다. 난자가 수정(受精)하여 태(胎)를 이루고 난 후에도 십 개월 동안 임신기간을 편안히 넘길 수 있어야 합니다. 뿐만 아니라 순산(順産)해야 합니다. 그래야 비로소 사람이 세상에 태어납니다. 정말 얻기 어렵지요. 우리는 다행히도 사람 몸을 얻었고 또 상법(像法)시기에 불법을 들을 수 있으니, 자신이 잘 수행하지 않는다면 다음 기회는 아마 백 천만 겁이 지나도 만나기 어렵게 될 겁니다[百千萬劫難遭遇]. (남회근 선생 저작)

근심 걱정으로 편할 날이 없건만

세상 사람들은 박복하고 마음이 속되어, 지혜와 보리는 급히 구하지 않고 오욕(재물욕 · 색욕 · 명예욕 · 음식욕 · 수면욕)에 미혹 집착하여 추구하느라, 급하지 않는 일에 서로 다툰다. 그들은 5탁 악세에서 극악을 짓고 그 과보로 극심한 고통을 받으면서 자신의 생존을 위해서 심신을 수고롭게 한다. 그래서 빈부귀천 남녀노소를 가릴 것 없이 모두 재물을 위해 근심하고 고뇌하나니, 있는 이나 없는 이나 근심하기는 마찬가지다. 그리하여 두려움 속에 근심걱정으로 고통스럽고, 이런저런 수많은 생각을 하면서, 망상심에 쫓기고 지배되어 편할 때가 없다.

그래서 논밭이 있으면 논밭 때문에 걱정하고, 집이 있으면 집 때문에 걱정하며, 소나 말 등의 가축이나 노비나 금전, 의복, 음식 등 세간 살림에 이르기까지 여러 가지 재산을 가지면 또한 그 때문에 걱정하고 근심과 걱정을 거듭하여 시름과 두려움이 끊이지 않는다.

그런데 뜻밖에 수재나 화재를 만나서 불에 타고 물에 떠다니기도 하며, 도적이나 원한이 있는 이나 빚쟁이들한테 빼앗기기도 하여 재물이 흩어져 없어지면 마음은 답답하고 분한 괴로움에서 풀릴 날이 없으며, 옹졸하고 굳어진 마음에서 헤어날 수 없다.

그래서 마음이 멍들고 몸이 허물어져 목숨이 다하게 되면 모든 것을 버리고 떠나지 않을 수 없건만, 그 아무 것도 따르는 것이 없나니, 이러한 서글픔은 존귀한 이나 부자나 매 한가지다. 이와 같이 갖가지 근심과 두려움과 애타는 괴로움은 끝이 없으니, 마치 어둠 속이나 불 속의 괴로움과 같다.

그런데 가난하고 천한 사람은 매양 군색하고 불안한 마음이 그치지 않으며 논밭이 없으면 논밭을 가지려고 애쓰고, 집이 없으면 또한 그것을 가지려고 애쓰며, 말이나 소 등의 가축이나 종들이나 금전, 의복, 음식 등의 재산이 없으면 이를 가지려고 사뭇 안달하며 괴로워한다.

그래서 한 가지가 있으면 다른 것이 부족하고, 이것이 있으면 저것이 부족하여, 애써 이것저것을 다함께 가지려 하며, 어쩌다가 모두 갖추어 가졌다 할지라도 오래가지 못하고 어느덧 없어지고 만다.

그래서 근심하고 괴로워하여 다시금 구하려 찾아 헤매나 얻을 수 없으면 부질없이 마음만 태우고 몸도 마음도 지치고 피곤하여 안절부절못하게 된다.

그리하여 항상 근심과 괴로움이 끊이지 않고 마치 얼음을 안고 불을 품고 있는 것과 같다. 그리고 그러한 괴로움과 근심 때문에 몸을 상하고 목숨을 잃기도 하나니, 평소에 착한 일을 하지 않고 진리를 닦거나 공덕을 쌓지도 못한 채 몸을 버리고 허무하게 홀로 돌아가게 된다. 그래서 악업에 이끌려 악도(惡道)에 태어날 수밖에 없지마는 그 선악의 길마저도 모르고 간다.

그러니, 세상 사람들이여, 그대들은 부자나 형제나 부부, 가족, 일가친척 간에는 마땅히 서로 공경하고 사랑해야 하며 결코 미워하고 시새우지 말지니, 있는 것 없는 것을 서로 융통하고 탐내거나 인색하지 말며, 항상 상냥한 말과 부드럽고 화평한 얼굴로 상대하여 아예 다투지 말아야 한다.

혹시 다투게 되어 분한 마음이 남게 되면 비록 이 세상의 원한은 적다고 할지라도 그 쌓이고 쌓인 미워하는 마음으로 다음 세상에서는 큰 원수가 되고 만다. 어찌하여 그런가 하면 이 세상일이란 서로서로 미워하고 괴롭히고 하여도 그것이 바로 드러나서 크게 벌어지지는 않지만, 서로 마음속으로 독을 품고 노여움을 쌓고 분함을 맺어서 풀지 않으면 자연히 마음속에 깊이 새겨지고 자라서 사라지지 않는 것이니, 그래서 필경에는 다 같이 한 세상에 태어나서 서로 앙갚음을 하게 된다.

진리를 구하려 하지 않고

인간은 이 세상 애욕의 바다에서 홀로 태어나서 홀로 죽는 것이며, 어떠한 고락(苦樂)의 처소에도 자기가 지은 선악의 행위에 대한 과보는 스스로 받고 스스로 감당해야 하며, 어느 누구도 대신할 수는 없다. 그래서 착한 일을 행한 사람은 몸을 바꿀 때 행복한 처소에 태어나고, 악한 일을 한 사람은 재앙이 많은 처소로, 각기 태어날 곳을 달리하여 이미 업에 따라 엄연히 정해진 처소로 어김없이 나아가야 한다.

그래서 멀리 떨어진 다른 처소에 태어나게 되면 이승에서 아무리 친밀한 사이라도 서로 만나볼 수 없나니, 이와 같이 금생에 지은 선악의 행위와 내세에서 받는 고락의 과보는, 변함없는 자연의 도리로서, 각기 지은 바 소행에 따라서 태어날 뿐이다. 그리하여 가는 길은 멀고도 어두워 서로 오랜 이별을 하지 않을 수 없으며, 또한 가는 길이 다르기 때문에 다시 만나볼 기약이 없으니, 서글프고 아득하여 다시금 만나기는 참으로 어려운 일이 아닐 수 없다.

그러한데도 세상 사람들은 어찌하여 덧없고 너절한 세상일을 뒤로 미루지 않고, 몸이 젊고 건강할 때에 힘을 다하여 선(善)을 닦고 더욱 정진하여 고해를 벗어나려 하지를 않는가? 어찌하여 영원한 생명을 얻을 수 있는 진리의 대도를 구하려 하지 않는 것인가? 도대체 이 세상에서 그 무엇을 기대하고 그 어떠한 즐거움을 바라고 있는 것일까?

인과응보 윤회의 도리도 믿지 않고

이와 같이 세상 사람들은 선을 행하여 안락을 얻고 진리를 닦으면 불도를 성취하는 도리를 믿지 않고, 또한 사람은 죽으면 다시 태어난다는 것과, 은혜를 베풀면 반드시 복을 받는다는 선악 인과의 엄연한 사실을 믿지도 않으며, 세상일이란 그렇지가 않다고 그릇 생각하고 끝내 바른 가르침을 믿으려 하지 않는다.

그리고 이러한 그릇된 생각에 의지하여 더욱 이것을 옳다고 고집하여 우기는데, 늙은이나 젊은이나 다 그러하다. 그래서 인과의 도리를 부정하는 그릇된 생각을 대대로 이어받고 부모는 자식에게 그것을 도리어 교훈으로 끼치게 된다.

따라서 선배나 조상들도 아예 선을 닦지 않고 도덕을 모르기 때문에 깨달을 기회가 없으며, 그래서 그 행동은 어리석고 정신은 더욱 어두워서 마음은 막히고 옹졸하게 된다. 그러기에 죽고 사는 생사의 이치와 선악 인과의 도리를 알 수도 없고 또한 그에게 말하여 들려줄 사람도 없다. 그러나 정녕, 인간의 길흉화복은 인과의 도리에 의하여 어김없이 스스로 이를 받는 것이니, 추호도 다를 리가 없다.

끝없는 고통에서 벗어날 기약이 없네

인간이 죽고 사는 생사의 법칙은 언제나 변함없는 떳떳한 도리로서 영원히 이어나가고 있다. 혹은 부모는 자식을 잃고 슬퍼하고, 자식은 부모가 돌아가서 통곡하며 형제 간 부부 간에도 서로 죽음을 당하여 애통하지 않을 수 없다. 그런데 죽음에는 늙고 젊음의 차례를 예측할 수 없는 것이니, 그것은 무상(無常)한 인생의 실상이다.

모든 것은 다 지나가고 마는 것, 항상 변하지 않고 그대로 있는 것은 아무것도 없다. 그런데 이러한 무상의 도리를 말하여 깨우치려하나, 이를 믿는 사람은 너무나 적고 그기에 생사는 유전(流轉)하여 잠시도 그칠 사이가 없다.

또한 이러한 사람은 마음이 어리석고 어두워 반항적이기 때문에 성인의 말씀을 믿지 않고 멀리 앞을 내다보는 슬기가 없이, 다만 각자의 쾌락만을 탐한다. 그래서 애욕에 미혹되어 도덕을 깨닫지 못하고, 항상 애착과 미움과 분노에 잠겨, 마치 이리와도 같이 다만 처자 권속과 재물만을 아끼고 탐낼 뿐이다. 그러기에 생사를 여의는 대도(大道)를 얻지 못하고 마침내 지옥이나 아귀나 축생 등 삼악도에 떨어져서 생사윤회가 끝이 없나니, 참으로 가련하고 불쌍하기 그지없다.

세상살이란, 어떤 때는 한 가족의 부모 자식이나 형제나 부부 간에 누군가가 먼저 죽게 되면, 남은 사람은 못내 슬퍼하고 못 잊어한다. 그래서 그 은혜와 사랑으로 마음이 얽매어 쓰라리고 그리운 심정은 가슴에 사무치고, 날이 가고 달이 바뀌어도 맺힌 마음은 풀릴 길이 없다. 그러기에 참된 도리를 말하여 일러주어도 그들의 마음은 열리지 않고, 먼저 가버린 사람과의 정리를 생각하면서 마음은 혼미하고 답답하여 더욱 어리석은 미망(迷妄)에 덮이게 된다.

그래서 깊이 생각하여 헤아릴 아량이 없고, 마음을 돌이켜 오로지 불도에 정진할 만한 결단이 없으며, 끝내 덧없고 너절한 세상일을 단념할 수 없다. 그리하여 한세상 허둥지둥 헤매다가 죽음에 이르게 되나니, 이미 목숨이 다하면 진리의 길은 닦을 수도 얻을 수도 없고 참으로 어찌할 도리가 없다.

세상은 온통 혼탁하여 인심은 어리석고 어지러워 거의 다 애욕만을 탐하고 있으니, 인생의 길을 헤매는 사람은 수없이 많고 진리를 깨달은 이는 지극히 드물다. 그러니 세상일이란 부질없이 바쁘고 어지럽기만 하여 믿고 의지할 아무 것도 없다. 그리고 빈부귀천이나 남녀노소 할 것 없이 모두 애쓰고 싸대며 그러다가 서로 이해가 충돌하면 원수같이 미워하나니, 그 사납고 표독한 마음은 마침내 불행한 재앙을 일으키게 된다.

이렇듯 천지의 바른 도리를 거스르고 인간의 참다운 본심을 따르지 않기 때문에 저절로 그릇된 악업은 앞뒤를 다투어 거듭되고 그것이 쌓이고 쌓이면 다만 그 죄업의 결과만을 기다릴 뿐 달리 어찌할 수 없다. 그래서 미처 그 수명이 다하기도 전에 죄업의 힘은 별안간에 그의 목숨을 빼앗아 악도(惡道)에 떨어뜨리고 마는 것이니, 몇 생을 거듭하며 지독한 괴로움을 받지 않을 수 없다. 그리고 그 사나운 악도 가운데서 돌고 돌며 몇 천만 겁의 오랜 세월이 지나도 나올 기약이 없고 그 고통은 이루 헤아릴 수 없나니, 참으로 가련하고 불쌍한 일이다. (『무량수경』)

내생에 사람으로 태어나기가 임종 시 왕생보다 어렵고

내생에 사람으로 태어나기가 임종 시 극락왕생하기보다 어렵다는 사실을 알아야 한다. 왜 그럴까? 사람이 일생 중에 지은 죄업이 얼마나 되는지 모르기 때문이다. 다른 죄는 그만 두고라도 어려서부터 고기 먹고 살생한 죄만도 정말 얼마나 많은지 모른다. 그러므로 대자비심을 일으켜 극락왕생을 구해야 한다. 부처님을 뵙고 도를 얻거든 다시 그런 중생들을 제도 해탈시켜야 한다. 그럼 부처님의 자비의 힘에 의지해 그런 빚을 갚을 필요가 없게 된다. 만약 내생에 사람이 되기를 구하고 큰 도심(道心)이 없다면 설사 수행공부가 좋더라도 그대의 공덕은 한계가 있게 된다. 이는 범부의 인아심(人我心)으로 한 공덕이기 때문에 큰 공덕이 있을 수 없다. 하물며 그대는 무량겁 동안 얼마나 많은 죄업을 지었는지 몰라 과거의 업장이 한 번 나타나면 3악도를 벗어나기 어려워 다시 사람이 되고 싶어도 천만번이 어려운데 더 말할 것이 있겠는가? 그러므로 서방극락세계 왕생을 구함이 내생에 사람으로 태어나기를 구함보다 쉽다고 하는 것이다. 부처님 힘의 가피를 입기 때문에 전생의 악업이 쉽게 소멸되고 설사 아직 완전히 소멸되지는 못하더라도 부처님 힘의 가피에 의지하기에 업보를 갚지도 않게 된다.

하물며 거위도 왕생했는데

중국 운남성의 장졸선의 차녀가 시집갈 때 사위 쪽 집안에서는 거위 두 마리를 전안례(奠雁禮)로 보냈다. 장졸선은 이 두 마리 거위를 화정산 운서사에 방생했는데 지금 3년이 되었다. 이 거위들은 스님들이 아침저녁마다 대웅전에 가 예불할 동안 대웅전 밖에서 목을 길게 빼 부처님을 바라보았다. 절의 유나가 거위들에게 "왕생하기를 구해라. 세상에 미련을 두어서는 안 된다."고 가르쳤다. 그런 다음 거위들을 위해 염불을 수십 번 했는데 거위들이 세 바퀴 돌더니 두 날개를 한 번 파닥거리고는 곧 죽었다. 장졸선은 이 일로「쌍백아왕생기」를 지었다. 정말 기이한 일이다! 일체 중생은 모두 불성이 있어 누구나 부처가 될 수 있다. 거위도 이러한데 우리 사람들이 도리어 거위만도 못하겠는가? (『인광대사문초정화』)

참으로 극락세계에 가는 길은 쉽건만 가는 사람이 없구나

참으로 극락세계에 가는 길은 쉽건만 가는 사람이 없구나! 저 아미타불의 정토인 극락세계는 어느 누구도 방해하지 않으며, 아미타불의 원력을 의심 없이 믿기만 하면 부처님의 위신력으로 자연히 이끌려 극락세계에 왕생하게 될 터인데, 어찌하여 세상일을 뒤로 미루고 부지런히 성불의 공덕을 구하지 않을 것인가! 극락세계에 태어나면 영원히 한량없는 수명을 얻고 지극한 즐거움이 한이 없다.

누구든지 아미타불의 명호를 듣고, 그지없이 기뻐하여 아미타불을 다만 한 번만이라도 생각한다면 이 사람은 큰 이익을 얻게 되는 것이다. 분명히 알라, 바로 이것은 위없는 공덕을 갖추게 되는 것이다.

아난아, 누구든지 극락세계에 태어난 중생들은 모두 32상(相)을 갖추었고, 지혜가 충만하여 모든 법의 이치를 깊이 깨달아 묘법을 밝히고 신통이 자재하며, 눈과 코 등 6근(六根)이 청정하고 밝다. 그리고 그 중에서 가장 둔한 사람이라도, 법문을 듣고 깨닫는 음향인(音響忍)과 진리에 수순하는 유순인(柔順忍) 이 두 가지 인(忍)을 얻게 되고, 근기가 수승한 사람은 본래 생멸이 없는 실상을 깨닫는 무생법인(無生法忍)을 얻는다.

또한 저 극락세계의 보살들은 성불할 때까지 지옥, 아귀, 축생 등의 악도에 떨어지지 않고, 신통이 자재하며 과거를 사무쳐 아는 숙명통을 얻는다. 그러나 자신의 서원이, 5탁악세의 말세 중생들을 제도하려는 이는, 마치 내가 일부러 사바세계에 태어나듯이 자재하게 다른 국토에도 태어난다.

극락왕생하면 반드시 성불한다

그런데 누구든지 아미타불의 명호를 듣고 기쁜 마음으로 신심을 내어 잠시라도 지성으로 극락세계에 태어나기를 원하는 이는, 그 부처님의 원력으로 바로 왕생하여 마음이 다시 물러나지 않는 불퇴전의 자리에 머물게 된다.

아난아, 저 극락세계에 왕생하는 중생들은 모두 반드시 성불할 수 있는 이들로서, 성불이 결정된 정정취(正定聚)에 머물게 되는데, 그 까닭은 극락세계에는 성불하는 데 잘못 결정된 사정취(邪定聚)나 아직 성불하기로 결정되지 않은 부정취(不定聚)는 없기 때문이다. 그래서 갠지스 강의 모래알 수처럼 무수한 시방세계의 여러 부처님들도 모두 한결같이 아미타불의 위신력과 공덕이 불가사의함을 찬탄하신다. (『무량수경』)

2. 부처님의 모든 가르침 그 출발점과 귀결점

부처의 의미를 먼저 알아야 한다

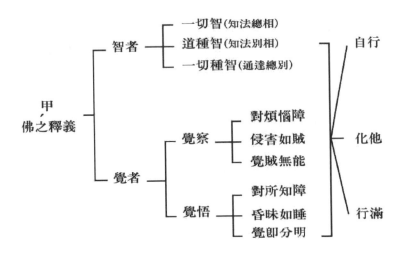

'불'은 '불타야'의 약칭

'불(佛)'이라는 글자의 뜻을 풀이하겠습니다. 이 한 글자는 인도의 범어를 음역한 것입니다. 음은 불(弗)자의 음이고 옆에 사람 인(人)자를 하나 더한 것으로 당시에는 새로운 글자였습니다. 이 글자는 범어의 불타야(佛陀耶)를 줄인 명칭인데, 중국인은 끝소리를 생략해버리고 불(佛)자 하나로 간단히 불렀습니다. '불'이라는 글자의 의미는 전체 우주와 인생을 모두 다 포괄하며, 그 속에는 본체[體]·현상[相]·작용[用]이 있다고 말할 수 있습니다. 체(體)는 바로 우리가 말하는 불성(佛性)인데, 오직 불성만이 진실한 것입니다. 실재로 말하면 불성은 하나의 성(性)만을 말해야 합니다. 그래서 불경에서는 늘 자성(自性)을 말합니다. 유정(有情)중생(동물)의 자성은 불성이라 하고 무정(無情)중생(식물·광물)의 자성을 법성(法性)이라고 합니다.

'불'의 의미는 지혜와 깨달음[覺悟]입니다. '지(智)'는 체이며, 성체(性體)입니다. '각(覺)'은 자성이 일으킨 작용입니다. 자성의 본체가 지혜이고, 자성의 작용이 대각(大覺)입니다. 비록 중국 문자에서 지각(智覺)이란 두 글자가 '불(佛)'이란 글자 의미의 일부분을 번역할 수는 있더라도 원만하게 번역을 할 수는 없어서, 부득이 원음을 보존하고 다시 주해할 수밖에 없었습니다. 이 '지(智)'는 우리가 보통 말하는 지혜가 아니며, 이 '각(覺)'도 우리가 보통 말하는 깨달음[覺悟]이 아닙니다. 이것은 모두 중국 문화의 개념 속에는 없는 것들입니다.

지혜로운 자

먼저 '지자(智者)'가 내포하고 있는 의미를 말하겠습니다.
지(智)에는 일체지(一切智)·도종지(道種智)·일체종지(一切種智) 이 세 가지 종류를 포함하고 있는데, 이들은 모두 불학 용어입니다.

첫 번째 의미는 '일체지(一切智)'입니다. 현대 철학 용어로 말하면, 바로 우주의 본체를 정확하게 이해하는 것입니다. 이런 지혜를 불법에서는 일체지라고 부릅니다. 표를 보면 일체지 밑의 괄호 안은 간단한 주해로서 '지법총상(知法總相)'인데, '법의 총상을 아는 것입니다. '법'이라는 글자는 불학(佛學)에서 하나의 대명사로서, 전체 우주와 인생의 총대명사입니다. 우주와 인생의 일체의 이론과 일체의 현상, 일체의 과정, 일체의 일체는, 크게는 전체 우주까지 작게는 하나의 미진(微塵)까지, 즉 우리가 오늘날 말하는 원자·기본 입자까지를 모두 다 '법'이라 부릅니다. 그러므로 법은 우주만유의 총대명사입니다. '총상(總相)'은 바로 공통 현상입니다. 어느 법이든 모두 예외가 없어서 모두 공통 현상이 있는데, 이 현상을 우리는 총상이라고 부릅니다. 하나의 법마다 서로 다른 것을 우리는 별상(別相)이라고 부릅니다. 즉, 차별 현상입니다. 불법에서 말하는 '인연으로 생겨난 법은 그 자성이 공하다[緣生性空]'에서, 성공(性空)은 바로 총상이고 연생(緣生)은 바로 별상입니다.

　총상은 현대 철학에서 탐구하는 우주의 본체에 해당하고, 별상은 철학에서 말하는 현상에 해당합니다. 본체는 어떤 모습일까요? 본체는 공상(空相)이며, 불법에서는 공적(空寂)이라고 말합니다. 그러나 이 공을 무(無)라고 여겨 말해서는 안 됩니다. 공은 아무것도 없는 것이 아닙니다. 불법이 말하는 공은 공속의 유입니다, 공은 무가 아닙니다. 공은 유(有)입니다. 그렇다면 이상합니다, 유인데 어째서 공이라고 말할 수 있을까요? 공이라고 말한 까닭은, 우리 눈에 보이지 않고 귀에도 들리지 않아서 우리가 접촉할 수 없기 때문입니다. 그러나 진짜로 존재합니다. 전파를 예로 들어 보겠습니다. 우리가 무선 라디오를 하나 가지고 주파수를 맞추면 바로 소리가 들리는데 전파는 공간에 두루 가득 차 있지만 우리는 눈으로 볼 수는 없습니다. 전파는 어디에 있을까요? 잡으려고 해도 잡을 수 없지만 그것은 확실히 있습니다. 그러므로 불법에서 말하는 공, 그것은 있는 것이지 없는 것이 아닙니다. 『반야심경』에서는 말합니다, "색이 곧 공이며 공이 곧 색이다[色卽是空, 空卽是色]." 일체법의 총상은 '만법이 다 공하다[萬法皆空]'는 것이니, 어떤 법도 공하지 않은 것은 없습니다. 본체의 입장으로부터 말하면 일체법은 모두 공한 것입니다. 현대의 과학자들도 이 의미를 이해한 듯하지만, 그러나 불법만큼 그렇게 정밀하고 심오하고 자세하게 말하지는 못합니다. 현대 과학자들은 인정하기를, 모든 물질은 다 기본 입자의 조합(組合)이며, 그 조합의 방정식이 다르기 때문에 갖가지 원소가 있고, 그 원소에 다시 각기 다른 방정식이 더해지기 때문에 비로소 우주만유·삼라만상이 있다고 합니다. 그 근원을 끝까지 캐 들어가 밝혀보면 모두가 동일한 물질, 즉 기본입자입니다. 과학자들은 이 기본입자가 가장 작은 물질이며 모든 사물들은 그것이 조합된 것임을 발견했습니다. 그것은 어디로부터 왔을까요? 그것의 궁극은 또 어떠할까요? 과학자들은 이를 이해하지 못합니다. 불법에서는 더욱 깊게 말하기를, 이 기본 물질이 어디로부터 온 것이냐 하면, 견분(見分)으로부터 변해 나온 것이며, 이게 바로 '정신과 물질은 동일체이다'입니다. 유식학에서 말하기를 '견상동원(見相同源)'이라고 하는데, 견분과 상분(相分)은 모두 자증분(自證分)에서 변화되어 나타난 것으로, 그 본체는 하나로서 같다는 것입니다. 자증분은 바로 자성이고, 견분은 바로 오늘날 말하는 정신세계이며, 상분은 바로 물질세계입니다.

불법에서 물질이라고 말하는 것은 4대(大), 즉 지(地)·수(水)·화

(火)·풍(風)을 말합니다. 4대가 바로 설명하는 것은, 물질에는 4종의 특성이 있기 때문에 물질이 비로소 만법으로 변하여 나타날 수 있고 10법계의 의보(依報)와 정보(正報)의 장엄(莊嚴)으로 변화되어 나타날 수 있다는 것입니다. '지대(地大)'는 하나의 물질이 비록 아주 작더라도 부피[體積]를 가지고 있다는 것입니다. 땅[地]은 부피를 가진 물질입니다. 그러므로 땅은 그것이 하나의 물체임을 대표합니다. '화대(火大)'는 물질에 온도와 에너지가 있음을 대표합니다. '수대(水大)'는 물질에 습도가 있음을 대표합니다. 우리는 오늘날 양전기를 띄고 있다·음전기를 띄고 있다는 말을 하는데, 불경에서는 이를 화대·수대라고 말합니다. '풍대(風大)'는 움직이는 것으로 정지해 있는 것이 아닙니다. 가장 기본적인 물질은 이와 같은 네 가지 특성을 갖고 있습니다.

이 세간의 온갖 사물의 형상이나 상태인 물상(物像)은 변하지 않는 것이 없고 움직이지 않는 것이 없습니다. 온갖 물상은 다 자기 자리에서 변화하며 변동하고 있습니다. 왜 그럴까요? 그 물상을 조성하고 있는 기본 입자가 동상(動相)이기 때문입니다. 이 점에서 보면 일체법(一切法)은 공상(空相)이며, 만법은 다 공합니다. 이것은 분석공(分析空)을 말하는 것입니다. 과학자들이 오늘날 관찰해낸 것은 일종의 분석공인데, 분석해 가보니 최후에는 모두 하나의 기본 입자입니다. 불법은 더욱 깊이 들어가, 기본 입자가 어디에서 오는지를 관찰합니다. 법성(法性) 안의 무(無)로부터 유(有)가 나옵니다. 없는 가운데 있을 수 있고, 있었다가 또 없음으로 돌아갈 수 있습니다. 따라서 공(空)과 유(有)는 둘이 아닙니다. 공과 유는 둘이 아니라 하나입니다. 바꾸어 말하면 정신이 물질로 변화할 수 있고, 물질은 또 정신으로 변화할 수 있습니다. 이것은 결코 오늘날 말하는 질량과 에너지 등가의 법칙[質能互變]에서의 질량과 에너지가 아닙니다. 그것은 물질의 에너지[能]이지, 진여(眞如) 본성의 에너지나 정신적 에너지는 아닙니다. 정신적 에너지는 질량과 에너지로 변할 수 있고, 질량과 에너지는 물질로 변할 수 있습니다. 이 단계까지는 과학자들도 아직 발견하지 못했지만, 과학이 부단히 진보하면 반드시 이 원리를 발견할 수 있으리라고 믿습니다. 그러므로 일체법의 본체에서 관찰해 보면 그것은 공상(空相)입니다.

만약 일체법의 공상을 진정으로 이해한다면 무슨 좋은 점이 있을까요? 좋은 점은 너무나 많습니다. 당신의 번뇌가 없어지고 당신의 분별과 집착이 없어져서, 마음이 경계 속에서 청정함과 평등함을 나타냅니다. 부처님의 마음은 청정하고 평등한데, 그분은 어디로부터 얻으셨을까요? 그분은 법의 총상(總相)을 아셨기 때문입니다. 청정함은 어떻게 얻으셨을까요? 일체법에 그분은 집착하지 않고 분별하지 않으며, 그분은 일체법이 원래 동일하며 다름이 없다는 것을 아셨기 때문입니다. 온갖 경계는 좋고 나쁨이 없이 똑같이 기본 입자로 조성되었고, 조성하는 원료가 동일합니다. 그러기 때문에 일체법은 평등하지 않은 법이 하나도 없으며, 평등한 마음은 여기로부터 일어났습니다. 마음이 평등하니 당연히 청정합니다. 이것이 첫 번째 지혜이며, 이런 지혜는 아라한이 얻을 수 있습니다. 불법에서 추구하는 것은 '무상정등정각(無上正等正覺)'입니다. 일체지(一切智)가 나타나는 것을 '정각(正覺)'이라고 하는데, 진정한 깨달음[覺悟], 정확한 깨달음입니다. 우주와 인생에 대해서 미혹하지 않고 정확하게 인식하는 것을 정각이라고 합니다.

이 정각은 결코 원만하지는 않습니다, 왜 그럴까요? 단지 일체법의 총상만을 알기 때문입니다. 일체법이 평등하고 공적하다는 것은 알지만, 그러나 현상이 어떻게 생겨나온 지는 모르기 때문입니다. 모두 다 기본 입자로 조성되었다는 것을 아는 것은 맞습니다! 기본 입자가 어떻게 이렇게 많은 사물들을 조성할 수 있을까요? 10법계의 의정장엄과 삼라만상은 어떻게 생겨나온 것일까요? 이는 곧 현상을 말하는데, 이 학문은 또 한 층 높습니다.

우주 만상을 정확하고 분명하게 아는 지혜를 '도종지(道種智)'라고 합니다. 도종지의 '종(種)'은 바로 종류입니다. 우주 공간에는 동물·식물·광물이든 간에 그 종류가 무량무변합니다. 이렇게 많은 종류들이 어떻게 생겨나온 것일까요? 보통사람들은 생각하지 못하기에 틀림없이 신이 하나 있어 만들었을 것이라고 여깁니다. 신이 만물을 만들었다면 신은 너무 바빴을 겁니다. 만드느라 하루 종일 바빴을 것입니다. 이런 사람들을 만들어놓았더니 뒷날 또 신(神)을 반대하다니, 신이 스스로 골칫거리를 만든 것 아니겠습니까? 종교가들은 답안을 찾을 수 없자 하나의 신이 만들었다고 생각해냈습니다. 신은 어디서 나왔을 까요? 사람의 마음속에서 변해서 나타나온 것입니다. 하느님이 만물을 만들 수 있다면, 어떤 사람이 하느님을 만들었을까요? 우리 모두가 하느님을 만들었습니다. 우리가 그를 신이나 하느님으로 인정하지 않는다면, 그도 우리를 어찌할 수가 없습니다. 그러므로 하느님이 만든 것이 아닙니다. '도(道)'는 바로 도리이고 순서입니다. 무슨 도리와 어떠한 과정이 현재의 삼라만상으로 변화 발전하였을까요? 이 학문은 상당히 복잡한데, 이런 지혜가 바로 도종지이며, 이것은 보살의 지혜입니다. 도종지가 현전한 것을 '정등정각(正等正覺)'이라고 하며, 정각보다 한 단계 높습니다. 그는 우주의 본체를 알 뿐만 아니라 온갖 현상이 발전하는 과정까지도 압니다. '법의 총상을 아는 것[知法總相]'은 바로 이체(理體)상의 인식이며, '법의 별상을 아는 것[知法別相]'은 바로 현상에 대한 인식입니다.

세 번째 지혜는 가장 원만하고 가장 궁극적[究竟]입니다. 우주와 인생의 진상(眞相)에 대해 궁극적이며 원만한 분명한 앎은 한 터럭만큼의 미혹도 없고 한 터럭만큼의 오차도 없습니다. 이런 지혜를 '일체종지(一切種智)'라고 합니다. 일체(一切)는 바로 앞에서 말한 일체지(一切智)이고, 종지(種智)는 바로 도종지(道種智)입니다. 우리는 본체와 현상을 나누어 말하지만, 사실은 본체와 현상은 하나입니다. 만약 『반야심경』의 말로써 한다면 일체지는 바로 '공(空)'이요, 도종지는 바로 '색(色)'이요, 일체종지는 바로 '색이 공과 다르지 않고, 공이 색과 다르지 않으며, 색이 곧 공이고 공이 곧 색이다[色不異空, 空不異色. 色卽是空, 空卽是色]'로서, 원래 하나이지 둘이 아닙니다. 만약 여러분이 하나임을 발견할 수 있다면, 당신은 곧 문에 들어갑니다. 불법의 문을 불이법문(不二法門)이라고 하는데, 당신은 곧 불이법문에 들어갑니다. 총상과 별상이 둘이 아니라는 것을 알았다면 당신은 불문에 들어갔지만, 만약 총상과 별상이 둘이라면 당신은 문으로 들어갈 방법이 없습니다. 이것은 '성(性)과 상(相)이 둘이 아니다' '성과 상이 하나 같다[性相一如]'는 말인데, 이는 작용을 일으키는[起用] 가운데서의 정지(正知)와 정견(正見)이며, 바로 우리들이 말하는 부처님의 앎[佛知]이고 부처님의 견해[佛見]이며, 『법화경』에서 말하는 "부처님의 지견을 열어 보여 깨달아 들어가게 한다[開示悟入佛之知見]"입니다. 이 지혜가 나타나야 비로소 '무상정등정각'이라고 부르는데, 오직 부처님만이 원만히 증득하셨습니다.

세 가지 지혜는 밀접한 관계를 갖고 있어서, 하나이면서 셋이고 셋이면서 하나입니다. 아라한은 일체지에 치우쳐 있고 보살은 도종지에 치우쳐 있으며, 오직 부처님만이라야 원만합니다. 우리가 불법을 배우면서 가장 총명한 수학 방법은 지견(知見)이 원만해야 하며 치우쳐서는 안 됩니다. 주관적이면 곧 치우치고 객관적이면 곧 원만합니다. 모든 부처님 여래는 터럭만큼의 주관적인 관념이 없고 원융하고 자재합니다. 아라한은 자신의 주관적인 관념을 가지고 있고, 보살도 약간의 주관적인 관념을 가지고 있으므로 원만하지 않습니다. 이것은 만약 우리가 총명하게 공부하고 싶다면 객관을 배워야 하며, 주관적인 관념이 존재하지 않아야 비로소 원만한 지혜를 성취할 수 있다는 것을 말합니다.

이 세 가지 지혜는 어디로부터 얻을까요? 한마음[一心] 가운데로부터 얻습니다. 수행 법문[行門]에서 단도직입적으로 무상정등정각을 구하는 것이 바로 『아미타경』에서 사용하는 방법인 일심불란(一心不亂)입니다. 중국에서는 어느 종파이든 염불을 하지 않는 종파는 없습니다. 선종도 포함됩니다. 선종의 「예불독송본」에서 저녁예불에는 모두 『아미타경』을 읽으며 다들 아미타불을 외웁니다. 『화엄경』에는 수행하는 방법이 2천여 가지나 있으니 상당히 많다고 할 수 있습니다. 그러나 그 중에서도 가장 중요한 것은 바로 염불법문입니다. 선재동자가 53명의 선지식을 참방하는 것은 시작부터 끝까지가 바로 염불법문을 닦는 것이었습니다. 그리고 보현보살이 극락으로 돌아가도록 인도한 것은, 어느 법문이든 정각을 성취할 수 있고 정등정각을 성취할 수는 있지만, 그러나 무상정등정각을 성취할 수는 없으며, 만약 무상정등정각을 이루고자 하면 반드시 염불법문을 닦아야 한다는 것을 나타내 보여준 것입니다. 염불법문은 일심불란을 대표하니, 오직 일심불란이라야 일체종지에 도달할 수 있습니다. 그러므로 염불법문은 일체종지를 수학하는 방법과 수단으로서, 참으로 불가사의합니다.

깨달은 자

'각[覺者]'은 지혜의 작용을 말합니다. 지(智)는 체(體)이고 각(覺)은 용(用)입니다. 체가 있으면 용이 있습니다. 만약 작용이 없다면 비록 이 체를 얻었다 하더라도 아무런 의미가 없고 가치가 없습니다. 이 작용이 바로 불법에서 말하는 해탈입니다. 만약 3덕(三德: 법신法身 · 반야般若 · 해탈解脫)으로 말하면 불(佛: 불성佛性)은 바로 법신이고, 지자(智者)는 바로 반야이며, 각자(覺者)는 바로 해탈입니다. 해탈은 바로 대자재를 얻는 것입니다. 작용은 또 두 방면으로 나눕니다. 하나는 자신에 대한 것이고 다른 하나는 환경에 대한 것입니다. 자신에 대한 것을 '각찰(覺察)'이라 하고 환경에 대한 것을 '각오(覺悟)'라 합니다. 여기에 두 개의 전문용어가 있는데, 첫째는 '번뇌장(煩惱障)'이고 둘째는 '소지장(所知障)'입니다. 번뇌는 그 자체가 바로 장애이지만 소지(所知) 자체는 장애는 아닙니다. 소지는 우리가 마땅히 알아야 할 것입니다. 그러나 알아야 것이 현재는 모르는 것으로 변해있으니, 이 속에는 반드시 한 가지 장애가 있어서 알아야 할 것을 가로막습니다. 우리는 이를 소지장이라고 부릅니다. 이 두 명사의 함의를 반드시 분명하게 알아야 합니다.

'번뇌장(煩惱障)': 번뇌장은 바로 견사번뇌(見思煩惱)의 총칭입니다. '견(見)'은 견해이고 '사(思)'는 생각[思想]이니, 견해와 생각이 틀리면[錯誤] 많고 많은 번뇌를 가져올 것입니다. 견사번뇌 중에서

'아견(我見)'이 그 첫째입니다. 『유식론』은 128근본번뇌와 그리고 등류(等流)와 수번뇌(隨煩惱)를 말했는데 그 숫자가 번거롭게 많습니다. 『백법명문론(百法明門論)』은 이를 26개로 귀납하여, 6개의 근본번뇌와 20개의 수번뇌입니다. 하지만 여러분은 기억해 두어야 합니다, 이것은 큰 분류로 귀납한 것이고, 매 한 종류 안에 포함하고 있는 숫자는 명확히는 말할 수 없는 것입니다. 번뇌는 무량무변합니다.

우리가 번뇌를 끊고 싶다면, 이 번뇌는 나무처럼 가지와 잎이 무량무변하기 때문에 그 근본을 찾아낼 수 있어야 근본으로부터 끊기가 쉽습니다. 번뇌장의 근본은 '아집(我執)'입니다. '나[我]'가 있기 때문에 번뇌가 있습니다. 만약 '나'가 없다면 번뇌는 발을 디딜 곳이 없습니다. 번뇌장의 근원은 아집이고 소지장의 근원은 법집(法執)이니, 이 두 가지 집착이 깨지면 이 두 가지 장애도 사라집니다. 그래야 비로소 마음을 밝혀 그 본성을 보아[明心見性] 부처가 되고 조사가 될 수 있습니다. 갖가지 번뇌는 우리의 몸과 마음을 어지럽게 수 있고 열반(涅槃)을 장애할 수 있습니다. 열반은 범어인데, 보통 원적(圓寂)이라고 번역합니다. 원(圓)은 공덕이 원만한 것이고, 적(寂)은 청정 적멸한 것입니다. 우리의 진여본성(불성佛性·자성·청정심)은 확실히 원만한 공덕이며 청정한 적멸이니, 바로 육조대사가 "본래에 청정하고, 본래에 다 갖추고 있다[本來淸淨, 本來具足]."고 말한 대로 입니다. 현재 우리의 마음은 청정하지 못한데, 청정하지 못한 원인은 당신에게 번뇌가 있기 때문입니다. 당신에게 번뇌가 있기에 청정하지 못하고, 번뇌가 있기에 자재하지 못하며, 번뇌가 있기에 무량무변한 괴로운 과보[苦報]가 있습니다. 그러므로 불법을 배우면서 무엇보다도 먼저 번뇌를 끊어야 합니다.

불법을 배우면서 최소한 운명을 개조할 수 있어야 합니다. 업을 전환[轉業]할 수 있어야 함은 최소한의 것입니다. 만약 이 점조차도 해내지 못한다면 우리는 헛배운 것입니다. 『료범사훈(了凡四訓)』의 저자 원료범(袁了凡)의 경우는 확실히 자기의 운명을 바꾸었습니다. 대만에서 불교를 배우는 많은 사람들의 후반부 인생의 운명은 모두 자기가 불교를 배우는 가운데 개조한 것입니다. 이병남(李炳南) 선생님은 올해 96세이십니다. 그분이 말씀하시기를 자신의 수명은 그렇게 길지 않았고 기껏해야 69세에 지나지 않았다고 했습니다. 금년에 96세이시니, 자기가 수행으로 얻으신 것입니다. 제가 불법을 배우기 전에 많은 사람들이 저의 관상을 봐주고 운명을 감정해 주면서 말하기를, 제가 45세를 넘기지 못할 것이라고 했는데 제가 금년(1986년)에 59살이니, 이 역시 수행으로 얻어온 것입니다. 이게 바로 불법을 배운 최소한의 좋은 점인데, 우리는 이미 얻었습니다. 만약 이 점조차도 전환할 수 없다면 불법을 배움은 효과가 없고 말할 만한 성적이 없습니다.

업을 전환하려면 어디로부터 전환할까요? 바로 이 두 가지 장애를 전환하는 것입니다. 이 두 가지 장애는 모두 일체지·도종지·일체종지의 지혜에 의지해야 깨뜨릴 수 있습니다. 이 두 가지 장애는 지혜를 장애하고 우리의 청정심을 장애하며 우리의 원만한 공덕을 장애하여, 그 장애의 결과는 6도윤회(六道輪回)로 변해 나타납니다. 6도윤회는 누가 지은 것일까요? 번뇌장이 지은 것입니다. 번뇌장을 깨뜨리면 6도윤회가 사라집니다. 아라한은 선정의 공부로써 멸진정(滅盡定)인 제9정(第九定)을 성취하였습니다. 6도에는 4선8정(四禪八定)이 있고, 제9정은 없으므로 제9정은 6도를 초월합니다. 제9정이 아집을 깨뜨리고 번뇌장을 끊어버리면, 6도 윤회는 사라져버립니다. 그러므로 아라한에게는 6도윤회가 없습니다. 이것이 설명하는 것은, 6도 윤회는 자기 스스로 지은[造作] 것으로서, 자기가 짓고 자기가 받는[自作自受] 것이니, 절대로 하늘을 원망하거나 남을 탓해서는 안 된다는 것입니다. 번뇌는 업력을 발동시켜서 당신을 윤회(輪廻) 속에서 쉬지 않고 생사를 반복하게 하며[生生不息] 그 속에서 빙글빙글 돌게[輪轉] 합니다. 번뇌의 성질은 속박하는 것이어서 당신을 자재하지 못하게 하여 이런 유정중생을 속박합니다. 이 속박은 무형의 것입니다. 예를 들어 당신이 번뇌한다면, 마음속에 늘 걸려있는 일이 많아서 자재하지 못합니다. 번뇌가 있기만 하면 당신은 생사윤회를 벗어날 방법이 없습니다. 번뇌는 열반을 장애하고 생공(生空: 인아공人我空)을 장애합니다.

'소지장(所知障)': 소지장은 법집(法執)을 근본으로 합니다. 세간과 출세간의 일체법에 대해 당신이 집착을 일으키는 것도 귀찮은 일입니다. 그 숫자는 얼마나 될까요? 번뇌장과 마찬가지로 무량무변합니다. 소지장은 우리가 본래 알고 있던[所知] 경계를 알지 못하는[無知] 경계로 바꾸어 버렸습니다. 부처님께서는『화엄경』에서 말씀하시기를, '일체 중생이 다 여래의 지혜와 덕상을 가지고 있다[一切衆生皆有如來智慧德相]'고 하였습니다. 우리의 지혜는 부처님만큼이나 컸습니다. 부처님은 알지 못하는 것이 없으며[無所不知], 우리도 원래는 알지 못하는 것이 없었습니다. 그러나 지금 우리는 그 본래의 능력을 잃어버려서, 알지 못하는 것이 없던 것이 아는 것이 하나도 없는 것[一無所知]으로 변해버렸고, 배워도 배워지지 않으니 야단나지 않았습니까! 왜 잃어버렸을까요? 이 가운데에는 하나의 장애가 있기 때문인데, 이 장애가 바로 '법집'입니다. 일체법에 대해서 분별과 집착을 일으켰기 때문에 장애로 변하여 우리의 일체지를 잃어버렸습니다.

아마 우리는 듣고서 이렇게 의심할지 모릅니다. "무릇 지식이란 것은 반드시 학습해야 비로소 알 수 있는데, 어떻게 배우지 않고도 알 수 있을까?" 진정한 지혜는 학습이 필요하지 않습니다. 불경에서는 '무사지(無師智)'를 자주 말합니다. 사(師)가 바로 학습인데, 학습이 필요하지 않습니다. '자연지(自然智)'도 수학(修學)이 필요하지 않고 자연히 압니다. 이런 말을 하니 당신은 믿지 않는데, 당신이 상식으로 상상할 수 있는 것도 아니고 당신이 일생 동안에 그런 사람을 본적도 없으니 당신이 믿지 않는 것이 당연합니다! 그렇지만 이 일은 진실한 것입니다. 『육조단경』에 기록되어 있는데, 육조대사는 글을 배운 적이 없어서 글자를 몰랐고, 밖에 나가 참학(參學)한 적도 없었습니다. 그는 선근이 깊고 두터웠습니다. 땔감을 팔 때 남이 『금강경』을 외우는 소리를 들었는데, 몇 구절을 듣고 깨달았습니다. 우리는 수백 번, 수천 번 읽었어도 깨닫지 못합니다. 그도 사람이며 우리도 사람인데, 어째서 그는 할 수 있고 우리는 할 수 없을까요? 그는 경전 읽는 소리를 들었을 때에 아집이 없었고 법집이 없었기 때문에, 그래서 듣자마자 바로 깨달았습니다. 우리는 지금 경전을 듣고 독송을 하면서, 아집과 법집이 있으니 온통 장애이며, 장애가 엄중하니 당연히 깨달을 수 없습니다. 그러므로 불법은 집착을 깨뜨리는 것임을 알아야 합니다. 만약 온갖 것[一切]에 집착하지 않는다면, 듣자마자 깨닫고 보자마자 깨닫습니다. 깨닫고 난 이후의 경계는 알지 못하는 것이 없고[無所不知] 할 수 없는 것이 없는[無所不能] 경계로 변합니다. 많은 사람들이 육조대사에게 가르침을 청하며 경전의 도리를 물었는데, 육조 스님은 말씀했습니다, "나는 글자를 모릅니다, 당신이 읽어서 나에게 좀 들려주십시오" 그가 한 번 읽고 난 뒤에 육조대사는 그를 위해 강해했습니다. 육조대사는 배운 적은 없지만 의미를 완전히 분명하게 알았습니다. 장애가 없었기 때문에 6근이 외부의 6진 경계를 접촉하면 모두 지혜로 변했습니다. 이것이 무사지이며 자연지입니다.

마음이 청정하려면 마음속에 아무리 작은 것이라도 있어서는 안 됩니다. 아무리 작은 것이라도 있다면 바로 장애로서 번뇌장 아니면 소지장입니다. 소지장은 보리(각성覺性)를 장애하여, 당신으로 하여금 일체법에 대하여 깨닫지 못하고 미혹하게 만듭니다. 번뇌장이 일어날 때는 반드시 소지장이 함께 따르고 있지만, 소지장이 일어날 때 꼭 번뇌장이 함께 따르고 있는 것은 아닙니다. 이 두 가지 장애는 비록 하나는 열반을 장애하고 하나는 보리를 장애한다고 하지만, 사실 엄격하게 말하면 번뇌장은 열반을 장애하면서 보리도 장애하고, 소지장은 보리를 장애하면서 열반도 장애합니다. 우리는 단지 어느 종류의 장애가 어떤 방면에 좀 더 큰 장애가 된다고 말할 수 있을 뿐, 사실상 모두 다 장애입니다.

'각찰(覺察)': 각찰은 '번뇌장을 대치하는 것[對煩惱障]'입니다. 대(對)는 대치(對治)하는 것입니다. 번뇌장은 병이고 각찰은 바로 약이므로, 이 약을 가지고 이 병을 치료하는 것입니다. 각(覺)은 각오(覺悟)이고 찰(察)은 관찰입니다. 우리가 오늘날 말하는 반성인데, 반성하고 성찰하는 공부를 하는 것입니다. 만약 깊이 반성하지 못하면 우리는 경계 속에서 항상 미혹하여 한량없는 번뇌를 일으킵니다. 아래 두 마디는 비유인데, 번뇌장의 폐해에 대해 비유하기를 '도적처럼 침입하여 손해를 끼치지만, 알아차리면 도적이 무능해진다[侵害如賊, 覺賊無能]'라고 합니다. 적(賊)은 좀도둑인데 섞여서 여기까지 들어왔다면 우리의 재물은 손실을 입을 것입니다. 마치 번뇌장이 일어난 뒤에는 우리의 진성(眞性) 속의 공덕이 나타날 수 없고 청정심이 나타날 수 없는 것과 같습니다. 마음은 본래는 청정한 것이지만 이 한 겹의 번뇌를 뒤집어쓰면 마음은 청정하지 않게 드러납니다. 그렇지만 알아차리면 곧 회복할 수 있습니다. '알아차리면 도적이 무능해진다'는 것은, 당신이 만약 알아차리면[覺察] 도적은 작용을 발휘하지 못하여 능력을 사용하지 못한다는 뜻입니다. 그러므로 번뇌는 두렵지 않지만 알아차림이 느릴까 두려우니, 당신은 재빨리 알아차려야 합니다.

　어떻게 알아차릴까요? 이게 바로 우리가 수학하는 관건이 있는 곳입니다. 먼저 번뇌의 형상(形相)을 알고 그것을 인식해야 합니다. 번뇌의 형상에 대해서는 큰 경론[大經大論]에서 긴 문장으로 토론하고 있는데, 이를 간단히 말하면, 이른바 5욕7정(五欲七情)이 바로 번뇌의 모습[相]입니다. 7정이란 기쁨·성냄·슬픔·즐거움·사랑·미움·욕심[喜, 怒, 哀, 樂, 愛, 惡, 欲]입니다. 만약 우리가 『유식론』과 『백법명문론』을 읽어보면 번뇌의 형상에 대해서 개략적으로 이해할 수 있습니다. 그런 다음에는 이런 형상이 나타나면, 우리는 "나에게 번뇌가 일어났구나"하고 즉시 자기가 알아차립니다. 당신이 알아차리기만 하면 번뇌는 곧 작용을 일으키지 않고 바뀌어버립니다. 가장 간단히 구별하는 방법이 하나 더 있습니다. 우리의 마음은 청정하고 밝은[光明] 것인데, 만약 모든 물질 환경과 인사 환경 속에서 우리의 이 마음이 청정하지 않고 밝지 않다면, 그것은 번뇌가 있어서이고 장애가 있어서이니, 이럴 때에는 반드시 관조(觀照)를 일으켜야 합니다. 이렇게 관조하자마자 번뇌는 사라져버립니다.

　무엇이 관조일까요? 어떤 방법으로 관조할까요? 제가 여러분에 말씀드립니다, 한 마디 '아미타불'이 바로 관조이며, 관조하는 방법입니다. 나무아미타불 이 여섯 글자에서 '나무(南無)'는 귀의(皈依)이고 '아(阿)'는 무(無)이며, '미타(彌陀)'는 량(量), '불(佛)'은 각(覺)으로 번역합니다. 따라서 이 한 마디 명호를 중문으로 번역하면 그의미는 '무량각에 귀의합니다[皈依無量覺]'입니다. 내가 갖가지를다 깨닫고자 한다면, 어찌 이 한 마디 부처님 명호가 당신으로 하여금 되돌아보도록 도와주어, 깨닫지 못함[不覺]으로부터 돌아와 당신은 깨달음에 의지해야지 번뇌에 의지해서는 안 된다고 소리치는것이 아니겠습니까?

예를 들어 우리가 마음에 맞는[順心] 경계를 만나서 탐심(貪心)이일어나면, 당신은 즉시 알아차리기를 '탐심은 번뇌이다. 청정심에는 탐애(貪愛)가 없다'며, 탐심이 막 일어나자마자 '나무아미타불'을 외워서 탐욕으로부터 고개를 돌립니다. 탐(貪)은 깨닫지 못한 것이요 번뇌요 미혹이니, 여기로부터 고개를 돌려서 깨달음[覺]에 의지합니다. 깨닫는 마음[覺心]은 청정하여 번뇌가 일어나지 않습니다. 이 부처님 명호는 효과가 있어서, 외울 때마다 우리를 번뇌 속으로부터 불러내 돌아오게 합니다. 부처님 명호를 잊어버리기만 하면 그러자마자 번뇌가 곧 작용을 일으켜, 하나에 하나가 이어져 와점점 늘어나며 끊어지지 않고 계속됩니다[相續].

염불하는 많은 사람들이 설사 하루에 부처님 명호를 10만 번 외우더라도 성깔은 여전히 아주 사납습니다. 남이 자신을 기분 나쁘게 하면 여러 날 동안 화를 내고, 몇 마디 좋은 말을 해주면 여러 날동안 기뻐한다면, 이게 어떻게 공부가 있다고 하겠습니까! 이것은바로 번뇌를 조금도 끊지 않아서 번뇌가 여전히 항상 현행을 일으키는 것이며, 부처님 명호가 번뇌를 누르지 못한 것입니다.

그러므로 무량한 법문들이 모두 번뇌장과 소지장 이 두 장애를깨뜨리기 위한 것인데, 정토 법문인 아미타불 염불도 예외가 아니어서 역시 두 가지 장애를 깨뜨리려는 것입니다.

　마명(馬鳴) 보살은 말하기를 "본각은 본래 있고 불각은 본래 없다 [本覺本有, 不覺本無]"고 했습니다. 본래 있으니 당연히 회복할 수 있고, 본래 없으니 당연히 끊어버릴 수 있다는 것을 우리는 반드시 믿어야 합니다. 이것을 자신(自信)이라고 하는데, 자신을 믿는 것입니다. 불법에서는 신심을 말하고 신해행증(信解行證)을 말하는데, 첫째로 자기를 믿어야 합니다. 그런 다음에 믿기를, 제불보살이 우리를 위하여 증상연(增上緣)이 되어줄 수 있으며, 우리를 도와줄 수 있어서, 우리에게 자기를 믿도록 도와주고, 우리에게 스스로 깨닫도록 도와주며, 우리에게 스스로 수행하고 스스로 증득하도록 돕는다고 믿는 겁니다. 일체를 자기에게 의지하여야 합니다. 자기에게 의지하지 않으면 다른 사람은 도와줄 수 없습니다.

　'각오(覺悟)'는 '소지장'을 대치합니다. 여기에도 비유가 하나 있는데, '잠에 빠진 듯 혼미하지만 깨어나면 분명해진다[昏昧如睡, 覺卽分明]'는 것입니다. 우리가 잠에 들었을 때에는 아무 것도 모르지만, 잠에서 깨어난 뒤에는 다시 회복합니다. 이 의미가 설명하는 것은 바로, 우리가 온갖 경계에서 분별·집착·망상을 일으키면 외부 환경의 진상(眞相)에 대해서 인식할 수 없는 것은 마치 잠든 것과 같고, 온갖 경계에서 분별·집착·망상이 없으면 우리의 능력이 또 회복되는 것은 마치 다시 깨어난 것과 같다는 것입니다. 그러나 분별과 집착을 말하기는 쉽지만 진정으로 끊어 없애기는 참으로 쉽지 않습니다. 그러므로 초학자들은 반드시 선정 공부[定功]에서 시작해야 합니다. 그것은 바로 반드시 선정(禪定)을 닦아야 한다는 것입니다. 그러나 선정을 닦기 전에 반드시 계율을 닦아야 합니다. 계율은 당신의 선정을 도와줍니다. 무시겁(無始劫) 이래 우리의 습기(習

氣)는 너무나 깊습니다. 습기는 바로 번뇌입니다. 번뇌가 너무 무거우면 반드시 계율의 조목에 의지하여 억지로라도 수학하고 자기를 단속하여 먼저 악업을 끊어 없애야 합니다. 악업을 끊어 없앤 뒤에 선업에도 집착하지 않아야 비로소 선정을 얻을 수 있고 당신의 마음은 비로소 청정을 회복할 수 있습니다. 청정심에서는 저절로 지혜가 생겨나고, 지혜가 나타나면 두 장애를 깨뜨려 없애고 우리 자성 안에 본래 갖추고 있는 대지(大智)와 대각(大覺)을 회복할 수 있습니다. 이게 바로 성불입니다.

아래에 '자행·화타·행만(自行·化他·行滿)' 세 마디가 있습니다. 자행(自行)은 자기 학습입니다. 이론과 방법에 따라 수행하는 것입니다. 화타(化他)는 중생을 교화하는 것입니다. 가르치고 배우는 과정을 통해서 서로가 발전하면서 중생을 교화하는 것은 바로 자기로 하여금 깨닫도록 도와주는 것입니다. 기꺼이 발심하여 남을 도와주려 하지 않는다면 자기가 원만하게 깨달을 방법이 없습니다. 행만(行滿)은 바로 자행과 화타가 원만한 것입니다. 만약 자행만 하고 화타하려 않는다면 그건 소승(小乘)입니다. 마치 아라한처럼 자발적으로 남을 기꺼이 교화하려 하지지 않습니다. 아라한은 당신이 그에게 가르침을 청하기를 꼭 바라지 자발적으로는 당신을 가르쳐 주지 않습니다. 보살은 다릅니다. 보살은 중생이 청하지 않은 벗[不請之友]이 됩니다. 중생이 그를 청하지 않아도 그가 찾아와서 당신을 가르쳐 줍니다. 자행하고 또 겸하여 남을 교화할 수 있다면 대승의 보살입니다. 자기 수행과 타인 교화가 원만하다면, 그건 바로 부처입니다. (정공법사 『불학14강 강기』)

법이란 무엇인가

법Dhamma 法이란 무엇인가? 법은 어떻게 정의하는가? 초기불전에서 담마dhamma를 다양한 의미로 쓰고 있는데 크게 둘로 나누어 볼 수 있다. 첫째, 부처님의 가르침으로서의 법을 뜻하며 대문자로 Dhamma로 표기하고 불법 Buddha-Dhamma (佛法)으로 쓰고 있다.

둘째, 존재하는 모든 것[諸法]을 뜻하며 소문자로 dhamma로 표기하고 일체법 sabbe-dhammā (一切法)으로 쓴다. 그렇지만 부처님의 가르침과 일체법은 같은 내용을 담을 수 없다.

〈첫째〉 부처님의 가르침으로서의 법은 교학과 수행으로 정리된다. 교학으로서의 법은 5온·12처·18계·22근·4성제·12연기의 여섯 가지 주제로 집약된다.

온(蘊, 무더기, khandha): 5온 = 물질[色, rūpa], 느낌[受, vedanā], 인식[想, saññā], 심리현상들[行, saṅkhārā], 알음알이[識, viññāṇa]의 다섯 가지 무더기이다.

처(處, 감각장소, āyatana): 12처 = 눈·귀·코·혀·몸·마음(眼耳鼻舌身意)의 여섯 가지 감각장소[六內處]와, 형색·소리·냄새·맛·감촉·마음(色聲香味觸法)의 여섯 가지 대상[六外處]인 12가지 감각장소이다.

계(界, 요소, dhātu): 12처의 마음(마노)에서 여섯 가지 알음알이를 독립시켜서 모두 18가지가 된다. 즉, 눈·귀·코·혀·몸·마음(眼耳鼻舌身意)의 여섯 가지와, 형색·소리·냄새·맛·감촉·마음(色聲香味觸法)의 여섯 가지와 눈의 알음알이[眼識], 귀의 알음알이, 코의 알음알이, 혀의 알음알이, 몸의 알음알이, 마노의 알음알이[意識]의 여섯을 합하여 18가지가 된다.

근(根, 기능, indriya): 22근 = (1) 눈의 기능[眼根] (2) 귀의 기능
[耳根] (3) 코의 기능[鼻根] (4) 혀의 기능[舌根] (5) 몸의 기능[身根]
(6) 여자의 기능[女根] (7) 남자의 기능[男根] (8) 생명기능[命根] (9)
마노의 기능[意根] (10) 즐거움의 기능[樂根] (11) 괴로움의 기능[苦
根] (12) 기쁨의 기능[喜根] (13) 불만족의 기능[憂根] (14) 평온의
기능[捨根] (15) 믿음의 기능[信根] (16) 정진의 기능[精進根] (17)
마음챙김의 기능[念根] (18) 삼매의 기능[定根] (19) 통찰지의 기능
[慧根] (20) 구경의 지혜를 가지려는 기능[未知當知根] (21) 구경의
지혜의 기능[已知根] (22) 구경의 지혜를 구족한 기능[具知根]

제(諦, 진리, sacca): 4성제(四聖諦)= 괴로움의 성스러운 진리(고
성제), 괴로움의 일어남의 성스러운 진리(집성제), 괴로움의 소멸의
성스러운 진리(멸성제), 괴로움의 소멸로 인도하는 도닦음의 성스
러운 진리(도성제)의 네 가지 진리이다.

연(緣, 조건발생, paccaya, paticcasamuppāda): 12연기를 말
한다.

수행으로서의 법은 4념처(四念處)·4정근(四正勤)·4여의족(四
如意足)·5근(五根)·5력(五力)·7각지(七覺支)·8정도(八正道)의
일곱 가지 주제로 구성된 37가지 깨달음의 편에 있는 법들[37보리
분법菩提分法]으로 정리되고, 이것은 다시 계정혜 3학(三學)과 사마
타[지止]와 위빠사나[관觀] 등으로 체계화된다.

4념처(念處, 마음챙김의 확립): 몸[身]·느낌[受]·마음[心]·법[法]에
대한 마음챙김[念, sati]

4정근(正勤, 精進): 여기 비구는 아직 일어나지 않은 사악하고 해
로운 법[不善法]들을 일어나지 못하게 하기 위해서 … 이미 일어난
사악하고 해로운 법들을 제거하기 위해서 … 아직 일어나지 않은

유익한 법[善法]들을 일어나도록 하기 위해서 … 이미 일어난 유익한 법들을 지속시키고 사라지지 않게 하고 증장시키고 충만하게 하고 닦아서 성취하기 위해서 열의를 생기게 하고 정진하고 힘을 내고 마음을 다잡고 애를 쓴다.

4여의족(如意足, 성취수단): 열의(chanda), 정진(viriya), 마음(citta), 검증(vīmaṁsa)의 성취수단

5근(根, 기능): 믿음의 기능[信根], 정진의 기능[精進根], 마음챙김의 기능[念根], 삼매의 기능[定根], 통찰지의 기능[慧根]

5력(力, 힘): 5근과 같다.

7각지(覺支, 깨달음의 구성요소): 마음챙김, 법의 간택, 정진, 희열, 고요함, 삼매, 평온의 깨달음의 구성요소[각지].

8정도(八正道): 여덟 가지 구성요소를 가진 성스러운 도[八支聖道] = 바른 견해[正見], 바른 사유[正思惟], 바른 말[正語], 바른 행위[正業], 바른 생계[正命], 바른 정진[正精進], 바른 마음챙김[正念], 바른 삼매[正定].

〈둘째〉 부처님께서 반열반하신 뒤부터 부처님의 직계제자들이 법을 진지하게 사유하고 분류하고 분석하고 체계화하여 불교의 밑줄기를 튼튼하게 한 불교가 바로 아비담마abhidhamma이다. 문자적으로 아비담마는 '법에 대해서[對法]', 혹은 '수승한 법[勝法]'이라는 뜻이다. 이처럼 아비담마는 부처님의 가르침의 핵심인 법을 연구하는 체계이다. 일체법으로서의 법은 일체 존재를 구성하는 기본 단위로, 아비담마에서는 '더 이상 분해할 수 없는 자기 고유의 성질을 가진 것'이라고 정의한다. 최소 단위로서의 법은 궁극적 실재, 혹은 구경법 paramattha dhamma라고 부른다. 「상좌부 아비담마」에서는 존재하는 모든 것을 고유 성질의 차이에 따라 마음[心],

마음부수[心所], 물질[色], 열반(涅槃)의 4위 82법으로 정리하였고, 「설일체유부」에서는 마음, 마음부수, 물질, 심불상응행(心不相應行), 열반의 5위 75법으로 정착시켰고, 「유식」에서는 이를 발전시켜 5위 100법으로 설명하고 있다. 이런 최소 단위들이 모여서 이루어진 것들을 개념, 즉 빤냣띠paññatti 시설(施設), 가명(假名)라고 한다.

예를 들어 사람, 동물, 산, 강, 컴퓨터 등 우리가 개념 지어 알고 있는 모든 것은 개념이지 법의 영역에 속하지 않는다. 이것들은 여러 가지 최소 단위로 분해할 수 있기 때문이다. 강江이라 할 때 거기에는 최소 단위인 물의 요소들이 모여서 흘러감이 있을 뿐 강이라는 불변하는 고유의 물질은 없다. 그들은 마음이 만들어 낸 개념이지 그들의 본성에 의해서 존재하는 실재가 아니다.「와지라 경」(S5: 10)에는 "마치 부품들을 조립한 것이 있을 때 '마차'라는 명칭이 있는 것처럼 무더기들[蘊]이 있을 때 '중생'이라는 인습적 표현이 있을 뿐이라는 금언이 있다. 여기서 '마차'는 개념적 존재의 본보기이고 '부품들'은 법들의 본보기이다.

초기불교에서 '나'라는 개념적 존재를 '오온'이라는 법으로 해체해서 보는 것은 이처럼 **오온개고(五蘊皆苦)**와 **오온무아(五蘊無我)**를 극명하게 드러내기 위한 방편이다. 모든 개념적 존재를 법으로 해체해서 보면 **무상(無常)·고(苦)·무아(無我)**가 극명하게 드러나게 되고, 그들의 무상·고·무아를 통찰하면 염오하고, 탐욕이 빛바래고, 그래서 해탈·열반을 실현한다는 것이 초기불교의 일관된 흐름이다.

한편 상좌부 불교뿐만 아니라 설일체유부를 위시한 북방의 모든 아비달마 불교와 반야 중관을 위시한 대승불교에서도 **법을 고찰하는 방법으로 개별적 특징[自相]과 보편적 특징[共相]**을 채택하였다.

초기불교의 교학과 수행체계는 '자상을 통한 공상의 확인'으로 정리된다. 고유성질의 특징에 따라 법들을 분류하고 이들 가운데 특정 법의 무상이나 고나 무아를 통찰할 것을 강조한다. (각묵스님 초기불교 강의)

3법인(三法印) ― 무상·고·무아·열반

법인(法印)은 '법의 표지' 또는 '불법의 특징'을 뜻한다. 이 법인사상은 석가모니의 정각(正覺)을 단적으로 나타낸 것으로, 어느 불경이든 법인사상에 합치되면 이를 부처님의 진설(眞說)이라 인정하고, 만약 법인사상에 어긋나면 이를 바른 불설(佛說)이 아니라고 판정하였다. 법인으로 들 수 있는 것은 3종 또는 4종이 있는데, 이를 3법인 또는 4법인이라 한다.

3법인은 ① 제행무상(諸行無常), ② 제법무아(諸法無我), ③ 열반적정(涅槃寂靜)이며, 이 세 가지에 일체개고(一切皆苦)를 더하면 4법인이 된다. 대부분의 경전에서 4법인을 무상·고·무아·열반의 순으로 열거하고 있다.

원시경전에는 일반적으로 3법인 또는 4법인을 체계화시킨 설은 없지만, 무상·고·무아에 관해서는 많은 경전에서 설하고 있다. 이를 유위(有爲)의 삼상(三相)이라고 하였다. 이 유위를 벗어남으로써 열반을 얻을 수 있기 때문에, 이상 네 가지로 사법인의 교설이 성립되게 된 것이다.

원시불교 이래 **대승불교에 걸쳐 가장 중요한 게(偈)로서 무상게 (無常偈)**가 있다. 이를 범어(梵語) 원본대로 번역하면 "제행은 무상하여 생겨나고 소멸하는 법이라, '생겨나고 소멸하는 법'이 소멸하니 적멸이 즐거움이다[諸行無常, 是生滅法. 生滅滅已, 寂滅爲

樂]."이며, 이것은 제행무상과 열반적정의 법인을 설한 것으로, 불교를 대표하는 사상으로 되어 있다.

중국 천태종 등의 일부 종파에서는 3법인이 소승불교의 설이므로 '제법실상(諸法實相)'이라는 일실상인(一實相印)으로써 법인을 삼는다고 주장하였으며, 제법실상을 10여시(十如是)로 설명하기도 하였다. 그러나 우리나라에서는 3법인과 10여시에 의한 제법실상은 실질적으로 다른 것이 아니라 하여 3법인설이 보편적으로 유통되었다. 3법인 각각을 살펴보면 다음과 같다.

제행무상: 제행이란 생멸 변화하는 일체의 형상법을 가리키며, 유위(有爲)와 같은 뜻이다. 모든 현상은 잠시도 정지하지 않고 생멸 변화하므로 제행무상이라 한다. 제행이 무상하다는 것은 눈앞의 사실로서 경험하고 있는 것이며, 특별한 증명을 필요로 하지 않는 것이기 때문에, 법인 중에는 제행무상을 가장 앞에 두게 된 것이다.

'무상을 설하는 의의는 이론적으로는 무상하기 때문에 고이다.'라든가 '무상하기 때문에 무아이다.'라고 하는 것처럼 고와 무아의 이유로서 무상이 설해졌다. 전통적으로 무상이라는 말에는 노(老)·병(病)·사(死) 등과 같이, 사태가 나쁘게 변화한다는 비극적인 뜻으로 연상되는 경우가 많지만, 무상이란 사태가 나쁘게 변화하는 것뿐 아니라, 좋게 전개되는 것까지 포함하고 있다.

무상하기 때문에 슬픈 일도 생기지만, 무상하기 때문에 불행을 행복으로 돌릴 수도 있다. 고뇌를 해소하고 불완전한 것을 완전한 것으로 이끄는 종교의 가르침이 설해지는 것도 제행무상이라는 기본적인 진리가 인정되기 때문이다. 이 무상의 체득을 위한 실천행법을 불교에서는 **무상관(無常觀)**이라고 한다.

무상관이 설해지는 의의는, 다음과 같다. 첫째, 부모 형제나 이웃의 죽음에 의해 세상의 무상함을 느끼고 종교심을 일으키게 되기 때문이다. 부족함이 있을 때 자기반성을 하게 되고, 그 반성에 의해 지금까지 알지 못했던 바른 눈이 트이며, 자기와 세상과의 결합관계를 알게 됨으로써 종교심이 움트는 것이다. 둘째, 무상을 생각함으로써 집착이나 교만심을 버리게 된다. 셋째, 무상관에 의해 시간을 아끼고 정진 노력하게 된다는 것이다.

제법무아: 제법의 법은 무아성(無我性)의 것을 뜻하며, 이 제법은 제행과 마찬가지로 현상으로서의 일체법을 뜻한다. 무아는 '아가 없다.', '아가 아니다.'는 뜻이며, 아(我)란 생멸변화를 벗어난 영원불멸의 존재인 실체 또는 본체를 뜻한다. 이와 같은 실체와 본체는 경험으로 인식할 수 있는 것이 아니기 때문에, 그것이 존재하는지 아닌지가 분명하지 않은 무기(無記)라 하여, 불교에서는 이를 문제 삼는 것을 금지하였다.

이러한 뜻에서 제법무아는 모든 것이 '아가 아니다.'라는 뜻으로 사용되고 있다. 그러나 제행무상이란 누구에게나 쉽게 받아들여질 수 있는 것이지만, 제법무아는 불교 이외의 종교에서는 인정되지 않는 불교 특유의 교설이다.

석가모니 당시의 인도 종교들은 모두 불생불멸(不生不滅)의 영원한 존재로서의 본체를 인정하였다. 우주적인 실체를 범(梵, brahman)이라 하고, 개인적인 실체를 아(我, atman)라고 하였다. 불교에서는 이를 인식할 수도 없고, 그 존재를 증명할 수도 없다고 하여 무기(無記)라 설하고, 또 그러한 본체와 실체는 현상계와는 관계가 없는 것으로서, 수행이나 해탈에는 도움이 되지 않기 때문에 문제로 삼아서는 안 된다고 하였다.

열반적정: 열반은 '불어 끄는 것' 또는 '불어서 꺼져 있는 상태'라는 뜻으로, 번뇌의 불을 불어서 끄는 것이다. **불교의 이상(理想)은 곧 열반적정이다.** 석가모니가 인생의 고(苦)를 불가피한 것으로, 우선 단정하고 그것을 극복하는 종교적 안심(安心)의 세계가 엄연히 존재한다는 것을 가리키고 있는 것이다.

이상의 3법인과 합하여져서 4법인을 이루는 **일체개고**는 일체고행(一切苦行) 또는 제행개고(諸行皆苦)라고도 한다. 이 법인은 일체의 현상법이 고임을 알아야 한다는 가르침이다. 즉, 모든 현상법이 무상하기 때문에 고라고 한 것이다. 제행무상과 제법무아의 명제는 부정할 수 없는 진리로 받아들여졌지만, 일체개고의 명제는 무조건 받아들여지지 않았다.

현상계는 고뿐만 아니라 낙도 있고 불고불락(不苦不樂)도 있기 때문이다. 따라서, 고고(苦苦)·괴고(壞苦)·행고(行苦)의 3고 가운데 일체개고에 해당하는 것은 행고뿐이라고 보았다. 행고란 현상의 법을 고라고 한 것으로, 현상의 법을 반드시 고라고 할 수는 없지만, 불교적인 사고방식에 의하면 3계6도(三界六道)의 윤회(輪廻)와 미혹의 생활 자체가 고일 수밖에 없다고 보았기 때문이다.

따라서 일체개고는 미혹한 범부에게만 해당되며, 미혹이 잔존하는 이상은 일체의 현상이 고라고 보고 있다. 그리고 일체개고를 법인으로 설정한 까닭은 현실의 고와 무상과 부정 등을 관찰하여 현실의 고뇌를 벗어나서 안락한 이상의 경지를 얻게 하기 위한 것이다. (『한국민족문화대백과사전』)

세상의 모든 종교 미신을 뒤엎은 진리 ─ 연기론

모든 종교나 철학은 최초의 조물주가 무엇인지, 그 누가 주재(主宰)하고 있는지, 최초의 현상은 어느 때 시작되었는지를 추적하여 찾아보고 있습니다. 불교에서의 결론은 '시작 없는 시작'이라는 겁니다. 마치 하나의 둥근 원(圓)과 같아서 점마다 시작점이자 종점이 될 수 있습니다. 소위 시작점과 종점은 하나의 가정(假定)에 불과합니다. 우주의 법칙은 원주적(圓周的)이며 원만한[圓滿] 것입니다. 생성되지도 않고 소멸하지도 않음이요, 오지도 않고 가지도 않습니다. 능히 생겨나게 하고 소멸하게 하며 가게 하고 오게 하는 그것은 생멸거래(生滅去來)가 없습니다.

확철대오란 우주만유 생명의 궁극을 철저하게 아는 것입니다. 석가모니 부처님은 도(道)를 깨닫고 성불하셨는데, 무슨 도(道)를 깨달았을까요? 온갖 생명의 본체(本體)는 태어나지도 않고 죽지도 않는다는 것을 아셨습니다. 이것을 깨달아 성불하신 겁니다.

공자, 노자, 석가모니불, 예수, 마호메트. 이 다섯 분의 교주(敎主)는 온갖 생명의 본체는 불생불멸(不生不滅)한다는 이치를 알았지만, 도(道)를 전하고 전파하는 방법이 달라 지역상황에 맞추었을 뿐입니다. 그 중에서도 가장 철저하게 말씀하신 분은 석가모니 부처님입니다.

우리가 알 듯이 석가모니불 당시의 인도에는 62견(見)[1]으로 일컬어지는 다양한 사상들이 난립했습니다. 『중아함 3권 13경 도경(度經)』에 의하면, 석가모니불은 이를 모두 크게 세 가지 부류로 나누어 비판했습니다. 이른바 숙명론(宿命論)·신의론(神意論: 존우론尊

---

1 송찬문 번역 『능엄경대의풀이』 부록에 실린 범망경(梵網經)을 참고하기 바람.

祐論)·우연론(偶然論)의 삼종외도설(三種外道說)인데, 오늘날도 여전히 적용할 수 있습니다.

"세상에는 지혜가 있다고 자처하는 세 가지 부류의 사람들이 있다. 일체는 숙명으로 이루어졌다고 하는 주장과, 일체는 존우(尊祐: 세계의 주재신)의 뜻에 의한 것이라는 주장과, 일체는 인(因)도 없고 연(緣)도 없이 이루어졌다는 주장이 그것이다. 그러나 이는 진리가 아니며 옳지 않다. 어째서 그런가. 만약 사람이 행하는 모든 행위가 숙명으로 이루어졌다든가, 존우의 뜻에 의한 것이라든가, 인도 없고 연도 없이 이루어지는 것이라면 사람들은 살생과 도둑질과 사음과 같은 열 가지 악행[十惡]에서 벗어날 수 없다. 왜냐하면 그것은 숙명적인 것이거나, 존우의 뜻에 의한 것이거나, 인(因)도 없고 연(緣)도 없는 것이기 때문이다. 그러므로 이 세 가지 주장은 진리가 아니며 옳지 않다. 만약 그런 주장들이 진리라면 사람들은 해야 할 일과 하지 않아야 할 일을 모를 것이며 거기서 벗어나는 방법도 모를 것이다." 이어서 부처님은 이렇게 말했다. "내가 스스로 알고 스스로 깨달은 바에 의하면 모든 것은 인과 연이 합하여 일어난다."

이렇듯 석가모니불은 진리를 철저하게 깨닫고 연기설(緣起說)을 설하였습니다. "온갖 생명과 물리세계는 인연으로 생겨나기[生起] 때문에 그 자성이 본래 공(空)하다. 그 자성이 공하기 때문에 인연으로 생겨난다[緣起性空, 性空緣起]. 타력(他力)의 주재자도 없으며 자연히 이루어져 있는 것도 아니다[無主宰, 非自然]." 그는 세상의 모든 종교 미신을 뒤엎어 버린 것이나 다름없었습니다. 대소승 불법의 이론 기초는 3세인과(三世因果)와 6도윤회(六道輪廻) 위에 세워져 있습니다.

천주교, 기독교, 이슬람교도 인과응보를 말합니다. 좋은 일을 한 사람은 천당에 올라가고, 나쁜 일을 한 사람은 지옥에 떨어집니다.

그렇다면 인과(因果)는 누가 주관하는 걸까요? 누가 사건을 판단하고 당신으로 하여금 응보(應報)를 받게 할까요. 불교에서는 당신의 죄를 심판하는 어떤 존재가 있다고 인정하지 않습니다. 당신을 지옥에 떨어지게 하고, 천당에 오르게 하는 존재가 있다는 것을 인정하지 않습니다. 왜 인정하지 않을까요? 왜냐하면 그것은 당연한 인과(因果)의 도리로서 대과학(大科學)이기 때문입니다. 천당에 오르고 지옥에 떨어지는 등 육도를 윤회하는 것과, 3세(三世)의 6도윤회와 3세의 과보(果報)는 모두 누가 그렇게 시켜서 그런 것이 아니라 자기 스스로가 만든 것입니다.

부처님을 배우는 여러분은 자신에게 물어 보십시오. 정말로 3세인과를 믿습니까? 자기를 속이지 마십시오. 때로는 그리 믿지 않겠지요! 당신은 정말로 지옥을 믿습니까? 불법은 대소승을 막론하고 모두 3세인과와 6도윤회의 이론기초 위에 세워집니다. 일반인들은 마지못해 믿지만 실제로 증득을 추구하기란 어렵습니다. 실제로 3선(三禪) 이상에 도달해야만 선정 중에서 비로소 또렷이 볼 수 있습니다. 그래야 비로소 거의 진짜 믿을 수 있을 것입니다. (남회근 선생 저작 등)

3세인과   6도윤회

석가모니의 깨달음에 대하여 불경은 다음과 같이 말하고 있습니다.

보살은, 이미 악(惡)의 뿌리를 버려서 음욕과 성냄과 어리석음[婬怒癡]이 없고, 태어남과 죽음이 이미 없어져서 그 뿌리와 종자도 다 끊어졌고 그루터기에서 나는 싹조차 없어졌으며, 해야 할 바가 성취되었고 지혜가 명료해졌음을 스스로 알았다. 그리하여 태백성[明星]이 떠오를 때 홀연히 크게 깨달아 위없고 바르고 참된 도[無上正眞道]를 얻어 최정각(最正覺)이 되시고는, 부처의 18불공법(十八不共法)을 얻고 10력(十力)과 4무소외(四無所畏)[2]가 있게 되었다."

그 때 보살은 한밤중에 이르러 곧 천안(天眼)을 얻어 세간(世間)을 관찰했는데, 마치 밝은 거울 속에서 자신의 얼굴을 보듯 모든 것을 철저하게 보았다. 중생들을 보니 그 종류가 헤아릴 수 없으며 여기서 죽어 저기에 태어나 자신이 행한 선악에 따라 고통과 안락의 과보[苦樂報]를 받고 있었다.

지옥세계에서 고문으로 다스려지는 중생을 관찰하니. 혹은 녹인 구리물이 입에 부어지고 있고, 혹은 구리 기둥을 안고 있으며, 혹은 쇠 평상에 눕고 있고, 혹은 쇠솥에서 삶아지고 있으며, 혹은 불 위에서 꼬챙이에 꿰어져 구워지고 있고, 혹은 범·이리·매·개에게 먹히고 있으며, 혹은 불을 피하여 나무 아래 의지하니 나뭇잎들이 떨어지면서 모두 칼이 되어서 그의 몸을 자르고 끊고 하였으며, 혹은 도끼나 톱으로 팔다리가 썰리기도 하였고, 혹은 펄펄 끓는 재로 된 강물 속에 던져지기도 하였으며, 혹은 뜨거운 똥·오줌 구덩이 속으로 던져지기도 하였다. 그들은 이와 같은 갖가지 고통들을 받으면서 업보(業報) 때문에 목숨이 끝났으나 죽지 못하였다.

보살은 이러한 일을 보고나서 마음으로 사유하였다. '이들 중생은 본래 나쁜 업(業)을 지어 세간의 쾌락을 위했던 까닭에 이제 그 과보를 받아 극심한 고통을 당하고 있다. 만일 사람이 이와 같은 악한 과보를 보게 된다면 착하지 않은 생각을 다시는 하지 않을 것이

---

2 18불공법, 10력, 4무소외에 대한 설명은 '보살 수행의 55단계 그리고 성불' 장에 있음.

다.'

　그 때 보살이 다음으로 축생세계를 관찰하니, 축생들은 갖가지 행위에 따라 여러 가지 추한 형상을 받았으면서, 혹은 뼈·살·힘줄·뿔·가죽·어금니·털과 깃 때문에 죽음을 당하기도 하고, 혹은 사람을 위하여 무거운 짐을 짊어지고 굶주림에 시달리는데도 사람이 그것을 몰라주기도 하며, 혹은 그것의 코를 뚫고, 혹은 그의 머리가 갈고리에 매여 언제나 몸의 살이 사람에게 바치거나 그 무리들끼리 서로 잡아먹기도 하는 등 이러한 갖가지 고통을 받고 있었다.

　보살은 보고나서 대비심(大悲心)을 일으키며 스스로 사유하였다. '이러한 중생들이 언제나 자신의 몸과 힘을 사람에게 바치고 또 매맞고 굶주림의 고통을 당하는 것은 모두 본래 악행을 했던 과보이다.'

　그 때 보살이 다음으로 아귀(餓鬼)세계를 관찰하니, 그들은 언제나 캄캄한 어둠속에 있으면서 잠시라도 햇빛이나 달빛을 본 적이 없고 그 무리들끼리도 서로 보지 못한 것을 보았다. 받은 형상은 길고 크되 그 배는 마치 큰 산과 같았다. 목구멍은 바늘만하고 입 안은 언제나 큰 불이 활활 타고 있었다. 항상 배고픔과 목마름에 시달리면서도 천억만 년 동안 음식 소리조차도 듣지 못하였다. 설령 하늘에서 비가 내려 그의 위에 뿌려져도 불구슬로 변했다. 강이나 바다나 하천을 지나가려고 그 앞에 이르렀을 때는 물이 곧 이글거리는 구리나 불붙은 숯으로 변하고 말았다. 몸을 움직여 걸음 걷는 소리는 마치 사람들이 5백 채의 수레를 끌어당기는 것과 같으면서 팔다리의 마디마다 모두 불타고 있었다.

보살은 이러한 갖가지의 고통을 받는 것을 보고 대비심을 일으키며 스스로 사유하였다. '이들은 모두 본래 간탐(慳貪)을 부려 재물을 쌓기만 하고 보시하지 않았기 때문에 이제 이러한 죄보를 받고 있다. 만일 사람이 이들이 받는 이런 고통을 본다면 마땅히 은혜롭게 보시하고 인색하지 않아야 한다. 만약 재물이 없다면 살이라도 베어서 보시해야 한다.'

그 때 보살이 다음으로 인간세계를 관찰하니, 중음신(中陰身)이 태(胎)로 들어가려고 시작하는 것이 보였다. 부모가 성관계[和合]할 때에 뒤바뀐 생각[顚倒想]으로 애욕의 마음을 일으켜 부정한 것(난자와 정자가 결합한 수정란)을 자기의 몸으로 여기고, 태 안에 자리잡은 뒤에는 생장(生藏: 위장 부위)과 숙장(熟藏: 방광 부위) 사이에서 몸이 찜질당하며 구워지는 것이 마치 지옥 고통과 같았다. 만 10개월이 다 된 뒤에 비로소 태어나고, 막 태어났을 때 바깥의 사람이 안고 잡을 때의 거칠고 껄끄러운 고통은 마치 칼에 찔리는 것 같았다. 그리고는 오래지 않아 다시 늙음과 죽음으로 돌아가고 다시 갓난아이가 되고… 이와 같이 5도(五道)[3]에 윤회하면서도 자신이 그런 줄 깨닫지 못하고 있었다.

보살은 보고나서 대비심을 일으키며 스스로 사유하였다. '중생에게는 모두 이러한 근심재앙이 있거늘, 어찌 그 가운데서 5욕(五欲)[4]에 탐착하여 멋대로 안락이라고 헤아리면서 뒤바뀐 근본을 끊지 못할까?'

---

3 오취(五趣)라고도 한다. 지옥·아귀·축생·인간·천상의 5도를 말하는데 아수라도는 지옥에 포함한 것이다.

4 눈·귀·코·혀·몸의 오관에 의한 색상·소리·향기·맛·감촉이라는 5종의 감각대상에 대한 감관적 욕망.

그 때 보살이 다음으로 천상세계를 관찰했다. 천인[天子]들을 보니 그 몸이 청정하여 먼지나 때가 묻지 않은 것이 마치 유리와 같았고, 큰 빛이 있으면서 눈은 깜짝거리지 않았다. 혹은 수미산 꼭대기에 살고 있는 이도 있었고, 혹은 수미산의 네 개의 고개에 살고 있는 이도 있었으며, 혹은 허공 가운데에 살고 있는 이도 있었다. 마음은 언제나 기쁘고 쾌적하지 않은 일이 없었고 하늘의 아름다운 음악을 연주하여 스스로 재미있게 즐기면서 밤낮을 알지 못했다. 사방의 모든 풍경은 절묘하지 않음이 없어서, 동쪽을 바라보며 탐착하다가 한 해가 흘러가도록 고개를 돌리는 것도 잊었고 서쪽을 바라보며 빠져들어 여러 해가 지나가도 고개를 돌리지 않았으며 남쪽과 북쪽도 그와 같이 하였다. 음식과 의복은 생각하는 대로 곧 이르렀다. 비록 이렇게 뜻에 맞는 일만 있었으나 오히려 욕망의 불길로 초조하고 애태웠다. 또한 그 하늘이 복이 다할 때에는 다섯 가지 죽음의 조짐[五死相]이 나타나는 것을 보았다. 첫째는 머리 위의 꽃이 시들고, 둘째는 눈이 깜박거려지며, 셋째는 몸 위의 광명이 소멸하고, 넷째는 겨드랑이 밑에서 땀이 나며, 다섯째는 저절로 본래 있던 자리를 떠났다. 그 모든 권속들이 천자의 몸에 다섯 가지 죽음의 조짐이 나타나는 것을 보면 마음으로 연모하였다. 천인 자신도 자기 몸에 다섯 가지 죽음의 조짐이 있는 것을 보고 또한 권속이 자기를 연모하는 것을 보고는 크게 고뇌하였다.

보살은 그 모든 천인들에게 이러한 일이 있는 것을 보고 대비심을 일으키며 스스로 사유하였다. '이 모든 천인들은 본래 적은 선(善)을 닦아서 천상세계의 안락을 받았지만 과보가 다하게 되니 크게 고뇌한다. 그리고 목숨을 마치게 되면 그 천인의 몸을 버리고 혹은 3악도(三惡道: 지옥·아귀·축생)에 떨어지는 이도 있다. 처음에는 선을 행하면서 안락의 과보를 구했기 때문에 이제 얻게 되는 안락은 적고 고통은 많은 것이, 마치 배고픈 사람이 독이 섞인 밥을 먹으면 처음에는 비록 맛이 있지만 마지막에는 큰 근심재앙을 당하는 것과 같다. 지혜로운 이라면 어떻게 이러한 것을 탐하고 좋아하겠는가?'

색계(色界)와 무색계(無色界)의 천인들은 수명이 긴 것을 보고 곧 언제까지나 안락할 것이라고 말했지만, 변화하고 무너져버리는 것을 보면 크게 고뇌하면서 곧 삿된 생각을 일으켜 인과(因果)가 없다고 말한다. 이렇기 때문에 3악도[三塗]에 바퀴 돌 듯하면서 모든 고통을 받을 대로 받는다.'(『불경 미상』)

그 다음으로 아난아! 이 3계 가운데는 또 네 종류의 아수라(阿修羅)의 부류가 있다. 첫째 종류는, 아귀세계 중에서 착한 서원과 착한 마음으로 불법을 옹호하고 그 선업(善業)의 힘으로 아귀세계를 버리고 신통을 타고서 허공계(虛空界)에 들어간다. 이러한 아수라는 알[卵]에서 태어나며 난생은 허공을 날아다닌다. 그 원인 과보가 귀(鬼)의 모습 부류가 되는데 비록 허공계에서 거주하여도 여전히 아귀세계의 부류에 속한다.

둘째 종류는, 만약 천인세계에서 범행이 좀 줄어들고 정욕이 좀 무거워 덕을 잃게 되어 강등 추락하여 아수라가 된 경우이니, 복보가 천인과 비슷하고 거주하는 곳도 서로 대등하며 거주하는 곳이 일월궁(日月宮)을 이웃으로 한다. 이러한 아수라는 태(胎)에서 태어나는데 태는 정(情)으로 말미암아 있으며 정욕이 사람과 같으므로 비록 천상에 거주하지만 인간세계의 부류에 속한다.

셋째 종류는, 어떤 아수라왕은 복보가 천인과 서로 같아서 귀신을 부릴 수 있고, 인간의 화복(禍福)을 좌우할 수 있으며, 신통력이 천상계를 훤히 알아 두려워할 바가 없으며, 대범천왕이나 도리천주와 권력을 다툴 수 있다. 이러한 아수라는 변화[化]로 인하여 있으므로 천인세계의 부류에 속한다.

아난아! 이 밖에 따로 한 등급 낮은 아수라가 있으니, 큰 바다의 중심에 태어나 깊은 수혈구(水穴口)에 잠겨 있으면서 낮에는 허공을 돌아다니고 밤에는 물로 돌아와서 잠을 잔다. 이러한 아수라는 습기[濕]로 태어나므로 축생세계의 부류에 속한다.[5] (『능엄경』)

보살은 천안(天眼)의 힘으로 5도(五道)를 관찰하고 대비심을 일으키며 스스로 사유하였다. '3계(三界) 안에는 안락이 한 가지도 없구나.' 이와 같이 사유하면서 한밤중이 다 지나갔다.

그 때 보살은 제3야에 이르러 중생의 성품은 무슨 인연 때문에 노사(老死)가 있는지를 관찰하였다. 노사는 바로 생(生)을 그 뿌리로 삼았기 때문에 만일 생을 떠나면 곧 노사가 없으며, 또한 생은 하늘로부터 생긴 것도 아니고 자신으로부터도 생긴 것도 아니며 연(緣)이 없이 생긴 것도 아니고, 인연으로부터 생긴 것으로, 욕계[欲有]·색계[色有]·무색계[無色有]의 업(業)으로 인하여 생기는 것임을 알았다.

또 3계[三有]의 업은 무엇으로부터 생기는지를 관찰하니 곧 3계의 업은 4취(四取)로부터 생기는 것임을 알았다. 또 다시 4취는 무엇으로부터 생기는지를 관찰하니 4취는 애(愛)로부터 생기는 것임을 알았다. 또한 애는 무엇으로부터 생기는지를 관찰하니 애는 수(受)로부터 생기는 것임을 알았다.

---

5 6도 중 아수라도에 대해서는 인용 경전에 그 내용이 없어서 『능엄경』의 것을 넣었음. 3세인과 6도윤회에 대해서는 『생과 사 그 비밀을 말한다』 부록 2. 「능엄경이 말해주는 중생의 생사윤회 인과 대원칙」을 읽어보기 바랍니다.

또다시 수는 무엇으로부터 생기는지를 관찰하니 곧 촉(觸)으로부터 생기는 것임을 알았고, 또다시 촉은 무엇으로부터 생기는지를 관찰하니 곧 6입(六入)으로부터 생기는 것임을 알았으며, 또한 6입은 무엇으로부터 생기는지를 관찰하니 곧 6입은 명색(名色)으로부터 생기는 것임을 알았다.

또한 명색은 무엇으로부터 생기는지를 관찰하니 곧 명색은 식(識)으로부터 생기는 것임을 알았고, 또다시 식은 무엇으로부터 생기는지를 관찰하니 곧 식은 행(行)으로부터 생기는 것임을 알았으며, 또다시 행은 무엇으로부터 생기는지를 관찰하니 곧 행은 무명(無明)으로부터 생기는 것임을 알았다.

만일 무명이 소멸하면 곧 행이 소멸하고, 행이 소멸하면 곧 식이 소멸하며, 식이 소멸하면 곧 명색이 소멸하고, 명색이 소멸하면 곧 6입이 소멸하며, 6입이 소멸하면 곧 촉이 소멸하고, 촉이 소멸하면 곧 수가 소멸하며, 수가 소멸하면 곧 애가 소멸하고, 애가 소멸하면 곧 취가 소멸하며, 취가 소멸하면 곧 유가 소멸하고, 유가 소멸하면 곧 생이 소멸하며, 생이 소멸하면 곧 노(老)·사(死)·우(憂)·비(悲)·고(苦)·뇌(惱)가 소멸함도 알았다.

이와 같이 역(逆)과 순(順)으로 12인연(十二因緣)을 관찰하여 제3야에 이르러서야 무명을 깨뜨렸다. 그리고는 동이 틀 무렵 지혜의 광명을 얻어 습기의 장애[習障]를 끊고 일체종지(一切種智)를 이루었다.

그 때 여래께서는 마음으로 스스로 사유하였다.

'8정도는 곧 삼세(三世)의 모든 부처님들이 실천하여 반열반으로 나아가시는 길이다. 나도 이미 실천하여 지혜를 통달하여 장애가 없게 되었다.'(『불경 미상』)

4성제   8정도

5. "비구들이여, 사리뿟따와 목갈라나를 따라 배우라. 비구들이여, 사리뿟따와 목갈라나를 섬겨라. 이 두 비구는 현자요 청정범행을 닦는 동료 수행자들을 도와주는 자이다. 비구들이여, 사리뿟따는 낳아준 친어머니와 같고 목갈라나는 태어난 자를 길러주는 유모와 같다. 비구들이여, 사리뿟따는 예류과로 인도하고 목갈라나는 더 높은 경지로 인도한다. 비구들이여, 사리뿟따는 네 가지 성스러운 진리들을 설명하고, 가르치고, 선언하고, 확립하고, 드러내고, 분석하고, 해설할 수 있다."

6. 세존께서는 이렇게 말씀하셨다. 이렇게 말씀하시고 선서께서는 자리에 일어나셔서 거처로 들어가셨다.

7. 거기서 사리뿟다 존자는 세존께서 나가신 지 얼마 지나지 않아서 "도반 비구들이여."라고   비구들을 불렀다. 그 비구들은 "도반이시여."라고 사리뿌따 존자에게 응답했다.   사리뿟따 존자는 이렇게 설하였다.

8. "도반들이여, **여래 · 아라한 · 정등각자께서는** 바라나시의 이시빠따나에 있는 **녹야원에서 위없는 법의 바퀴[法輪]를** 굴리셨나니 그것은 ... **무엇이 네 가지인가요?"**

9. "그것은 괴로움의 성스러운 진리[苦聖諦]를 설명하고, 가르치고, 선언하고, 확립하고, 드러내고, 분석하고, 해설하신 것입니다. **괴로움의 일어남의 성스러운 진리[苦集聖諦]를 ...괴로움의 소멸의 성스러운 진리[苦滅聖諦]를 ...괴로움의 소멸로 인도하는 도닦음의 성스러운 진리[苦滅道聖諦]를** 설명하고, 가르치고, 선언하고, 확립하고, 드러내고, 분석하고, 해설하신 것입니다."

10. "무엇이 괴로움입니까?

태어남도 괴로움입니다. 늙음도 괴로움입니다. 죽음도 괴로움이고, 근심·탄식·육체적 고통·정신적·고통절망도 괴로움이고, 원하는 것을 얻지 못하는 것도 괴로움입니다. 요컨대 취착의 [대상인] 다섯 가지 무더기[五取蘊] 자체가 괴로움입니다."

11. "도반들이여, 그러면 어떤 것이 태어남입니까? 이런저런 중생들의 무리로부터 이런저런 중생들의 태어남, 출생, 도래함, 생김, 탄생, 오온의 나타남, 여섯 감각장소[六處]의 획득, 도반들이여, 이를 일러 태어남이라 합니다."

12. "도반들이여, 그러면 어떤 것이 늙음입니까? 이런저런 중생들의 무리 가운데서 이런저런 중생들의 늙음, 노쇠함, 부서진 이, 희어진 머리털, 주름진 피부, 수명의 감소, 감각기능[根]의 쇠퇴, 이를 일러 늙음이라 합니다."

13. "도반들이여, 그러면 어떤 것이 죽음입니까? 이런저런 중생들의 무리로부터 이런저런 중생들의 종말, 제거됨, 부서짐, 사라짐, 사망, 죽음, 서거, 오온의 부서짐, 시체를 안치함, 생명기능의 끊어짐, 이를 일러 죽음이라 합니다."

14. "도반들이여, 그러면 어떤 것이 근심입니까? 도반들이여, 이런저런 불행을 만나고 이런저런 괴로운 현상에 맞닿은 사람의 근심, 근심함, 근심스러움, 내면의 근심, 내면의 슬픔, 이를 일러 근심이라 합니다."

15. "도반들이여, 그러면 어떤 것이 탄식입니까? 도반들이여, 이런저런 불행을 만나고 이런저런 괴로운 상태와 마주친 사람의 한탄, 비탄, 한탄함, 비탄함, 한탄스러움, 비탄스러움, 이를 일러 탄식이라 합니다."

16. "도반들이여, 그러면 어떤 것이 육체적 고통입니까? 도반들이여, 몸의 고통, 몸의 불편함, 몸에 맞닿아 생긴 고통스럽고 불편

한 느낌, 이를 일러 육체적 고통이라 합니다."

17. "도반들이여, 그러면 어떤 것이 정신적 고통입니까? 도반들이여, 정신적인 불편함, 마음에 맞닿아 생긴 고통스럽고 불편한 느낌, 이를 일러 정신적 고통이라 합니다.

18. "도반들이여, 그러면 어떤 것이 절망입니까? 도반들이여, 이런저런 불행을 만나고 이런저런 괴로운 상태와 마주친 사람의 실망, 절망, 실망함, 절망함, 이를 일러 절망이라 합니다."

19. "도반들이여, 그러면 어떤 것이 원하는 것을 얻지 못하는 괴로움입니까? 도반들이여, 태어나기 마련인 중생들에게 이런 바람이 일어납니다. '오, 참으로 우리에게 태어나는 법이 있지 않기를! 참으로 그 태어남이 우리에게 오지 않기를!' 이라고. 그러나 이것은 원한다고 해서 얻어지지 않습니다. 원하는 것을 얻지 못하는 이것도 괴로움입니다.

도반들이여, 늙기 마련인 중생들에게 ... 병들기 마련인 중생들에게 ... 죽기 마련인 중생들에게 ... 근심 . 탄식 . 육체적 고통 . 정신적 고통 . 절망을 하기 마련인 중생들에게 이런 바람이 일어납니다. '오, 참으로 우리에게 근심 . 탄식 . 육체적 고통 . 정신적 고통 . 절망하는 법이 있지 않기를! 참으로 그 근심 . 탄식 . 육체적 고통 . 정신적 고통 . 절망이 우리에게 오지 않기를!'이라고. 그러나 이것은 원한다고 해서 얻어지지 않습니다. 원하는 것을 얻지 못하는 이것도 괴로움입니다."

20. "도반들이여, 그러면 요컨데 취착의 [대상인] 다섯 가지 무더기[五取蘊] 자체가 괴로움이라는 것은 어떤 것입니까? 그것은 취착의 [대상인] 물질의 무더기, 취착의 [대상인] 느낌의 무더기, 취착의 [대상인] 인식의 무더기, 취착의 [대상인] 심리현상들의 무더기, 취착의 [대상인] 알음알이의 무더기입니다. 도반들이여, 이를 두고 요

컨대 취착의 [대상인] 다섯 가지 무더기[五取蘊] 자체가 괴로움이라고 합니다. 도반들이여, 이를 일러 괴로움의 성스러운 진리라 합니다."

21. "도반들이여, 그러면 무엇이 괴로움의 일어남의 성스러운 진리[苦集聖諦]입니까? 그것은 다시 태어남을 가져오고 향락과 탐욕이 함께하며 여기저기서 즐기는 갈애이니, 즉 감각적 욕망에 대한 갈애[欲愛], 존재에 대한 갈애[有愛], 존재하지 않음에 대한 갈애[無有愛]입니다. 도반들이여, 이를 일러 괴로움의 일어남의 성스러운 진리라 합니다."

22. "도반들이여, 그러면 무엇이 괴로움의 소멸의 성스러운 진리[苦滅聖諦]입니까? 그 갈애가 남김없이 빛바래어 소멸함, 버림, 놓아버림, 벗어남, 집착 없음입니다. 도반들이여, 이를 일러 괴로움의 소멸의 성스러운 진리라 합니다."

23. "도반들이여, 그러면 무엇이 괴로움의 소멸로 인도하는 도 닦음의 성스러운 진리[苦滅道聖諦]입니까? 그것은 성스러운 팔정도[八支聖道]이니, 즉 바른 견해[正見], 바른 사유[正思惟], 바른 말[正語], 바른 행위[正業], 바른 생계[正命], 바른 정진[正精進], 바른 마음챙김[正念], 바른 삼매[正定]입니다."

24. "도반들이여, 그러면 무엇이 바른 견해입니까? 도반들이여, 괴로움에 대한 지혜, 괴로움의 일어남에 대한 지혜, 괴로움의 소멸에 대한 지혜, 괴로움의 소멸로 인도하는 도 닦음에 대한 지혜, 이를 일러 바른 견해라 합니다."

25. "도반들이여, 그러면 무엇이 바른 사유입니까? 도반들이여, 출리에 대한 사유, 악의 없음에 대한 사유, 해코지 않음[不害]에 대한 사유, 이를 일러 바른 사유라 합니다."

26. "도반들이여, 그러면 무엇이 바른 말입니까? 도반들이여,

거짓말을 삼가고, 중상모략을 삼가고, 욕설을 삼가고, 잡담을 삼가는 것, 이를 일러 바른 말이라 합니다."

27. "도반들이여, 그러면 **무엇이 바른 행위입니까?** 도반들이여, 살생을 삼가고, 주지 않은 것을 가지는 것을 삼가고, 삿된 음행을 삼가는 것, 이를 일러 바른 행위라 합니다."

28. "도반들이여, 그러면 **무엇이 바른 생계입니까?** 도반들이여, 성스러운 제자는 그릇된 생계를 버리고 바른 생계로 생명을 영위합니다. 도반들이여, 이를 일러 바른 생계라 합니다."

29. "도반들이여, 그러면 **무엇이 바른 정진입니까?** 도반들이여, 여기 비구는 아직 일어나지 않은 나쁘고 해로운 법들은 일어나지 않도록 하기 위해 열의를 일으키고 정진하고 힘을 내고 마음을 다잡고 애를 씁니다. 이미 일어난 나쁘고 해로운 법들은 제거하기 위해 열의를 일으키고 정진하고 힘을 내고 마음을 다잡고 애를 씁니다. 아직 일어나지 않은 유익한 법들은 일어나도록 하기 위해 열의를 일으키고 정진하고 힘을 내고 마음을 다잡고 애를 씁니다. 이미 일어난 유익한 법들은 지속하게 하고 사라지지 않게 하고 증장하게 하고 충만하게 하고 닦기 위해 열의를 일으키고 정진하고 힘을 내고 마음을 다잡고 애를 씁니다. 도반들이여, 이를 일러 바른 정진이라 합니다."

30. "도반들이여, 그러면 **무엇이 바른 마음챙김입니까?** 도반들이여, 여기 비구는 몸에서 몸을 관찰하며[身隨觀] 머뭅니다. 세상에 대한 욕심과 싫어하는 마음을 버리고 근면하고 분명히 알아차리고 마음챙기면서 머뭅니다. 느낌에서 느낌을 관찰하며[受隨觀] 머뭅니다. 세상에 대한 욕심과 싫어하는 마음을 버리고 근면하고 분명히 알아차리고 마음챙기면서 머뭅니다. 마음에서 마음을 관찰하며[心隨觀] 머뭅니다. 세상에 대한 욕심과 싫어하는 마음을 버리고 근면

하고 분명히 알아차리고 마음챙기면서 머뭅니다. 법에서 법을 관찰하며[法隨觀] 머뭅니다. 세상에 대한 욕심과 싫어하는 마음을 버리고 근면하고 분명히 알아차리고 마음챙기면서 머뭅니다. 도반들이여, 이를 일러 바른 마음챙김이라 합니다."

31. "도반들이여, 그러면 무엇이 바른 삼매입니까? 도반들이여, 여기 비구는 감각적 욕망들을 완전히 떨쳐버리고 해로운 법[不善法]들을 떨쳐버린 뒤, 일으킨 생각과 지속적 고찰이 있고, 떨쳐버렸음에서 생긴 희열과 행복이 있는 초선(初禪)을 구족하여 머뭅니다. 일으킨 생각과 지속적 고찰을 가라앉혔기 때문에 자기 내면의 것이고, 확신이 있으며, 마음의 단일한 상태이고, 일으킨 생각과 지속적 고찰은 없고, 삼매에서 생긴 희열과 행복이 있는 제2선(二禪)을 구족하여 머뭅니다. 희열이 빛바랬기 때문에 평온하게 머물고, 마음챙기고 알아차리며 [正念, 正知] 몸으로 행복을 경험한다. [이 禪 때문에] 성자들이 그를 두고 '평온하고 마음챙기며 행복하게 머문다.'고 묘사하는 제3선(三禪)을 구족하여 머뭅니다. 행복도 버리고 괴로움도 버리고, 아울러 그 이전에 이미 기쁨과 슬픔을 소멸하였으므로 괴롭지도 즐겁지도 않으며, 평온으로 인해 마음챙김이 청정한 [捨念淸淨] 제4선(四禪)을 구족하여 머뭅니다. 도반들이여, 이를 일러 바른 삼매라 합니다."

32. "도반들이여, 여래·아라한·정등각자께서는 바라나시의 이시빠따나에 있는 녹야원에서 위없는 법의 바퀴를 굴리셨나니 그것은 사문이나 바라문이나 신이나 마라나 범천이나 이 세상 그 누구도 멈추게 할 수 없습니다. 그것은 네 가지 성스러운 진리를 설명하고, 가르치고, 선언하고, 확립하고, 드러내고, 분석하고, 해설한 것입니다."

사리뿟따 존자는 이와 같이 설했다.

그 비구들은 흡족한 마음으로 사리뿟따 존자의 설법을 크게 기뻐하였다. (M141. 『진리의 분석 경』Saccavibhaṅga Sutta, 각묵스님 번역)

12연기

1. 이와 같이 나는 들었다. 한때 세존께서는 사왓티에서 제따 숲의 아나타삔디까 원림(급고독원)에 머무셨다.

2. 거기서 세존께서는 "비구들이여."라고 비구들을 부르셨다. "세존이시여."라고 비구들은 세존께 응답했다. 세존께서는 이렇게 말씀하셨다.

3. "비구들이여, 그대들에게 연기(緣起)를 분석하리라. 이제 그것을 들어라. 듣고 마음에 잘 새겨라. 나는 설할 것이다."

"그렇게 하겠습니다. 세존이시여."라고 비구들은 세존께 응답했다. 세존께서는 이렇게 말씀하셨다.

"비구들이여, 그러면 **어떤 것이 연기인가?**

비구들이여, 무명을 조건으로 의도적 행위들[行]이, 의도적 행위들을 조건으로 알음알이[識]가, 알음알이를 조건으로 정신·물질[名色]이, 정신·물질을 조건으로 여섯 감각장소[六入]가, 여섯 감각장소를 조건으로 감각접촉[觸]이, 감각접촉을 조건으로 느낌[受]이, 느낌을 조건으로 갈애[愛]가, 갈애를 조건으로 취착[取]이, 취착을 조건으로 존재[有]가, 존재를 조건으로 태어남[生]이, 태어남을 조건으로 늙음·죽음[老死]과 근심·탄식·육체적 고통·정신적 고통·절망[憂悲苦惱]이 발생한다.

이와 같이 전체 괴로움의 무더기[苦蘊]가 발생한다.

4. "비구들이여, 그러면 **어떤 것이 늙음[老]인가?**

이런저런 중생들의 무리 가운데서 이런저런 중생들의 늙음, 노쇠함, 부서진 [치아], 희어진 [머리털], 주름진 피부, 수명의 감소, 감각기능[根]의 쇠퇴—이를 일러 늙음이라 한다.

[비구들이여, 그러면 **어떤 것이 죽음[死]인가?**]

이런저런 중생들의 무리로부터 이런저런 중생들의 종말, 제거됨, 부서짐, 사라짐, 사망, 죽음, 서거, 오온의 부서짐, 시체를 안치함, 생명기능[命根]의 끊어짐—이를 일러 죽음이라 한다.

이것이 늙음이고 이것이 죽음이다. 비구들이여, 이를 일러 늙음·죽음이라 한다."

5. "비구들이여, 그러면 **어떤 것이 태어남[生]인가?**

이런저런 중생들의 무리로부터 이런저런 중생들의 태어남, 출생, 도래함, 생김, 탄생, 오온의 나타남, 감각장소[處]를 획득함—비구들이여, 이를 일러 태어남이라 한다."

6. "비구들이여, 그러면 **어떤 것이 존재[有]인가?**

비구들이여, 세 가지 존재가 있나니 욕계의 존재, 색계의 존재, 무색계의 존재이다. 비구들이여, 이를 일러 존재라 한다."

7. "비구들이여, 그러면 **어떤 것이 취착[取]인가?**

비구들이여, 네 가지 취착[四取]이 있나니 감각적 욕망에 대한 취착, 견해에 대한 취착, 계율과 의례의식에 대한 취착, 자아의 교리에 대한 취착이다.—비구들이여, 이를 일러 취착이라 한다."

8. "비구들이여, 그러면 **어떤 것이 갈애[愛]인가?**

비구들이여, 여섯 가지 갈애의 무리[六愛身]가 있나니 형색[色]에 대한 갈애, 소리[聲]에 대한 갈애, 냄새[香]에 대한 갈애, 맛[味]에 대한 갈애, 감촉[觸]에 대한 갈애, 법[法]에 대한 갈애이다.—비구들이여, 이를 일러 갈애라 한다."

9. "비구들이여, 그러면 **어떤 것이 느낌[受]인가?**

비구들이여, 여섯 가지 느낌의 무리가 있나니 눈[眼]의 감각접촉에서 생긴 느낌, 귀[耳]의 감각접촉에서 생긴 느낌, 코[鼻]의 감각접촉에서 생긴 느낌, 혀[舌]의 감각접촉에서 생긴 느낌, 몸[身]의 감각접촉에서 생긴 느낌, 마노[意]의 감각접촉에서 생긴 느낌이다.—비구들이여, 이를 일러 느낌이라 한다."

10. "비구들이여, 그러면 **어떤 것이 감각접촉[觸]인가?**

비구들이여, 여섯 가지 감각접촉의 무리가 있나니 형색에 대한 감각접촉, 소리에 대한 감각접촉, 냄새에 대한 감각접촉, 맛에 대한 감각접촉, 감촉에 대한 감각접촉, 법에 대한 감각접촉이다.—비구들이여, 이를 일러 감각접촉이라 한다."

11. "비구들이여, 그러면 **어떤 것이 여섯 감각장소[六入]인가?**

눈의 감각장소, 귀의 감각장소, 코의 감각장소, 혀의 감각장소, 몸의 감각장소, 마노의 감각장소이다.—비구들이여, 이를 일러 여섯 감각장소라 한다."

12. "비구들이여, 그러면 **어떤 것이 정신·물질[名色]인가?**

느낌, 인식, 의도(cetanā), 감각접촉, 마음에 잡도리함(주의)—이를 일러 정신[名]이라 한다. 그리고 네 가지 근본물질[四大: 지수화풍地水火風]과 네 가지 근본물질에서 파생된 물질—이를 일러 물질[色]이라 한다. 이것이 정신이고 이것이 물질이다. 비구들이여, 이를 일러 정신·물질이라 한다."

13. "비구들이여, 그러면 **어떤 것이 알음알이[識]인가?**

비구들이여, 여섯 가지 알음알이의 무리가 있나니 눈의 알음알이[眼識], 귀의 알음알이[耳識], 코의 알음알이[鼻識], 혀의 알음알이[舌識], 몸의 알음알이[身識], 마노의 알음알이[意識]이다.—비구들이여, 이를 일러 알음알이라 한다."

14. "비구들이여, 그러면 **어떤 것이 의도적 행위들[行]인가?**

비구들이여, 세 가지 의도적 행위들이 있나니 몸[身]의 의도적 행위, 말[口]의 의도적 행위, 마음[意]의 의도적 행위이다.—비구들이여, 이를 일러 의도적 행위들이라 한다."

15. "비구들이여, 그러면 **어떤 것이 무명(無明)인가?**

비구들이여, 괴로움[苦]에 대한 무지, 괴로움의 일어남[集]에 대한 무지, 괴로움의 소멸[滅]에 대한 무지, 괴로움의 소멸로 인도는 도닦음[道]에 대한 무지이다.—비구들이여, 이를 일러 무명이라 한다."

16. "비구들이여, 이와 같이 무명을 조건으로 의도적 행위들이, 의도적 행위들을 조건으로 알음알이가, 알음알이를 조건으로 정신·물질이, 정신·물질을 조건으로 여섯 감각장소가, 여섯 감각장소를 조건으로 감각접촉이, 감각접촉을 조건으로 느낌이, 느낌을 조건으로 갈애가, 갈애를 조건으로 취착이, 취착을 조건으로 존재가, 존재를 조건으로 태어남이, 태어남을 조건으로 늙음·죽음과 근심·탄식·육체적 고통·정신적 고통·절망이 발생한다. 이와 같이 전체 괴로움의 무더기[苦蘊]가 발생한다.[6]

그러나 무명이 남김없이 빛바래어 소멸하기 때문에 의도적 행위들이 소멸하고, 의도적 행위들이 소멸하기 때문에 알음알이가 소멸하고, 알음알이가 소멸하기 때문에 정신·물질이 소멸하고, 정신·물질이 소멸하기 때문에 여섯 감각장소가 소멸하고, 여섯 감각장소가 소멸하기 때문에 감각접촉이 소멸하고, 감각접촉이 소멸하기 때문에 느낌이 소멸하고, 느낌이 소멸하기 때문에 갈애가 소멸하고, 갈애가 소멸하기 때문에 취착이 소멸하고, 취착이 소멸하기 때문에 존재가 소멸하고, 존재가 소멸하기 때문에 태어남이 소멸하고, 태

---

6 이것이 유전(流轉)연기이며 순관(順觀)이라고 한다. 다음 것은 환멸(還滅)연기라 하며 역관(逆觀)이라 한다.

어남이 소멸하기 때문에 늙음·죽음과 근심·탄식·육체적 고통·정신적 고통·절망이 소멸한다. 이와 같이 전체 괴로움의 무더기[苦蘊]가 소멸한다."(『분석 경』, 상윳따니까야 2권,각묵스님, 2009년)

무명은 어떻게 일어난 것인가

우리 모두 알 듯이 **불법에서는 연기(緣起)를 말합니다.** 온갖 것이 모두 연기법에 따라 생멸합니다. 소승법문은 12인연의 연기를 중시해서, 12인연으로 3세인과(三世因果)를 개괄했습니다. 3세(三世: 과거·현재·미래)는 모두 무명(無明)으로부터 일어납니다. 경계상으로 말하면, 무명이란 바로 마음이 일어나고 생각이 움직임[起心動念]입니다.[7] 즉, 태어났으되 온 곳을 모르고, 죽되 가는 곳을 모르는 것입니다. 수면(睡眠)도 무명입니다. 이치상으로 말하면, 우주가 어떻게 시작되었는지, 제일 첫 번째 인간은 어떻게 태어났는지 등등의 문제에 대한 답을 모르는 것도 무명입니다. 요컨대 경계상으로든 이치상으로든 이 두 가지 무명은 모두 수행하지 않았기 때문에, 도를 깨닫지 못했기 때문에 있는 것입니다. 경계상의 무명은 반드시 선정의 힘으로써 타파해야 합니다. 진정으로 여래대정(如來大定)을 얻은 사람은 밤이나 낮이나 영원히 밝습니다[晝夜長明]. 언제 어디서나 자성광명정(自性光明定) 속에 있습니다. 그러나 비록 이러한 경계에 이르렀다 하더라도 여전히 해탈하지 못했습니다. 해탈은 지혜에 의지해야 합니다.

---

7 12연기에 대한 좀 더 깊은 설명은 남회근 지음 송찬문 번역 『생과 사 그 비밀을 말한다』와, 남회근 지도 이숙군 역저 송찬문 번역 『사람은 어떻게 태어나는가』를 읽어보기 바랍니다.

12연기법(緣起法)

무명인 상태로 죽으면
다시 무명인채로 태어남

미래 (苦)

4

1 과거 (集)

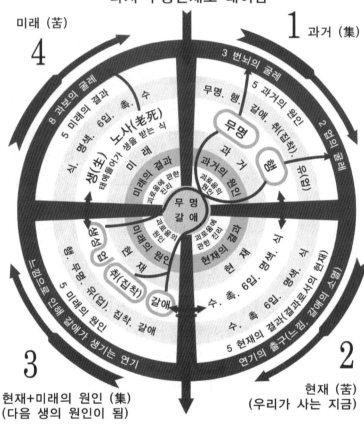

3

2

현재+미래의 원인 (集)
(다음 생의 원인이 됨)

현재 (苦)
(우리가 사는 지금)

윤회에서 벗어나는 길
(사성제)

그러나 진정한 지혜는 역시 선정으로부터 생겨나야 합니다. 선정이 없는 지혜는 미친 지혜[狂慧]인데, 마른 지혜[乾慧]라고도 부릅니다.

소승에서는 인연법이 모두 12인연의 무명(無明) 한 생각으로부터 일어난다고 말합니다. 하지만 그 무명은 또 어떻게 일어난 것일까요?『능엄경』에서 부루나(富樓那) 존자가 이 문제를 가지고 우리들을 대신해서 부처님께 물었습니다. 왜냐하면 부처님이 온갖 것은 다 공(空)하다고 말씀하셨기 때문입니다, 그는 물었습니다. '만약 온갖 것이 자성이 본래 공이라면 어찌하여 홀연히 산하대지가 생겨나게 된 것입니까?' 다시 말해, 이 세계는 어떻게 시작된 것입니까? 무명은 어떻게 시작된 것입니까? 하고 물은 것인데, 이러한 문제는 바로 대승불법과 소승불법의 가장 기본적인 문제입니다. 모든 종교는 이 문제에 대한 처리방법으로 '참관사절(參觀謝絶)'이라는 문패를 걸어 놓습니다. 왜냐하면 여기에 이르러서는 더 이상 질문이 불가능하기 때문에, 단지 믿기만 하면 좋다고 할 뿐입니다. 하지만 부루나는 최초의 한 생각 무명이 어떻게 온 것이냐고 기어코 묻고 싶었습니다. 부처님은 그에게 무명은 '자성 본각의 영명(靈明)이 발생시키는 변태이다[覺明爲咎]'라고 하셨습니다. 이 대답은 대답 같지 않은 듯한데, 많은 후인들이『능엄경』을 외도라거나 가짜 경전이라고 여기는 것도 무리가 아닙니다. 사실 부처님의 말씀은 틀림이 없습니다. 무명은 '자성 본각의 영명이 발생시키는 변태' 때문에 생겨난 것입니다. 한 생각 영지(靈知)인 본각의 자성은 항상 영명한데[覺性常明], 오래 지나면 다시 무명이 생겨납니다. 부처님은 더 이상 설명하지 않으셨고 부루나도 더 이상 묻지 않았습니다.(남회근 선생 저작)

중생은 모두 여래의 지혜와 공덕을 갖추고 있다

『화엄경』은 석가모니가 보리수 아래서 정각을 이룬 후 첫마디를 이렇게 말씀했다고 기록하고 있습니다.

"기이하고 기이하구나, 대지의 중생이 모두 여래의 지혜와 공덕[德相]을 갖추고 있건만 망상과 집착 때문에 증득할 수 없구나. 만약 망상을 떠날 수 있다면 일체지(一切智)·자연지(自然智)가 곧 현현할 수 있다."

奇哉, 奇哉, 大地衆生, 皆具如來智慧德相, 但因妄想執著, 不能證得, 若離妄想, 一切智 自然智, 卽得顯現.

일체 중생은 미혹 속에 빠져있어 아직은 깨닫지 못했지만 이미 여래의 지혜와 공덕을 지니고 있다고 했습니다. 석가모니불 이전에는 아무도 그렇게 말한 사람이 없었습니다.

그런데 우리는 왜 그런 지혜와 공덕이 드러나지 않을까요? 바로 망상(妄想) 집착의 장애 때문에 자신이 본래 지니고 있는 지혜 광명의 갖가지 공덕의 상을 증득(證得)하지 못하는 것입니다. 아주 간단합니다. 바로 네 글자 '망상집착'입니다. 망상의 망은 허망으로 바로 착각(錯覺)입니다. 근대의 대 과학자였던 아인슈타인은 말하기를, 물질, 시간, 공간은 모두 사람들의 착각에서 비롯된다 했습니다. 이 착각이란 바로 망상에 해당합니다. 아인슈타인은 착각에서 비롯된다고 말했고, 불교는 망상에서 비롯된다고 말합니다.

우리는 마음이 허망한 움직임 속에 있기 때문에 온갖 만물을 보는 것입니다. 우리는 '망상'이 있을 뿐만 아니라 또한 '집착'이 있어서 소견을 단단히 지니고 있습니다. 무엇을 하면 곧 그에 집착하고 무엇을 쥐고 있으면 그에 달라붙어 벗어나지 못합니다. '집'은 견지(堅持)요 '착'은 달라붙은 것입니다. 망상은 착오(錯誤)요 집착은 착오를 단단히 붙들어 쥐고 있는 것입니다. 망상과 집착 때문에 중생은 증득할 수 없어서 본래 지니고 있는 불성(佛性)과 본래 가지고 있는 지혜와 공덕[德相)]이 온전히 드러나지 못하는 것입니다.

석가모니불이 이와 같이 가리켜 보여주심은 바로 우주의 심오한 비밀을 폭로한 것이며 우주의 심오한 비밀을 다 말해 준 것입니다. 또한 이것은 시방세계의 모든 부처님들의 속마음이요 팔만대장경의 원천입니다. 모든 경론과 모든 수행법문은 이로부터 연역되어 이루어진 것입니다.

그러므로 이 말씀은 부처님 가르침의 뿌리요 일체 법문의 출발점이자 일체 법문의 귀결점입니다. 일체가 이 말씀으로부터 흘러나오지 않은 게 없고 일체가 역시 이 말씀으로 귀결되지 않는 게 없습니다. 일체 중생은 평등하고 평등하여서 모두 여래의 지혜와 공덕을 갖추고 있습니다. 다시 말해 불성을 지니고 있습니다. 불성은 곧 영묘하고 밝은 진심[妙明眞心]이며 법신·여래·진여·실상·본성·진성 등등입니다. 그래서 경에서 말하기를 마음, 부처, 중생 이 셋은 차별이 없다고 합니다. 차별 없음이 곧 본체입니다. 모든 일[事]은 본체[體], 현상[相], 작용[用]이 있습니다. 본체 면에서는 차별이 없지만 현상과 작용면에서는 차별이 있습니다.

여래는 허망을 떠났기에 성인(聖人)을 이루었으며 중생은 허망에 집착하기 때문에 6도(六道)에 윤회합니다. 비록 본래 불성을 지니고 있지만 여전히 혼미하여 깨닫지 못하고 있습니다. 만약 범부를 성인으로 전환시키고자 한다면 단지 망상집착을 멀리 떠나는 데 있을 뿐입니다. 중생은 허망 속에 떨어져 있으면서 단단히 붙들고 놓지 않습니다. 아교처럼 달라붙어 자신을 속박시키고 있으므로 법신이 본래 있지만 법신의 신묘한 현상과 작용이 드러날 길이 없습니다.

더욱 엄중한 것은 자신에게 불성이 있건만 인식하지 못하고 감히 믿지 않는다는 것입니다. 『능엄경』에서 말하듯이, 자기에게 본래 머리가 있건만 한사코 자신에게 머리가 없다고 생각하고는 미쳐서 사방을 쏘다니면서 따로 자기의 머리를 찾고 있는 격입니다. **그러므로 불법을 배우는 데는 자기의 머리를 지금까지 잃어버린 적이 없다는 사실을 가장 먼저 인식해야 합니다.** (황념조 거사 저 『심성록』)

불교의 최고 진리를 표시하는 용어들

석가모니불은 수증오도(修證悟道)하여, 일체 중생과 모든 생명, 온 우주에는 하나의 전체적인 공동의 생명이 있는데, 그 전체적인 공동의 생명은 생겨나지고도 않고 소멸하지도 않으며 영원히 불변한다는 것을 알았습니다. 이것을 철학에서는 '본체(本體)'라고 합니다. 모든 생명의 6도윤회, 분단(分段)의 생(生)과 사(死)는 이 본체의 변화 현상일 뿐입니다. 사람뿐만 아니라 우주의 물리 물질세계와 정신세계를 포함한 모두는 이 본체의 현상 변화이며 분단생사이며 변역(變易)생사라고 말합니다. 변화는 궁극이 아니며 근본이 아니라 현상입니다. 그러나 이 생명의 총체적인 기능은 생겨나지도 소멸하지도 않습니다.

불교의 입장에서 보면 시방삼세의 모든 부처님들, 모든 보살님들은 화신입니다. 우리 모든 중생도 화신입니다. 오직 불변하는 하나의 중심이 있는데 중앙비로자나불이라고 부릅니다. 모든 부처님은 모두 비로자나 부처님의 화신입니다. 일체 중생도 그의 화신입니다. 바꾸어 말하면 모두 본체의 분화작용입니다. 그런데 그 불생불멸의 생명의 본체는 움직인 적이 없습니다.

부처님은 보리수 아래서 대철대오(大徹大悟)하고 아뇩다라삼먁삼보리를 얻으셨습니다. 바꾸어 말하면 부처님의 대철대오란 우주 만유 생명의 궁극을 철저하게 아신 것입니다. 그런데 선종은 그런 명사들을 모두 밀쳐버리고 '깨달았다'는 말을 사용했습니다. 무엇을 깨달았을까요? 당나라 시대의 대선사는 '이것[這個]'을 깨달았다고 말했습니다. '이것'이란 무엇일까요? 마른 똥 막대기[乾屎橛]입니다! 개똥[狗屎]입니다! '개똥'이라고 해도 좋고 '이것'이라고 해도 좋습니다. '아뇩다라삼먁삼보리'라고 해도 좋고 '상제(上帝)'라고 해도 좋습니다. '주재자'라고 해도 '신'이라고 해도 좋습니다. 이 모두 다 별명일 뿐입니다. 생명의 궁극은 말로써 표현할 수가 없습니다. 별명을 써서 '보리'라고 부를 수밖에 없습니다. 생명을 생겨나게 하고 소멸하게 하는 그 근본을 찾으면 '성불'이라고 하고 '보리를 증득했다'고 합니다.

인도 상고시대의 종교철학과 각파의 철학사상의 우주생명 근원에 대한 논쟁은, 많은 설이 분분해서 일치된 결론을 내릴 수 없을 뿐만 아니라 저마다 인명(因明)적인 근거로써 학설 체계를 세웠습니다. 그렇지만 한결같이 주재자가 있다거나 없다거나, 일원론이거나 다원론이거나, 유물론이거나 유심론의 범위를 벗어나지 않았습니다. 사실 동서고금의 세계인류 문화의 가장 기본적인 탐구토론은 여전히 이런 문제들을 벗어나지 못하고 있습니다. 수천 년 동안 전 세계인류는 종교에서 철학으로, 철학에서 과학으로 인류 자신에게 절실한 생명의 근원 문제에 대해 탐구하고 헤매고 논쟁하여 왔는데, 정말 인류문명에서 하나의 커다란 아이러니로 보입니다.

인도 상고시대의 종교철학은 우주와 인생의 생명의 진리에 대한 추구에 있어 저마다 견지가 있으며 저마다 안심입명(安心立命)의 방법이 있었습니다. 그러면서 모두 다 청정해탈의 궁극적인 법문을 얻었다고 여겼습니다. 어떤 종교나 철학은 최후의 영성(靈性)이 브라만과 합일하는 것이 곧 지극한 도(道)라고 여겼습니다. 어떤 종교 철학은 정욕(情欲)과 사려(思慮)를 끊어 없애는 것이 바로 궁극이라고 여겼습니다. 어떤 것은 감각을 이용하지 않고 영성의 어둡지 않음을 보호유지하며, 생각을 이용하지 않고 영지(靈知)를 잃지 않는 것이 바로 대도(大道)라고 여겼습니다. 인간의 죽음은 등불이 꺼짐과 같으니 오직 목전의 향락만을 추구하는 것이 바로 진실이라고 여기는 것도 있었습니다. 심지어 어떤 사람은 자신이 이미 청정한 해탈 경계인 열반을 얻었다고 여겼습니다. 이러한 갖가지는 일일이 나열할 수 없을 정도입니다.

석가모니불의 설교 교화는 바로 이런 문제들에 대하여 조화시키고 재정(裁定)하는 결론을 지었습니다. 즉, 우주만유생명 현상은 모두 인연이 모여 생성되며 그 속에는 하나의 능히 주재하는 작용이 없으며, 인연으로 생성하고 인연이 다하면 소멸하며, 우주생명의 최고의(혹은 최종의·최초의) 기능은 심물동체(心物同體)적인 것이라고 보았습니다. 만약 종교의 관념으로써 신성의 각도에서 보면 그것을 '부처'나 '하늘', 또는 '주(主)'나 '신(神)' 혹은 어떠한 갖가지 초인격화된 신성의 칭호로도 부를 수 있습니다. 만약 이성적인 각도에서 보면 그것을 '성(性)'이나 '심(心)' 혹은 '이(理)'나 '도(道)' 혹은 '법계(法界)' 등등의 명칭으로도 부를 수 있습니다. 만약 인간의 습관적인 관념의 각도에서 보면 그것을 '법신(法身)'으로, 생명 본원의 '무진(無盡)법신' 등으로도 부를 수 있습니다.

요컨대 체(體)의 입장에서 말하면 그것은 공(空)을 체로 삼습니다. 상(相)의 입장에서 말하면 그것은 우주만유의 모습을 상으로 삼습니다. 용(用)의 입장에서 말하면 우주만유의 온갖 작용은 모두 그것이 일으키는 작용입니다. 그것을 하나의 큰 바다에 비유하면, 바닷물이 일으키는 파도물결은 바로 인연소생의 우주세계이고, 파도물결 상의 물거품은 곧 인연소생의 중생들이 저마다 형성한 개별적인 자신들입니다. 비록 파도물결과 거품현상은 각각 다르지만 처음부터 끝까지 하나의 물의 자성을 떠나지 않습니다. 하지만 비유는 어디까지나 비유에 그칠 뿐입니다. 비유는 결코 본체의 자성이 아닙니다.

중생의 세계는 자성본체의 궁극[究竟]을 증득하지 못해서 근본을 버리고 지말(枝末)을 좇기 때문에 저마다 자기의 소견과 아는 바를 집착한 나머지 그것이 곧 궁극이라고 여깁니다. 그리하여 저마다 주관에 따라 세간의 차별 지견(知見)을 형성합니다. 사실 주관과 객관은 모두 사유의식의 분별작용에 속하며, 사유의식이 알고 보는 바는 그 자체가 본래에 몸과 물질세계의 인연에 의하여 작용을 일으키는 것으로, 그 자체가 곧 허망부실(虛妄不實)하여 진리의 유무와 존재여부를 확정하기에 충분하지 않습니다. 사람이 자기 마음의 적정(寂靜) 사유 의식면에서 공부하기만 하면 점점 심신의 작용도 현상세계와 마찬가지로 변천 무상(無常)하여 허망부실하다는 것을 이해하게 됩니다. 이로부터 한 단계 한 단계 진보를 추구하면서 한층 한 층 분석해 가보면 사람의 본성과 사물의 본성을 철저히 알아 심신과 우주가 적연부동(寂然不動)한 여여일체(如如一體)에 도달하여, 유(有)에도 머무르지 않고 공(空)에도 떨어지지 않아, 우주인생의 최초이자 궁극을 증득할 수 있습니다. 석가모니는 또 그것을 '진여' 혹은 '열반자성' 혹은 '여래장성'이라고 이름 지었는데, '여래'

란 넓은 의미로 말하면 우주생명의 본체를 말하는 것입니다. 그러
므로 그는 유(有)라고 말하거나 공(空)이라고 말하는 것은 모두 궁
극이 아니라고 보았습니다. 유일한 방법은 심신의 적정(寂靜)에 도
달하고, 다시 이 적정 속에서 증득을 추구해야 한다고 보았습니다.
그러나 그것은 불가사의(不可思議)한 것입니다. 불가사의하다는 말
은 수증방법상의 술어로서 습관적인 의식사유로써 생각하고 예견
함으로써 도달할 수 있는 것이 아니라는 의미입니다. 그러므로 '불
가사의'란 말을 '불능사의(不能思議)'라고 오해해서는 안 됩니다.

이상은 불교의 최고 진리를 표시하는 용어들을 이해하는데 도움
을 주기 위하여 남회근 선생의 저작 중에서 뽑아 온 글입니다.
참고로, 불교의 경론이나 선어록 등에 나오는, 불생불멸의 생명
의 본체를 가리키는 단어들을 대략 모아보았습니다.

일심(一心) · 유심(唯心) · 유식(唯識) · 불성(佛性) · 법성(法性) ·
법신(法身) · 진제(眞諦) · 본성(本性) · 본제(本際) · 실성(實性) · 진
여(眞如) · 진심(眞心) · 진성(眞性) · 진실(眞實) · 진제(眞際) · 실상
(實相) · 성공(性空) · 여여(如如) · 여실(如實) · 실제(實際) · 법계(法
界) · 법계성 · 불허망성(不虛妄性) · 불변이성(不變異性) · 불이법(不
二法) · 평등성(平等性) · 이생성(離生性) · 법정(法定) · 법주(法住) ·
허공계(虛空界) · 부사의계(不思議界) · 열반(涅槃) · 보리(菩提) · 아
마라식(阿摩羅識) · 반야(般若) · 승의(勝義) · 제일의제(第一義諦) ·
제일의공(第一義空) · 필경공(畢竟空) · 원성실성(圓成實性) · 성유식
(性唯識) · 성유실성(成唯實性) · 승의유(勝義有) · 여래장(如來藏) ·
대원경지(大圓鏡智) · 무분별지(無分別智) · 무분별심(無分別心) · 자
성청정심(自性淸淨心) · 자성청정(自性淸淨) · 보리심(菩提心) · 무구

식(無垢識)·청정식(淸淨識)·진식(眞識)·제9식(第九識)·아뇩다라삼먁삼보리·무상정등정각(無上正等正覺)·무상정각(無上正覺)·무상등정각(無上等正覺)·무상정진도(無上正眞道)·무상정변지(無上正遍知)·멸(滅)·멸도(滅度)·무멸(無滅)·적멸(寂滅)·원리(遠離)·청정(淸淨)·불생(不生)·원적(圓寂)·원각(圓覺)·본체(本體)·진상(眞相)·일여(一如)·제법실상(諸法實相)·실상의(實相義)·실상인(實相印)·일제(一諦)·중도제일의제(中道第一義諦)·여실지(如實智)·상주진심(常住眞心)·묘명진심(妙明眞心)·묘심(妙心)·진아(眞我)·진성해탈(眞性解脫)·이체(理體)·경체(經體)·허공불성(虛空佛性)·중도실상(中道實相)·중도(中道)·일원상(一圓相)·일정명(一精明)·진상심(眞常心)·일령물(一靈物)·심우(心牛)·상원지월(常圓之月)·무위진인(無位眞人)·성전일구(聲前一句)·부모미생전면목(父母未生前面目)·본래면목(本來面目)... 등.

불교학자들의 연구에 의하면, 일반적으로 이러한 단어들은 모두 불교의 절대적 최고 진리를 표시하는 개념들인데, 중국 언어의 복잡성 그리고 불교사상의 복잡성으로 말미암아 불교 발전의 역사 과정에서 같은 류의 개념들이 이처럼 많았습니다. 이른 시기의 중국 불교의 번역과정에서는 중국 전통철학의 개념들인 본무(本無)·무위(無爲) 등을 보통 차용하기도 했습니다.

이러한 개념들은 실제 사용과정에서 완전히 일치하는 것은 아닙니다. 설사 같은 경전이나 같은 학파 내에서도 용어의 사용이 일치하지 않으므로 그 사용 맥락 속에서 다른 분석을 함으로써 이런 개념들 사이의 구별과 연계를 분명히 할 필요가 있습니다.

마음과 물질의 동일한 근원인 자성 본체를 설명하다

부처님이 말씀하셨다. "내가 항상 말하기를, 너의 몸 너의 마음이 모두 묘하고 밝은 진실한 정령인 묘심[妙明眞精妙心] 가운데 나타나는 것이라 했다. 물리세간의 각종 현상과 정신세계의 각종 작용이 발생시키는 심리적 생리적 사실들은 모두 진심(眞心) 자성 본체가 현현한 것들이다. 너의 물질적인 신체생리와 정신적인 심리현상도 모두 심성 자체 기능이 현현시키는 것들이다. 자성 본체의 진심 실상은 영묘하게 빛나면서 청허하여 만유의 근원(根元)이 된다. 그런데 어찌하여 여러분들은 영묘하고 원만한 진심을 잃어버리고 귀중하고 밝게 빛나는 자성을 내버린 채 영명(靈明)한 미묘한 깨달음[妙悟] 속에서 스스로 미혹의 어둠을 취하는가?

미혹의 어둠 속에서 유일하게 감각하는 경계모습은 텅 빈 것이다. 텅 빈 어둠은 물리현상계의 최초 본위이다. 이 텅 빈 어둠으로부터 물질과 생리의 본능을 형성하고, 생리적 본능 활동과 정서적 망상이 상호 뒤섞여서 심리상태를 형성하여 정신적 작용을 나타나게 한다.

정신작용과 의식망상은 나아가 생리활동의 상황을 산생(産生)한다. 정신작용과 생리본능이 한 몸에 모여 활동하면서 생명을 존재하게 한다. 이 때문에 상호 작용을 발생하여 밖을 향해 흘러 달려서 세간의 각종의 업력을 이루게 된다. 휴식하여 정지하였을 때에 남아 있는 것은 오직 혼란스럽고[昏擾] 텅 빈 감각뿐이다. 일반인들은 이런 텅 비고 혼란스런 상황을 바로 자기의 심성 근본현상으로 생각한다.

이런 현상에 미혹하여 자기의 심성이라 여기고 나면 심성 자체가 생리적인 몸[色身] 안에 존재하는 것으로 굳게 오인하고는, 심신의 내외와 산하대지 나아가 끝없는 허공까지도 모두 이 만유의 본원의 영묘하고 밝게 빛나는 진심 자성 본체의 기능이 산생한 것임을 전혀 모른다. 단지 일반인들은 이 사리(事理)의 실제를 보지 못하고 자기의 한 육신이 '나'라고 여기고는 이 작은 천지 가운데 갇혀있다. 비유하면 거대한 바다의 전체 모습을 보려하면서도 해양을 버리고 믿지 않으려하고 단지 큰 바다에서 일어나는 한 점의 뜬 거품을 보고서는 가없는 큰 바다를 이미 보았다고 여김과 마찬가지이다.

그러므로 내가 말하기를 여러분들은 모두 우매함속에 있는 미혹한 사람들이라고 하는 것이다. 경계선을 그어 그 울안에 있으면서 큰 것을 버리고 작은 것을 취함을 만족하게 여기고 마음을 미혹하여 사물로 인식함으로써 마음을 세속밖에 노닐게 하지 못한다."

심리와 생리 현상은 자성 기능이 발생시키는 상호변화이다

부처님은 또 말씀하셨다. "요컨대 너는 온갖 현상이 모두 자성 본체상의 떠돌아다니는 먼지와 빛 그림자[浮塵光影]임을 아직 분명히 이해하지 못하고 있다. 자연계의 온갖 현상의 변환형상(變幻形相)[8]은 언제 어디서나 출현하고 언제 어디서나 소멸하고 있다(에너지가 상호 변동해야 물리현상이 형성된다. 심리정신과 에너지가 상호 변화하기 때문에 온갖 것이 일정하지 않다). 모든 현상의 형성과 소멸은 환변(幻變)[9]과 같다. 이러한 덧없고 허망한[幻妄] 변화의 현상이 자연계의 가지각색을 형성한다. 하지만 진심 자성 본체는 여전히 영묘하고 밝으며

---

8 예측할 수 없는 잦은 변화 형태.

9 덧없는 변화.

변환(變幻)을 따라서 변화하지 않는다. 사람들의 심리적 생리적 각
종 작용인 5음(五陰: 색色·수受·상想·행行·식識), 6입(六入: 안안眼·
이耳·비鼻·설舌·신身·의意), 12처(十二處: 위에서 말한 6입과 대상
경계인 색色·성聲·향香·미味·촉觸·법法), 18계(十八界: 위에서 말한
12처와 안식眼識·이식耳識·비식鼻識·설식舌識·신식身識·의식意識 등
의 6식六識)에서 일어나는 심리적 생리적 허망한 현상은 인연이 분
리되면 허망한 현상도 따라서 소멸한다. 하지만 생겨나고 소멸하며
오고가는 작용은 모두 자성 본체 기능의 현상이 나타나고 변화하는
것임을 전혀 모르고 있다. 여래장(如來藏) 혹은 진여(眞如)라고 불리
는 이 자성은 영묘하고 밝으며 여여부동(如如不動)한 본래의 자리
에 영원히 머무르고 있다. 시방세계에 두루 원만한 자성 본체의 진
실하고 영원히 존재함[眞常]^10 가운데서, 오고감이나 태어남과
죽음이나 미혹이나 깨달음을 추구함도 모두 시간과 공간속의 변환
현상으로서, 사실은 자성 본체 상에서는 근본적으로 얻을 바가 전
혀 없다.

자성은 커서 밖이 없고 작아서 안이 없다

아난이 말했다. "만약 이 능히 보는 정령(精靈)이 틀림없이 바로
저의 영묘한 자성이라면, 지금 저의 눈앞에는 이미 보는 작용을 드
러냈으니 이 능히 보는 것이 바로 저의 자성이라 한다면, 저의 몸과
마음은 또 무엇입니까? 이제 저의 몸과 마음을 따로따로 연구해보
니 확실히 각각 그 실체가 있습니다. 그러나 이 능히 보는 자성은
하나의 자체가 없어 몸과 마음을 떠나 단독으로 존재합니다. 만약

---

10 진실상주(眞實常住). 무상(無常)의 반대.

저 자신의 마음이 저로 하여금 지금 볼 수 있게 한다고 하면, 이 능히 보는 기능이 바로 저의 자성이고 이 몸은 저가 아닙니다. 그렇다면 당신께서 위에서 말한 문제와 다름없으니 어찌 외부의 물상도 저를 볼 수 있는 것이 아니겠습니까?"

부처님이 말씀하셨다. "너는 지금 말하기를 능히 보는 기능 자성이 바로 너의 앞에 있다고 했는데, 이는 맞지 않다. 만약 바로 너의 앞에 있을 뿐만 아니라 너는 또 그것을 정말로 볼 수 있기도 한다면, 이 능히 보는 정령은 자연히 어느 곳에 있는지를 가리킬 수 있을 것이다. 나는 지금 너와 함께 정원 안에 앉아 있으면서 외부의 나무 · 강의 흐름 · 전당(殿堂)을 바라보고, 위로는 해와 달에 이르고 앞쪽으로는 갠지스 강을 대하고 있다. 너는 내 자리 앞에서 손을 들어 갖가지 현상을 하나하나 가리킬 수 있다. 어두운 것은 나무숲이요 밝은 것은 태양이요 가로막는 것은 담 벽이요 막힘없이 통하는 것은 허공이요, 더 나아가 풀 한 포기 나무 한 그루, 그리고 미세한 먼지와 솜털의 끝을, 크기는 비록 다르더라도 형상이 있기만 하면 모두 가리켜 보일 수 있다. 만약 너의 능히 보는 자성이 지금 너의 앞에 있다면, 어떤 것이 그 능히 보는 자성인지를 너도 응당 손으로 확실히 가리킬 수 있어야 한다. 너는 알아야한다, 만약 허공이 바로 너의 능히 보는 자성이라면, 허공이 이미 보는 자성[見]으로 변해버렸으니 무엇이 또 허공의 자성이겠느냐? 만약 물상이 이 바로 너의 능히 보는 자성이라면, 물상이 이미 보는 자성으로 변해버렸으니 무엇이 또 물상의 자성이겠느냐? 네가 목전의 만상을 정밀하고 자세하게 해부할 수 있는 바에야 너도 정령의 밝고 청정하며 허묘한, 능히 보는 본원[精明浄妙見元]도 보통의 물상과 마찬가지로 명명백백하게 내게 가리켜 보여 줄 수 있을 것이다."

아난이 말했다. "제가 지금 강당 안에 앉아 있으면서 멀리는 갠즈

스 강에 미치고 위로는 해와 달을 바라보면서 손으로 가리킬 수 있고 눈으로 볼 수 있는데, 가리킬 수 있는 것은 모두 만물의 현상일 뿐 능히 보는 자성 존재는 없습니다. 만약 부처님이 말씀하신대로라면 저 같은 처음 배우는 사람뿐만 아니라 설사 지혜가 보살 같다 하더라도 만물 현상의 앞에서 정령의 능히 보는 자성을 해부해 낼 수 없습니다. 그렇다면 모든 만물과 현상을 떠나서 자성은 또 어디에 있는지요?"

부처님이 말씀하셨다. "그렇다, 그렇다. 네가 말한 대로 이 능히 보는 기능은 모든 물상을 떠나서 따로 하나의 자성 존재가 있을 수 없다. 네가 가리킨 각종 물상 가운데에도 능히 보는 기능의 자성은 없다. 게다가 너와 나는 정원 안에 앉아 있으면서 외부의 정원을 바라보고 위로는 해와 달에 미치고 있는데, 갖가지 현상은 비록 다르지만 하나의 능히 보는 정명(精明)을 절대로 특별히 가리켜 낼 수 없다. 그러나 너는 모든 물상 가운데에서 어떤 것이 능히 보는 자성이 나타난 바가 아니라고 어떻게 증명할 수 있겠느냐?"

아난이 말했다. "저는 이 정원과 모든 물상을 두루 보건대 사실은 능히 보는 기능이 나타난[顯現] 바가 아닌 것이 하나도 없습니다. 만약 나무가 보여 지는 것이 아니라면 어떻게 나무를 볼 수 있겠습니까? 만약 나무가 바로 능히 보는 자성이라면, 또 어떻게 나무이겠습니까? 이로써 알 수 있듯이 만약 허공이 보여 지는 것이 아니라면, 어떻게 허공을 볼 수 있겠습니까? 만약 허공이 바로 능히 보는 자성이라면, 또 어떻게 허공이겠습니까? 그래서 제가 또 사유해보니 이러한 만유 현상 가운데에서 자세히 연구해보고 명백히 발휘해보면, 능히 보는 기능 자성이 나타난 바가 아닌 것이 하나도 없습니다."

부처님은 또 말씀하셨다. "그렇다, 그렇다."

이때에 법회의 대중과 처음 배우는 일반 사람들은 부처님이 반복해서 그렇다고 대답하시는 것을 듣고서 이 도리의 요점이 도대체 어디에 있는지 알지 못해 막연하여 몹시 두려움을 느꼈다.

이때에 부처님은 그들이 모두 의심을 품고 두려워하고 있음을 알고서 또 말씀하셨다. "내가 한 말은 모두 진실한 말이다. 일부러 터무니없고 허황된 말을 하는 것이 아니다. 우주만유에는 따로 하나의 주재자가 있다거나 자아는 죽지 않는 존재라고 생각하는 일반 외도(外道) 학자들의 이론과는 더더욱 다르니 여러분들은 자세히 연구하고 사유해보기 바란다."

이에 문수(文殊)대사가 곧 일어나 부처님께 말했다. "모두들 이 도리의 원인을 이해하지 못하는 까닭은 이 능히 보는 기능이 물리 세계의 만상과 동일한 체성인지 아닌지를 이해하지 못하기 때문입니다. 만약 현실 세계에서 보는 모든 현상들이 그것이 물질이든 허공이든 간에 모두 능히 보는 자성이라면, 이 능히 보는 기능은 응당 가리켜낼 수 있어야 합니다. 만약 이러한 현상들이 능히 보는 기능의 나타난 바가 아니라면, 근본적으로 이러한 현상들을 볼 수 없어야 마땅합니다. 그들이 지금 이 도리의 관건이 어디에 있는지를 알지 못하기 때문에 의심을 품고 놀라며 이상하게 여기는 것입니다. 부처님께서는 물리 세계의 만유 현상과 이 능히 보는 정명(精明)은 원래 어떤 것인지, 물리 현상과 심성 사이에는 어떻게 서로 통일될 수 있는지를 더 설명하여 가리켜 보여주시기 바랍니다."

부처님이 말씀하셨다. "무릇 부처와 도가 있는 일반 대사들은 자성의 적정(寂靜)하고 미묘 정밀한 관조(觀照)의 삼매 경지 속에서는 이 능히 보는 자성과, 객관 물리 세계에서 보이는 각종 현상 그리고 심리생각인 주관 작용, 이 모두가 환각(幻覺) 중에 보이는 허공 꽃과 같아서 본래에 실질적인 존재가 없다. 이 능히 보는 것과 보이는 현상은 사실은 모두가 영명한 묘각(妙覺)이며 밝고 청정한 심성 본체가 산생하는 기능 작용이다(심물이원心物二元은 원래 일체一體의 작용임을 설명함). 자성 본체의 입장에서 보면 어느 것이 옳고 어느 것이 옳지 않다고 할 것이 없다(객관과 주관은 모두 자기가 세운 편견 집착 작용임). 내가 이제 네게 묻겠다. 너의 이름을 '문수'라고 부르는데, '문수'라는 이 이름이 너 문수 본인 이외에 다른 문수를 나타내는 것이냐?"

문수대사가 대답했다. "문수는 바로 나이지 결코 다른 사람을 나타내는 것이 아닙니다. 만약 이 이름이 또 다른 사람을 나타낸다면 곧 두 개의 문수가 있게 됩니다. 그러나 문수는 지금 나 이 사람만을 나타냅니다. 이 진실한 나와, 이름이 나타내는 나는, 바로 하나입니다. 그 사이에는 어떤 것이 진짜이고 어떤 것이 가짜인지를 나눌 수 없습니다."

부처님이 말씀하셨다. "이 심성의 능히 보는 영묘하고 밝은 기능과 물리 자연계의 허공 및 물질 현상도 네가 방금 말한 것과 마찬가지이다. 객관 물리세계와 심성 자체가 산생하는 기능은 본래 일체(一體)로서, 모두 영묘하고 밝고 원만한 진심 정각(正覺)의 자성인 동시에, 환유(幻有)와 망상의 작용도 갖추고 있어서 물질 색상과 허공의 현상을 낳아 사람들의 능히 보는 작용 속에 표현될 수 있다. 비유하면 두 번째 달이 있으면 곧 어느 것이 진짜 달이고 어느 것이 가짜 달이냐는 문제가 있다. 그러나 만약 달은 하나일 뿐이라면 그 사이에는 진짜 달이니 가짜 달이니 하는 문제가 없게 된다('일천 개의 강에 물이 있으니 일 천 개의 달이요, 만 리에 구름이 없으니 만 리의 하늘이다[千江有水千江月, 萬里無雲萬里天]'라는 경지로 체험해보면 이 도리를 분명히 이해할 수 있다). 네가 지금 보는, 능히 보는 기능이 자연계의 허다한 물리 현상과 접촉하여 그것의 갖가지 작용을 감각할 수 있는데, 이를 망상이라 부른다. 외부경계 현상과 감각 망상의 사이에서 확실히 어느 것이야말로 본체의 기능 작용이고 어느 것이야말로 또 아닌지를 가리켜낼 수 없다. 그러므로 네가 만약 객관 물리 세계의 자연 현상과, 망상분별을 아는 작용이, 모두 진심의 지정한[至精], 영묘하고 밝은 정각 자성의 기능임을 이해할 수 있고 난 뒤에라야 비로소 이것은 무엇이며 저것은 무엇인지 가리켜 보일 수 있다."

자성 본체는 인연소생이 아니다

아난이 물었다. "부처님은 이 영묘한 정각(正覺) 자성은 인(因)도 아니요 연(緣)도 아니라고 말씀하시는데, 왜 과거에는 말씀하시기를, '능히 보는 견성(見性) 작용은 반드시 네 가지 연(緣)을 갖추어야 한다, 이른바 허공을 인(因)하고 밝은 빛을 인하고 마음을 인하고 눈을 인해야 한다' 하셨는지요? 이것은 또 무슨 도리입니까?"

부처님이 말씀하셨다. "내가 온갖 것은 인연소생이라 말한 도리는, 결코 자성 본체의 형이상의 제일의(第一義)를 가리키는 것이 아니다(후천인 우주간의 만유 현상은 모두 인연화합 소생임을 말한다). 사람들은 모두 말하기를 '나는 능히 본다'고 말하는데 어떠해야 '본다'라고 하고 어떠해야 '볼 수 없다'고 하느냐?"

아난이 대답했다. "사람들은 해·달·등불 빛 등이 있기 때문에 비로소 갖가지 현상과 색상을 볼 수 있습니다. 그러므로 '본다'고 합니다. 만약 이 세 가지 밝은 빛이 없으면 볼 수 없습니다."

부처님이 말씀하셨다. "만약 밝은 빛이 없다면 곧 볼 수 없다고 한다면, 밝은 빛이 가버리면 응당 어둠이 오는 것을 볼 수 없어야 하는데 사실은 어둠도 볼 수 있다. 이는 단지 밝은 빛을 보지 못했다고 말할 수 있을 뿐인데 어찌하여 '볼 수 없다'라고 말하는 것이냐? 만약 어둠 속에 있어서 밝은 빛을 볼 수 없는 것을 보지 않는다고 말한다면, 밝은 빛 속에서 어둠을 볼 수 없음도 볼 수 없다고 말해도 된다. 만약 이 이론이 옳다면 사람들이 밝은 빛을 마주 대하였을 때이든 어둠을 마주 대하였을 때이든 어느 경우나 '볼 수 없다'라고 말할 수 있다. 사실은 단지 밝은 빛과 어둠 이 두 가지 현상이 서로 변경 교체한 것일 뿐 결코 너의 능히 보는 자성이 그 가운데에서 사라져 없어지는 것은 아니다. 이로써 알 수 있듯이 자성의 능히 보는 기능은 밝은 빛과 어둠을 마주 대하였을 때에도 보는데 어찌하여 '보지 않는다'고 말할 수 있겠느냐? 그러므로 너는 마땅히 알아야한다, 밝은 빛을 볼 때에도 능히 보는 자성은 바로 그 밝은 빛이 아니요, 어둠을 볼 때에도 능히 보는 자성은 역시 바로 그 어둠이 아니다. 허공을 볼 때에도 능히 보는 자성은 결코 바로 그 허공이 아니요, 막힘을 볼 때에도 능히 보는 자성은 바로 그 막힘이 아니다. 이 네 가지 현상의 상대적인 사이를 통해서 능히 보는 도리를 설명할 수 있다. 너는 더더욱 알아야한다, 만약 눈이 보는 작용 사이에서 능히 보는[能見] 자성을 보려한다면, 이 자성은 결코 눈앞의 보는 작용이 볼 수 있는 것이 아니다. 만약 능히 보는 자성을 보려면, 반드시 능히 봄[能見]과 보여 짐[所見]을 절대적으로 떠나야한다. 왜냐하면 능히 보는 자성의 본체는 보여 지는[所見] 작용과 능히 보는[能見] 기능이 볼 수 있는 바가 아니기 때문이다[見見之時, 見非是見, 見猶離見, 見不能及]. 그런데 어떻게 인연이나 자연 혹은 양자의 화합 작용을 가지고 자성 본체의 도리를 설명할 수 있겠느냐? 여러분들이 지혜가 얕고 열등하여 자성의 청정한 실상을 분명히 알지 못하기 때문이다. 나는 여러분들이 스스로 잘 사유하고 게으르지 말기를 바란다. 그래야 영묘한 정각 자성의 대도(大道)를 증득할 수 있다."

갠지스강 물을 보는 시각기능 작용은 변천하지 않았습니다

이때 파사닉 왕이 일어서서 부처님께 물었다. "제가 이전에 들으니 가전연(迦旃延), 비라지자(毘羅胝子)들이 말하기를 이 물질적인 신체가 죽은 후 소멸하여 끊어지는 것을 불생불멸의 열반이라 한다고 했습니다. 그런데 제가 이제 부처님의 말씀을 듣고 나니 몹시 곤혹스럽습니다. 부처님께서 그 속의 도리를 다시 설명하여 주시기 바랍니다. 이 진심자성(眞心自性)은 확실히 불생불멸하는 것임을 어떻게 증명할 수 있는지요? 이 법회에 있는 초학자들도 꼭 그 도리를 알고 싶어 하리라 생각합니다."

부처님이 말씀했다. "지금 그대의 몸은 점점 변해가면서 파괴되고 있지 않습니까?"

왕이 대답했다. "저의 이 몸은 지금은 비록 파괴되지는 않았지만 장래에는 반드시 나빠져 파괴될 것입니다."

부처님이 물으셨다. "그대는 아직 쇠잔해져 소멸되지는 않았는데 장래에는 반드시 쇠잔해져 소멸되리라는 것을 어떻게 아십니까?"

왕이 대답했다. "저의 이 몸이 지금은 비록 쇠잔해지지는 않았습니다만, 현재의 상황을 관찰해보니 시시각각으로 변해가면서 신진대사가 영원히 멈추지 않습니다. 그러므로 마치 불이 재가 되듯 점점 소멸해가 장래에는 당연히 쇠잔해져 소멸될 것입니다."

부처님이 물으셨다. "그대는 지금 이미 노쇠의 나이인데 얼굴모습을 어린 시절과 비교해보면 또 어떠합니까?"

왕이 대답했다. "제가 어린 시절에는 피부 조직이 부드럽고 윤기가 났습니다. 뒤에 나이 들어서는 혈기가 충만했습니다. 지금은 연로해서 쇠퇴해져 용모는 초췌하고 정신은 흐릿합니다. 머리털은 하얗게 새었고 얼굴은 쭈글쭈글해졌습니다. 죽을 날이 멀지 않은 것 같은데 어찌 장년시기와 비교할 수 있겠습니까!"

부처님이 물으셨다. "그대의 형체와 용모는 당연히 단기간 내에 쇠잔해진 것은 아니겠지요!"

왕이 대답했다. "변화는 사실 점점 은밀히 이루어져 왔습니다. 저도 모르는 사이에 추위와 더위의 교류, 그리고 시간의 변천에 따라 서서히 지금의 상태를 형성하였습니다. 제가 스무 살 때는 비록 나이 어린 셈이지만 실제로는 얼굴모습이 열 살 때 보다는 이미 노쇠해진 것이고, 서른 살 때는 스무 살 때보다도 많이 노쇠해진 것입니다. 지금 예순 두 살인데 회고해보니 쉰 살 때는 지금 보다도 훨씬 강건했다고 느껴집니다. 제가 살펴보니 이런 변화는 은밀히 이루어지고 있어서 10년 사이가 아니라 한 해, 한 달, 하루 사이의 변화가 아닙니다. 사실은 매분 매초 찰나 찰나 생각 생각 사이에 멈춘 적이 없이 언제나 변화하고 있습니다. 그러므로 장래에 반드시 쇠잔해져 소멸할 것입니다."

부처님이 물으셨다. "그대는 변화가 멈추지 않고 있음을 보고서 신체생명은 반드시 쇠잔해져서 소멸하리라는 사실을 깨달았습니다. 그러나 변천 소멸해가는 과정 속에서도 불멸하는 자성 존재가 하나 있음을 아십니까?"

왕이 대답했다. "저는 그 영원히 파괴되지 않고 소멸되지 않는 자성 존재를 모릅니다."

부처님이 말씀했다. "내가 이제 그대에게 이 불생불멸하는 자성을 가르쳐 보여 드리겠습니다. 그대에게 묻겠습니다. 그대는 몇 살 때 갠지스 강의 물을 보기 시작했습니까?"

왕이 대답했다. "제가 세 살 때 어머니를 따라서 하늘에 제사지내러 가면서 갠지스 강을 지나갔는데 그 때 갠지스 강임을 알았고 그 강물을 보았습니다."

부처님이 물으셨다. "그대는 조금 전에 말하기를 그대의 몸이 나이의 세월에 따라서 변천하면서 쇠잔해져 가고 있다고 했는데, 그대가 세 살 때 갠지스 강을 보았고 이미 예순 두 살이 되어 다시 갠지스 강을 보니 그 물이 어떻습니까?"

왕이 대답했다. "강물은 제가 세 살 때와 마찬가지입니다. 이미 예순 두 살 된 지금에도 강물은 여전히 변한 모습이 없습니다."

부처님이 물으셨다. "그대는 이제 늙어서 머리털은 하얗고 얼굴은 주름이 졌으며 용모와 신체는 어린 시절보다 노쇠해졌으니 사람이 완전히 바뀐 것이나 다름없다고 스스로 슬퍼합니다. 그러나 그대가 강물을 보는 시각작용[見精自性]은 예전 어린 시절에 강물을 보았던 그 시각작용과 비교해보면 변동이 있고 노쇠하였습니까?"

왕이 대답했다. "이 시각작용은 결코 변동이 없습니다."

부처님이 말씀했다. "그대의 신체 용모는 비록 쇠잔해졌지만 이 능히 보는 시각작용은 결코 쇠잔해지지 않았습니다. 변천한다면 생멸이 있는 것이니 당연히 변천하여 파괴될 것입니다. 저 변천하지 않고 파괴되지 않는 것은 당연히 생멸하지 않고, 변천하지 않는다면 또 생사가 있을 수 없습니다. 그런데 그대는 어찌하여 일반적인 단멸의 관념을 인용하여 이 몸이 죽은 후에는 곧 일체가 완전히 소멸해버린다고 생각하십니까?"[11]

---

11 시력은 변화할 수 있지만 시각기능 작용 자체는 변함이 없음을 말한다. 사람들에게 눈을 감으면 무엇이 보이느냐고 물어볼 경우 대부분은 아무것도 보이지 않는다고 대답한다. 그러나 깜깜함이 보이지 않는가. 마찬가지로 맹인들에게 물어보면 오직 깜깜함만 보인다고 대답하는데, 이것은 시각기능 작용이 여전히 있으면서 시간적 신체적 변화에도 아무런 변동이 없다는 증거이다. 사람이 죽은 후 아직 다시 태어나기 전 단계의 몸인 중음신일 경우에도 보고 듣는

종소리가 있거나 없거나 상관없이 있는 청각기능 작용

아난이 물었다. "부처님이 말씀하신대로라면, 정각(正覺)을 증득하겠다는 최초의 인지(因地)의 마음이 영원히 항상 있으면서 변하지 않기[常住不變]를 바란다면 반드시 자성정각을 증득한 과지(果地)의 명칭과 상응해야 합니다. ....(중략)....... 그러한대 무엇으로써 수행증득의 인지(因地)로 삼아 무상정각을 얻기를 구할까요? 부처님은 앞에서 말씀하시기를 자성 본체는 티 없이 맑고 순수하고 밝고 두루 원만하면서 영원히 항상 있다[湛精圓常] 하셨는데, 우리가 파악할 수 없는 이상 결코 진실한 말씀이 아닌 듯합니다. 마침내 어린애들의 장난 이론 같습니다. 도대체 어떤 것이야말로 부처님의 진실한 도리입니까? 부처님은 다시 자비를 내려 저희들의 우매함을 열어주시기 바랍니다."

부처님이 말씀하셨다. "네가 비록 박학다문(博學多聞)하더라도 아직 일체의 습루(習漏)[12]를 다 소멸하지 못해서 너는 뒤바뀐[顚倒] 원인이 하나 있다는 것을 단지 마음속으로 알뿐, 진정한 뒤바뀜이 너의 면전에 펼쳐져 있을 때 너는 정말 인식하지 못하고 있다. 나는 네가 비록 정성스런 마음이 있다할지라도 아직 내 말을 믿지 않을까 걱정된다. 나는 이제 잠시 세속적인 사실을 가지고 너의 의혹을 풀어주겠다."

이때에 부처님은 라후라(부처님의 아들)에게 종을 한 번 치라한 다음 아난에게 물으셨다. "너는 지금 들었느냐?"

등 5신통이 있다. 부처님은 시각기능 작용을 통해 불생불멸의 자성을 가르쳐 주고 있는 것이다. 다음 단락에서의 청각기능 작용에 대한 대화도 마찬가지이다.

12 사혹(思惑), 즉 현상[事]에 대한 미혹으로 81품이 있다

아난과 대중은 모두 대답했다. "들었습니다."

조금 지난 후 종소리가 멎자 부처님은 또 물으셨다. "너는 지금 들었느냐?"

아난과 대중은 모두 대답했다. "이제는 들리지 않습니다."

이 때 부처님은 라후라에게 또 한 번 종을 치라 하고는 물었다. "너는 지금 들었느냐?"

아난과 대중은 또 대답했다. "모두 들었습니다."

부처님은 또 아난에게 물었다. "너는 어쩌면 들을 수 있는 것이고 어쩌면 들을 수 없는 것이냐?"

아난과 대중은 모두 대답했다. "만약 종을 쳐 소리가 나면 우리가 들을 수 있고, 치고 난지 오래지나 소리가 사라져서 울림까지 모두 없어지면 들을 수 없다고 합니다."

이때에 부처님은 또 라후라에게 종을 한 번 치게 하고는 아난에게 물었다. "지금 소리가 있느냐?"

아난과 대중은 대답했다. "소리가 있습니다."

잠시 지나 소리가 사라지자 부처님은 또 물었다. "지금 소리가 있느냐?"

아난과 대중은 모두 대답했다. "소리가 없습니다."

다시 잠시 지나자 라후라가 또 종을 쳤다.

부처님이 다시 물었다. "지금 소리가 있느냐?"

아난과 대중은 모두 대답했다. "소리가 있습니다."

부처님이 아난에게 물었다. "너는 어쩌면 소리가 있다고 하고 어쩌면 소리가 없다고 하느냐?"

아난과 대중은 모두 말했다. "종을 쳐서 소리가 나면 소리가 있다 하고, 종을 친지 오래지나 소리가 사라지고 소리와 울림이 모두 없어지면 소리가 없다고 합니다."

부처님이 말씀하셨다. "너희들은 지금 어찌하여 이렇게 말이 이랬다저랬다 하면서 기준이 전혀 없는 것이냐?"

대중과 아난은 부처님이 이렇게 말씀하시는 것을 듣고 물었다. "저희들이 어떻게 말이 이랬다저랬다 하면서 기준이 전혀 없다는 것인지요?"

부처님이 말씀하셨다. "내가 너희들에게 '들었느냐'고 물으면 '들었다'고 말하고, 또 '소리가 있느냐'고 물으면 '소리가 있다'고 말한다. '들었다'고 대답했다가 '소리가 있다'고 대답하는데, 이렇게 하면서 어떻게 말이 이랬다저랬다 하는 것이 아니겠느냐?

소리가 사라지고 울림이 없으면 들을 수 없다고 말하는데, 만약 실제로 들을 수 없다면 능히 들을 수 있는 자성이 이미 소멸해서 마른나무나 마찬가지가 된다. 그렇다면 다시 종을 쳐 소리가 날 때 너는 어찌하여 소리가 있는지 소리가 없는지를 또 아는 것이냐? 소리가 있거나 소리가 없음은 자연히 소리울림의 작용이지만, 소리울림을 능히 듣는 자성은 소리가 있거나 소리가 없거나 또 무슨 관계가 있느냐? 설마 그 능히 듣는 자성이 너의 필요에 따라 있기도 하고 없기도 하는 것이냐? 능히 듣는 자성이 만약 정말 절대로 없다면, 이 절대로 없다는 사실을 아는 그 것은 또 누구이겠느냐? 그러므로 너는 알아야한다. 소리는 능히 듣는 자성의 기능 속에 있으면서 단지 소리가 스스로 생겨났다가 소멸한 것이다. 소리가 생겨나고 소리가 소멸하는 것을 네가 듣는다고 해서, 너의 그 능히 듣는 자성 기능을 그에 따라 있게 하고 없게 하는 것이 아니다. 어느 것이 소리울림이고 어느 것이 능히 듣는 자성인지 네가 아직 모르는 이상, 네가 혼미하여 깨닫지 못해 진실하면서 영원히 항상 있는 자성[眞常自性]이 장차 단멸할 것으로 여기는 것도 무리는 아니다. 너는 움직임과 멈춤[動靜], 막힘과 통함[通塞]을 떠나면 능히 듣는 자성이 없다고 말해서는 더더욱 안 된다. 왜 그러겠느냐?

예를 들어, 깊이 잠든 사람이 잠을 자고 있는 바로 그 때에 집안에서 어떤 사람이 다듬이질을 하거나 쌀 방아를 찧는다고 하자. 깊이 잠든 그 사람은 꿈속에서 이 쌀 방아 찧는 소리를 듣고서는 다른 물건의 소리로 환각하여, 북치는 것으로 여기거나 혹은 종을 치는 것으로 여겼다. 이 사람은 꿈을 꾸고 있는 중에 이 종소리가 충분히 우렁차지 못하고 나무나 돌의 소리 같다고 스스로 이상하게 여겼다. 그리고 깨어나서야 다듬이 소리인줄 알고 나서는 집안사람에게 이르기를, '내가 방금 꿈을 꾸고 있었는데 이 다듬이 소리를 북 울리는 소리로 여겼다.' 라고 했다.

이 사람은 꿈을 꾸고 있는 중에도 설마 움직임과 멈춤, 열림과 닫힘[開閉], 혹은 막힘과 통함을 기억하고 있겠느냐? 이로써 알 수 있듯이 그의 몸은 비록 잠들어 있지만 그의 능히 듣는 자성은 결코 혼미하지 않는다. 한 걸음 더 나아가 말하면, 설사 너의 형체가 완전히 소멸하여 생명의 빛나는 본능이 변천했다하더라도 이 능히 듣는 자성이 너의 형체를 따라 소멸할 것이라고 어찌 말할 수 있겠느냐?" (이상은 남회근 선생 『능엄경대의풀이』 등)

3. 불학·불법·불교

불학·불법·불교의 개념을 구분하여 간단히 살펴보겠습니다.

불학(佛學)이란 원래 불교의 교리를 가리키는 말인 불리(佛理)라고 불러야 마땅합니다. 즉, 모든 부처님이 깨달은 진리이자 우주인생의 진상(眞相)을 가리킵니다. 불교가 담고 있는 내용과 이치는 너무나 넓고 심오하여 일체의 세간[생사에 안주]과 출세간[생사에서 해탈]의 학문을 포함하면서 그 자체가 일반적으로 말하는 학문과 유사하므로 불학이라 합니다.

그 개념을 구분한다면 불교(佛教)는 신앙을 위주로 하고, 불법(佛法)은 실천수행을 위주로 하며, 불학은 이해를 위주로 한다고 할 수 있습니다. 또 불학은 근거 이론이며, 불법은 실행 방법이며, 불교는 전파 조직이라 할 수 있습니다. 이 세 가지는 한 가지라도 빠져서는 안 됩니다.

불학(佛學)의 중점은 바로 37개의 보리도품(菩提道品)입니다. 대소승의 기초가 되는데, 우리들은 반드시 분명히 알아야 합니다. 갓 시작 단계에서 적어도 그 명사와 숫자를 분명히 기억해야 합니다. 4념처(四念處)·4정근(四正勤)·4여의족(四如意足)·5근(五根)·5력(五力)·7각지(七覺支)·8정도(八正道)입니다.

대소승 불법은 모두 계정혜를 기초로 하고 4선8정을 근본으로 합니다. 우리가 보았듯이 근 백 년 동안에 불법은 갈수록 쇠락해갔습니다. 원인은 수행자들 중에 과위를 증득한 사람이 대단히 적고 빈 입으로 이론을 말한 사람들이 갈수록 많은 데에 있습니다. 진정으로 4선8정까지 닦은 사람은 없습니다. 초선정(初禪定)조차도 얻지 못했습니다. 유마거사는 제시하기를 우리 수행자들은 4선정을 기본 침상과 자리로 삼아야 한다고 합니다. (남회근 선생 저작 등)

불교의 목적 ─ 이고득락

기이하고 기이하구나! 대지의 중생이 모두 여래의 지혜와 공덕[德相]을 갖추고 있건만 망상과 집착 때문에 증득(證得)할 수 없구나. 만약 망상을 떠날 수 있다면 일체지(一切智)·자연지(自然智)가 곧 현현(顯現)할 수 있다.

　奇哉, 奇哉, 大地衆生, 皆具如來智慧德相, 但因妄想執著, 不能證得, 若離妄想, 一切智 自然智, 即得顯現.

　앞서 말했듯이 『화엄경』은 석가모니가 보리수 아래서 정각(正覺)을 이룬 후 첫마디를 위와 같이 말씀했다고 기록하고 있는데, 이 말씀은 부처님의 모든 가르침의 뿌리요 출발점이자 귀결점입니다.

　불교의 목적은 이고득락(離苦得樂)에 있습니다. 즉, 생사윤회의 **괴로움을 떠나 열반의 즐거움을 얻는 데 있습니다.** 위의 첫마디 말씀을 불학(佛學)의 총강(總綱)인 고집멸도(苦集滅道) 4성제(四聖諦)로 풀이해 보면, 중생의 생사윤회의 괴로움은 고성제요, 괴로움의 원인인 망상과 집착은 집성제요, 괴로움이 소멸되고 여래의 지혜와 공덕을 성취한 열반의 즐거움은 멸성제요, 괴로움의 원인인 망상과 집착을 떠나기 위한 8만4천 수행 법문은 바로 도성제입니다. 또 그 모든 수행 법문을 총괄 요약하면 8정도(八正道)요, 이를 다시 요약하면 계정혜(戒定慧) 3학(三學)입니다.

불교의 교의 근본 ― 자·비·평등

　불교의 교의(教義: 신봉하고 선양하는 도리와 사상)는 '자(慈)·비(悲)·평등(平等)' 이 세 가지를 근본으로 삼고, "어떤 악행도 하지 말라, 많은 선행을 하라, 스스로 자기의 마음을 정화하라."는 이 세 가지 일을 행지(行持)로 삼습니다. 앞의 세 가지는 체(體)요 뒤의 세 가지는 용(用)입니다.

　중생에게 안락을 주는 것을 자(慈)라고 합니다. 중생의 일체의 근심과 고통을 뽑아주는 것을 비(悲)라고 합니다. 그러나 안락을 주고 고통을 뽑아주는 목표는 어떤 부류의 생명에 대해서든 차별하지 않으며 친밀함이나 어떤 연고나 원수를 가리지 않는 것인데, 이런 마음가짐을 평등이라고 합니다. 평등심이 있어야 자비가 원만하게 성취될 수 있습니다.

불법의 대의 — 칠불통계게

부처님의 교법(敎法) 전체는 그 대의를 논한다면 역시 세 마디로 포괄할 수 있습니다. "어떤 악행도 하지 말라, 많은 선행을 하라, 스스로 자기의 마음을 정화(淨化)하라[諸惡莫作, 衆善奉行, 自淨其意].'가 그것인데, 불법의 작용을 말합니다.

'어떤 악행도 하지 말라' 란 중생에게 해를 끼치는 것은 큰일이든 작은 일이든 해서는 안 된다는 것이며, '많은 선행을 하라.' 는 중생에게 이익을 주는 것은 큰일이든 작은 일이든 마땅히 해야 한다는 것을 말합니다. 이 두 마디는 합하면 곧 계학(戒學)에서의 금지와 강요의 의미입니다. '스스로 자기의 마음을 정화하라.'라는 말은 의업(意業)을 청정히 하여 더러움이 없도록 해야 한다는 것입니다. 청정심을 닦는 것입니다. 그런데 선정(禪定)은 바로 의업을 청정하게 하는 공부요, 지혜는 의업이 청정해진 효과입니다. 열반경에, "어떤 악행도 하지 말라, 많은 선행을 하라, 스스로 자기의 마음을 정화하라, 이것이 모든 부처님의 가르침이다." 라고 했습니다. 이를 7불통계게(七佛通戒偈)라고 하는데, 모든 부처님이 공통적으로 행하는 교화임을 알 수 있습니다.

당나라 때 백거이(白居易) 거사가 조과(鳥窠)선사에게 찾아가서 참례(參禮)하고 불법 대의를 묻자 선사는 다음과 같이 대답 했습니다. "어떤 악행도 하지 말고, 많은 선행을 하십시오[諸惡莫作, 衆善

奉行]." 백거이 거사가 웃으면서 말했습니다. "그런 말이야 세 살 먹은 어린애도 할 수 있습니다." 그러자 조과선사가 소리 질러 대답했습니다. "세 살 먹은 어린애도 말할 수 있지만 여든 살 먹은 노인이라도 꼭 행할 수 있는 것은 아니오." 이 말은 불법을 배우는 사람들이 깊이 되새겨야 합니다. (이상은 불타교육기금회 발행 『불학입문』 등)

"세 가지 청정함이 있다. 무엇이 셋인가? 몸의 청정함, 말의 청정함, 마음의 청정함이다. 몸의 청정함이란 무엇인가? 살생하지 않고, 도둑질하지 않고, 삿된 음행을 하지 않는 것이다. 말의 청정함이란 무엇인가? 거짓말하지 않고, 이간질하지 않고, 악담하지 않고, 잡담하지 않는 것이다. 마음의 청정함이란 무엇인가? 탐욕을 부리지 않고, 악한 마음을 품지 않고, 바른 견해를 갖는 것이다." (『아함경』)

4. 불법의 수행 증득과 그 방법

수행 증득의 중요성

불법을 배움에 있어서는 수행 증득이 중요합니다. 불법에 포함된 경(經)·율(律)·논(論) 3장(三藏)은 모두 자기를 바로잡아[修正] 어떻게 범부를 뛰어넘어 성인의 경지에 나아갈 것인지 그 이치를 설명하는 것입니다. 지금은 말법시대로서 수행한 사람 중에 진정으로 과위를 증득한 자가 확실히 적습니다. 거의 없다고 할 수 있는데, 혹시 제불보살이 하신 말씀에 잘못이 있어서 그럴까요? 그렇지 않습니다. 부처님은 자신이 몸소 깨달은 실상반야(實相般若)의 참 지혜를 말씀하시는 분[眞語者]이요, 자신이 몸소 깨달은 제법실상(諸法實相)의 이치를 말씀하시는 분[實語者]이요, 시방삼세의 모든 부처님과 똑 같이 말씀하시는 분[如語者]이요, 중생을 속이는 말씀을 하시지 않는 분[不誑語者]이요, 궁극적으로는 일체중생이 다 부처가 되도록 이끌기 위한 가르침이지 이와는 다른 말씀을 하지 않는 분[不異語者]이시니, 여실히 믿고 법대로 수행하면 반드시 성과(聖果)를 증득합니다.

수행 증득의 길

수행 증득의 길로는 마땅히 세 가지 일을 분명히 알아야 합니다. **첫째는 발심(發心)입니다.** 위로는 불도를 구하고 아래로는 중생을 교화하면서 보리를 증득하지 않고는 맹세코 성불하지 않겠다는 것입니다. **둘째는 성불의 도리[成佛之道]를 알아야 합니다.** 먼저 반야(般若)와 유식(唯識: 법상法相), 그리고 중관(中觀)에 대해 분명한 인식이 있어야 합니다. **셋째는 진실하게 수행 증득해야 합니다.** 알고 있는 도리에 따라 확실히 수행하고 밝은 스승을 참방 지도받아 곧바로 보리의 묘한 길[菩提妙路]로 나아가야 합니다.

수행의 핵심 이치

"마음을 한 곳으로 집중하면 이루지 못할 일이 없다[制心一處, 無事不辦]."고 부처님은 말씀하셨습니다.

무슨 일을 하거나 배움을 추구해도 성취가 잘 되지 않는 것은 모두 마음을 한 곳으로 집중하지 못하기 때문입니다. '마음을 한 곳으로 집중함'은 현교(顯敎)나 밀교, 외도(外道) 할 것 없이 정(定)을 닦는 데 이용하는 공통된 방법입니다. 마음을 한 곳에 집중할 수 있다면 신통능력을 갖출 수 있지만 불법의 해탈과는 무관합니다. 염불의 일심불란 법문도 마음을 한 곳에 집중함으로써 증득한 효과입니다.

불법(佛法)은 대단히 과학적인 실증(實證)입니다. 그러므로 여러분들은 각자 자기의 길을 걸어가되, 개인별로 한 가지 수행법을 정해서 깊이 들어가 죽을 때까지 변치 않아야 합니다. 어떤 분은 염불을 한다면 그대로 닦아가고, 어떤 분은 대비주(大悲呪: 신묘장구대다라니를 말함)를 외는 습관이 있다면 대비주를 수지하십시오. 육자대명주(六字大明呪: 옴마니반메훔)를 외워 일심불란에 도달하는 사람이 있다면 그것을 계속 외우십시오. 어느 법문이든 상관없습니다. 그러나 이리저리 바꾸어서는 안 됩니다. 각자의 길을 가되, 한 가지 수행법을 정하면 됩니다. "저는 어떤 수행법으로도 공부가 되지 않습니다." 하는 분이 있으시다면, 관세음보살을 염하십시오.

불법의 기초

제행(諸行)[13]은 무상하니, 생겨나고 소멸하는 법이라, '생겨나고 소멸하는 법'이 소멸하니, 적멸이 즐거움이다.

諸行無常, 是生滅法, 生滅滅已, 寂滅爲樂.

생각(思想)·염두(念頭)는 생멸법입니다. 어떻게 함으로써 염두가 일어나지 않게 할 것인가? 그 방법이 바로 청정함의 기초가 됩니다.

---

13 인연 화합으로 형성된 모든 것, 즉 모든 물질적 정신적 현상

염두가 일어나지 않음은, 예컨대 놀라 넘어졌을 때, 억누르는 것이 아니라, 마음을 '텅 비고 밝은 곳[空明處]'에 집중하는 것입니다. 이렇게 마음을 한 곳에 집중하여 공부가 도달하면 자연히 기질이 변화하고 신통(神通)능력을 갖추게 됩니다. 하지만 불제자가 신통으로 사람들을 미혹시키면 보살계를 범한 것입니다. 신통도 망념이 발생시키는 것이기 때문입니다. 통(通)함은 도(道)의 꽃이지 도의 열매(果)가 아닙니다. 신통은 수행의 자연적인 부속품이지 주체가 아닙니다.

우리의 망념(妄念)은 끊임없이 오고 가고 일어나고 사라지고 하는데, 그것이 일어나고 사라지는 것을 알 수 있는, 그것이 번뇌라는 것을 알 수 있는, '그것' 자체는 결코 번뇌하지 않습니다, 맞지요? '그것'은 역시 생멸 가운데 있지 않습니다. 이 염두가 왔다는 것도 '그것'은 알며, 저 염두가 갔다는 것도 '그것'은 압니다, 바로 '그 물건'입니다! 주의하십시오! 그 물건은 비출[照] 줄 압니다. 예컨대 당신이 밀종을 배우는 사람이라면, 많은 망념을 일으켜 관상(觀想)합니다. 관상이란 망념을 빌려 쓰는 것입니다. 자기가 관상하고 있다는 것을 '알 수 있는 그것', 자기가 관상을 해서 성공하지 못했다는 것을 '알 수 있는 그 물건'은 무엇일까요? 예를 들어 당신이 **나무아미타불을 염불하는 사람**이라면, 아미타불, 아미타불... 하고 자기가 아미타불 염불을 하고 있더라도 동시에 자기가 아미타불 염불을 하고 있다는 것을 아는데, 자기가 염불하고 있다는 것을 '알 수 있는 그것'은 무엇일까요? '그것'이 바로 정토이며, 더럽지도 않고 깨끗하지도 않습니다. '그것'이 바로 '진조(眞照)'입니다.

열반은 여래자성(如來自性)의 다른 이름입니다. 열반은 생명을 원래로 자리로 회귀시키는 것입니다. 예를 들면 얼음을 녹여서 물로 변화시키는 것과 같습니다. 열반은 또 적멸(寂滅)하다는 뜻입니다. 적멸은 본래 청정하고 본래 적정(寂靜)하다는 뜻입니다. 열반은 사망이 아닙니다. 영원히 존재하는 것입니다. 석가모니 부처님이 정말로 세상을 떠났다고 생각해서는 안 됩니다. 떠나지 않았습니다. 부처님은 온 바가 없고 간 바가 없습니다. (남회근 선생 저작)

모든 수행 방법은 '선호념' 세 글자

"무엇을 수행이라고 할까요? 자기가 지혜 · 학문 · 수양으로써 탐욕 · 성냄 · 어리석음 · 교만 · 의심 · 정확하지 못한 견해를 바르게 고치는 것입니다. 이것이 수행 길입니다. 불보살이나 하느님이나 귀신에게 도움을 구하는 것이 아닙니다. 수행은 자기의 심리상태로부터 닦기 시작해야 하고, 자기의 생각을 바르게 고쳐야 합니다. 자기의 행위(行爲), 즉 **심리 행위 · 언어 행위 · 신체 행위를 수정(修正)하지 않는다면 그런 수행은 쓸모가 없습니다.**"

불가의 일체의 수행 방법은 모두 '선호념(善護念)' 이라는 세 글자에 지나지 않습니다. 심지어 유가나 도가, 기타 어느 종교든 인류의 일체의 수양 방법도 마찬가지입니다.

자기 마음의 생각을 잘[善] 보호하고 살펴보는 것입니다. 마음이 일어나고 생각이 움직일 때, 어떤 경우라도 자신의 생각을 잘 살펴보고 보호하는 것입니다. 예를 들어 만약 당신이 나쁜 생각으로 그저 닦아 성공해서 신통을 지녀 손 한번 내밀면 은행지폐가 바로 오기를 바라거나, 어떤 젊은이들이 그렇듯이 곧 불보살님을 뵙고 몸 한번 솟구치면 곧 도달하게 되기에 장래에 달나라에 가더라도 자기 자리를 예약할 필요가 없는 그런 신통이나 얻기 바란다든지 하는, 이런 공훈이나 이기주의적 관념으로써 정좌를 배우다면 잘못 된 것입니다.

금강경을 보면 부처님은 얼마나 평범하셨습니까! 옷 입고, 발 씻고, 정좌하고, 정말 평범했습니다. 절대 환상을 하지 않으셨고, 절대 멋대로 하지 않으셨습니다. 종교적인 분위기를 조금도 지니시지 않았습니다. 그리고는 우리들에게 수양의 핵심은 바로 '선호념', 생각을 잘 보호하는 것이라고 가르쳐 주셨습니다.

선(善), 그러니까 자기의 생각, 심념(心念), 의념(意念)을 잘 돌보아야 합니다.

예를 들어, 오늘날 부처님을 배우는 사람들 중에는 염불하는 사람들이 있는데, **나무아미타불 염불해서 일심불란(一心不亂)의 경지에 도달하는 것도 선호념의 한 법문입니다.** 우리가 정좌하면서 자신이 허튼 생각을 하지 않도록 돌보는 것도 선호념입니다. 일체의 종교적 수행 수양 방법은 모두 이 세 글자입니다.

내 마음의 작용을 아는 데 능숙하라

어느 때 부처님은 사왓띠의 기원정사에 계셨다. 부처님은 제자들에게 이렇게 가르치셨다.

"만일 다른 사람의 마음의 작용을 아는 데 능숙하지 못하다면, 적어도 '나는 내 마음의 작용을 아는 데는 능숙할 것이다.'라고 단련하여야 한다.

어떻게 자기 자신의 마음의 작용을 아는 데 능숙하게 되는가?

그것은 마치 장식을 좋아하는 여자나 남자 또는 젊은이들이 깨끗한 거울이나 깨끗한 물에 그들의 얼굴을 비추어보고 흠이나 얼룩이 없으면 기쁘고 만족하여 '좋구나, 나는 깨끗하다.' 라고 생각하는 것과 같다.

이와 마찬가지로 자기를 성찰하는 것은 훌륭한 자질을 향상시키기 위하여 매우 도움이 된다.

'나는 일반적으로 탐욕스러운가 또는 그렇지 않은가?

나는 일반적으로 마음속에서 악의를 품고 있는가 또는 그렇지 않은가?

나는 일반적으로 게으름과 무기력에 빠져 있는가 또는 그렇지 않은가?

나는 일반적으로 마음이 들떠있는가 또는 그렇지 않은가?

나는 일반적으로 의심을 잘 하는가 또는 그렇지 않은가?

나는 일반적으로 화를 잘 내는가 또는 그렇지 않은가?

나는 일반적으로 나쁜 생각에 쉽게 물드는가 또는 그렇지 않은가?

나는 일반적으로 게으른가 아니면 활력이 넘치는가?

나는 일반적으로 주의 집중에 머무는가 아니면 그렇지 않은가?'

만일 이와 같은 성찰에서 자신이 탐욕스럽고, 악의가 있고, 게으르고 무기력하고, 마음이 들떠있고, 의심을 잘 하고, 화를 잘 내고, 나쁜 생각에 쉽게 물들고, 주의 집중하지 못한다면, 그는 **이런 이롭지 못하고 악한 성향들을 버리기 위하여 마음 챙김에 머물고, 분명하게 알아차리고, 최선의 열성과 힘과 노력을 기울여 분발하여야 한다.**

마치 머리에 불이 붙은 사람이 그 불을 끄기 위하여 있는 힘을 다하여 마음 챙김으로 분명하게 알아차리고, 열성과 힘과 노력을 기울이는 것처럼, 이와 마찬가지로 그대들도 이롭지 못하고 악한 성향을 제거하기 위하여 마음 챙김에 머물고, 분명하게 알아차리고,

최선의 열성과 힘과 노력을 기울여 분발하여야 한다." (앙굿따라 니까야 10부51)

온갖 위험이 모두 자기 마음의 한 생각이 스스로 일어났기 때문임을 알고, 무릇 대수롭지 않은 미세한 동작이라고 절대로 소홀히 해서는 안 된다는 것을 압니다. 왜냐하면 대수롭지 않은 미세한 것이 바로 가장 크고 가장 드러나는 근원이기 때문입니다.(남회근 선생 저작)

5. 불법의 이행도와 난행도

정토종의 교상판석

정토종을 정토종이라 부르게 된 것에는 어떠한 원리가 있을까요? 어떻게 수행해야만 비로소 정확하다고 할 수 있을까요? 만약 이러한 문제들에 대해 분명히 알지 못한다면 타 종파의 수행 방법과 교리로써 정토를 판단하게 되는데, 그렇다면 헷갈리게 됩니다. 헷갈리고 나면 여러 가지가 뒤섞인 수행[雜行雜修]을 하게 되고, 마음속에는 두려움과 불안감이 생기게 되며, 왕생 역시 확신할 수 없게 됩니다.

교상판석의 의미

부처님께서 일생동안 설하신 교법 형태[相狀]의 차별을 판별하고 해석하는 것을 교상판석이라 부르며, 간략히 교상(教相)·판교(判教)·교판(教判)·교섭(教攝)이라고도 부릅니다. 곧 교설의 형식·방법·순서·내용·의미 등에 의거하여 교설의 체계를 분류함으로써 부처님의 참뜻을 밝히려는 것입니다.

세존께서 일생동안 설하신 가르침의 양이 너무나 많고 시간과 장소·인연이 각각 다르며, 서로 다른 근기(根機)를 상대로 설하신 교법의 내용 역시 차이가 있으므로 그 취지와 인연·차제(순서)를 알려면 반드시 경전에 대한 정리와 가치판단의 도움을 빌려야 합니다. 그렇지 않고서는 부처님의 진실한 의도를 이해할 수 없으므로 교상판석이 생겨나게 된 것입니다.

경전 자체를 놓고 말한다면, 예를 들어 『법화경』에서는 대승(大乘)과 소승(小乘)의 차별을 보이셨고, 『능가경』에서는 돈점(頓漸)의 차별을 보이셨으며, 『화엄경』에서는 삼조(三照)를 설하셨고, 열반경에서는 오미(五味)를 설하셨으며, 『해심밀경』에서는 삼시(三時)를 설하셨으니, 이러한 내용들은 전부 교상판석을 여는 단서가 됩니다.

중국에서 번역된 경론들은 그 경론들이 생겨난 선후 순서에 따른 것이 아니라 서로 다른 시대, 심지어 교리의 내용이 서로 모순되는 경론들을 동시에 번역하게 되었기에 초학자들로 하여금 그 속의 깊은 뜻을 쉽게 이해하지 못해 입문조차 할 수 없게 되었습니다. 그래서 창견(創見)을 갖춘 여러 대덕들이 본인이 믿고 신봉하는 교의를 분명히 밝히고자하는 입장에서 초학자들을 지도하기 위하여 항상 이러한 여러 경론들의 번잡한 교설들을 분류와 비교를 통하여 가치를 판정하고 교상을 해석하여 완비된 조직체계를 형성하기에 이르렀습니다.

이로 인해 중국불교가 교상판석의 분야에서 특별히 흥성하게 되었고, 아울러 불교의 여러 종파의 형성을 촉진시키게 되었으니 가히 종파의 성립은 교판에 의지하여 선시(宣示)되었다고 말할 수 있을 것입니다.

이행도와 난행도, 성도문과 정토문

부처님께서 일생동안 설하신 무량한 법문을 총괄적으로 판별하여 크게 '난행도(難行道)'와 '이행도(易行道)' 두 가지로 나눌 수 있습니다. 이를 '난이이도판(難易二道判)'이라고 부릅니다. 이 난이이도의 교판(教判)은 본래 용수보살이 『십주비바사론(十住毘婆沙論)』 「이행품(易行品)」에서 나온 것입니다.

"대승을 행하는 이에게 부처님께서는 말씀하시기를, '원(願)을 세워 불도를 구하는 것은 삼천대천세계를 들어 올리는 것보다 더 무겁다'고 하였다. 그대가 말하기를 '아유월치(아비발치, 불퇴전) 지위에 이르는 이 법은 심히 어려워서 오래오래 하여야만 얻을 수가 있으니, 만약 쉽게 행하는 길이 있으면 아유월치의 경지에 빨리 이를 수 있으리라'고 한다면, 이것은 겁이 많고 나약하고 졸렬한 말이지 큰 사람의 기개 있는 말은 아니다.

그대가 만약 반드시 이 방편을 듣고자 한다면 이제 말하리라. 불법에는 한량없는 문이 있다. 마치 세간의 길에 어려운 게 있고 쉬운 게 있어서 육로로 걸어서 가면 괴롭고, 수로로 배를 타고 가면 즐거운 것과 같다. 보살도 역시 이와 같다. 부지런히 정진하는 수행이 있는가 하면, 혹은 믿음을 방편으로 하는 쉬운 행으로 빠르게 아유월치에 이르는 것도 있다.

아미타불의 본원은 이와 같다. '만약 사람이 나를 염하여 칭명하며 스스로 귀명한다면, 즉시 필정(必定: 불퇴전)에 들고 아뇩다라삼먁삼보리를 얻게 되리니, 그런 까닭에 항상 억념해야 한다.' 만약 사람이 빠르게 불퇴전의 지위에 이르고자 한다면 마땅히 공경하는 마음으로 명호를 집지하여 불러야 한다. 사람이 한량없는 힘과 공덕을 갖춘 이 부처님을 염할 수 있다면 즉시 필정에 드는 까닭에 나도 항상 부른다."

용수보살은 '불법에는 무량한 문이 있다'고 하면서 또 '보살도 역시 이와 같다'라고 말하였기 때문에 '불법이 바로 보살도'라고 말하는 것입니다. 그러나 불법이든 혹은 보살도이든 모두 두 문으로 분류할 수 있는 게 바로 '난행도'와 '이행도'입니다.

난행도의 내용은, 육로로 걸어가면 매우 수고롭고 '모든[諸]·오래오래[久]·타락[墮]'이므로 반드시 부지런히 정진하고 오랜 세월 갖가지 법문을 닦아야 하며 게다가 퇴전과 타락의 가능성이 있다는 것입니다.

이행도는 그렇지 않습니다. 이행도는 수로로 배를 타고 가는 것과 같아서, 배를 타고 있으면 매우 편안함과 동시에 '행이 쉬우면서' '빠르게 이를 수 있는' '하나[一]·빠르게[速]·필히[必]'입니다. '하나'란 전'일'하게 아미타부처님의 명호를 칭념하되, 기타 공덕의 회향을 빌리지 않고 오로지 아미타부처님만 부르면 충분하다는 것입니다. 게다가 쾌'속'하게 현재·당장에 얻을 수 있는 동시에 '필'정으로 백퍼센트 반드시 왕생하여 혹시라도 퇴전할 위험이 없습니다.

용수보살은 불법을 '난행도'와 '이행도'로 판석(判釋)하였고, 담란대사는 진일보하여 '자력(自力)'과 '타력(他力)'으로 분석하였습니다. 담란대사의 제자이신 도작선사는 다시 '성도문(聖道門)'과 '정토문(淨土門)'으로 나누어 판석했습니다. 다시 말해 이 '성도문'은 반드시 성자의 근기라야 수행할 수 있지만, '정토문'에서는 꼭 성자의 근기를 가진 중생이 아니라도, 아미타불의 구제를 믿고 받아들이고, 오로지 아미타불의 명호를 부르며, 아미타불의 정토에 왕생하기를 발원만 하면 아미타불의 정토에 왕생하여 성불할 수 있습니다.

종합해서 말하면 전체 불법을 두 문으로 분류할 수 있습니다. '성도문'은 난행도이고 자력이고 성자의 근기라야 닦을 수 있고 수행을 강조하여 무슨 행이든 전부 다 닦아야 합니다. 이는 육로로 보행하는 것과 같기 때문에 '괴롭고[苦]·모든[諸]·오래오래[久]·타락[墮]'입니다. 퇴전과 타락의 가능성이 있는 한 과위를 증득할 수 있는 가능성도 확정할 수 없습니다. 그러나 이행도의 정토문은 어떨까요? '정토문'은 이행도이고 타력이어서 범부들이 모두가 닦을 수 있는 신심을 강조하는 구제 법문입니다. 그런데 무엇을 믿을까요? 염불을 믿고 전일하게 염불만 하면 되는 것으로, 이는 마치 수로로 배를 타고 가는 것과 같아 '즐겁고[樂]·하나[一]·빠르게[速]·반드시[必]'이며 왕생이 결정됩니다.

성도문과 정토문은 모두 불법이고, 난행도와 이행도 역시 모두 불법입니다. 자력과 타력 역시 불법이므로 우리는 용맹정진 하는 수행만이 불법이고, 쉽게 하는 염불은 불법이 아니라고 말해서는 안 됩니다. 보통 불자들은 대부분 고행을 닦는 사람들을 좀 더 숭배하고 존경합니다. 그들은 불법을 배우고 있는 이상, 불법은 실천을 중시하기 때문에 고행을 닦아야 하고, 고행을 닦는 사람일수록 대중들의 신복(信服)을 얻게 됩니다. 그러기에 어떤 이는 생각하기를 '당신들은 일자무식한 노인네들처럼 단지 입만 달싹이며 염불만 좀 할 뿐인데 그게 뭐가 귀하냐?'고 하거나, 심지어 어떤 사람들은 '이런 것도 불법이냐?'며 의심하기까지 합니다.

이것은 당연히 불법입니다. 게다가 불법일 뿐만 아니라 그것도 불법 내에서 가장 빠른 불법입니다. 그럼에도 여전히 어떤 사람들은 염불하는 사람들을 깔보면서 생각하기를, 나같이 이렇게 학문이 있어서 경장(經藏) 속으로 깊숙이 들어갈 수 있고, 이렇게 정진하며 이 법문도 배우고 저 법문도 배울 수 있는 사람이 설마 당신들과 같은 노인네들처럼 거기서 '나무아미타불'만 불러야 하겠냐? 라고 합니다. 이런 편집(偏執)이 있기 때문에 교만심이 일어나게 되는데, 만약 이러한 상황이라면 『무량수경』에서 설한 것처럼 '이 법을 믿기 어렵게' 됩니다.

성도문은 자력 수행의 가르침이다

성도문은 '자력수행'의 가르침입니다. 자력수행이란 자기 자신의 힘으로 세세생생 육도 내에서 사람 몸을 잃지 않고 6바라밀만행을 닦아 과위를 증득하는 것입니다. 그러나 이것은 성자의 근기라야 가능하기 때문에 '어렵다[難]'고 말하는 것입니다. 반면에 정토문은 '타력신심'의 가르침으로서, 금생의 이 순간에 이 사바세계에서 일향(一向)염불을 하고 저 극락정토에 왕생하여 과위를 증득하는 것입니다. 이것은 범부가 할 수 있는 것이기 때문에 '쉽다[易]'고 말하는 것입니다.

바꾸어 말하면, 만약 성도문의 길을 걷고자 하면 당신은 반드시 먼저 그런 근기를 갖춰야 하고, 만약 금생에 도업(道業)을 성취할 수 없으면 다음 생에도 사람 몸을 받을 확신이 서야 하며, 게다가 금생에 이루지 못한 도업을 이어서 계속 수행할 수 있는 그런 인연을 확보할 수 있는 능력이 있어야 합니다. 그런 재간이 있어야 하는데, 만약 이런 재간이 없다면 말을 말아야 하겠지요. 왜냐하면 다음

생에 당신이 어디로 갈지도 모르니까요! 게다가 왕왕 '삼세원(三世 冤)'에서 벗어나지도 못합니다. 즉, 금생에 불법을 배우고 보시를 하며 수많은 공덕을 쌓았기에 다음 생에 부귀영화를 누리게 되는데, 사람이 즐거움 속에서 자신도 모르는 사이에 악업을 짓게 되어 세 번째 생에는 타락을 할 수 있다는 것입니다. 따라서 석가모니부처님께서 불법을 설하신 목적은 우리더러 선행을 하고 덕을 쌓아서 천상에 태어난다거나 인간의 몸을 받아서 복락을 누리라는 게 아닙니다! 우리더러 회향하여 임종할 때 극락세계에 왕생하라는 것입니다.

정토문은 타력 신심의 가르침이다

정토문은 성도문과 달라서 정토문은 타력신심의 가르침입니다. 타력은 아미타불의 원력을 말합니다. 이른바 '믿음'이란 객관적으로 존재하는 사실을 믿는 것입니다. 왜냐하면 외부에 객관적으로 존재하는 사실이 없다면 우리의 신앙도 공허한 빈말에 불과하기 때문입니다. 그러나 아미타불과 극락세계의 존재는 부처님께서 우리를 위해 보증해주신 객관적 사실이기 때문에 아미타부처님의 존재가 바로 우리의 신심의 근원이 됩니다. 따라서 우리가 부처님의 말씀을 믿기만 하면, 여러 가지로 분별하고 헤아릴 필요 없이, 자연스럽고 순박하게 의심과 걱정 없이 바로 아미타부처님의 구제를 받아들일 수 있습니다.

이는 마치 하늘의 밝은 달이 물속에 비쳐져서 달의 그림자가 형성되는 것과 같습니다. 달의 그림자는 물 자체에서 생겨난 게 아닙니다. 달이 있으면 수면 위에는 달의 그림자가 나타나게 되는데, 이는 방편을 빌려서 생겨난 게 아닙니다. 큰 호수든 작은 물 컵이든 간에 당신이 물건을 가지고 그것을 덮어버릴까 걱정이지, 그렇지만 않으면 천 줄기의 강에 물이 있는 한, 천 줄기의 강에 다 달이 있게 됩니다. 우리가 아미타불의 구제를 받아들이길 원하기만 하면 누구든지 마음속에는 모두 아미타불의 공덕이 있게 되고, 아미타불은 당신과 나와 함께 출입하고 함께 잠을 자고 함께 일을 하며 영원히 우리를 보호해주십니다. 그러나 만약에 우리가 본인 마음의 물을 덮어버리고서 '어디에 아미타불이 계시느냐? 어디에 극락세계가 존재하느냐? 어떻게 그리 쉽겠느냐? 세상에 공짜 점심은 없다'며 의심을 한다면 스스로 큰 이익을 잃게 됩니다. 이는 태양이 대지를 두루 비추는 것과 같습니다. 태양은 큰 나무도 비추고 작은 풀도 비추며, 출가자도 비추고 재가자도 비추며, 수행을 할 줄 아는 사람도 비추고 수행을 모르는 사람도 비추지만 만약 본인 스스로가 동굴 속이나 방안에 숨어있다면, 이 태양은 당신과 아무런 관계가 없겠지요.

따라서 이 정토문은 '타력신심'의 가르침으로서, 금생에 지금 이 순간 이 사바세계에서 '염불하면 반드시 왕생한다는 것을 믿고'서 '일향염불'하여 임종할 때 극락세계에 왕생하여 과위를 증득하는 것입니다. 이른바 '일향(一向)'이란 이향(二向)·삼향(三向)이 없는 것으로, 오늘은 염불했다가 잠시 후에 혹은 내일은 또 다른 것을 부르고 하는 것이 아닙니다. 만약 결정을 내리지 못하고 이것을 닦았다 또 저것을 닦았다 한다면, 일향이 아닙니다. 일향은 지금 발심하고 나서부터 왕생할 때까지 줄곧 변하지 않아야만 일향염불입니다. 진정으로 불법을 믿는 사람은 일향염불을 하며 임종할 때 극락정토에 왕생하여 과위를 증득할 것입니다. 이 뜻은, 정토문에서는 염불인들이 이 사바세계에서 과위를 증득할 것을 요구하는 게 아니라 극락세계에서 과위를 증득할 것을 요구한다는 것이지요. 성도문에

서만이 수행자들이 사바세계에서 과위를 증득할 것을 요구합니다. 금생에 안 되면 다음 생에 다시 수행하고, 다음 생에도 안 되면 그 다음 생에 다시 이어서 수행하되, 과위를 증득할 때까지 지속되어야 합니다. 우리는 그렇지 않습니다. 우리는 본인에게 여러 겁을 '모든·오래오래·타락'의 난행도를 닦을 능력이 없다는 것을 생각하고, 아미타부처님께서 이미 우리를 위해 다 준비해주셨다는 것을 알고 있기 때문에 극락세계로 가서 과위를 증득할 것입니다. 이것은 모든 선악범부가 누구나 다 할 수 있는 것입니다.

아무튼 불법 중의 성도문은 수행의 가르침이고, 난행도이고 자력이고 괴롭고 육도만행을 닦는 것을 종지로 삼습니다. 정토문은 신심의 가르침, 즉 부처님을 믿는 이행도이자 타력이고 즐거움이며 믿음과 발원을 갖추고 오로지 부처님의 명호를 부르는 것을 종지(宗旨)로 삼고 있습니다.

명호를 부르면 아미타불이 성불하신 공덕도 동시에 모두 자기의 공덕으로 바뀐다

"과지(果地: 묘각의 지위)의 깨달음을 인지(因地: 수행의 지위)의 마음으로 삼으니, 원인은 결과의 바다에 갖추어져 있고, 결과는 원인의 근원과 통한다[以果地覺, 爲因地心. 因該果海, 果徹因源]."는 말이 있습니다. 이 말뜻은, 아미타불께서 과지에서 성취하신 부처님 공덕으로써 우리와 같이 인지에 있는 범부가 왕생하고 성불하는 공덕으로 삼으셨다는 것입니다. 아미타불의 정각(正覺)은 우리 중생들이 극락세계에 왕생하는 원인입니다. 바꾸어 말하면, 우리 중생이 왕생할 수 있는 원인은 아미타불의 정각의 결과라는 것입니다.

그러므로 아미타불의 성불은 바로 우리의 왕생이며, 우리의 왕생은 바로 아미타불의 성불입니다. 만약 우리가 왕생하지 못한다면 아미타불은 성불하지 않으셨을 것이고, 아미타불께서 이미 성불하셨다는 것은 우리가 단지 염불만 하면 반드시 왕생할 수 있다는 것을 의미합니다. 여기서 알 수 있듯이, 우리의 왕생은 아미타불의 성불과 하나로 묶여 있어 영원히 떼어놓을 수 없습니다.

그러므로 우리의 이 법문은 '결과로부터 원인으로 향하는[從果向因]' 법문이지, '원인으로부터 결과로 향하는[從因向果]' 법문이 아닙니다. '원인으로부터 결과로 향함'이란 바로 범부로부터 줄곧 수행하여 10신(十信)·10주(十住)·10행(十行)·10회향(十廻向)·10지(十地)를 거치고, 그런 다음에야 성불에 이르는 것입니다. 한 걸음 한 걸음, 한 단계 한 단계씩 위로 올라가야 합니다.

그러나 우리의 이 법문은 '과지의 깨달음을 인지의 마음으로 삼은' 것으로, 아미타불께서 이미 성불하신 공덕을 우리가 왕생하여 성불하는 자량(資糧)으로 삼으신 것입니다. 그러므로 우리는 10신·10주·10행·10회향·10지와 같은 여러 가지 수행을 거칠 필요 없이 곧바로 단계를 초월하여 왕생 성불할 수 있습니다. 이런 까닭에 '이행도'를 일러 가로로 초월하는 '횡초(橫超)' 법문이라고도 부르는 것입니다. 예컨대 타이베이에 101빌딩(대만 타이베이에 있는 금융센터)이란 건물이 있는데, 만약 매 층마다 모두 걸어서 올라간다면 오랜 시간이 걸릴 것이며, 걸어가는 데 매우 고생할 것입니다. 하지만 만약 직통으로 가는 엘리베이터를 타면 매우 빨라, 순식간에 101빌딩의 옥상에 도달할 것입니다.

그러므로 우리는 다음과 같은 결론을 내릴 수 있습니다.
'속히 생사에서 벗어나고자 한다면 두 가지 수승한 법 가운데 잠

시 성도문을 내려놓고, 정토문을 선택해 들어가야 한다!'

우리가 불법을 배우는 목적은 신속하게 생사에서 벗어나 불도를 성취하는 데 있습니다. "금생에 안 되면 다음 생에 다시 보자"라고 생각한다면 도를 닦으려는 마음이 있는 사람이라 할 수 없습니다. 성도와 정토, 이 두 가지 수승한 법문 중에서 성도문을 잠시 한쪽에 다 내려놓아야 합니다.

비록 우리 역시 지혜가 개발되기를 바라고 법문의 이익을 얻기를 바라지만, 이것을 이 세상에서 우리의 근기로서는 얻을 수가 없습니다. 정력(精力)을 집중하여 정토문을 선택해 들어가서, 일단 서방정토에 도달하기만 하면 증득하지 않으려 해도 저절로 증득하게 되고, 자연스럽게 무생법인을 얻게 되며, 3명6통(三明六通)이 전부 갖춰지고, 모든 경전의 가르침을 모조리 통달하게 됩니다.

어떤 사람이 학문은 굉장히 많으나 아직도 정토문을 선택하지 않은 것은, 자신이 어떠한 시대에 처해 있는지를 보지 못하고, 자신이 어떠한 중생인지를 인식하지 못했기 때문입니다. 따라서 바로 이러한 시대에 정토문을 선택하는 것은 매우 지혜가 있고 복이 있는 것입니다. (용수보살 저 『십주비바사론』, 「이행품」 혜정법사 강의. 정전淨傳스님 번역)

오늘날 세상에는, 비록 이미 정각(正覺)을 성취한 옛 부처님이 중생을 교화하기 위하여 여러 모습으로 나타나시더라도[示現] '윤리도덕을 돈독히 하고 본분을 다함[敦倫盡分]과 정토법문'을 중시하는 것 이외에는, 따로 제창하는 법문이 절대로 없을 것입니다. 달마대사가 이 시대에 나타나시더라도 응당 부처님의 힘에 의지하는 법문을 가르쳐 이끄는 것[訓導]으로 삼아야 할 것입니다. 시절인연이 실제로 근본이기 되기 때문입니다. (『인광대사문초』)

6. 참선법문과 정토염불법문과의 관계

윤회를 벗어나기 어려운 참선법문

참선과 정토(염불)는 근본 이치상으로는 둘이 아니지만 구체적인 수행현실을 따지자면 하늘과 땅 차이가 납니다. 참선은 확철대오하고 완전히 증득(證得)하지 아니하면 생사윤회를 벗어날 수 없습니다. 그래서 일찍이 위산(潙山)선사도 이렇게 말씀하셨습니다.

"정인(正因: 정인불성을 말한다. 즉 심성, 진여의 뜻임)을 돈오(頓悟)하여야 비로소 홍진(紅塵) 세간을 벗어나는 점진적인 단계가 시작되며, 세세생생에 퇴보하지 않아야 부처의 단계에 도달할 수 있다."

"초발심의 수행인이 법문을 통하여 자성(自性)을 단박 깨달을 수 있지만, 시작도 없는 아득한 오랜 겁 동안 쌓여온 습기(習氣: 업의 잠재력, 습관성, 훈습에 의해 남겨진 기분, 실질적으로는 종자와 같음)는 그렇게 단박에 모두 사라질 수 없다. 그러므로 반드시 현세의 업보와 유동하는 심식(心識)을 말끔히 제거하여야만 비로소 생사를 벗어날 수 있게 된다."

이는 마치 사람이 밥을 먹을 때 첫 술에 배부를 수 없는 것과 같은 이치입니다. 천하의 선지식들이 열반의 경지를 증득하지 못하는 것도 그 공덕이 성인과 가지런하지 못하기 때문입니다. 그래서 오조(五祖) 계(戒) 선사는 소동파(蘇東坡)로 태어나고, 초당(草堂) 청(淸) 선사는 노공(魯公)으로 다시 출생한 겁니다.

예로부터 확철대오 하고서도 완전히 증득하지 못한 대종사(大宗師)들이 이처럼 수없이 많았습니다. 이는 정말로 오직 자력(自力)에만 의지하고 부처님의 자비 가피를 구하지 않은 탓입니다. 미혹이나 업장이 말끔히 제거되지 못하고 조금이라도 남아 있는 한 결코 생사윤회를 벗어날 수 없기 때문입니다.

생사윤회를 벗어나는 염불왕생

반면 정토 염불은 믿음과 발원과 수행[信願行]의 삼요소만 갖추면 업장을 짊어진 채 극락정토에 왕생할 수 있으며, 한번 왕생하면 생사윤회를 영원히 벗어나게 됩니다. 이미 깨달아 증득한 사람은 곧장 부처의 후보 자리[補處]에 오르게 되고, 아직 깨닫지 못한 중생이라고 할지라도 불퇴전(不退轉: 아비발치阿鞞跋致)의 경지를 증득하게 됩니다.

그래서 연화장(蓮華藏) 세계의 모든 중생들이 한결같이 극락정토에 왕생하기를 발원하며, 선종과 교종의 수많은 선지식들이 나란히 서방정토에 왕생하는 겁니다. 이는 부처님의 자비가피력에 완전히 의지하여 자신의 간절한 믿음과 발원을 행하기 때문에 쌍방의 마음이 서로 교류되어 빨리 정각(正覺)을 이루는 감응이 나타나는 것입니다.

지금 같은 세상에서는 참선보다는 정토 염불 수행에 전념하는 것이 마땅한 방법입니다. 한 티끌도 물들지 아니한 마음 가운데서 만가지 공덕을 두루 갖춘 위대하고 거룩한 나무아미타불의 명호(名號)를 지송(持誦)하는 것입니다. 더러 소리 내어 염송하기도 하고 더러 소리 없이 조용히 암송하기도 하되, 끊어짐이나 잡념망상이 없도록 하며, 반드시 생각[念]이 마음에서 일어나 소리가 자기 귀로 들어가면서 한 글자 한 글자가 또렷또렷 살아있고 한 구절 한 구절이 흐트러지지 않도록 염송해야 합니다.

이렇게 염불을 오래 계속하다 보면 저절로 한 덩어리가 되어 염불삼매(念佛三昧)를 몸소 증험(證驗)하고 서방정토의 풍취를 스스로 알게 될 것입니다. 그래서 대세지보살이 6근(六根)을 모두 추스려 청정한 생각을 끊임없이 이어가는 수행으로 삼매에 이르는 최상의 원통(圓通) 법문을 삼은 것입니다. 정토 염불로 곧장 선정(禪定)에 드는 방편이 이보다 더 묘한 게 또 어디 있겠습니까?

샛길로 빠지기 쉬운 참선수행

참선 수행을 하는 사람들은 오직 자신의 힘[自力]에만 의지하고 부처님의 가피력을 구하지 않습니다. 그래서 공부에 힘이 붙어 진짜와 가짜가 서로 뒤섞여 공격해 올 때 여러 가지 경계(境界)가 번쩍 나타났다가 번쩍 사라지면 갈피를 잡지 못하고 흔들리기 쉽습니다.

그러한 경계들은 마치 잔뜩 흐리고 비 오던 날씨가 장차 개려고 할 때 두터운 구름장이 터지면서 문득 햇빛이 눈부시게 비치다가 눈 깜박할 사이 다시 어두컴컴해지기를 반복하여 도대체 날씨 변화를 예측할 수 없는 경우와 비슷합니다. 이러한 상황은 진짜 도안(道眼)이 뜨인 자가 아니면 식별해낼 수가 없습니다. 이 때 만약 한 소식(消息) 얻은 걸로 착각하면 악마에 집착[走火入魔]하여 미쳐 날뛰게 되고 어떤 의약으로도 고칠 수 없게 됩니다.

대낮에 큰 길을 걸어가는 염불수행

염불 수행하는 사람이 진실한 믿음과 간절한 발원으로 온갖 공덕을 갖춘 위대한 명호[萬德洪名: 南無阿彌陀佛]를 염송하는 방법은 마치 밝은 해가 중천에 걸린 대낮에 큰길을 가는 것과 같아서, 마귀나 요정, 도깨비들이 얼씬도 못하고 자취를 감출 뿐만 아니라 샛길로 빠지거나 옳고 그름을 따질 염두조차 일어날 여지가 없습니다.

이러한 염불 수행을 꾸준히 계속하여 공부가 순수해지고 힘이 지극히 붙으면 결국 "온 마음이 부처이고 온 부처가 마음이 되어, 마음과 부처가 둘이 아니고 마음과 부처가 하나가 되는[全心是佛, 全佛是心, 心佛不二, 心佛一如]" 경지에 이르는 것입니다. 이러한 이치와 이러한 수행은 단지 사람들이 이를 잘 몰라서 부처님이 중생들을 두루 제도하시고자 한 원력에 부합하지 못할까 걱정될 따름입니다.

참선과 염불 그 판이한 법문의 근본 원리

그러니 어찌 은밀히 숨겨 두고 전해 주지 않거나 또는 어떤 특정인에게만 전해주는 일이 있겠습니까? 만약 아무도 모르게 은밀히 입과 마음으로만 전수하는 미묘한 비결이 있다면, 이는 삿된 악마나 외도(外道)일 것이며 불법은 아닙니다. 법당(法幢) 화상은 숙세에 영특한 근기를 타고나, 처음에는 진실한 유학자[眞儒]였다가 나중에 진실한 스님[眞僧]이 되셨으니, 글공부하고 도 닦은 게 결코 헛되지 않았다고 칭송할 만합니다.

세상에 진짜 유학자가 있어야 비로소 진짜 스님이 있게 됩니다. 별 볼일 없이 어중이떠중이로 노닐던 무뢰한(無賴漢)들이 출가하면 정말로 거의 모두 불법을 파괴하는 마왕(魔王)과 외도가 되기 십상입니다. 법당 화상의 어록은 모두 사람들 마음의 눈을 곧장 통쾌하게 확 틔어 주는 훌륭한 법문으로, 인쇄하여 널리 유통시키고 선가(禪家)의 보배로도 삼을 만합니다. 그러나 이는 오직 사람의 마음을 곧장 가리켜 본성을 보고 부처가 되게 하는[直指人心, 見性成佛] 길을 밝혀 놓았을 따름입니다.

우리들은 오로지 정토염불을 수행하기만 하면 되니, 그 말씀의 구절들을 붙잡고 씨름하여 둘 다 손해 보는 어리석은 짓은 하지 말기 바랍니다. 선가에서 주창하는 것은 오직 근본 요지에 국한되며, 그밖에는 일체 밝히지 않습니다. 원인을 닦아 과보를 얻고 미혹을 끊어 진아(眞我)를 증득하는 일은 모두 스스로 묵묵히 수행해 나가야 할 공부입니다.

그런데 문외한들은 선가에서 이러한 수행과 증득의 도리를 뚜렷하게 언급하지 않는 것을 보고는 선가에서 이러한 방법을 쓰지 않는다고 말하니, 이는 곧 선가를 비방하고 부처님과 불법을 비방하는 죄악입니다. 교리를 좀 아는 총명한 사람들은 으레 염불수행이 왜 굳이 서방의 극락정토에 왕생하려고 선택하는지 따져 묻지요? 마치 상대적인 분별과 취사선택을 완전히 초월한 수행만이 절대 궁극인 양 여기는가 봅니다. 그러나 이는 취함도 없고 버림도 없는 궁극의 경지는 부처가 된 다음의 일이라는 걸 모르기 때문입니다.

아직 부처가 되지 못했다면 설령 미혹을 완전히 끊고 진리를 증득하는 것조차 모두 취사선택의 편에 속합니다. 미혹을 완전히 끊고 진리를 증득하는 취사선택을 인정한다면, 염불법문이 동방 대신 서방을 향하고 혼탁한 사바 고해를 떠나 극락정토에 왕생하려는 발원을 어찌 허용하지 않는다는 말입니까?

참선 법문 같으면 취사선택이 모두 잘못이지만, 염불 법문에서는 취사선택이 모두 옳습니다. 참선은 오로지 자기 마음[自心]만 참구하는 것이고 염불은 부처님의 힘을 함께 믿고 의지하기 때문입니다. 그런데 이렇게 서로 판이한 법문의 근본원리를 제대로 알지도 못하면서 함부로 망령되이 참선 법문을 가지고 염불 법문을 공격

비판하는 것은 그 의도가 몹시 잘못되었습니다. 참선에서 취사선택을 안 하는 것은 본디 최상의 정수이지만 염불에서도 취사선택을 없애려 한다면 곧 독약이 되고 맙니다.

여름에 모시옷 입고 겨울에 털가죽 옷 입으며, 목마르면 물마시고 배고프면 밥 먹는 것은 지극히 당연한 순리 아니겠습니까? 서로는 비난할 수도 없거니와 또 어느 한쪽만 옳다고 고집해서도 안 됩니다. 오직 각자의 근기와 본성에 적합한 방편을 골라잡는다면 폐해가 없이 유익할 것입니다. 동방을 버리고 서방을 취하는 것이 생멸(生滅)이라고 비방하는 자들은 거꾸로 동방을 고집하여 서방을 버리는 것이 단멸(斷滅)임을 모르고 있습니다. 대저 아직 미묘한 무상정각을 증득하지 못한 중생이라면 누가 취사선택을 벗어날 수 있겠습니까?

3아승지겁을 수련하고 백겁 동안 원인 자리[因地]를 닦아 위로 불도를 구하고 아래로 중생을 교화하며 미혹을 끊고 진리를 증득하는 일체의 수행과정이 어느 것 하나 취사선택의 연속이 아니겠습니까? 모름지기 여래께서 모든 중생들이 한시바삐 진리의 몸[法身]과 고요한 광명[寂光]을 증득할 수 있도록 이끌기 위하여 특별히 나무아미타불 명호를 지송(持誦)하여 서방정토에 왕생하라고 간곡히 권하셨음을 잘 알고 명심해야 됩니다.

여래께서 설하신 일체의 법문은 모두 미혹을 끊고 진리를 증득하여야만 비로소 생사윤회를 벗어날 수 있으며, 미혹과 업장을 다 끊지 않고서 생사를 벗어날 수 있는 법문은 결코 없음을 알아야 합니다. 그런데 염불 법문은 미혹을 끊은 자가 왕생하면 법신(法身)을 곧장 증득하고 미혹과 업장을 짊어지고 왕생하더라도 이미 성인의 경지에 우뚝 올라서게 되니, 이 아니 수승(殊勝)합니까?

하나는 오로지 자신의 힘에 의지하고 하나는 오로지 부처님의 힘에 의지하면서 자신의 힘을 아울러 보태니, 두 가지 법문의 쉽고 어려움은 어찌 하늘과 땅 차이가 아니겠습니까?

대개 보면, 총명한 사람들이 선서(禪書) 좀 섭렵하다 재미있는 걸 느끼고는 마침내 참선을 최고로 여기고 마치 사방으로 통달한 도인처럼 자처하는 경우가 많습니다. 대부분 참선과 염불의 이치를 제대로 모르고 스스로 과대망상에 잠긴 부류입니다. 이러한 생각과 견해는 결코 따라서는 안 됩니다. 만약 이들을 따르면 생사윤회를 벗어나는 일은 티끌처럼 수많은 겁(劫)이 지나도록 전혀 가망이 없을 겁니다.

참선법문이 실이고 권인 수행법이라지만

권(權)이란 여래께서 중생의 근기를 굽어보시고 거기에 맞춰 드리운 방편 법문[臨機應變]을 일컫고, 실(實)이란 부처님께서 마음으로부터 증득한 도의(道義) 그대로 설법하심을 일컫습니다.

또 돈(頓)이란 점차적인 과정을 거치지 않고 곧바로 빠르게 한 번에 뛰어 넘어 들어감을 일컫고, 점(漸)이란 점차 닦아 나아가고 점차 증험해 들어가 반드시 많은 세월과 생명의 과정을 거쳐 바야흐로 실상(實相)을 몸소 증득하는 것입니다.

그런데 참선하는 사람들은 참선의 법문이야말로 사람 마음을 곧장 가리켜[直指人心] 본성을 보고 불도를 이루게 하는[見性成佛] 법문으로 정말로 실(實)이고 돈(頓) 그 자체의 수행이라고 으레 자랑합니다. 설사 참선으로 확철대오하여 마음을 밝히고 본성을 본다[明心見性] 할지라도 그것은 단지 마음에 본래 갖추어져 있는 진리와 본성상의 부처[理性佛]를 보는 것에 지나지 않음을 모르고 하는 소리입니다.

만약 대보살의 근기와 성품을 지닌 사람이라면 확철대오하면서 증득하여 스스로 삼계고해를 벗어나 영원히 생사윤회를 벗어남과 동시에, 위로 불도를 추구하고 아래로 중생을 교화하여 복덕과 지혜의 기초를 튼튼히 다질 수 있겠습니다. 그러나 이러한 대보살의 근기와 성품을 갖춘 경우는 이른바 확철대오했다는 사람들 가운데서 백천분의 일이나 될까 말까 할 따름입니다.

그 나머지 근기가 조금만이라도 처지는 사람은 제아무리 미묘한 도를 확철대오했을지라도 견혹과 사혹의 번뇌[見思煩惱]를 완전히 끊을 수 없어서 여전히 3계 고해에서 생사윤회를 되풀이해야 합니다. 그렇게 생사를 되풀이하다 보면 깨달음에서 미혹으로 빠지는 경우가 훨씬 많고 미궁에서 벗어나 깨달음으로 나아가기는 무척이나 어려운 게 사바세계 수행의 현실입니다.

이러한 즉, 참선법문이 비록 제아무리 실(實)이고 돈(頓) 그 자체의 수행이라고 할지라도 정말로 근기가 몹시 뛰어난 사람이 아니라면 그 실(實)과 돈(頓)의 진짜 이익을 받지 못하고, 결국 권(權)과 점(漸)의 방편법문이 되고 마는 게 아니겠습니까? 왜 그런가 하면 바로 자신의 힘[自力]에만 의지하기 때문입니다. 자신의 힘이 백퍼센트 완전히 갖추어져 있다면 얼마나 다행이겠습니까? 그러나 현실상 조금이라도 부족하게 되면 진리와 본성을 단지 깨달을 수 있을 뿐 몸소 증득할 수는 없게 됩니다. 지금 말법시대에 확철대오한 사람도 눈 씻고 찾아보기 어려운 현실인데, 하물며 확철대오한 바를 증득한 사람은 말할 나위가 있겠습니까?

염불법문은 권이면서 실이요 점이면서 돈인 수행법

여기에 비하면, 염불(念佛) 법문은 위로도 통하고 맨 밑바닥까지

통하며, 임기응변의 권(權)이면서 항상 불변의 실(實)이기도 하고, 점차적[漸]이면서 실(實)이기도 하고, 점차적이면서 단박에 뛰어넘는[頓] 수행법이기 때문에 보통의 교리로 시비우열을 따질 수가 없습니다. 위로는 부처와 같은 깨달음을 얻은 등각보살(等覺菩薩)로부터 아래로는 아비지옥의 중생에 이르기까지 모두 닦아 익혀야 할 법문입니다.

여래께서 중생에게 설법하심은 오직 생사윤회를 끝마치고 벗어나도록 이끌기 위함일 뿐입니다. 다른 법문들은 최상의 근기를 지닌 자만이 그 일생에 생사를 마칠 수 있으며 낮은 근기의 중생은 수많은 겁을 닦아도 해탈하기 어렵습니다. 오직 염불 법문 하나만은 어떤 종류의 근기와 성품을 타고난 중생이든지 모두 현생(現生)에 서방극락세계에 왕생하여 생사윤회를 끝마칠 수 있습니다.

이처럼 곧장 빠르게 갈 수 있는데 어찌 점차적인 수행법이라고 이름붙일 수 있겠습니까? 비록 제아무리 뛰어난 근기로 참선수행을 하더라도 보통의 근기로 원만하고 곧장 닦아가는 염불만은 못할 것입니다. 겉보기에는 느리고 둔한 것처럼 보이지만, 그 법문의 위력과 여래의 서원이 평범한 중하근기 중생들도 막대한 이익을 단박에 얻을 수 있도록 만들어 주니, 그 이익은 완전히 부처님의 자비광명 가피력을 믿고 의지하는 것입니다.

무릇 참선하거나 경전 강해하는 사람들이 정토 염불 법문을 깊이 연구해 보지 않으면 너무 평범하고 쉽다고 여겨 가볍게 보거나 거들떠보지도 않기 일쑤입니다. 만약 그들이 염불 법문을 한번만 제대로 깊이 연구해 본다면 마음과 힘을 다해 널리 펼치게 될 것이 틀림없습니다. 그런데 어찌 권(權)이네 실(實)이네, 돈오돈수네 돈오점수네 하는 잘못된 시비논쟁에 끄달려 스스로를 망치고 중생들까지 혼란에 빠뜨리는 어리석은 짓만 저지르고 있겠습니까?

'집착하지 말라[不執着]'거나 또는 '집착을 놓아 버려라[放下着]' 등의 말은 추상적 이치로는 지극히 옳지만 구체적 현실 상황은 보통 평범한 중생들이 행할 수 있는 바가 결코 아닙니다. 온 종일 따뜻한 옷을 입고 배불리 먹으면서 "굶주림과 추위에 집착하지 않는다."고 사치스럽게 지껄이는 것은, 며칠 동안 물 한 잔 쌀 한 톨 얻어먹지 못하여 굶주림과 목마름으로 허기져 금방 쓰러져 죽게 생긴 사람이 "나는 용의 간이나 봉황의 골수조차 더러운 쓰레기로 보기 때문에 생각만 해도 헛구역질이 나는 판인데 하물며 그보다 못한 물건들을 거들떠보기라도 할소냐?"라고 허풍 떠는 것과 똑같은 빈말[空談]에 지나지 않습니다.

요즘 세상에 불교의 교리를 제대로 공부하지도 않고 곧장 참선에만 파고드는 사람들은 대부분 이러한 공해탈병(空解脫病)에 걸려 있습니다. 좌선 좀 하여 생각이 맑아지고 텅 빈 경계[空境]가 앞에 나타나는 것은 잡념망상을 고요하고 맑게 가라앉혀 어쩌다 펼쳐지는 환상의 경계[幻境]에 지나지 않습니다. 그런데 이를 마치 무슨 소식(消息)이라도 얻은 것처럼 착각하여 크게 환희심을 내면 마음을 잃어버리고 미쳐 날뛰게 되어 부처님도 고칠 수 없게 됩니다.

다행히 수행자가 이를 몸소 알아차리고 집착하지 않으면서 환상과 망상을 내버리면 마침내 모든 법문을 일관회통(一貫會通)하는 경지에 이를 수 있습니다. 비유하자면 오랫동안 가시밭길을 헤쳐 걸은 뒤 문득 사통팔달의 큰 길에 도달하는 것과 같다고나 할까요?

말법시대의 우리 중생들은 근기가 형편없는데다가 선지식조차 매우 드뭅니다. 만약 부처님의 자비 가피력에 의지하여 정토염불 법문 수행에 전념하지 않고서 단지 자신의 힘만 믿고 참선에만 매달린다면, 마음을 밝혀 본성을 보고[明心見性] 미혹을 끊어 진리를 증득[斷惑證眞]하는 이가 매우 적을 뿐만 아니라, 환상을 진짜로 착각하며 홀림을 깨달음으로 오인하고 악마에 집착하여 미쳐 날뛰는 자들이 정말 많아질 것입니다. 그래서 영명(永明) 선사나 연지(蓮池) 대사 같은 선지식들이 시절인연과 중생근기를 관찰하여 염불 정토법문을 적극 힘써 펼친 것입니다.

직지인심 견성성불에 대한 오해

참선이라는 법문을 어찌 그리 쉽게 말할 수 있겠습니까? 옛날 위대한 수행자 가운데 조주(趙州) 종심(從諗) 선사 같은 분은 어려서 출가하여 나이 여든이 넘도록 행각(行脚)을 계속 했답니다. 그래서 그를 칭송한 시에도 "조주는 여든에도 여전히 행각하였으니, 단지 마음자리가 아직 고요해지지 않아서였네."라는 구절이 있습니다. 장경(長慶) 선사는 좌선으로 방석 일곱 개를 닳아뜨린 뒤 돌아다녔으며, 설봉(雪峯) 선사는 세 번 투자산(投子山: 서주舒州 소재)에 올랐고 아홉 번이나 동산(洞山)에 오르기도 하였습니다.

이처럼 대 조사들도 확철대오하기가 그토록 어려웠거늘, 악마에 들린 무리들은 악마의 말을 한번 듣고서 모두 다 깨쳤다고 날뛰고들 있으니, 앞에 말한 조사들이 몸소 이들의 신발을 들어준다고 할지라도 쓸 데가 없습니다. 달마 대사가 서쪽에서 온 것은 부처님의 심인[佛心印]을 전하여 사람 마음을 곧장 가리켜서[直指人心] 본성을 보고 부처를 이루게[見性成佛] 하기 위함이었습니다. 그러나 여기서 보고 이룬다는 것은 우리 사람들의 마음에 본래 갖추어진 천진불성(天眞佛性)을 가리켜 말함입니다.

사람들에게 먼저 그 근본을 알아차리게 하면 수행과 증득의 법문은 모두 그 인식을 바탕으로 스스로 나아갈 수 있으며, 마침내 더 이상 닦을 게 없고 더 이상 증득할 것도 없는 궁극의 경지에서 저절로 그치게 될 것이기 때문입니다. 한 번 깨달음과 동시에 곧장 복덕과 지혜가 함께 나란히 갖추어지고 궁극의 불도(佛道)가 원만히 이루어진다는 의미는 결코 아닙니다.

마치 용을 그리고 눈동자를 찍어 넣으면[畫龍點睛] 용이 곧장 살아나 천지를 진동시킬 만큼 휘황찬란하게 날아오르는 것에 비유할 수 있습니다. 그 효용은 각자 몸소 받아 느낄 수밖에 없습니다. 그래서 그대로 곧장 마음이면서 부처인 도와, 마음도 아니고 부처도 아닌 법이 함께 나란히 온 세상에 쫙 퍼지게 되었습니다.

타고난 근기가 뛰어난 자는 한 경계 한 기미에 곧장 그 조짐을 알아차리고 진리의 말을 토해내며, 범부의 소굴에서 스스로 벗어나고 죽음에 걸림이 없이 대자유와 대 해탈을 누리게 됩니다. 그러나 근기가 조금만 처지는 자는 설령 확철대오할지라도 번뇌업습의 기운이 말끔히 사라질 수는 없기 때문에 여전히 생사의 바퀴를 돌면서 중음(中陰)을 거치고 태반(胎盤)을 나오면서 대부분 혼미와 후퇴를 거듭하기 마련입니다.

확철대오한 사람도 그러하거늘 하물며 깨닫지도 못한 사람이야 말해 무엇 하겠습니까? 그래서 정말로 부처님의 자비가피력을 굳게 믿고 의지하는 정토 염불 법문에 전심전력하는 것이 가장 확실하고 온당한 계책입니다. 율종(律宗)이나 교종(敎宗), 선종(禪宗)은 맨 처음 교리(敎理)를 분명히 배운 뒤 그에 따라 수행하여야 합니다. 수행공부가 깊어져 미혹을 끊고 진리를 증득하여야만 바야흐로 생사윤회를 벗어나게 됩니다. 그런데 교리조차 잘 알지 못하면 눈 먼 소경수행[盲修瞎煉]이 되어, 뭔가 조금 얻으면 다 통했다고 착각하거나 악마에 들려 미쳐 날뛰기 십상입니다.

설사 교리를 분명히 알고 수행공부가 깊어졌다고 할지라도 미혹을 다 끊지 못하고 터럭 끝만큼만 남아 있어도 여전히 윤회 고해를 벗어날 수 없습니다. 미혹과 업장이 깨끗이 사라져 생사고해 벗어나기를 계속 기대하는 것은 부처님의 경지와는 너무도 멀리 동떨어져 얼마나 수많은 겁(劫)을 더 수행하여야 비로소 부처의 과보를 원만히 이룰 수 있을지 알 길이 없습니다.

비유하자면, 평범한 서민이 태어나면서부터 몹시 총명하고 지혜로워 책 읽고 글공부 시작한 지 십여 년 만에 갖은 고생 끝에 어느 정도 학문이 이루어져 과거에 급제하고 벼슬길에 오르는 것과 같겠습니다. 그가 아주 큰 재주와 능력이 있다면 낮은 관직부터 점차 승진하여 재상까지 오를 수 있을 것입니다. 재상은 더 이상 올라갈 수 없는 최고 정점의 관직으로 모든 신하 중의 으뜸 자리입니다.

그러나 재상도 만약 태자에 비교한다면 귀천이 하늘과 땅처럼 현격히 차이가 납니다. 하물며 황제에 빗대겠습니까? 평생 신하로서 군주의 명령을 받들어 행하며 신명을 다 바쳐 나라 다스림을 도와야 할 운명일 따름입니다. 그러나 이러한 재상 직위도 오르기가 정말 쉽지 않습니다. 반평생 힘과 재주를 다해 수고하면서 온몸으로 감당한 뒤 운 좋게 황제에게 인정받아야 말년에 잠시 그 자리에 오를까 말까 하는 겁니다.

만약 학문이나 재능이 조금이라도 모자라는 점이 있다면 그 자리에 이름조차 거론되지 못할 것은 당연합니다. 그러한 자가 백천만 억이나 되는데, 이는 곧 자신의 힘[自力]에만 의존하는 것입니다. 학문과 재능은 교리를 분명히 알아 그에 따라 수행함을 비유하고, 직위가 재상까지 승진하는 것은 수행공부가 깊어져 미혹을 끊고 진리를 증득함을 비유하며,

단지 신하로 일컬어질 뿐 끝내 군주가 될 수 없는 것은 비록 생사윤회를 벗어날지라도 아직 불도를 이루지는 못함을 비유합니다. 신하는 결코 황제가 될 수 없습니다. 황실에 탁생(託生)하여 황태자로

태어나지 않는 한. 마찬가지 이치로 기타 법문을 수행하여도 부처가 될 수 있지만 다만 정토염불 법문과 서로 비교하면 너무 동떨어진 차이가 납니다. 독자들은 이 비유가 함축하는 뜻을 잘 음미하고 문자에 얽매이지 않기 바랍니다. (인광대사 저 『화두놓고 염불하세』 김지수 번역)

　참선을 하는 사람에게 첫째로 중요한 것은 발심(發心)입니다. 즉, 개인의 굳센 의지입니다. 그리고 하나 분명히 알아야 할 사실은, 만약 곧바로 위없는 보리(菩提)를 향해 나아가 돈오(頓悟)하고자 한다면, 절대로 조그만 복덕이나 인연으로는 성공할 수 없다는 것입니다. 무릇 인승(人乘) · 천승(天乘) · 성문승(聲聞僧) · 연각승(緣覺僧)으로부터 대승(大乘)에 이르기까지의 5승도(五乘道) 속에 나열되어 있는 6바라밀 만행(萬行)의 모든 수련법과, 복덕자량을 쌓는 온갖 선법(善法)을 모두 절실히 지키고 닦아야만 비로소 가능합니다. 달리 말하면 크나큰 희생과 노력 없이 약간의 조그만 총명이나 복보(福報) 또는 선행으로 보리(菩提)를 깨닫는 것은 절대로 불가능하다는 것입니다. 그러기에 달마대사는 이렇게 말했습니다. "모든 부처님들의 무상묘도(無上妙道)는 억겁에 걸친 정진과, 실천하기 어려운 것을 실천하고, 참기 어려운 것을 참아낸 것이다. 어찌 작은 공덕과 작은 지혜, 경솔한 마음과 교만한 마음으로 부처님의 정법을 얻기를 바라고 헛된 정진수고를 하리요! (남회근선생 저작)

경전의 왕 『화엄경』은 결국 극락정토 왕생으로 회향

　그런데 『화엄경』의 맨 끝에 보면 부처와 같은 깨달음을 얻은 보살조차 오히려 「십대원왕(十大願王)」으로 극락정토에 왕생하길 회향하고 있으니, 이는 바로 재상이 황실에 탁생하여 황태자로 태어나겠다는 비유와 의미가 서로 통한다고 볼 수 있습니다. 염불 법문이 화엄경을 얻음으로써, 마치 큰 바다가 온 강물을 집어 삼키고 너른 허공이 삼라만상을 감싸고 있는 것처럼 밝혀졌으니 정말로 위대하지 않을 수 없습니다. 그리고 학문이나 재능이 조금이라도 모자라 재상이 되지 못하는 자가 몹시 많다는 것은 미혹을 완전히 끊지 못하여 생사고해를 벗어나지 못하는 중생이 너무도 많음을 비유하는 것입니다. 그런데 염불법문은 설령 교리를 잘 모르고 미혹과 업장을 다 끊지 못했다고 할지라도, 단지 믿음과 발원으로 아미타불의 명호만 지송(持誦)하여 극락왕생을 구하면 임종 때 틀림없이 부처님께서 친히 맞이해 서방정토에 왕생합니다. 극락세계에 왕생하면 부처님을 뵙고 법문을 들어 무생법인(無生法忍)을 깨달은 뒤 바로 그 생애에 부처 후보의 지위에 오릅니다.

이는 부처님의 힘[佛力]이자 또 자신의 힘[自力]을 겸비하는 것입니다. 믿음과 발원으로 부처님 명호를 지송하는 것은 자신의 힘으로 부처님을 감동시킴이요, 48대 서원으로 극락왕생을 바라는 모든 중생을 자비로이 맞이하시는 것은 부처님의 힘이 나에게 호응(응집)하심입니다. 감응(感應)의 도리가 서로 교차하여 이와 같은 효험을 얻습니다.

또 만약 교리를 깊이 분명하게 알고 미혹을 끊어 진리를 증득한 사람이 극락에 왕생하게 되면 그 품위(品位)가 더욱 높고 불도를 훨씬 빨리 원만하게 성취합니다. 그래서 문수보살과 보현보살을 포함한 화장(華藏) 세계의 대중이나 마명(馬鳴)과 용수(龍樹) 같은 역대 위대한 종사와 조사들이 한결같이 극락왕생을 발원한 것입니다.

비유하자면, 황실에 태어나면 한번 어머니 뱃속에서 나오면서부터 고귀한 태자로 모든 신하를 거느리게 되는 이치와 비슷합니다.

이는 바로 황제의 힘입니다. 태자가 자라면서 점차 학문과 재능이 하나씩 갖추어지면 마침내 황제의 지위를 물려받아 천하를 다스리게 되고 모든 신하와 백성이 그의 말을 따르게 될 것입니다. 이는 황제의 힘과 자신의 힘을 겸비한 것입니다.

염불 법문 또한 이와 같습니다. 미혹과 업장을 완전히 끊지 못한 채 부처님의 자비 가피력으로 서방정토에 왕생하면서 바로 생사고해를 벗어남은 태자가 태어나면서부터 모든 신하를 압도하는 것과 비슷하고, 왕생한 뒤 미혹과 업장이 저절로 끊어져 부처 후보의 지위에 오름은 태자가 자라면서 학문과 재능을 갖추어 황제 지위를 물려받음과 비슷합니다.

또 이미 미혹과 업장을 끊은 이는 마명이나 용수 같은 역대 조사와 같고, 벌써 부처 후보의 지위에 오른 이는 문수보살이나 보현보살과 같으며, 화장 세계 대중이 모두 왕생을 발원한 것은 마치 예전에는 변방 시골에 처박혀 감히 황제 자리를 물려받을 엄두도 못 내던 이들이 지금은 동궁(東宮)에 거처하면서 머지않아 등극(登極)할 차례를 기다리는 것과 비슷합니다. (『화두놓고염불하세』 김지수 번역)

염불법문 그 크고 안전하고 배

우리들이 생사윤회 중에 오랜 겁을 지나오면서 지어온 악업은 무량무변합니다. 만약 자기 수행의 힘에만 의지해서 번뇌 미혹과 악업을 모두 소멸시키고 생사를 해탈하려고 한다면, 하늘에 오르기보다 더욱더 어렵습니다.

만약 부처님께서 설하신 정토 법문을 믿고, 진실한 믿음과 간절한 발원으로 아미타불 명호를 염송하여 극락왕생을 구한다면, 업력의 크고 작음에 관계없이 누구나 모두 부처님의 자비력에 의지해

왕생할 수 있습니다.

비유컨대 한 톨의 모래는 물에 들어가면 곧 가라앉습니다. 그러나 설령 수천 만 근이 나가는 암석이라도 큰 배에 실어놓으면, 물속에 가라앉지도 않고 다른 먼 곳까지 운반하여 마음대로 사용할 수 있습니다. 암석은 중생의 업력이 크고 무거움[深重]을 비유하고, 큰 배는 아미타불의 자비력이 광대함[廣大]을 비유합니다.

만약 염불하지 않고 자기의 수행력에 의지해서 생사를 해탈하고자 한다면, 반드시 번뇌 미혹과 업이 다 소멸되고 허망한 애욕감정이 텅 비어진[業盡情空] 경지에 도달해야 비로소 가능합니다. 그렇지 못하고 번뇌 미혹과 업을 다 끊지 못해 한 털끝만큼만 남아 있어도 생사를 마칠 수 없습니다. 이는 비유하면 지극히 작은 모래알이라도 반드시 물속으로 가라앉고 결코 물 밖으로 벗어날 수 없는 것과 같습니다.

그대는 오직 믿음을 내어 염불하여 극락에 왕생하기를 구하고, 다시는 다른 염두를 일으켜서는 안 됩니다. 진실로 그렇게 할 수 있다면, 그대의 수명이 아직 다하지 않았다면 병이 빨리 나을 것입니다. 오로지 지성으로 염불한 공덕이 숙세의 악업을 소멸시켜 줄 수 있기 때문이니, 마치 밝은 해가 떠올랐다면 서리와 눈이 곧 녹아버리는 것과 같습니다. 그대의 수명이 다 하였다면 곧바로 극락에 왕생할 수 있습니다. 마음에 염불이외에는 다른 생각이 없어서 아미타불과 감응의 도리가 교차할 수 있기 때문에 아미타불의 자비의 접인(接引)을 받아 왕생합니다. 그대가 만약 이 말을 믿고 따른다면, 살아도 큰 이익을 얻고, 죽더라도 큰 이익을 얻습니다. 자신은 저열한 사람이라고 자처하고 '나는 업장이 무거워 왕생하지 못할까 두렵다'고 절대로 말하지 마십시오. 만약 이런 상념을 한다면 절대로 왕생할 수 없습니다. 왜냐하면 마음에 진실한 믿음과 간절한 왕생 발원이 없어서 아미타불과 감응의 도리가 교차할 길이 없기 때문입니다. (『인광법사문초』)

　우리 중생들의 심성은 부처와 똑같습니다. 단지 미혹되어 진리를 등짐으로써 끊임없이 윤회하고 있을 따름입니다. 이를 불쌍히 여기신 여래께서 자비로 근기에 맞춰 설법하심으로써 모든 생명에게 본래의 집에 되돌아갈 길을 열어 주셨습니다. 그 법문이 비록 많긴 하지만 크게 둘로 요약될 수 있습니다.

　바로 참선과 정토염불입니다. 둘 모두 해탈이 가장 쉽지만, 참선은 오직 자신의 힘만 의지하고 염불은 부처님의 힘을 겸비하기 때문에 양자를 서로 비교하면 염불 법문이 시절인연과 중생근기에 가장 잘 들어맞는 셈입니다. 비유하자면, 사람이 강이나 바다를 건널 때 직접 헤엄치지 않고 배에 올라타야만 안전하고 재빨리 저쪽 언덕(彼岸)에 도달하면서 몸과 마음 모두 가뿐한 것과 같은 이치입니다.

　말법시대의 중생들은 오직 크고 안전한 배와 같은 염불 법문에 의지해 수행할 수 있습니다. 그렇지 않고 한번 근기에 어긋난 법문에 들어서 시절인연을 놓치면 애써 수고만 다할 뿐 도를 이루기 어려울 것입니다. 대 보리심을 발하고 진실한 믿음과 서원을 내어 평생토록 오직 나무아미타불 명호만 굳게 지니고 염송하기 바랍니다. 염송이 지극해지면 모든 생각[情]을 잊어버리고 염송 그 자체가 무념(無念)이 되어 선종과 교종의 미묘한 의리(義理)가 저절로 철저하게 나타나게 될 것입니다.

　그러다가 임종에 이르면 부처님과 보살님이 몸소 오시어 직접 맞이해 갈 것이니, 곧장 최상의 품위에 올라 앉아 무생법인을 증득하게 됩니다. 오직 한 가지 비결이 있을 따름이니 정말 간절히 일러

주겠습니다. 정성을 다하고 공경을 다하면, 미묘하고 또 미묘하고 미묘하리로다[竭誠盡敬, 妙 妙 妙 妙]. (『화두놓고염불하세』 김지수 번역)

7. 모든 종파의 고승대덕들도 귀의한 정토

오도(悟道) 성불이 이렇게 어려우니 지름길로 가라

어떤 사람은 수행공부를 잘 합니다. 부처님을 배우는 것도 아주 정성스럽고 간절하게 배웁니다. 다 맞습니다만 그가 깨달았다고 할 수는 없습니다. 왜냐하면 견혹(見惑)이 끊어지지 않았고 지혜가 성취되지 않아서 보리를 증득할 수 없기 때문입니다. 사혹(思惑)은 수행에 의지해서 끊어지는 것입니다. 비록 공덕(功德)이 있고 선행(善行)이 있고 4선8정(四禪八定)까지 닦아서 경계가 좋더라도, 물론 그렇게 된다는 것은 간단한 일이 아닙니다만, 아직은 궁극적으로 삼계를 초월하지 못했습니다.

한걸음 더 나아가서 말하면, 수행을 해서 현생에 소승 아라한과에 이르고 멸진정(滅盡定)에 들어가면 거의 삼계를 초월한 것이지만 아직은 구경(究竟)이 아닙니다. 최후에는 되돌아와야 합니다. 몸을 돌려 대승을 향해 다시 배워야 합니다. 그러므로 『금강경』·『능엄경』·『법화경』·『유마경』·『화엄경』 등과 같은 대승경전들은 대부분의 기록이 견지(見地)쪽으로 편중되어 있습니다.

견지를 높이려는 것은 좋습니다. 그러나 우리는 아예 경지에 오르지[登地] 못한, 수지 성취가 조금도 없는 범부입니다. 이른바 박지(薄地)의 범부입니다. 지(地)란 마치 고층건물의 한 층 한 층과 같습니다. 보살지에 들어가고 싶어도 이 불법을 들으면 아주 간단하여 다 이해한 것 같지만 사혹인 '탐욕·성냄·어리석음·교만·의심'이라는 결사(結使)의 뿌리는 조금 흔들리기조차도 않았습니다. 이해한 것만으로는 조금도 소용이 없습니다. 여전히 6도 윤회속에서 굴러다닙니다. 심지어는 더 비참하게도 미친 소견[狂見]은 가지고 있으면서 진정한 수지는 없습니다. 견이 끊어야 할 바에 아직 이르지 못했다면 닦음으로 끊어야 할 바는 얘기할 필요도 없습니다. 설사 그대가 3장12부의 팔만대장경을 다 외울 수 있다할지라도 생사가 닥쳐왔을 때는 감당하지 못합니다.

육신인 4대(四大)가 분리되는 그 고통은 당신이 수지(修持)가 없다면 조금도 어쩔 길이 없습니다. 저도 젊었을 때 제 자신이 뭐든지 다 이해했다고 생각했습니다. 그런데 엄중하다는 것을 점차 알게 되면서 감히 주제넘지 않기로 했습니다. 제 자신이 고생했던 경험으로 여러분들에게 가르쳐드리는데, 증득해야 비로소 진짜 알게 됩니다. 여러분이 생각으로 이해한 것은 소용이 없습니다.

『유마경』은 이미 성취가 있는 사람들에 대하여 견지 면에서 꾸짖고 있다는 점에, 우리는 특별히 주의를 기울여야합니다. 그렇지 않다면 이 경을 강의 할 필요도 없습니다. 우리 불법을 배우는 사람들이 알듯이 오도(悟道)하여 성불하기가 이렇게 어려우니 지름길을 가는 것만 같지 못합니다.

염불공부를 잘 해 가십시오. 자신이 윤회 가운데서 길을 헤매지 않도록 나무아미타불을 염불하여 극락세계 왕생하십시오. 극락세계에 갔다고 이미 성불한 것은 아닙니다. 유학을 잘 가는 겁니다. 그곳 환경에서는 제불 보살이 수시로 설법하십니다. 학비도 낼 필요 없고 비바람도 없습니다. 얼마나 좋고 얼마나 편리합니까, 이 문제를 반드시 분명히 알아야 합니다. 그렇지 않고 『유마경』 강해를 듣는 것은 단지 나쁜 점만 있지 좋은 점은 없습니다!

참선을 배우는 사람들은 『유마경』을 떠날 수 없습니다. 그러나 1, 2천년 이래로 참선을 배운 많은 사람들이 수지 공부가 높은 경지에 이르지 못하여 결국은 역시 생사윤회 속으로 들어가지 않으면 안 되었습니다. 특별히 이 점을 제시하니 주의하시기 바랍니다! (남회근 선생 『유마경 강의』)

모든 종파의 고승대덕들은 정토에 귀의했다

예부터 모든 종파의 고승대덕들은 정토에 마음을 귀의하지 않은 분이 없었습니다. 오직 선종의 여러 조사들은 정토를 은밀히 수행하기에 힘쓰고, 밖으로 드러내어 펼치는 이가 별로 없는 편입니다. 그러나 영명 선사가 사료간으로 정토와 참선 수행의 병행을 주창한 뒤로는, 선사들도 모두 분명한 말과 글로 가르침을 펴며, 정토 수행을 절실하게 권하게 되었습니다. 그래서 사심(死心) 신(新) 선사는 정토 수행을 권하는 글[勸修淨土文]에서 이렇게 말하였습니다.

"아미타불은 염송하기 매우 쉽고, 정토는 왕생하기 매우 쉽다."

"참선하는 사람이야말로 바로 염불하기 가장 좋으니, 근기가 더러 약하고 둔하여 금생에 확철대오할 수 없을까 의심스러운 이는, 아미타불의 원력을 빌어 정토에 왕생하라."

"그대가 만약 염불하여 정토에 왕생하지 못한다면, 이 노승은 (거짓말한 죄악으로) 마땅히 혀를 뽑는[拔舌] 지옥에 떨어질 것이다."

진헐(眞歇) 료(了) 선사는 정토설(淨土說)에서 이렇게 말하고 있습니다.

"조동종(曹洞宗) 문하에서는 모두 정토를 은밀히 닦고 있는데, 그 까닭은 무엇인가? 정말로 염불 법문이 가장 빠른 지름길 수행이며,

대장경의 가르침에 바로 따라 최상 근기를 맞이할 뿐만 아니라, 중하 근기의 대중도 끌어들이기 때문이다."

"선종의 대사들이 공도 아니고 유도 아닌[不空不有] 법을 이미 깨닫고도, 정토 법문에 뜻을 굳게 두고 부지런히 수행하는 것은 무슨 까닭인가? 정토 법문으로 부처를 친견하는 것이, 참선보다 훨씬 간단하고 쉽기 때문이 아니겠는가?"

"부처나 조사나, 교종이나 선종이나 할 것 없이, 모두 정토 법문을 수행하여 한 근원으로 함께 되돌아간다. 이 문에 들어가는 자는 무량 법문을 모두 증득하기 때문이다." (『화두놓고염불하세』 김지수 역)

8. 깨달음을 판단 검증하는 열 가지 기준

사람들마다 걸핏하면 깨달음에 대해 말하는데, 소위 깨달음이란 궁극적으로 어떤 것일까요? 그 기준은 무엇일까요? 가장 평이하고 실제적인 설명으로는 바로 영명연수(永明延壽) 선사가 『종경록(宗經錄)』에서 언급한 내용으로, 선종의 견지, 수증, 행원이 포함되어 있습니다.

송나라 때 대 저작이 두 개가 있었는데, 하나는 사마광의 『자치통감(自治通鑑)』이오 하나는 영명수선사의 『종경록』입니다. 두 대작은 거의 동시대에 나왔습니다. 애석하게도 세속 학문을 말하는 『자치통감』은 후세에 전해지면서 연구자들이 많았습니다만, 『종경록』는 거의 휴지통에 내던져진 신세였다가, 청나라에 와서야 옹정황제가 제기하여 이 책을 연구하라고 특별히 강조하는 명령을 여러 번이나 내렸습니다.

『종경록』은 진정한 깨달음이란 어떤 것인지를 말해줍니다. 책에서는 열 가지 물음을 제기하는데, 도를 깨달은 사람은 경전에 통달하지 않는 자가 없어서, 모든 불경의 교리를 바라보자마자 알 수 있다고 합니다. 마치 소설을 보듯이 보자마자 이해하니 깊게 연구할 필요가 없다는 겁니다.

영명연수 선사의 『종경록』 제1권에는 이렇게 말합니다.

"자기 식 견해에 굳게 집착하고, 부처님의 말씀을 믿지 않고, 자기를 가로막는 마음을 일으키고, 다른 배움의 길을 끊어버리는 사람들이 있으므로, 그들을 위하여 이제 열 가지 물음으로 기준원칙[紀綱]을 정한다.

첫째, 자기의 본성을 또렷이 볼 수 있음이 마치 대낮에 색깔을 보듯 명백하고 그 경지가 문수보살 등과 같은가?

둘째, 연(緣)을 만나고 경계를 대함이나, 색상을 보고 소리를 들음이나, 발을 들어 올리고 발을 내림이나, 눈을 뜨고 눈을 감음이나 모두 밝은 종지를 얻어서 도와 상응하는가?

셋째, 세존이 한 생에 걸쳐 설한 모든 가르침[一代時敎]과, 위로부터 내려오는 조사의 언구(言句)를 열람하고, 그 심오함을 듣고서도 두려워하지 않으며, 모두 철저히 이해하여 의심이 없을 수 있는가?

넷째, 온갖 질문과 갖가지 힐난에도 네 가지 변재(辯才)를 갖추어 그들의 의심을 모두 해결할 수 있는가?

다섯째, 언제 어느 곳에서도 지혜의 비춤이 걸림 없어서, 생각 생각마다 원만히 통하고, 한 법도 능히 그 장애가 되는 걸 보지 않으며, 한 찰나 동안이라도 끊어지지 않을 수 있는가?

여섯째, 일체의 역(逆) 경계와 순(順) 경계, 좋은 경계와 나쁜 경계가 현전할 때, 방해받아 틈이 생기지 않고 다 꿰뚫어 볼 수 있는가?

　일곱째, 『백법명문론(百法明門論)』에서 말하는 심리 경계들에 대해서, 하나하나 그 미세한 체성(體性)과 그 근원이 일어나는 곳을 살펴보고, 생사와 6근 6진[根塵]에 미혹되지 않을 수 있는가?

　여덟째, 걷고 머물고 앉고 눕는 네 가지 위의(威儀) 중에 가르침을 받들거나 응답하거나, 옷을 입거나 밥을 먹거나 동작을 취하는 등 모든 활동 가운데에서 하나하나 진실을 변별할 수 있는가?

　아홉째, 부처가 있다고 하든 없다고 하든, 중생이 있다고 하든 없다고 하든, 칭찬을 하든 비방을 하든, 옳다고 하든 그르다고 하든, 이런 말을 듣고서도 한결같은 마음이면서 흔들리지 않을 수 있는가?

　열째, 온갖 차별의 지혜를 들어도 다 밝게 통달할 수 있고, 본성과 현상을 모두 통달하며 이론[理]과 사실[事]에도 걸림이 없어서 한 법이라도 그 근원을 변별하지 못함이 없고, 나아가 천 명의 성인이 세간에 나오더라도 의심이 없을 수 있는가?"

사이비 깨달음에 속지 말라

　어떤 사람이 진정으로 깨달음에 이르렀는지의 여부는, 위의 열 가지 물음을 그 판단기준으로 삼을 수 있습니다.

　첫 번째 질문 : 명심견성의 경계입니다. 언제 어느 곳에서라도 일체의 사물에 대해 또렷이 아는 것이, 마치 대낮에 그림의 색깔을 보는 것과 같아서 문수보살 등의 경계와 같아야 하는데, 당신은 그렇게 할 수 있습니까?

　두 번째 질문 : '연을 만나고 경계를 대한다.'는 말은 그 포괄 범위가 아주 넓습니다. 당신이 사람을 만나거나 어떤 일에 직면했거

나, 혹은 다른 사람이 면전에서 당신을 방해하거나, 색상을 보거나 소리를 듣더라도 마음이 움직이지 않을 수 있고, 일상생활에서 뿐만 아니라 심지어 밤에 잠을 자면서도 도와 합치할 수 있어야 하는데, 당신은 그렇게 할 수 있습니까?

세 번째 질문:『법화경』이든『능엄경』이든 불교의 경전을 보기만 하면 모두 알 수 있고, 가장 고명한 설법을 들어도 두려워하지 않으면서, 철저하게 환이 꿰뚫어 이해할 수 있고 의심이 없어야 하는데, 당신은 그렇게 할 수 있습니까?

네 번째 질문: 모든 학자들이 갖가지 학문을 들고 나와 당신에게 질문을 하더라도, 당신은 막힘없는 변재로 해답해줄 수 있습니까?

나머지 여섯 가지 질문은 여러분 자신이 한번 연구해 보기 바랍니다. 마지막 단락은 이렇습니다.

"만약 정말로 이렇게 할 수 없다면, 절대 분수에 지나고 속이는 마음을 일으키지 말아야 하며, 자부하고 만족하는 뜻을 내지 말아야 한다. 반드시 지극한 가르침을 두루 연구하고, 선지식들에게 널리 묻고, 부처와 조사의 자성(自性)의 근원을 궁구하여, '배움이 끊어지고 의심이 없는[絶學無疑]' 경지에 도달해야 한다. 그때 비로소 배움을 쉬고 방황하는 마음을 쉴 수 있다. 그 때는 자신을 다룸에는 선관(禪觀)으로 상응하고, 남을 위함에는 방편을 열어 보일 수 있다. 법계에 두루 나아가지 못하고 뭇 경전을 폭넓게 연구할 수 없다면, 오직『종경록』의 내용만 자세히 살펴보아도 자연히 들어갈 수 있다. 종경록은 바로 모든 법의 요체이자 도에 들어가는 문이다. 마치 어머니를 지켜서 자식을 알아보고 근본을 얻어서 지말(枝末)을 아는 것과 같으며, 그물의 벼릿줄을 끌어당김에 그물코마다 다 바르고 옷을 끌어당김에 올올이 모두 따라오는 것과 같다."

만약 이 열 가지 물음에 대해서 조금이라도 그 수준에 이르지 못했다면, 자기를 속이지 말고 남을 속이지 말아야 합니다. 스스로 옳다고도 생각해서는 안 됩니다. 어떤 의문이 있다면 도처의 선지식에게 가서 가르침을 청하여, 반드시 모든 부처와 조사들의 경계에 도달해야 합니다. 조사들이 깨달은 바를 당신도 다 성취했다면, 비로소 배움이 끊어지고 의문이 없는 경지에 도달할 수 있어서 더 이상 배우지 않아도 좋습니다. "회식유심(灰息游心)"은 망상심이 모두 쉬어버린 겁니다. "자신을 다룸에는 선관(禪觀)으로 상응하고, 남을 위함에는 방편을 열어 보일 수 있다"는 말은, 대철대오한 후에 소승의 길을 걸어가면 다시 4선8정을 닦아 과위를 증득하고, 6신통을 구족하고, 3신(三身)을 갖추고, 신통의 묘용을 일체 구족한다는 겁니다. 또 대승의 길을 걸어가면 남을 위해 자신을 희생하는 수지(修持)로써 세속으로 나와 불법을 널리 전파하기 위하여 세상으로 나설 수 있다는 겁니다.

"법계에 두루 나아가지 못하고 뭇 경전을 폭넓게 연구할 수 없다면", 만약 3장12부의 대장경이 너무 많아서 볼 수 없다면, "오직 이 『종경록』의 내용만 자세히 살펴보아도 자연히 들어갈 수 있다. 이 『종경록』은 바로 모든 법의 요체이자 도에 들어가는 문이다.", 영명연수선사는 자신이 편집한 『종경록』을 참고하기를 권하는데, 그 이유는 모든 경전의 정수를 집약하여 이 책에 담았기 때문이란 겁니다. "마치 어머니를 지켜서 자식을 알아보고 근본을 얻어서 지말을 아는 것과 같으며, 그물의 벼릿줄을 끌어당김에 그물코마다 다 바르고 옷을 끌어당김에 올올이 모두 따라오는 것과 같다.", 이 구절이 얼마나 아름답습니까? 이 구절은 영명연수 선사가 이 책의 중요성을 말한 것입니다. (남회근 선생 『불교수행법강의』 신원봉 번역)

당신은 자신이 깨달았는지 않았는지를 알고 싶지 않습니까? 아주

간단하게 한번 시험해 볼 수 있습니다. 당신의 색신은 전환 변화했습니까? 형상과 습기는 고쳤습니까? 계·정·혜·해탈·해탈지견은 성취했습니까? 부처님의 10력·4무소외를 모두 갖추었습니까? 18불공법을 압니까 모릅니까? 자비심을 어느 정도까지 일으켰습니까? 위의는 무슨 경계에 도달했습니까? 자신의 수명을 틀어쥘 수 있습니까 없습니까? 설법은 변재(辯才)가 무애하여 법에 자재할 수 있습니까? 중생의 청정한 불국토를 성취할 수 있습니까? 이 모두가 자기에 대한 테스트입니다. 당신이 아직 성불하지 못했다고 한다면 부처님이 성취한 억만 분의 일을 가지고서 자기의 수행을 시험해 보는 것도 하나의 좋은 척도입니다. 이렇게 보면 자기는 교만하고 미치지 않을 것이며 자기는 아직 멀었다는 것도 알게 될 것입니다.

예컨대 선종은 대철대오(大徹大悟) 성불을 말하는데, 성불했을까요? 이루었습니다. 단지 대부분 이룬 것은 법신의 부처로서 마음을 밝혀 자성을 본 것일 뿐입니다. 법신이 작용을 일으키는 것을 성취했을까요? 아직 못했습니다. 왜냐하면 색신이 전환 변화되지 않았기 때문입니다. 도를 깨달으면 이 부모가 낳아준 육신을 전환 변화시켜서 비로자나 부처님이 대표하는 색신으로 이루어야 합니다. 그것은 광명입니다. 전해오는 바에 의하면 천여 년 동안 내내 색신을 성취한 사람은 없습니다. 육신이 죽은 뒤에 썩지 않더라도 색신 성취로 여길 수 없습니다. 여전히 법신 성취의 하나의 부대적인 작용입니다. 색신 성취의 수행자는 살았을 때 자연히 6신통이 있으며 떠나가려 할 때에 그를 태울 필요가 없습니다. 그가 한 줄기 빛으로 변화하여 떠나버립니다. 도가의 두 마디 말을 빌려서 말하자면 최후에 이르면 '흩어져서는 기(氣)가 되고 모아져서는 형체를 이룬다[散而爲氣, 聚而成形]'입니다. 색신성취도 자연히 탈태환골(脫胎換骨)할 수 있습니다.

진정으로 도를 깨달은 성취는 3신(三身)의 성취입니다. 그래야 대철대오입니다. 법신은 자성의 체(體)요, 보신은 자성의 상(相)이요, 화신은 자성의 용(用)입니다. 천고이래로 보신 성취까지 닦을 수 있었던 사람은 적고 또 적었습니다. (남회근 선생 『유마경강의』)

마귀의 무리들이 세간에 성행하리라

내가 세상을 떠난 뒤에 말법시대에 많은 요사스런 마귀의 무리들이 세간에 성행하면서 속마음이 간사하고 음험하면서 선지식이라고 스스로 일컬을 것이다. 모두들 이미 무상대도(無上大道)를 얻었다고 선전하면서 무지하고 무식한 사람들을 속이고 그들을 겁주어서 진심(眞心) 자성(自性)을 상실하게 할 것이다. 그들이 지나간 곳의 사람들로 하여금 재물을 다 써서 없애게 할 것이다. (남회근 선생 『능엄경대의풀이』)

선사들 중에 크게 성취한 사람은 몇 명 없었습니다

우리가 옛사람들을 보면, 오늘날 선사가 없는 것은 말할 필요도 없고, 고대의 많은 선사들이 기껏해야 제6의식을 타파한 깨달음이어서 궁극이 아니었습니다. 거의 역대의 선사들 중에서 크게 성취한 사람은 몇 명 없었습니다. 왜냐하면 교리에 통하지 못했기 때문입니다. 유식(唯識)을 이해하지 않으면 안 됩니다. 이렇게 엄중합니다. (남회근 선생 『유식과 중관』)

여래가 일생에 설하신 법은 무량무변합니다. 그중에서 가장 단도직입적인 것을 구한다면 참선보다 나은 것은 없습니다. 혹시 상근기로서 하나를 듣고 천 가지를 깨달아[一聞千悟] 대총지(大總持)를 얻었을지라도, 아직은 깨달음[悟]이지 증득[證]이 아닙니다. 진정으로 대철대오(大徹大悟)하여 명심견성(明心見性)할 수 있는 자는 말세에 실제로는 많이 보이지 않습니다. 그 나머지는 대부분 소식을 잘못 안 것입니다. 그 이른바 깨달음이란 대부분이 착오(錯誤)이며 진정한 깨달음[眞悟]인 경우는 드뭅니다. 설사 진정한 깨달음이더라도 생사를 마치기까지는 아직은 크게 멀리 떨어져 있습니다. 비록 깨달았다 하더라도 수많은 겁을 지나오는 동안의 번뇌습기를 반드시 갖가지 방편으로 대치(對治)함으로써 깨끗이 다하여 나머지가 없다면, 생사를 마치고 해탈하여 범부를 뛰어넘어 성인(聖人)의 경지로 들어갈 수 있습니다.

오늘날 세상에 불법을 배우는 사람들 중에 많은 사람들이 스스로 말하기를 "나는 이미 깨달았다. 나는 보살이다. 나는 이미 신통을 얻었다."고 함으로써 결과적으로 많은 사람들을 잘못 되게 하고 있습니다. 그러나 그런 사람은 일단 염라대왕이 목숨을 요구하여 임종할 때는 살기를 바라지만 어쩔 수 없이 고통스럽게 죽어서 반드시 무간지옥에 떨어집니다. 여러분은 주제넘게 높은 데만 바라보고, 자기를 속이고 남을 속이는 이런 나쁜 습기에 절대로 물들어 집착해서는 안 됩니다. 그런 습기가 있다면 고치고, 없다면 더욱 노력하며, 경계하고 경계해야 합니다.

요즈음 사람들은 늘 주제넘게 높은 데만 바라보아서, 조금 총명하면 곧 선종(禪宗)이나 상종(相宗)이나 밀종(密宗)을 배우고 대부분은 염불을 쓸모없는 것으로 봅니다. 그런 사람들은 선가의 기봉전어(機鋒轉語)의 현묘함[玄妙], 상종의 법상(法相)의 정미함[精微], 밀종의 위신(威神)의 광대함[廣大]만을 알 뿐 다음의 사실은 모르고 있습니다,

선(禪)을 닦아 비록 확철대오(確徹大悟)한 지위에 도달하였더라도, 만약 번뇌미혹을 아직 깨끗이 끊어 없애지 못했다면 여전히 생사(生死)를 마칠 수 없습니다. 상종은 아집(我執)과 법집(法執) 두 집착을 깨뜨리지 못했다면, 비록 갖가지 명상(名相)을 이해하더라도 마치 음식을 말만하고 먹을 수 없고 보배를 헤아리기만 하고 얻을 수 없는 것과 같은데, 마침내 무슨 이익이 있겠습니까? 밀종은 비록 현생의 몸으로 성불할 수 있다고 하지만, 성취할 수 있는 자는 절대로 박지(博地) 범부의 일이 아니며, 범부가 이런 생각을 일으킨다면 마구니에 달라붙어 발광(發狂)하는 자가 열 명 중 여덟아홉입니다.

이 때문에 반드시 염불법문에 오로지 뜻을 두는 것이 천만 번 온당한 최상의 제1법칙입니다.

불법을 배우면서 대통가(大通家)가 되려고 하지 않고 정토법문에 온 마음을 다 기울인다면, 그는 숙세(宿世)에 혜근(慧根)이 있어 택법안(擇法眼)을 갖추었다고 할 수 있습니다. (『인광대사문초』)

9. 보살 수행의 55단계 그리고 성불

불법을 닦고 배우는 진도 단계를 가리켜 보임

(대승도의 40위位의 심리행위와 네 가지 가행加行의 공용 경계는 온갖 중생이 범부지로부터 보살 경계의 10지에 이르기까지, 또 성불에 이르기까지의 공통된 길이다. 그러므로 여전히 중생전도衆生顚倒와 세계전도世界顚倒로부터 설하기 시작한다)

아난이 또 물었다. "이렇게 불지(佛地)[14]의 바른 삼매 경계를 수증하는 사람이 만약 아직 열반(원적圓寂)에 도달하지 않았다면, 어찌하여 그를 건혜지(乾慧地)라고만 부를 수 있습니까? 건혜지로부터 다시 진보를 추구하여 신심과 선행이 점차 증가하면서 나타나는 44위의 심경(心境) 현상과 그것의 정의(定義)와 목적, 그리고 보살의 10지(十地: 화엄경이나 인왕반야경 등 여러 대승경전들에 밝힌 10지이다. ①환희지歡喜地 ②이구지離垢地 ③발광지發光地 ④염혜지焰慧地 ⑤극난승지極難勝地 ⑥현전지現前地 ⑦원행지遠行地 ⑧부동지不動地 ⑨선혜지善慧地 ⑩법운지法雲地/주74) 경계, 더 나아가 등각(等覺: 불지佛地의 정각과 거의 서로 대등하다)보살의 과지(果地)는 도대체 어떤 모습입니까? 부처님은 더 설명해 주시기 바랍니다."

부처님은 말씀하셨다. "자성은 본래 영묘하며 원만하고 밝은 것이다. 어떠한 명사로도 형용할 수 없으면서 비유할 수 있는 어떠한 현상도 더더욱 아니다. 형이상의 입장에서 보면 본체 자성 가운데에는 본래에 물리세계와 중생세계의 존재가 없다. 망동(妄動) 때문에 비로소 물리세계와 중생세계의 생겨남이 있다. 이미 생겨남이 있는 바에야 반드시 상대적인 작용이 있기 마련이어서 따라서 소멸한다. 생멸이 있는 것을 망심(妄心)이라고 부른다. 만약 생멸이 멈추지 않는 망심이 소멸되면 진여(眞如)라고 이름 하고, 진심(眞心)이라고도 하고 진성(眞性)이라고도 부른다. 그 이치를 깨닫고 그 사실을 증득하면 무상보리(無上菩提)라고 부른다. 그리고 이미 무상정등정각(無上正等正覺: 아눅다라삼먁삼보리阿耨多羅三藐三菩提의 번역어. '아'는 무無, '눅다라'는 상上, '삼'은 정正, '먁'은 등等, '삼'은 정正, '보리'는 각覺으로, 바로 무상정등정각이다. 일체의 진리를 진정으로 평등하게 깨달은 무상의 지혜이다)을 얻은 것이다. 그 현상의 입장에서 보면 그것을 대열반(大涅槃, 圓寂)이라고 부른다. 사실 이 두 개의 명

---

14 불과(佛果). 불위(佛位). 부처님 경계.

사는 단지 서로 설명하고 표시하는 명호일 뿐이다. 네가 이제 부처의 진정한 삼매를 닦아 부처의 대열반 경계에 곧바로 들어가고자 한다면, 무엇보다도 먼저 마땅히 이 중생계와 물리세계 이 두 가지의 전도(顚倒)된 원인을 인식해야한다. 만약 다시 전도가 일어나지 않는다면 부처의 진정한 삼매의 경지에 도달할 수 있다.

어떤 것을 중생전도(衆生顚倒)라고 부를까? 진심 자성은 본래 영명하고 원만한 것이기 때문에 영명이 극점에 이르면 자성 기능의 망동(妄動)을 일으킨다. 자성이 망동하여 쉬지 않으면 생멸이 쉬지 않는 작용이 있게 된다. 그리하여 자성 본체의 필경의 허무공적(虛無空寂)한 본 자리 가운데서, 수승하고 미묘한[勝妙] 실유(實有)의 유위(有爲) 작용이 일어난다. 이 유소위(有所爲)의 유위의 작용은 원래 어떤 무슨 원인이 있기 때문에 발생한 것이 아니라, 단지 자성 기능이 허망하게 움직일 때 잠시 발생하여 잠시 존재한다. 그리고 우연히 머물러서 일종의 현상을 형성하는데, 사실은 고정된 근본이 없다. 이 머무는 바 없지만 현상이 있는 유위 작용은 물리세계와 온갖 중생계를 형성한다. 유감스럽게도 그렇지만 온갖 중생은 도리어 자성 본래의 원만함과 밝음을 잃어버리고 허망한 지견(知見)을 발생하여, 그런 유위 현상을 진실한 존재라고 잘못 여긴다. 그런데 이런 허망한 작용과 현상이 하나의 고정된 자체가 없고, 더더구나 의지할 수 있는 어떤 실재 존재하는 어떤 것이 없음을 모른다. 하지만 만약 진여의 본성으로 되돌아가고 싶어 하여, 진여를 구하려고 하는 이 마음이 있다면, 바로 진정한 진여 자성이 아니게 되어버린다. 만약 이 진심 자체가 아닌 것으로써 본원으로 돌아가는 도를 구한다면, 일종의 착오현상이 되는 게 분명하다. [非生非住, 非心非法] 생겨남이 없는 가운데서 생겨남을 구하며, 머물러서는 안 되는 가운데 머무름을 구한다. 망심에 의지하여 진여를 추구하고 잘못된 논리로써 진리를 구하여, 심리가 연속하여 쉬지 않는 역량이 갈수록 이리저리 발생한다. 그리하여 업력의 작용을 형성한다. 그러므로 업력이 같은 것끼리는 서로 감응하여 교감 작용을 낳는다. 그리하여 피차가 상생상멸(相生相滅)한다. 그러므로 중생의 갖가지가 전도한 존재가 있게 된다.

어떤 것을 세계전도(世界顚倒)라고 할까? 이러한 유위의 만유 현상이 이미 유소위(有所爲)를 형성한 이후에 자연히 분단(分段)[15]의 망유(妄有)[16]와 망생(妄生)[17]이 있게 된다. 이 때문에 공간의 한계와 방위가 성립한다. 사실 그것들은 모두 만유가 스스로 지은 것도 아니요 인위적으로 조성한 것도 아니다. 선천적으로 있는 하나의 결정적인 원인으로 말미암은 것도 아니요, 하나의 필연적인 존재가 있는 것은 더더욱 아니다. 그러므로 시간의 삼세(三世: 과거·현재·미래)의 작용과 공간의 네 개의 방위가 서로 화합 간섭하고 서로 분화하고 또 서로 통일한다. (우주는 마치 하나의 거대한 견줄 바 없는 자연물리 화학의 용광로와 같다) 그러면서 온갖 중생의 종류를 변화하여 생겨나게 한다. 그러므로 세계에는 동력의 허망성 본능[妄能]이 있기 때문에 소리가 있고, 소리로 말미암아 물리의 색상이 있다. 물리의 색상으로 말미암아 냄새가 있고, 냄새로 인하여 감촉이 있다. 감촉으로 인하여 미성(味性)이 있고, 미성으로 인하여 사유의식이 있다. (이 여섯 가지 작용이 쇠사슬 동그라미처럼 이어져 끊어지지 않아 서

---

15 나누는 것. 구별. 차별 현상이라는 뜻.

16 진실의 본연의 상태가 아닌 상태를 말함. 정적(情的) 지적(知的) 오류로 의해 마치 고정적 실재인 것처럼 생각되고 있는 대상.

17 허망하게 생겨남.

로 원인과 결과가 되면서 생겨나고 소멸 한다) 이 여섯 가지 현상은 망상을 구성하여 업력 성능을 형성한다. (정면과 반면이 있고 배척과 흡수가 있고 통일과 분화의 상대적인 작용이 있다) 안과 밖, 정면과 반면의 12종 구분을 성립시킨다. 이로부터 바퀴처럼 쉬지 않고 돌아간다. 그러므로 세간에는 소리 · 냄새 · 미성 · 감촉 등의 변화가 있다. 그러나 어떻게 변화하든 간에 6위(六位)의 능소(能所)가 서로 변하여 처음부터 끝에 이르고 끝이 다시 시작이 된다. 기껏해야 반복 운동은 열두 번의 변화[十二變] 속에서 다하여 하나의 바퀴가 도는 듯한 되돌기 작용을 형성한다. 이러한 바퀴 돌듯 한 전도(顚倒) 변화 작용에 의하여 중생계의 현상을 구성한다. 그러므로 세계에는 난생(卵生) · 태생(胎生) · 습생(濕生) · 화생(化生)이 있고, 유색(有色: 색상이 있고 감정과 생각이 있는 것) · 무색(無色: 색상과 감정과 생각이 없는 것) · 유상(有想: 정신적 존재이면서 볼 수 있는 현상이 없는 것. 예컨대 귀신의 정령 같은 것들) · 무상(無想: 정신 작용은 없지만 볼 수 있는 형상이 있는 것. 정신이 변화한 토목금석 광물 등의 물질류) · 비유색(非有色: 견고한 색정色情이 없으면서 형상이 있는 존재로서 해파리나 뜨는 돌 같은 부류) · 비무색(非無色: 우연히 색정 작용이 있는 것으로서 오랫동안 존재하는 형상은 얻을 수 없는 것이다) · 비유상(非有想: 지각이 있는 듯 하지만 사실은 감정 생각 작용이 없는 것이다. 예컨대 대합, 해바라기, 함수초含羞草 등) · 비무상(非無想: 감정과 생각이 없는 것 같지만 사실은 감정 생각이 있다. 예컨대 올빼미土梟, 파경조破鏡鳥 등 악독한 금수류) 이런 등등으로서 12종류의 중생들이 있다.

부처님은 아난에게 말씀하셨다. "이러한 각 한 부류의 중생 속에는 동시에 12종류의 생명의 윤회 전도(顚倒)의 인연을 갖추고 있다 (바꾸어 말하면 사람은 짐승의 욕망도 갖추고 있고, 짐승도 사람의 마음을 갖추고 있다. 백성은 동포요 만물은 동류同類로서 마음과 물질은 절대적으로 나눌 수 있는 한계가 없다). 마치 어떤 사람이 스스로 자기 눈을 누르면 본능적으로 눈앞에서 어지럽게 일어나는 많은 광화(光華)를 볼 수 있는 것과 같다. 영묘하고 원만하고 밝은 진심 자성은 본래 스스로 모든 허망한 어지러운 생각의 기능을 갖추고 있음을 알아야 한다. 네가 이제 부처의 정법(正法)삼매를 수증하고자 하면 허망한 어지러운 생각이 발생하는 근본 원인에 대하여 세 개의 점수(漸修) 순서단계를 세워야 그 뿌리를 없앨 수 있다. 마치 깨끗한 보배 병에 독약을 오랫동안 넣어 두었다가 이제 독즙을 제거하여 원래 있던 깨끗함[淨潔]을 회복하려면, 먼저 뜨거운 물과 향재[香灰]로 씻어서 그 본래의 깨끗함으로 돌아가야 비로소 감로를 저장할 수 있음과 같다. 어떤 것을 세 가지 점수 순서라고 할까?

첫 번째는 그 조인(助因)을 닦고 익히는 것이다. 온갖 선업(善業)을 닦아 익히고 온갖 선심(善心)을 훈습함으로써 그 돕는 원인을 녹여 없애는 것이다.

두 번째는 정성(正性)을 진정으로 닦는 것이다. 선근(善根)을 배양하여 진정한 수행에 종사함으로써 원만하며 밝고 영묘한 정성(正性)을 밝혀내는 것이다. 세 번째는 선업을 증진하는 것이다. 행위적으로 끝없이 선(善)을 행하는 것이다. 심성을 다스리는 공부 면에서 백척간두에서 더 나아가기를 추구한다. 이렇게 증진 수행하여 현행의 업력과 서로 반대로 행하게 한다. 이른바 인연에 따르면서 구업(舊業)[18]을 녹이고 다시는 새로운 재앙을 짓지 않는 것이다.

(1) 어떤 것이 조인을 닦아 익히는 것일까? 이 세상의 12종류의 중생(十二類衆生: 범어로는 살타薩埵인데 구역에서는 중생衆生으로, 신

---

18 현재 모습을 규정하고 있는 과거의 습관력.

역에서는 유정有情이라 한다. 중생에는 세 가지 의미가 있다. ①많은 사람들이 공생共生한다는 뜻이다 ②많은 법들이 가화합으로 생겨나므로 중생이라 한다 ③많은 생사를 거치므로 중생이라 한다. 12류중생은 ①난생卵生 ②태생胎生 ③습생濕生 ④화생化生 ⑤유색有色 ⑥무색無色 ⑦유상有想 ⑧무상無想 ⑨비유색非有色 ⑩비무색非無色 ⑪비유상非有想 ⑫비무상非無想 중생이다)들은 음식에 의지하여 생존한다. 이른바 단식(搏食)은 단식(段食)이라고도 하는데, 바로 중생들이 시간을 나누어 팔다리와 몸[肢體]으로써 먹는 것을 돕는 것이다. 촉식(觸食)은 감각에 의지하여 먹는 것인데, 햇빛이나 공기 등 같은 것이다. 사식(思食)은 정신적인 식량이다. 식식(識食)은 심리적인 누림[享受]이다. 그러므로 중생들은 단 음식물을 먹으면 생존할 수 있고 독소가 든 음식물을 먹으면 죽을 수 있다. 그러므로 온갖 중생은 부처의 정법삼매를 구하고자 한다면 세간의 오신채(五辛菜: 파·마늘·부추·달래·흥거興渠인데 흥거는 중국 땅에는 없는 것이다)를 끊어야 한다. 이 다섯 가지 매운 채소는 익혀서 먹으면 사람들로 하여금 쉽게 음욕이 일어나게 하고, 날것으로 먹으면 사람들로 하여금 쉽게 화를 내게 한다. 만약 끊지 않으면 설사 모든 경전을 잘 강설한다할지라도 모든 천선(天仙)이나 성현도 그 냄새의 더러움을 싫어하여 그를 멀리한다. 귀매(鬼魅)[19]들은 도리어 그와 짝이 되기를 좋아하여 자기도 모르는 사이에 마도(魔道)에 떨어진다. 보리를 닦으면서 무상정각을 구하는 자들은 다섯 가지 매운 채소를 영원히 끊어야한다. 이게 바로 첫 번째 수행 순서이다.

(2) 어떤 것이 정성(正性)을 진정으로 닦는 것일까? 중생이 부처의 정법삼매로 증득하여 들어가기를 구한다면, 먼저 청정한 계율을 엄격히 지켜서 음욕의 습기를 영원히 끊어야한다. 술을 마시지 말

---

19 요괴. 악마. 사람을 해치는 귀신.

고, 고기를 먹지 말며, 불로써 음식을 깨끗이 하고 날것을 먹지 말아야한다. 만약 수행하는 사람이 음욕과 살생의 마음을 끊지 않고 삼계 밖으로 초월할 생각을 한다면, 그것은 불가능한 일이다. 그러므로 사람들은 마땅히 음욕의 일을 간파하기를 마치 독사와 같이 하고 원수나 도적처럼 보아야한다. 먼저 성문승의, 몸을 단속하여 움직이지 않게 하라는 계율을 지켜야한다. 그런 다음에 보살승의 청정한 계율과 의궤(儀軌)를 행하고 지켜야하고, 다시 마음을 단속하여 일어나지 않게 해야 한다. 만약 금계(禁戒)[20]를 성취하면 이 세간에서 영원히 서로 낳고 서로 죽이는 악업이 없다. 또 영원히 훔치는 심리와 행위를 일으키지 않을 수 있다면 서로 빚지는 과보가 없으며, 이 세간에서 묵은 빚을 갚을 필요가 없다. 이렇게 청정한 수행을 할 수 있는 사람이 부처의 정법삼매를 닦아 익힌다면, 따로 천안통(天眼通)을 얻을 필요 없이 부모가 낳아준 이 육신으로도 자연히 시방세계를 볼 수 있으며 부처님들을 친견하여 법을 들을 수 있다. 그리고 또 대 신통을 얻어 시방세계에 노닐 수 있으며 숙명(宿命)을 청정하게 하여 더 이상 어려움과 장애가 없다. 이것이 두 번째 수행 순서이다.

(3) 어떤 것이 선업을 증진하여 현재의 행하는 업력을 전환 변화시키는 것일까? 이렇게 계율을 엄숙히 지켜서 음욕을 탐하는 마음이 없다면, 외부경계인 6진의 물욕 현상에 대하여 점점 멋대로 끌려 달아나지 않을 것이다. 그러므로 멋대로 거리낌 없이 노는[放逸] 마음을 거두어들여 자성의 본원으로 되돌려 외부경계 물욕 현상의 유혹에 대하여 뒤쫓아 가지도 않고 반연(攀緣)하지도 않으면, 6근의 생리 본능이 저절로 대상이 없다. 이렇게 하면 끌려 달리는 미친

---

20 계율. 경계. 계율의 규정. 부처님이 정한 계율.

마음을 쉬게 하고, 하나의 심령이 어둡지 않으며[一靈不昧] 완전히 참되고 번뇌가 없는 경지로 되돌아가게 한다. 6근 6진의 작용이 더 이상 행동의 업력을 일으키지 않으면, 시방국토의 물질 장애가 함께 소멸되어 밝고 청정하게 되어, 마치 유리 안에 밝은 달이 걸린 것 같으면서 몸과 마음이 즐겁고 묘하고 원만하며 평등하여서 크나큰 안온함을 얻는다[譬如瑠璃, 內懸明月, 身心快然, 妙圓平等, 獲大安隱]." 모든 부처의 원만하며 밝고 청정하면서 미묘한 비밀 의미가 모두 이런 경계 속에서 명백하게 드러날 것이다. 이와 같다면 무생법인을 얻을 수 있다. 이로부터 더 점점 닦아나가면 그에 따라 나타나는 행지(行持)[21] 경계의 과정에는 각종 순서의 성위(聖位)[22]의 명칭과 함의를 배치한다. 이것이 세 번째 수행 순서이다.

55위 수행의 성위(聖位)와 경계의 함의

(1) 건혜지(乾慧地)

욕애(欲愛)[23]의 생각이 이미 말라버려 6근이 외부경계의 물욕과 서로 짝이 되어 합하지 않는 것이다. 지금의 유한한 남은 생애는 기질이 이미 변화해서 더 이상 업습(業習)을 계속 발생시키지 않는다. 아집(我執)과 법집(法執) 이 두 가지 집착심[執心]이 비고 밝아서 어둡지 않으며[虛明不昧], 청명함이 몸에 있는[清明在躬][24] 지혜이다. 수행

---

21 수행을 언제나 멈추지 않는 것. 수행 생활. 불도 수행자의 올바른 생활 자세의 노력.

22 삼승의 깨달음을 얻는 위.

23 갈애. 애욕. 욕망으로 향하는 허망한 집착. 색성향미촉 오욕에 대한 번뇌 또는 욕계의 번뇌.

을 점점 오래오래 하다보면 지혜의 성능이 밝고 원만하여 시방세계를 비춘다. 단지 그 지혜가 지혜만 있을 뿐 아직은 자성 대정(大定)의 공덕을 발생시키지 못하므로 건혜지(乾慧地)라고 한다.

(2) 10신(十信)[25]

① 신심주(信心住)

건혜지 중에서 욕습(欲習)[26]만 처음 말랐고 아직 진여 자성의 법의 흐름[法流]과는 서로 이어지지 않았다. 이 처음 얻은 마른 지혜만 있는 마음으로써, 마음의 생각 생각마다 가운데서 마치 화살마다 과녁에 적중하듯이 법성의 흐름으로 흘러들어가 점점 진심으로 하여금 원만하고 미묘함[圓妙]을 열어 펼치게 한다. 이로부터 진심이 묘하고 원만한[妙圓] 경계 속에서, 새롭게 지극히 진실하고 절묘한 지견을 발생하여, 진심은 원래 영원히 존재하면서 불변임[常住不變]을 증득하고 진실한 신심을 깊이 갖춘다. 온갖 망상이 자연히 다 소멸하여 남음이 없고, 완전히 중도(中道)의 순진(純眞)[27] 속에서 행하는 것을 신심주라고 한다.

② 염심주(念心住)

진실한 신심을 증득하여 온갖 것을 분명하게 알고 모두에 원만히 통달하고 자재한 것이다. 몸과 마음에서 안과 밖 그리고 중간 세 곳

---

24 사람의 심지가 광명정대하고 두뇌가 명석하고 명백히 구별하다.

25 보살55위 수행 가운데 첫 번째 10위이다.

26 욕애의 습기.

27 온갖 망상이 다 소멸하였기에 중도순진의 이치가 드러남.

이 더 이상 장애를 받지 않을 수 있다. 더 나아가 과거 미래 무수한 겁의 시간 속에서 몸을 버리고 몸을 받았던 온갖 습기가 모두 한 생각 사이에 목전에 나타나 이를 자연히 기억하여 잊지 않은 것을 염심주라고 한다.

③ 정진심(精進心)

진심은 영묘하면서 원만하고, 진정(真精)에서 변화가 발생한다. 무시이래의 습기를 모두 일체(一體)의 정명(精明)[28] 묘용으로 융화시킨다. 이러한 정명으로써만 다시 진보를 추구하여 진정(真淨)[29]의 경계에 들어가는 것을 정진심이라고 한다.

④ 혜심주(慧心住)

진심의 정명이 현전하고 온갖 행위[作爲]에서 순수하게 지혜인 것을 혜심주라고 한다.

⑤ 정심주(定心住)

지혜 광명의 경계를 집지(執持)[30]하여 몸과 마음 안팎이 두루 고요하고 맑다[寂湛]. 적정(寂靜)하고 영묘한 가운데 있음이 마치 멈춘 물 맑은 파도와 같으면서 항상 선정이 응결되어 움직이지 않는 것을 정심주라고 한다.

⑥ 불퇴심(不退心)

---

28 여여한 지체(智體), 즉 지혜의 본체.

29 여여한 이체(理體).

30 심이나 심소가 무언가를 대상으로 간주하여 작용하는 것. 마음에 확고히 새기는 것. 정신 통일된 마음이 확고하여 산란해지지 않는 것.

정(定)의 경계 속에서 청정한 광명이 나타난다. 정의 경계의 광명으로부터 자성으로 깊이 들어가 진보만 있고 물러남이 없는 것을 불퇴심이라고 한다.

⑦ 호법심(護法心)

이 마음이 경안(輕安)하고 태연한 경계 속에 들어가 한결같이 보호 유지하면서 잃지 않고, 시방세계 부처들의 기분(氣分)과 서로 교접하는 것을 호법심이라고 한다.

⑧ 회향심(回向心)

진심이 고요히 비추는[寂照] 각명(覺明) 경계를 보호 유지하여 묘유(妙有)의 힘을 생겨나게 할 수 있고, 부처의 자비의 광명을 회광반조(迴光反照)할 수 있다. 부처의 경계 속으로 전향하여 편안히 머무름이 마치 한 쌍의 밝은 겨울이 광명이 서로 비추고 그 속의 묘한 그림자가 서로 겹겹이 비추어 들어옴과 같은 것을 회향심이라고 한다.

⑨ 계심주(戒心住)

마음 광명이 면밀하게 되돌아가 부처의 항상 응결된 무상묘정(無上妙淨)의 힘을 얻는다. 무위(無爲)의 경계 속에 안주하여 영원히 잃지 않는 것을 계심주라고 한다.

⑩ 원심주(願心住)

자재하고 무애한 계심(戒心) 경계 속에 머무르면서 시방세계를 유희할 수 있으며 가는 것이 모두 뜻대로 되는 것을 원심주라고 한다.

(3) 10주(十住)[31]

① 발심주(發心住)

만약 어떤 사람이 이 진실한 법문으로써 이상의 10심(十心)을 일으키면, 진심의 정령[心精]에 빛이 발생하면서 앞에서 열거한 10심의 작용이 서로 교섭하여 들어가 유일한 진심으로 원만하게 성취하는 것을 발심주라고 한다.

② 치지주(治地住)

마음속에서 나타나는 밝고 깨끗한 경계가 마치 깨끗한 유리 속에서 안에 들어있는 제련된 금이 나타나는 것과 같다. 앞서 나타났던 묘한 마음이 언제 어디서나 묘하고 밝은[妙明] 심지(心地) 중에 행하는 것을 치지주라고 한다.

③ 수행주(修行住)

발심과 치지(治地)와 관련된 모든 지견이 명료하면서 시방세계에 두루 노닐 때 모두 장애에 걸림이 없는 것을 수행주라고 한다.

④ 생귀주(生貴住)

행함이 부처와 같고 부처의 기분을 느낀다. 이는 마치 중음신(中陰身)처럼 환생할 부모를 자유롭게 얻어 서로 감응하여 부처의 종성에 들 수 있음을 생귀주라고 한다.

⑤ 방편구족주(方便具足住)

이미 어느 때나 도에 마음을 노닐게 할 수 있음이 마치 사람의 몸을 얻어 태(胎)에 든 것과 같으며, 이미 몸소 부처의 법통을 받은 것

---

31 보살55위 수행 가운데 두 번째 10위이다.

과 같다. 이로부터 더욱 수행함이 태아가 사람의 형태를 완성함과
같은 것을 방편구족주라고 한다.

⑥ 정심주(正心住)

  다시 더 나아가 형태와 얼굴이 부처와 같고 도심(道心)도 부처와
서로 같은 것을 정심주라고 한다.

⑦ 불퇴주(不退住)

  몸과 마음이 원만하고 밝음이 한 덩어리를 이루어 날마다 증장하
는 것을 불퇴주라고 한다.

⑧ 동진주(童眞住)

  여기서 더욱 증진하여 부처가 갖추고 있는 열 가지 몸[十身][32]을
일시에 다 갖추게 되는 것을 동진주라고 한다.

⑨ 법왕자주(法王子住)

  점점 사람의 형태가 완전히 성장하여 세상에 출태(出胎)하여 몸소
부처의 법을 얻은 자녀가 되는 것을 법왕자주라고 한다.

⑩ 관정주(灌頂住)

  이미 자라서 어른이 되었음이 나라의 태자가 성년이 된 뒤에 장
차 왕위를 계승하고 관정(灌頂)을 얻는 것을 관정주라고 한다.
  (이상의 생귀주로부터 관정주까지는 입태하여 사람이 되는 것에 비유로 하

---

32 ①보리신(菩提身) ②원신(願身) ③화신(化身) ④주지신(住持身) ⑤상호장엄
  신(相好莊嚴身) ⑥세력신(勢力身) ⑦여의신(如意身) ⑧복덕신(福德身) ⑨지
  신(智身) ⑩법신(法身)

고 있는데, 수행공력 효과[功用] 면에서 확실히 실재적이다. 하지만 어떤 사람들은 그것을 실상實相으로 여겨 실유實有 경계로 굳게 집착하는데, 사실 해를 끼치고 잘못을 끼침이 적지 않다. 이 가운데 묘용은 증득을 해야 비로소 안다. 공空과 유有가 모두 융화하고 지혜와 자비를 함께 운용하는 실제의 이지理地에 서야 이를 이해하고 깨닫는다).

(4) 10행(十行)[33]

① 환희행(歡喜行)

이미 부처의 법자가 되고나면 무량한 여래의 묘덕(妙德)[34]을 갖추고 있다. 시방세계에서 온갖 면에 있어 중생에게 합당하게 따르고[隨順] 인연을 따라서 제도하는 것을 환희행이라고 한다.

② 요익행(饒益行)

온갖 중생을 위하여 복리(福利) 짓기를 잘 하는 것을 요익행이라고 한다.

③ 무진한행(無瞋恨行)

자기가 깨달을 뿐만 아니라 남도 깨닫게 하되, 만나게 되는 온갖 번뇌에 대하여 거부함이 없음을 무진한행이라고 한다.

④ 무진행(無盡行)

미래의 무궁한 시간 속에서 어떤 종류의 중생으로 태어나되 시간

---

33 보살 55위 수행 가운데 세 번째 10위이다. 보살은 10신과 10주로 자기의 이익을 만족시키고 또 다시 타인을 위하는 행이다.

34 뛰어난 덕.

과 공간의 영향을 받지 않음을 무진행이라고 한다.

⑤ 이치란행(離癡亂行)

온갖 법문을 연역(演繹)하거나 종합하되 언제나 틀림이 없음을 이치란행이라고 한다.

⑥ 선현행(善現行)

온갖 것의 근본이 동일한 법성 가운데서 갖가지 다른 차이의 작용을 드러내고, 또 차이가 나는 현상마다에서도 그 근본의 같은 곳을 볼 수 있음을 선현행이라고 한다.

⑦ 무착행(無著行)

더 나아가 시방허공계의 모든 미진 속의 어떤 한 알갱이의 먼지 속에서도 또 하나의 시방세계를 출현시킬 수 있다. 이처럼 상호 변화시켜 나타내되 티끌을 나타내든 세계를 나타내든 서로가 장애에 머무르지 않는 것을 무착행이라고 한다.

⑧ 존중행(尊重行)

갖가지 현재의 하는 행위들은 중생을 미혹과 괴로움에서 구해내어 그로 하여금 해탈하여 피안(彼岸)[35]의 제일위에 도달하도록 하기 위함인데, 이것을 존중행이라고 한다.

⑨ 선법행(善法行)

이와 같이 원융 통달하여 시방의 모든 부처들의 의궤와 법칙을

---

35 생사의 경계를 차안(此岸), 즉 이 언덕에 비유한다. 업(業) 번뇌를 중류(中流)에 비유한다. 열반을 피안(彼岸), 즉 저 언덕에 비유한다.

완성할 수 있는 것을 선법행이라고 한다.

⑩ 진실행(眞實行)

이상에서 말한 바와 같은 갖가지 순서와 경계는 하나하나가 모두 청정한 무루 가운데에서의 행위[行業]이다. 모두 하나의 진실한[一眞] 무위 자성 가운데서의 본연의 드러남인데, 이를 진실행이라고 한다.

(5) 10회향(十回向)[36]

① 구호일체중생리중생상회향(救護一切衆生離衆生相廻向)

이 사람이 만약 이미 신통묘용을 충분히 얻어서 불사(佛事)를 성취하고 절대적으로 순결하고 정진(精眞)하며, 남아있는 허물을 모두 떠났다면, 당연히 온갖 중생을 미혹과 괴로움에서 구해내고자 한다. 그러나 자기는 또 마음속에서 남을 제도할 수 있다거나 혹은 나는 이미 그 사람을 제도했다는 관념과 현상을 없애버려야 한다. 이 무위의 마음을 모두 열반[圓寂]의 길로 되돌리는 것을 구호일체중생리중생상회향이라고 한다.

② 불괴회향(不壞回向)

비워서 무너뜨릴[空壞] 수 있는 모든 것은 비워서 무너뜨리고, 멀리 떠날 수 있는 것은 멀리 떠나되, 무너뜨릴 수 있고 떠날 수 있다는 관념[相]조차도 존재하지 않는 것을 불괴회향이라고 한다.

③ 등일체불회향(等一切佛回向)

---

36 보살55위 수행 가운데 네 번째 10위이다. 대비심으로 온갖 중생을 구호함을 회향이라 한다.

자성 본각의 체가 고요히 나타나고, 각성이 부처의 정각과 같음을 등일체불회향이라고 한다.

④ 지일체처회향(至一切處回向)

진심이 지정하여[至精] 광명을 내고 심지가 부처의 심지와 같은 것을 지일체처회향이라고 한다.

⑤ 무진공덕장회향(無盡功德藏回向)

만유세계와 진여 자성이 서로 교섭하여 들어갈 수 있되 조금도 걸림이 없는 것을 무진공덕장회향이라고 한다.

⑥ 수순평등선근회향(隨順平等善根回向)

부처와 중생의 평등한 성지(性地) 가운데 있으면서 각각 다른 청정한 인(因)을 발생하고, 이 인을 의지하여 그 묘용을 발휘하여 열반의 도과(道果)를 취하는 것을 수순평등선근회향이라고 한다.

⑦ 수순등관일체중생회향(隨順等觀一切衆生回向)

진실한 도의 뿌리가 이미 성취되고 시방세계 속의 중생이 모두 나의 본성의 동체(同體)라고 본다. 자성이 비록 이미 원만하게 성취되었지만 아울러 어떠한 중생도 번뇌와 미혹에서 구해낼 것을 잊어버리지 않는 것을 수순등관일체중생회향이라고 한다.

⑧ 진여상회향(真如相回向)

온갖 법 그대로와 하나이면서, 온갖 현상을 떠났다[即一切法, 離一切相]. 그대로와 하나도 아니요 떠나지도 않으며, 또한 떠났으면서 또한 그대로와 하나임[不即不離, 亦離亦即] 중에서 두 가지에 모두 집착하는 마음이 없는 것을 진여상회향이라고 한다.

⑨ 무박해탈회향(無縛解脫回向)

진심이 여여(如如)한 경계를 얻어 시방세계의 온갖 것에 걸림이 없는 것을 무박해탈회향이라고 한다.

⑩ 법계무량회향(法界無量回向)

본래 자성의 묘덕이 원만히 성취되어서 이른바 법계의 변제(邊際)와 수량 관념도 소멸한 것을 법계무량회향이라고 한다.

이상이 바로 심성수행 과정 중에서 세운 41위의 청정한 심지 경계의 함의이다. 그 다음으로 네 가지의 미묘하고 원만한 가행(加行)을 성취해야한다.

(여기서 말하는 가행이란 이상의 심성을 닦고 다스리는 심지법문을 겨냥하여 한 말이다. 왜냐하면 41위의 수행 순서는 대부분이 심성 경계를 가리키면서 그것을 명칭화 하여 순서를 세운 것이기 때문이다. 심지는 이미 지극히 고명한 경계를 얻었지만 행지의 공부 면에서는 그 공용(功用)에 주의해야한다. 이러한 공부의 공용 경계를 4가행이라고 한다. 4가행도 심성법칙으로 여겨본다면 절실함을 잃은 것 같다. 그러므로 다음은 이 체험에 바탕들 두고 4가행의 묘용을 말한다)

(6) 4가행(四加行)[37]

① 난지(暖地)

---

37 대승 법상종에서 난지(暖地)·정지(頂地)·인지(忍地)·세제일지(世第一地) 등 4선근(四善根)을 5위(五位) 가운데 가행위(加行位)로 삼는다. 그러므로 4가행은 4선근의 다른 이름이다.

이미 부처와 같은 각성(覺性) 묘용을 얻고, 자기 심지 상에서 공부를 하는데, 벗어나려 하지만 벗어나지 못함이, 마치 나무를 비벼 불을 취하는 것과 같다. 불빛이 비록 아직 타 일어나지 않았지만 따듯한 기운이 이미 흘러 퍼지는 것을 난지라고 한다.

② 정지(頂地)

자기 심지 상에서 이미 성취함이 부처의 행하는 바와 밟아가는 바와 마찬가지이다. 이 기질이 남아있는 진색(塵色)의 생리의 몸에 대하여 겉모습이야 그것을 의지한 듯하지만, 사실 내면에서는 꼭 그것에 의지하고 있는 것도 아니다. 이는 마치 어떤 사람이 높은 산 꼭대기에 올라갔을 때 몸은 비록 위로 허공에 이어져서 허공에 들어가 있지만, 아래는 여전히 장애들이 있어서 완전히 떠날 수 없는 것을 정지라고 한다.

③ 인지(忍地)

마음 그대로 곧 부처이고 마음이 바로 부처이다. 이미 진심이 둘 아닌[真心不二] 절대적인 진리의 실제의 경계를 증득하여, 이 마음이 불도(佛道)와 같을 뿐만 아니라 중도불이(中道不二)의 묘용을 잘 얻을 수 있다. 그것은 마치 어떤 일을 참고 있는 사람이 마음속에 있는 듯 없는 듯, 참고 있으면서 움직이지 않는 의미가 크게 있는 것 같은데, 이를 인지라고 한다.

④ 세제일지(世第一地)

온갖 경계와 명칭 수량이 완전히 소멸했고 미혹했다할 것도 없고 깨달았다할 것도 없다. 미혹과 깨달음은 양변의 상대적인 명사(名辭)와 작용인데, 이제는 모두 아직 깨닫기 이전의 과거의 군더더기 말이 됐

다. 오직 불이(不二)의 중도의 제일의제 중에서 행하고 그 나머지는 모두 상관없는 명사(名辭)가 되어버렸다. 이것을 세제일지라고 한다.

(7) 10지(十地)[38]

① 환희지(歡喜地)
대보리(大菩提: 무상정지정각無上正知正覺) 가운데서 잘 통달하고 각심(覺心)이 이미 진여 자성을 통달하여 부처의 경계를 다 이해할 수 있음을 환희지라고 한다.

② 이구지(離垢地)
모든 세간 출세간 제법(諸法)의 차이의 성능은 모두 그 근원이 동일하다는 것을 알 수 있고, 나중에 그 동일한 성(性)조차도 소멸하여 머물지 않는 것을 이구지라고 한다.

③ 발광지(發光地)
내심의 청정함이 극점에 이르고 자성 광명이 발생하는 것을 발광지라고 한다.

④ 염혜지(焰慧地)
자성 광명이 극점에 달하고 정각(正覺)이 원만한 것을 염혜지라고 한다.

⑤ 난승지(難勝地)

---

38 보살 55위 수행 가운데 다섯 번째 10위이다.

온갖 제법[一切諸法]의 같고 다름을 다 얻을 수 없는 것을 난승지라고 한다.

⑥ 현전지(現前地)

무위의 진여자성이 자연히 청정하고 밝은 묘덕을 드러낸 것을 현전지라고 한다.

⑦ 원행지(遠行地)

진여자성의 변제(邊際)를 다한 것을 원행지라고 한다.

⑧ 부동지(不動地)

일심(一心) 진여가 여여부동(如如不動)한 것을 부동지라고 한다.

⑨ 선혜지(善慧地)

진여심(眞如心)의 묘용을 일으키는 것을 선혜지라고 한다.

⑩ 법운지(法雲地)

보살도를 닦아 익히는 과정에서 여기서부터는 닦아 익히는 공부[功用]를 다 마치고 공덕이 이미 원만해졌다. 여기에 이르러서야 비로소 진정한 불법을 닦아 익히는 정위(正位)[39]라고 생각하는 사람도 있다. 이른바 자비의 그늘 묘한 구름이 열반의 바다를 덮는 것을 법운지라고 한다.

(이상으로 대승보살도를 닦아 익히는 55위 순서가 끝났다).

---

39 영원불변의 깨달음을 얻는 위. 깨달음에 도달할 수 있는 바른 위, 또는 경계. 번뇌가 없는 경지.

등각(等覺)

범부 경계로부터 본원(本元)으로 돌아가 자성진여를 증득하고자 한다면, 반드시 생사 바다중의 망상의 흐름을 역전시켜야 한다. 만약 어떤 수행자가 위에서 말한 순서대로 따라 행하여 정각의 성해(性海)에 도달하여 모든 부처님들의 법성과 서로 교섭하면, 등각의 위라 하고 모든 부처님들의 보리정각과 서로 동등하게 된다.

묘각(妙覺)

등각에 도달한 뒤에 각성이 비로소 금강유심(金剛喩心) 중의 대정(大定)을 얻는다. 최초의 건혜지로부터 이와 같은 겹겹의 단수[40]와 복수[41] 이 둘을 합한 숫자인 12종의 계위를 거치면서 수행해야 비로소 묘각을 다하여 무상도(無上道)를 이룬다.

(예컨대 매 위마다 단수가 되는데 더하면 10위가 된다. 10위는 5위의 2수 복수다. 이것이 일중단복一重單複이다. 중생의 세계에는 시간인 3위가 있고 공간인 4위가 있는데 34 43해서 곱하여 12가 된다. 그러기 때문에 중생계는 6근 6진이 형성되며 통틀어서 12근진根塵이라고 한다. 만약 본원으로 되돌아가는 도를 닦아도 역시 12근진에 의지하여 닦아야 한다. 이것이 제이중단복第二重單複이다. 건혜지로부터 난지·정지·인지·세제일지·등각·묘각에 이르기까지 일곱 개 단위에다 10지 등 55위의 5수를 더하면 7과 5를 서로 더해 12를 얻는다. 이것이 제삼중단복第三重單複이다. 천수天數는 5고 지수地數도 5로서, 천지의 수가 50하고 또 5인데, 그 용用에는 49가 있다. 5는 1에서 10에 이르기까지의 중간 숫자로서 10과 교차되며 순행하여 추단연역推斷演繹하면 무궁한 숫자에 이르고 거스르면 다시 1로 돌아간다. 그러므로 불도 수행에서는 55위를 세우는데, 이것이 제사중단복第四重單複이다. 형이하의 유수有數는

---

40 건혜지·난지·정지·인지·세제일지·등각·묘각을 모두 합하면 그 숫자가 7이다.

41 십신·십주·십행·십회향·십지로서 그 숫자는 5이다.

모두 1에서 시작한다. 십백천만억 그리고 무량한 숫자에 이르기까지 역시 모두 1위일 뿐이다. 형이상의 숫자도 1로부터 거꾸로 돌이킨다. 1로 되돌아가면 형이상의 불가지不可知의 숫자로 나아간다. 동서고금에 동서양의 성인과 범부는 명수名數 이치에 대하여 서로 다르지 않는데, 정말 불가사의한 지극한 이치이다. 이 속의 묘한 이치는 무궁하며 이로부터 관통하면 불법 명수의 이치를 분명히 알 수 있다).

이상 말한 갖가지 지위는 모두 금강 같은 불변의 지혜로써 관찰한 것이다. 세간 사물은 모두 꿈같고, 허깨비 같고, 이슬 같고, 번개 같고, 거울 속의 꽃과 같고, 물속의 달과 같고, 아지랑이 같고, 허공 꽃 같고, 신기루 같고, 파초와 같음을 인식한다. 관찰하여 또렷이 인식하고서 사마타(奢摩他: 지정止定의 경계) 속에서 모든 부처님들이 가르친 비파사나(毗婆舍那: 혜관慧觀)로써 서로 함께 융합하고 함께 운용하여[雙融雙運]하여 청정하게 이를 수증하되, 점차 깊이 들어가면서 한 걸음 한 걸음 정진하는 순서상으로부터 이 숫자를 세운다. 그러나 모두 위에서 말한 세 가지 점차 증진 방법으로써 55위의 진정한 보리정각의 길을 닦아야 한다. 만약 이에 의지하여 관을 닦는다면 정관(正觀)이라고 하고, 다른 관을 하면 사관(邪觀)이라고 한다.

(이상은 남회근 선생 『능엄경대의풀이』)

불(佛)

불(佛)이란 인도어 붓다(buddha, 佛陀)를 줄인 말이다. 한자로는 각(覺)으로 의역한다. 즉 깨달음의 의미이다. 이 깨달음은 보통 말하는 깨달음과는 다르다. 왜냐하면 보통 사람의 깨달음은 대부분 착각(錯覺)이지만, 이 깨달음은 일체의 사물과 도리[事理]에 대하여 진정으로 증명할 수 있는 진실의 지혜[實智]이기 때문이다. 누구나 진실의 지혜를 증득하면 곧 부처이다.

부처의 깨달음에는 ① 자각(自覺: 스스로 깨달음), ② 각타(覺他: 다른 중생들을 깨닫게 함), ③ 각행원만(覺行圓滿: 스스로 깨닫고 다른 중생들을 깨닫게 하는 보리행이 원만함)이라는 이 3가지 의미가 있다. 부처만이 이 3가지를 모두 만족시키며, 보살은 ①과 ②를, 소승인 성문과 연각 이승(二乘)은 ①만을 갖추고 있다.

부처의 공덕을 찬양하는 여러 가지 별칭이 있는데, 경전에 따라서는 60가지, 108가지, 또는 270가지나 된다. 대표적인 것은 여래 10호(如來十號)이며, 이외에도 일체지자(一切智者: 모든 존재에 대해 최고의 지혜를 갖춘 자), 법왕(法王: 진리의 법문을 설하는 자), 대의왕(大醫王: 병에 따라 알맞은 약을 주는 훌륭한 의사처럼 자유자재로 설법하는 자), 양족존(兩足尊: 두 다리를 가진 중생 가운데 가장 존귀한 자), 개도자(開道者: 깨달음의 길을 열어주는 자) 등이 있다.

불이란 일반적으로는 불교의 개조이며 교주인 석가모니 부처님을 이르는 말이다. 하지만 더 정확히 말하자면, 불(佛)이라 일컬을 때에는 역사상의 부처님만이 아니라 법화경의 여래수량품에 표현된 것과 같이 영취산에 상주하고 있다는 법신(法身)으로서의 석가모니불을 가리키는 경우가 많다. 또한 정토교와 같이 아미타불(Amitāyus 無量壽佛, Amitābha 無量光佛)을 본존의 불보로 모시고 예배하기도 하고, 밀교계의 불교와 같이 대일여래(大毘盧遮那佛)를 불보로 모시기도 한다.

법신 · 보신 · 화신

법신불(法身佛)은 항구 불변하는 진리 그 자체로서의 부처를 말한다. 화엄경와 대일경(大日經) 등에서 주불(主佛)로 등장하는 비로

자나불은 상징적인 법신불이다.

보신불(報身佛)은 한량없는 수행과 정진의 과보로서 성취된 부처를 말하는데, 전생에 법장비구였을 때 48가지의 서원을 세우고 오랜 수행을 통해 부처가 된 아미타불은 보신불의 대표적인 예이다.

화신불(化身佛)은 응신불(應身佛)이라고도 하는데, 중생을 구제하기 위하여 그들의 바람에 응하여 여러 가지 몸으로 나타나 그들을 교화하는 부처를 말한다. 석가모니부처와 같이 구체적으로 나타난 모든 부처는 곧 화신불이다.

좀 더 이해하기 쉽게 말하면 법신은 우주만유의 본체이다. 보신은 현상이며 화신은 작용이다. 바꾸어 말하면 법신, 보신, 화신은 체(體), 상(相), 용(用)에 해당한다.

이와 같은 3신(三身)은 하나인 부처의 본체가 3가지로 나타난 작용이며 따라서 모든 부처는 법신이자 보신이며 동시에 화신인 것이다.

여래십호(如來十號)

붓다의 호칭은 부처님의 위대함을 이해하는데 매우 중요한 요소가 된다. 붓다의 칭호들은 부처님의 위대한 측면을 부각시키기 위해 붙인 이름들이다. 붓다의 위덕이 무한하기 때문에 그에 따른 칭호도 무량(無量)해야 할 것이다. 그러나 기수(基數, fundamental number)가 극(極)에 이르러 한 자리의 수가 다 찬 '십(十)'으로 무량수(無量數)를 상징하는 뜻에서 예로부터 열 가지로 붓다의 무량덕(無量德)을 호칭해 온 것이다. 즉 십호는 무량수를 상징한다. 따라서 제불통호(諸佛通號)로서의 십호는 모든 부처님에게 호칭될 수 있는 무량칭호(無量稱號)를 가리키는 것이라 하겠다. 북전의 전승

과는 달리 남전의 전승에 따르면, 여래십호는 '여래'를 제외한 ①응
공, ②정변지, ③명행족, ④선서, ⑤세간해, ⑥무상사, ⑦조어장부,
⑧천인사, ⑨불, ⑩세존이다. 이 여래십호는 사실상 열한 가지의 칭
호이지만 나누거나 합하여 굳이 열 가지로 하고 있는 이유가 바로
여기에 있다.

여래라는 말은 '여실히 왔다'[如來]는 의미다. 즉 진리와 하나가
되어 왔다는 뜻이라고 할 수 있다. 붓다는 자기 자신을 지칭할 때, '
여래'(tathāgata)라고 하였다. 이것은 진리를 자각하고 그 기쁨에
젖어 있던 붓다께서 '진리로 들어간 사람'(tathāgata, 如去)이라는
뜻이다. 또한 자신의 깨달음을 다른 사람들에게 설하여 나타냈다고
하는 행위에 의해 비로소 '진리로부터 온 사람'(tathāgata), 즉 '여
래'가 된 것이다. 그러면 이제부터 여래십호의 각 칭호에 담겨져 있
는 의미를 살펴본다.

1) 응공(應供)

응공이란 사람과 천인[人天]으로부터 공양을 받을 만한 자격이
있다는 뜻이다. 초기불교에서는 깨달음을 이룩한 성자, 즉 성성문
(聖聲聞, 거룩한 제자)을 일컫는 말로 사용되었다. 처음에는 붓다도
아라한 가운데 한 명이라고 하였다. 나중에는 여래와 아라한을 구
별하였다. 한자말의 응공(應供)은 응수공양(應受供養)의 줄인 말이
다. 즉 남의 공양을 받을만한 자격과 실력이 갖추어져 있음을 뜻한
다. 또 진인(眞人), 살적(殺賊), 불생(不生), 지진(至眞) 등이라고 의
역(意譯)하기도 한다. 살적(殺賊)이란 일체의 번뇌라는 적을 죽인다
는 뜻이며, 불생(不生)은 다음 생을 받지 않는다는 뜻이다.

2) 정변지(正遍知)

정변지는 정등각자(正等覺者)라고 한다. 즉 4성제(四諦)의 진리를 여실히 통달한 자라는 의미다. 즉 고(苦)를 알되 고(苦) 그대로의 모습대로 알며, 집(集)을 알되 집(集) 그대로의 모습대로 알며, 멸(滅)을 알되 멸(滅) 그대로의 모습대로 알며, 도(道)를 알되 도(道) 그대로의 모습대로 알며, 이와 같이 일체의 법을 모두 바르게 두루 알지 않음이 없다는 것을 말한다. 붓다를 정변지라고 일컫는 것은 '완전히 깨달은 자(正等覺者)'라는 뜻이다.

3) 명행족(明行足)

명행족의 명(明)은 지혜, 즉 3명(三明: 천안天眼, 숙명宿命, 누진漏盡)을 알고, 행(行)은 실천, 즉 신(身)·구(口)·의(意) 삼업(三業)을 말하며, 족(足)은 명과 행을 갖추었다는 뜻이다. 즉 지혜(이론)와 실천을 구족하신 분이라는 말이다. 부처님은 말씀하신대로 행했고, 행한 대로 말씀하신 분이었다. '지목행족(智目行足)'이라는 말이 있다. '지혜의 눈과 행동하는 발'이라는 의미다. 이것은 명행족을 말한 것이라 할 수 있다.

붓다를 명행족이라 일컫는 것은 '인식과 행동을 겸비한 자[明行具足者]'라는 뜻이다. 이것은 단순히 그가 인식과 아울러 행동도 지니고 있다는 것을 의미하는 것이 아니라, 그의 행동이 자신의 인식과 일치했다는 더 의미심장한 사실을 함축하는 것이다.

4) 선서(善逝)

선서는 '피안으로 잘 건너가신 분'이란 뜻이다. 여실히 저 언덕으로 건너가서 다시는 생사고해(生死苦海)에 돌아오지 않음을 의미한다.

붓다를 선서라고 일컫는 것은 그가 '행복해진[善逝] 사람'임을 뜻한다. 이것은 신체적, 정신적 '안락'이라고 하는, 인간이 바라는 최상의 행복을 얻었다는 의미다. 그는 탐욕과 증오와 어리석은 혼란으로부터 야기되는 괴로움에서 벗어나 있을 뿐만 아니라, 스스로의 인식과 이해와 연민을 통해서 타인에게 헌신하는 생활을 향유해 나간다. 그의 삶이란 자기 자신과 타인 모두를 위한 성취인 것이다.

5) 세간해(世間解)

세간해를 지세간[知世間]이라고도 한다. 일체 세간의 온갖 일을 다 아신다는 뜻이다. 즉 '세간을 잘 알고 계신 분'이라는 의미다.

붓다를 세간해라고 일컫는 것은 그가 '세상을 아는 자[世間解]'임을 뜻한다. 붓다가 세상을 안다는 것은 가정될 수 있는 모든 수수께끼들을 풀어낸다는 것을 의미하지는 않는다. 형이상학자들은 대부분 세상을 영원불변한 것으로 보거나, 아니면 일관성이 없는 제멋대로인 것으로 본다. 세상에 관한 이러한 단정들에 대해 아는 것 역시 세상을 아는 것이라고 할 수 있다. 왜냐하면 그런 이론을 내세우는 사람들의 경향이나 습성을 이해함으로써, 우리는 세상의 본성을 탐구하면서 빠질 수 있는 함정에서 벗어날 수가 있기 때문이다. 그러므로 붓다가 세상을 '의존적인 일어남', 즉 연기(緣起)'로 설명하는 것은 이런 성향들을 가라앉히고 수수께끼와 같은 신비에의 추구를 단념한 결과라고 할 수 있다.

6) 무상사(無上士)

무상사는 '가장 높으신 분'이라는 뜻이다. 두 발 가진 이 가운데 가장 높으신 분, 즉 양족존(兩足尊)을 의미한다.

붓다를 무상사라고 일컫는 것은 '가장 탁월한[無上] 자'임을 뜻한다. 인생의 궁극 목표에 도달한 사람으로서 붓다에게는, 특히 유사한 상태의 도덕적 완성을 이룬 그의 제자들처럼, 자신과 비슷한 수준에 있는 사람이 있을 수도 있지만, 그보다 우위에 서는 사람이 존재할 수는 없는 것이다. 바로 이런 상황에 놓여 있기 때문에, 그는 모든 인간이 종속되는 최고의 존재자가 있다거나 모든 인간이 따라야 하는 궁극적인 도덕 법칙이 있다거나 하는 것과 같은 두 개의 절대주의적인 단정을 거부한다. 그가 자신의 제자들과 구분하여 내세우는 유일한 주장이 있다면, 그것은 그가 스승[師]이라는 사실뿐이다.

7) 조어장부(調御丈夫)

조어장부는 사람을 잘 길들이시는 분이란 뜻이다. purisa는 사람을 말하고, damma[damya]는 '길들여져야 할' 대상을 말하고, sārathi는 마부(馬夫) 혹은 조어자(調御者)를 말한다. 즉 지금의 동물 수련사 혹은 조련사를 사라티(sārathi)라고 하는 것이다. 다시 말해서 부처님은 사람들을 잘 길들이는 분이라는 의미다. 마치 마부가 야생마를 길들이는 것에 비유한 것이라 할 수 있다.

붓다를 조어장부라고 일컫는 것은 그가 '숙련된 조련사[調御丈夫]'처럼 사람들을 잘 제어하여 길들일 수 있는 자임을 뜻한다. 비록 그에게는 기적을 행할 능력이 있었지만, 이런 힘들이 그를 출중한 조련사로 만든 것은 아니었다. 오히려 그를 최상의 조정자로 만든 것은 인간의 심리적 구조에 대한 인식과 아울러 깊은 연민의 감정이었다. 앙굴리말라와 같은 살인자나 암바빨리와 같은 창녀를 잘 제어하여 도덕적으로 타당한 삶으로 이끌어 준 것은 심리적 요법이었지만 마술이나 강압이 아니었다. 현대적인 의미에서 보자면 붓다란 최고의 정신과 의사라고 할 수 있을 것이다.

8) 천인사(天人師)

천인사는 천신(하늘)과 인간의 스승이라는 뜻이다. 부처님은 인간세계의 스승일 뿐만 아니라 천상세계의 스승이라는 것이다. 즉 6도(六道), 4생(四生)의 스승이 바로 붓다인 것이다.

붓다를 천인사라고 일컫는 것은 그가 '신들과 인간들의 스승[天人師]'이었기 때문이다. 그는 다른 사람들에게 계시를 내리는 메시아가 아니다. 뿐만 아니라 그가 감당하는 짐도 그렇게 엄청난 것이 아니다. 그는 다만 자신이 피땀 어린 정신적, 도덕적 수련 과정을 통해 발견한 것을 다른 이들에게 가르쳐 줄 뿐이라고 주장한다. 이런 가르침의 여정이 성공적이었기 때문에 붓다의 제자들은 그를 탁월한 지도자의 원형으로 간주했던 것이다. 하지만 그는 자신을 그런 지위에 올려놓는 것을 한사코 거부하였다. 나아가 그는 스스로를 단순히 안내자라고 표현할 뿐, 자신을 구세주로 여기는 것을 분명하게 부정하였다.

9) 불(佛)

불은 '깨달으신 분'이라는 뜻이다. '불타(佛陀)'라고 음사하여 널리 사용하고 있다. 붓다라는 말 자체가 곧 '깨달은 자[覺者]'라는 뜻이다. 가장 많이 사용되었지만 지금은 과거, 현재, 미래의 모든 '깨달은 자'를 일컫는 보통명사로 더 많이 쓰이고 있다.

10) 세존(世尊)

세존이란 글자 그대로 '세간에서 가장 존귀하신 분'이란 뜻이다.

붓다를 세존이라고 일컫는 것은 '존귀한 자[世尊]'이기 때문이다. 이 말을 보통 '주인(Lord)'이라고 번역하는 것은 어떤 지배나 군림을 암시하는데, 이런 관념은 붓다 자신이 거부했던 것들이다. 이와는 달리 이 말을 '축복받은 자'라고 옮기는 것도 다른 누군가에 의해 축복을 받게 된다는 의미를 가지게 되기 때문에 올바른 번역이라고 할 수 없다. 초기 불교적 시각에서 보면 세존을 '존귀한 자'로 번역하는 것이 가장 바람직하다고 할 수 있다. 왜냐하면 세존을 '존귀한 자'로 번역하면 군림과 타자에의 의존이라는 두 개의 극단적인 의미 함축을 배제할 수 있기 때문이다. (이상 여래십호는 마성스님 저 『붓다의 생애와 사상』)

32이상(三十二相)

다른 말로 32대인상(三十二大人相)이라고도 하며 전륜성왕과 부처님의 몸에 나타난다는 서른두 가지 상호이다

반야경에서 말하였다.

"여래의 발바닥은 평탄하고 원만한 모습이니 마치 경대의 밑과 같다. 땅이 비록 높고 낮더라도 발이 밟는 바에 따라서 평탄하게 균등히 접촉하니, 이것이 첫 번째이다.

여래의 발바닥에는 천 폭(輻)의 바퀴 문양과 바퀴 테의 온갖 모습이 있어서 원만하지 않음이 없으니, 이것이 두 번째이다.

여래의 손과 발은 모두 부드러워서 마치 도라솜[覩羅綿]과 같으니, 이것이 세 번째이다.

여래의 두 발의 발가락 하나하나 사이는 마치 기러기왕(雁王)의 물갈퀴가 교차한 것 같은데 그 문양이 비단에 그린 듯하니, 이것이 네 번째이다.

여래의 모든 손가락과 발가락들은 원만하고 섬세하고 길어서 사랑스러우니 이것이 다섯 번째이다.

여래의 발 뒤꿈치는 넓고 길고 원만해서 부(趺)의 모습과 칭합하

니, 이것이 여섯 번째이다.

여래의 발꿈치는 길고 높고 빛나고 원만해서 발 뒤꿈치와 칭합하니, 이것이 일곱 번째이다.

여래의 두 장딴지는 점차로 가늘어져 원만해지는데, 마치 사슴왕의 장딴지와 같으니, 이것이 여덟 번째이다.

여래의 두 팔은 평평하게 서서 무릎을 만지는 것이 마치 코끼리왕의 코와 같으니, 이것이 아홉 번째이다.

여래의 음상(陰相)은 세봉(勢峯)이 비밀스럽게 감추어진 것이 마치 용이나 말과 같으니, 이것이 열 번째이다.

여래의 털구멍에는 각기 하나의 털만이 있으며 감청색을 띠고서 말려 있으니, 이것이 열한 번째이다.

여래의 머리털 끝은 모두 위로 누워 오른쪽으로 말려 있으니, 이것이 열두 번째이다.

여래의 몸의 피부는 미세하고 얇고 매끄러워서 더러운 물이 머물지 못하니, 이것이 열세 번째이다.

여래 몸의 피부는 황금색으로 빛나고 온갖 보배들로 장엄되어 있으니, 이것이 열네 번째이다.

여래는 두 발과 두 손바닥과 목과 두 어깨의 일곱 곳이 충만하니, 이것이 열다섯 번째이다.

여래의 목 뒤와 어깨는 원만하고 뛰어나게 미묘하니, 이것이 열여섯 번째이다.

여래의 어깻죽지와 겨드랑이는 모두 다 충실하니, 이것이 열일곱 번째이다.

여래의 용모와 거동은 듬직하고 원만하고 단정하고 곧으니, 이것이 열여덟 번째이다.

여래 몸의 모습은 길고 넓고 단정하고 위엄이 있으니, 이것이 열

아홉 번째이다.

여래의 체상(體相)은 그 양(量)이 균등하고 원만한 것이 마치 낙구타(諾瞿陀) 나무와 같으니, 이것이 스무 번째이다.

여래의 턱과 가슴과 몸의 상반신은 위용이 광대하여 마치 사자왕과 같으니, 이것이 스물한 번째이다.

여래의 상광(常光)은 사방으로 각기 한 길이니, 이것이 스물두 번째이다.

여래의 치아는 40개인데, 가지런하고 반듯하고 깨끗하고 촘촘하고 뿌리가 깊고 하얗기가 옥이나 눈보다 더하니, 이것이 스물세 번째이다.

여래의 네 개의 어금니는 아주 희고 날카로우니, 이것이 스물네 번째이다.

여래께서는 항상 맛 가운데서 최상의 맛을 얻으시니, 이것이 스물다섯 번째이다.

여래의 혀의 모습은 얇고 청정하고 넓고 길어서 능히 얼굴 둘레를 덮고 귀와 머리카락에까지 이르니, 이것이 스물여섯 번째이다.

여래의 범음(梵音)은 언사[詞]와 음운[韻]이 온화하고 우아해서 대중의 많고 적음에 따라 평등하게 듣게 하지 않음이 없으니, 이것이 스물일곱 번째이다.

여래의 속눈썹은 마치 우왕(牛王)과 같아서 감청색으로 가지런히 정리되어 있으니, 이것이 스물여덟 번째이다.

여래의 눈동자는 감청색과 선명한 흰 색인데 붉은 고리가 사이를 장식해서 순결하고 분명하니, 이것이 스물아홉 번째이다.

여래의 얼굴은 둥근 달과 같고 눈썹의 모습은 맑고 깨끗해서 마치 천제(天帝)의 활과 같으니, 이것이 서른 번째이다.

여래의 미간에는 백호상(白毫相)이 있는데, 유연하기가 마치 솜과 같고 희기가 옥이나 눈보다 더하니, 이것이 서른한 번째이다.

여래의 정수리 위엔 오슬니사(烏瑟膩沙)가 높이 드러나고 두루 원만한 것이 마치 천개(天盖)와 같으니, 이것이 서른두 번째이다."

80종호(八十種好)

80수형호(八十隨形好)라고도 하며 32이상을 다시 세밀히 나눈 것이다.

반야경에서 말하였다.

"여래의 손톱은 얇고 윤택하고 빛나고 청정해서 마치 화적동(花赤銅)과 같으니, 이것이 첫 번째이다.

여래의 손가락과 발가락은 둥글고 섬세하고 길지만 마디의 뼈가 나타나지 않으니, 이것이 두 번째이다.

여래의 손발은 각각 차이가 없이 동등해서 손가락과 발가락 사이가 충밀(充密)하니, 이것이 세 번째이다.

여래의 손발은 원만함이 여의(如意)하며, 빛깔의 청정함은 연꽃과 같으니, 이것이 네 번째이다.

여래의 근육과 맥박은 단단히 맺히고 견고해서 깊이 숨겨져 드러나지 않으니, 이것이 다섯 번째이다.

여래의 두 복사뼈는 모두 숨겨져서 드러나지 않으니, 이것이 여섯 번째이다.

여래의 행보는 곧바로 나아가면서도 자세히 살피시는 것이 마치 코끼리나 용왕과 같으니, 이것이 일곱 번째이다.

여래의 행보는 위용(威容)이 가지런하고 엄숙해서 마치 사자왕과 같으니, 이것이 여덟 번째이다.

여래의 행보는 평안하고 질서 있어서 지나치지도 않고 모자라지도 않아서 마치 우왕(牛王)과 같으니, 이것이 아홉 번째이다.

여래의 행보는 나아가고 멈출 때 우아한 것이 마치 거위왕과 같으니, 이것이 열 번째이다.

여래께서는 돌아보실 때 반드시 오른쪽으로 돌리시는데, 이는 마치 용이나 코끼리 왕이 온몸을 함께 돌리는 것과 같으니, 이것이 열한 번째이다.

여래의 사지관절은 점차로 통통해져서 미묘하고 좋으면서도 안정되게 퍼져 있으니, 이것이 열두 번째이다.

여래의 골절(骨節)은 서로 맺혀서 틈이 없는 것이 마치 용이 웅크린 것과 같으니, 이것이 열세 번째이다.

여래의 무릎은 미묘하고 좋으면서도 안정되게 퍼져 있으며 견고하고 원만하니, 이것이 열네 번째이다.

여래의 은처(隱處 : 남근)는 그 무늬가 묘하며 좋고 원만 청정하니, 이것이 열다섯 번째이다.

여래의 신체사지[身支]는 윤택하고 매끄럽고 빛나고 부드러워서 티끌과 때가 붙지 않으니, 이것이 열여섯 번째이다.

여래의 신용(身容)은 돈독하고 정숙해서 두려움이 없고 항상 겁내지를 않으니, 이것이 열일곱 번째이다.

여래의 신체사지는 견고하고 조밀해서 서로 잘 붙어 있으니, 이것이 열여덟 번째이다.

여래의 신체사지는 안정되고 중후해서 일찍이 흔들린 적이 없으니, 이것이 열아홉 번째이다.

여래의 신상(身相)은 마치 선왕(仙王)처럼 단아하고 엄숙해서 그림자를 여의고 있으니, 이것이 스무 번째이다.

여래의 몸은 둥근 광명이 둘러싸고 있어서 항상 스스로 비추고 있으니, 이것이 스물한 번째이다.

여래의 배 모습은 방정(方正)하여 드러나지 않으면서도 온갖 모습으로 장엄하니, 이것이 스물두 번째이다.

여래의 배꼽은 깊고 둥글고 미묘한 광택이 나니, 이것이 스물세 번째이다.

여래의 배꼽은 두텁지만 우묵하지도 않고 튀어나오지도 않았으니, 이것이 스물네 번째이다.

여래의 피부는 가려움이나 종기·주근깨·점·사마귀·혹을 여의었으니, 이것이 스물다섯 번째이다.

여래의 손바닥은 충만하고 유연하고 발바닥은 안정되고 평평하니, 이것이 스물여섯 번째이다.

여래의 손금은 깊고 길고 밝고 곧고 윤택하고 끊어지지 않았으니, 이것이 스물일곱 번째이다.

여래의 입술 빛깔은 마치 빈바과(頻婆果)처럼 위와 아래가 서로 꼭 맞아 합하니, 이것이 스물여덟 번째이다.

여래의 입[面門]은 길지도 않고 짧지도 않고 크지도 않고 작지도 않아서 알맞게 단엄하니, 이것이 스물아홉 번째이다.

여래의 혀의 모습은 부드럽고 얇고 넓고 길어서 마치 붉은 구리 빛깔과 같으니, 이것이 서른 번째이다.

여래께서 소리를 발하시면 위엄스런 진동이 깊고 멀리까지 가며, 사무치도록 맑고 밝으시니, 이것이 서른한 번째이다.

여래의 음운(音韻)은 아름다움과 미묘함을 구족해서 마치 깊은 골짜기의 메아리 같으니, 이것이 서른두 번째이다.

여래의 코는 높고 길고 곧아서 콧구멍이 드러나지 않으니, 이것이 서른세 번째이다.

여래의 모든 치아는 고르고 가지런하고 희니, 이것이 서른네 번째이다.

여래의 모든 어금니는 둥글고 희고 빛나고 청결해서 점차로 날카로우니, 이것이 서른다섯 번째이다.

여래의 눈은 맑아서 푸른 색과 흰 색이 분명하시니, 이것이 서른여섯 번째이다.

여래의 눈의 모습은 길고 넓은 것이 마치 청련화(靑蓮華) 잎과 같으니, 이것이 서른일곱 번째이다.

여래의 속눈썹은 위아래가 가지런하고 조밀해서 희지 않으니, 이것이 서른여덟 번째이다.

여래의 두 눈썹은 길면서도 희지 않고 정치하면서도 유연하니, 이것이 서른아홉 번째이다.

여래의 두 눈썹은 수려해서 순차적으로 감유리색(紺琉璃色)이니, 이것이 마흔 번째이다.

여래의 두 눈썹은 높이 드러나고 빛나고 윤택하며, 형상이 마치 초승달 같으니, 이것이 마흔한 번째이다.

여래의 귀는 두텁고 넓고 크고 길어서 둥근 둔덕을 이루니, 이것이 마흔두 번째이다.

여래의 두 귀는 수려하고 가지런하고 평평하니, 이것이 마흔세 번째이다.

여래의 용모와 거동은 능히 보는 이로 하여금 손해도 없고 오염도 없게 하여서 모두에게 존경과 사랑을 낳게 하시니, 이것이 마흔네 번째이다.

여래의 이마는 넓고 원만하고 평평하고 반듯해서 형상이 남달리 미묘하니, 이것이 마흔다섯 번째이다.

여래의 몸은 위아래로 원만하게 나뉜 것이 마치 사자왕처럼 비할 바 없는 위엄이 있으니, 이것이 마흔여섯 번째이다.

여래의 머리카락은 길고 감청색이며 조밀하고 희지 않으니, 이것이 마흔일곱 번째이다.

여래의 머리카락은 향기롭고 청결하고 가늘고 유연하고 윤택하고 말려 있으니, 이것이 마흔여덟 번째이다.

여래의 머리카락은 가지런히 정리되어서 흐트러짐이 없으니, 이것이 마흔아홉 번째이다.

여래의 머리카락은 견고해서 끊어지지 않으니, 이것이 쉰 번째이다.

여래의 머리카락은 빛나고 매끄럽고 남달리 미묘해서 티끌과 더러움이 붙질 않으니, 이것이 쉰한 번째이다.

여래의 신체[身分]는 견고하고 충실해서 나라연(那羅延)을 능가하니, 이것이 쉰두 번째이다.

여래의 신체는 장대하고 단아하고 곧으니, 이것이 쉰세 번째이다.

여래의 모든 구멍은 청정하고 둥글고 좋으니, 이것이 쉰네 번째이다.

여래의 신체사지는 세력이 남달리 수승해서 견줄 자가 없으니, 이것이 쉰다섯 번째이다.

여래의 신상(身相)은 대중이 즐겨 보는 바이면서도 항상 싫증내지 않으니, 이것이 쉰여섯 번째이다.

여래의 얼굴은 길이와 너비가 알맞고 청결하고 빛나는 것이 마치 가을의 보름달과 같으니, 이것이 쉰일곱 번째이다.

여래의 얼굴 모습은 편안하고 광채가 드러나 있으며, 말씀하시기 전에 웃음을 머금으시고 오직 마주할 뿐 등지지를 않으니, 이것이 쉰여덟 번째이다.

여래의 얼굴 모습은 광택이 있고 기쁜 표정이라서 찡그림을 멀리 여의었으니, 이것이 쉰아홉 번째이다.

여래의 신체사지는 청정하고 더러움이 없어서 항상 나쁜 냄새가 없으니, 이것이 예순 번째이다.

여래의 털구멍은 항상 뜻대로의 미묘한 향기를 내니, 이것이 예순한 번째이다.

여래의 얼굴은 항상 최상의 수승한 향기를 내니, 이것이 예순두 번째이다.

여래의 머리 모습은 둥글고 묘하고 좋아서 마치 말달나(末達那) 같기도 하고 천개(天盖) 같기도 하니, 이것이 예순세 번째이다.

여래의 몸의 털은 감청색으로 빛나고 청정한 것이 마치 공작의 목과 같으니, 이것이 예순네 번째이다.

여래의 법음(法音)은 대중이 많든 적든 늘어나지도 않고 줄어들지도 않아서 이치에 상응하여 집착이 없으니, 이것이 예순다섯 번째이다.

여래의 정수리의 모습은 능히 볼 수 있는 자가 없으니, 이것이 예순여섯 번째이다.

여래의 손가락과 발가락은 분명한 것이 마치 붉은 구리 빛깔과 같으니, 이것이 예순일곱 번째이다.

여래께서 다니실 때는 그 발이 땅에서 손가락 네 마디 분량만큼 뜨면서도 인문(印文 : 발자국마다 무늬가 나타나는 것)이 나타나니, 이것이 예순여덟 번째이다.

여래께서는 스스로 유지하시고 남의 호위를 기대하지 않으시며, 몸을 기울이지도 않고 또한 웅크리지도 않으시니, 이것이 예순아홉 번째이다.

여래의 위덕은 멀리 일체를 진동시키니 악한 마음이 있는 자는 보고서 기뻐하고 공포에 떠는 자는 보고서 안심하나니, 이것이 일흔 번째이다.

여래의 음성은 높지도 않고 낮지도 않아서 중생의 뜻에 따라 기 뻐하게 말씀하시니, 이것이 일흔한 번째이다.

여래께서는 능히 모든 유정(有情)의 언어와 그 마음에서 좋아하 는 것[意樂]에 따라서 설법을 하시니, 이것이 일흔두 번째이다.

여래께서는 일음(一音)으로 정법(正法)을 연설하시지만 품류에 따라서 이해를 하니, 이것이 일흔세 번째이다.

여래의 설법은 다 차제(次第)에 의거하고, 반드시 인연이 있고, 착하지 않은 말씀은 하지 않으시니, 이것이 일흔네 번째이다.

여래께서는 모든 유정을 평등하게 관찰해서 선은 찬양하고 악을 나무라지만 애착하거나 미워함이 없으니, 이것이 일흔다섯 번째이 다.

여래께서 하시는 바는 먼저 관찰하고 나중에 실행하여 궤범(軌 範)을 구족하시니, 이것이 일흔여섯 번째이다.

여래의 상호(相好)는 능히 관찰함에 다함이 없으니, 이것이 일흔 일곱 번째이다.

여래의 정수리 뼈는 견실하고 원만하니, 이것이 일흔여덟 번째이 다.

여래의 얼굴 모습은 항상 젊고 늙지 않으니, 이것이 일흔아홉 번 째이다.

여래의 손발과 가슴 앞에는 길상덕상(吉祥德相)이 있으니, 이것 이 여든 번째이다. (이상은 동국역경원 『대장일람집』)

10력

10력(十力)이란 부처님이 법신실상(法身實相)을 증득한 후에 열 가지 지혜의 힘을 갖추고 설법하여 중생을 제도하고 사견(邪見)을 꺾는 등 여러 일들을 이룸에 있어 자재 무애할 수 있음을 가리킨다.

1) 일체의 인연 과보를 살펴 사실대로 아는 지혜능력인 처비처지력(處非處智力)

2) 일체 중생의 삼세 인연 과보를 두루 아는 지혜능력인 업이숙지력(業異熟智力)

3) 일체의 선정의 깊이와 차제를 아는 지혜능력인 선정해탈삼매정구분별지력(禪定解脫三昧淨垢分別智力)

4) 일체 중생의 근성의 우열과 얻는 과위의 크기를 아는 지혜능력인 근상하지력(根上下智力)

5) 일체 중생의 욕락과 선악의 차이를 두루 아는 지혜능력인 종종승해지력(種種勝解智力)

6) 갖가지 세간의 본성과 현상[性相]을 두루 아는 지혜능력인 종종계지력(種種界智力)

7) 일체의 선도(善道), 악도(惡道), 성도(聖道)가 이르는 곳을 두루 하는 지혜능력인 편취행지력(遍趣行智力)

8) 중생의 과거세의 갖가지 일을 두루 아는 지혜능력인 숙명지력(宿命智力)

9) 천안으로 중생이 죽어서 태어날 때와 미래에 생(生)을 받는 곳을 아는 지혜능력인 생사지력(生死智力)

10) 일체 중생의 누진(漏盡) 여부를 두루 아는 지혜능력인 누진지력(漏盡智力)

4무소외

4무외(四無畏)라고도 하는데 불타가 대중들 앞에 나서도 두려움이 없는 네 가지 신심을 갖추고 있어서 설법, 문답, 비난, 시비 등 어떤 경우에도 침착하면서도 조용하고 용맹스러우면서도 안온한 것을 가리킨다.

1) 일체법을 깨달아 알아 정견(正見)에 머물고 두려워하는 바가 없는 일체지무외(一切智無畏)

2) 일체의 번뇌를 끊었음을 자신하고 외난(外難)을 두려워하지 않는 누진무외(漏盡無畏)

3) 수행에 장애가 되는 법을 자세히 설명하고 보여주어 어떤 비난에 대해서도 모두 두려워하는 바가 없는 설장법무외(說障法無畏)

4) 생사고해를 벗어나는 도리를 널리 설하는 데 두려움이 없는 설진고도무외(說盡苦道無畏)

10념주

3념주(三念住)는 3념처(三念處), 3의지(三意止)라고도 한다. 부처님이 대비(大悲)로써 중생을 섭수교화[攝化]하되 항상 정념(正念)과 정지(正知)의 심경(心境)을 보호 유지하여 설사 다음의 세 가지 상황 아래 있더라도 기뻐하거나 근심하는 감정이 없음을 말한다.

1) 중생이 열심히 법을 듣고 가르침을 행할 때 불타는 기쁜 마음도 일으키지 않고 항상 정념, 정지에 안주하는 제일념주(第一念住).

2) 중생이 불법을 공경하지 않고 믿지 않을 때도 불타는 근심하는 마음을 일으키지 않고 항상 정념, 정지에 안주하는 제이념주(第二念住).

3) 중생 중에 불법을 믿는 자와 믿지 않는 자가 있어도 불타는 기쁜 마음을 일으키지도 않고 근심하는 마음도 일으키지 않으면서 항상 정념, 정지에 안주하는 제삼념주(第三念住).

대비

대비(大悲)란 부처님이 항상 중생을 가엾고 불쌍히 여겨 구제해 주려고 생각하는 마음이다. 그러므로 가르침을 보여 이롭고 기쁘게 함으로써 중생을 부처의 지견(知見)에 들도록 인도한다.

18불공법

18불공법(不共法)에 대해서는 대승불교와 소승불교가 서로 다르다. 소승불교에서의 18불공법은 위에서 말한 십력, 사무소외, 삼념주, 대비를 가리킨다. 대승불교에서의 18불공법은 『대품반야경』에서 열여덟 가지 점의 불공법을 다음과 같이 제시한다.

1) 부처님은 신업에 과실이 없다[身無失].

2) 부처님은 구업에 과실이 없다[口無失].

3) 부처님은 항상 선정을 닦아 마음이 산란하지 않고 또 법에 집착 하지 않고 항상 편안한 마음이다[念無失].

4) 일체중생을 평등하게 생각하여 다른 생각이 없다[無異想].

5) 일상생활에서 항상 선정을 떠나지 않는다[無不定心].

6) 부처님은 일체법을 비추어 알지만 버리거나 집착하지 않는다[無不知已捨心].

7) 일체중생을 제도하되 만족하거나 부족해 하는 마음이 없다[欲無減].

8) 불과(佛果)를 이룬 후에도 정진력에 감소함이 없다[精進無減].

9) 삼세제불의 법과 일체의 지혜에 상응 만족하여 퇴전이 없다(念無減].

10) 일체중생을 제도함에 있어서 지혜가 부족함이 없다[慧無減].

11) 부처님은 모든 집착을 벗어나 유위(有爲), 무위(無爲)의 해탈을 구현하고 일체 번뇌를 소멸 해탈했다[解脫無減].

12) 일체의 해탈에 관하여 명백한 지견을 가지고 조금도 결함이 없다[解脫知見無減].

13) 부처님은 훌륭한 모습으로 항상 지혜를 따라 행하여 일체중생을 유익하게 한다[一切身業隨智慧行].

14) 부처님의 미묘한 진리의 말씀은 지혜에 따라 중생을 구제한다[一切口業隨智慧行].

15) 부처님의 청정한 마음의 활동은 지혜를 따라 중생을 교화하여 유익하게 한다[一切意業隨智慧行].

16) 지혜로 과거의 모든 일을 걸림 없이 알고 본다[智慧知見過去世無礙無障].

17) 지혜로 미래의 모든 일을 걸림 없이 알고 본다[智慧知見未來世無礙無障].

18) 지혜로 현재의 모든 일을 걸림 없이 알고 본다[智慧知見現在世無礙無障].

3덕 4무애해

이상의 수승한 공덕 이외에도 3덕(三德) 4무애해(四無礙解)가 있다.

일반적으로 말하는 3덕은 지덕(智德), 단덕(斷德), 은덕(恩德) 그리고 대반열반경에서 말하는 법신덕(法身德), 반야덕(般若德), 해탈덕(解脫德)이다.

4무애해는 다음 네 가지가 포함된다. 이를 4무애변(辭無礙辯) 또

는 4변(四辯)이라고도 한다

　1) 바른 이치에 잘 계합할 수 있는 법무애해(法無礙解),

　2) 법의 의미를 잘 설명 풀이할 수 있는 의무애해(義無礙解),

　3) 각종의 지방언어에 정통하여 무애 자재한 사무애해(詞無礙解),

　4) 바른 이치에 따라 교묘하게 설법이 무애한 변무애해(辯無礙解) 등이다.

　사무애해는 불타가 항상 이 네 가지 자재 무애의 지해변재(智解辯才)를 운용하여 중생을 제도 교화함을 나타낸다.

　부처님과 중생과의 관계는 마치 자애로운 어머니가 자식을 돌보고 사랑하듯 피곤해하거나 싫어함이 없다. 중생도 마치 자식이 어머니를 기억하는 것처럼 항상 불타의 공덕을 느끼고 생각하며 부처님의 은혜를 갚을 생각을 한다. 그러므로 '위로는 네 가지 무거운 은혜를 갚고 아래로는 삼도의 고통을 제도하는 것[上報四重恩, 下濟三途苦]'을 부처님의 은혜에 보답하는 것이라고 한다.

10. 염불법문은 8만4천 법문 중의 주요 수행법

정토법문에 대한 오해

　무엇보다 먼저 일반적인 오해에 대해 설명하고자 합니다. 이것은 우리 불법에 대한 사회적 오해일 뿐만 아니라 심지어 불법을 배우는 사람들조차도 이런 오해를 면치 못하고 있습니다.

　종문(宗門)은 선종(禪宗)을 가리키는데, '언설을 떠나서 심성을 가리킨다[離言說, 指心性]'고 합니다. 선종에서 표방하는 '문자를 세우지 않고 곧바로 사람의 마음을 가리킨다[不立文字, 直指人心]'고 함과 '언설을 떠나서 심성을 가리킨다.'고 함은 상당히 높은 경지입니다. 일반인들은 바라볼 수 만 있을 뿐 도달할 수 없습니다. 바꾸어 말하면 종문에 대해서는 착수할 길이 없습니다. 이게 어려움입니다.

그럼 교하(敎下)는 어떨까요? 화엄종(華嚴宗)을 비롯한 천태종(天台宗), 삼론종(三論宗), 유식종(唯識宗)과 같은 이런 몇 개의 종파들은 모두 교하에 속합니다.

교하에서의 '이론을 많이 말하고 구체적인 실천을 적게 말한다[多言理, 少說事]'는 말을 일부 사람들이 오해하기를, 교하 사람들이 현담(玄談)을 한다고 합니다. 청담(淸談), 즉 이론이야 심오하게 말하지만 구체적인 실천면에는 도움이 없어서 말하는 게 모두 빈말 같다는 겁니다. 사실은 그렇지 않습니다. 아주 고명해서 중하(中下) 근기의 사람이 체험할 수 있는 게 아닙니다. 그러기에 종문이나 교하가 어떻게 변해 버렸을까요? '사대부소종(士大夫所宗)', 지식인들이 주로 연구하고 떠받드는 그런 것으로 바뀌어 버렸습니다. 그들은 사회적으로 학문이 있고 지위가 있는 사람들로서 불법을 배우는 게 모두 종문과 교하일 뿐 정토종에 대해서는 홀시했습니다. 이렇게 해서 큰 오해가 생겨난 겁니다. 왜냐하면 정토경전들은 사실을 많이 말하고 '이론을 적게 말하기[多說事, 少說理]' 때문에 다들 이를 '할머니교'라고 불렀습니다. 저도 불법을 배우는 초기에는 이렇게 오해했습니다. 아미타경을 좀 읽어보니 별로 진기할 것이 없었습니다. 보자마자 알 수 있는데 이런 경전을 강해할 필요가 있겠는가 싶었습니다. 한 번 보면 이해되니 지식수준이 높은 사람에게 말한 것 같지 않았습니다. 이런 견해나 관념은 모두, '불법의 근본은 사실과 이치가 둘이 아니면서 법문은 근기에 맞추는, 만법이 일여한 정각이라는 것[佛法根本, 事理不二, 法門應機, 萬法一如之正覺也]'을 아직 이해하지 못한 겁니다.

　우리는 불법을 몇 년이나 배우고 나서야 우리들이 이전에 정말 오해하였으며 정토법문에 대해 틀리게 이해했음을 발견하게 되었습니다. 정토법문이야말로 불법의 근본으로서 이치를 말하든 사실을 말하든, 이치는 사실의 이치요, 사실은 이치의 사실로서, 이치와 사실이 둘이 아니라는 것을 진정 몰랐습니다! 이른 바 종문, 교하, 정토 내지는 8만4천 가지 법문들은 세존께서 중생들의 근기에 맞추어 설하신 것입니다. 뭐라고 설법하셨든 결론적으로 만법은 일여합니다. 이른바 '방편은 여러 문이 있지만 근원으로 돌아감은 두 길이 없다[方便有多門, 歸元無二路].'는 것으로, 이것이야말로 정각입니다. 하물며 이 한 법문은, 이 정토법문은, 모든 법문들 중에서 확실히 근본법문입니다. 이 의미는 우리들이 『화엄경』에서 분명히 볼 수 있습니다.

　「화엄회상(華嚴會上)」에서 세존은 선재동자(善財童子)를 대승(大乘)수행의 본보기로 삼습니다. 선재동자는 문수보살회상에서 근본지(根本智)를 얻습니다. 그런 다음 비로소 참학(參學)에 나섭니다. 참학 과정 중에서 첫 번째 만나는 선지식이 길상운비구(吉祥雲比丘)입니다. 40권 『화엄경』에서 말하는 길상운비구인데, 그 길상운비구가 선재동자에게 가르쳐주는 게 바로 염불법문입니다. 여러분 알아야 합니다. 그 첫 번째 선우가 그에게 전해준 법문이 염불법문이란 것을. 바꾸어 말하면 이게 바로 수학(修學)의 기초요 수학의 시작이 됩니다. 최후인 53번째 선지식이 보현보살인데, 보현보살십대원왕(普賢菩薩十大願王)은 극락세계로 돌아가도록 인도함으로써 우리들의 이 법문과 상응합니다. 선재동자더러 염불하라고 가르칠 뿐만 아니라 서방극락세계에 왕생하라고 가르칩니다. 선재동자더러 서방정토에 왕생하기를 구하라고 권할 뿐만 아니라 보현보살은 화장해회41위법신대사(華藏海會四十一位法身大士)들을 인솔합니다. 이 41위는 원교(圓教)의 10주(十住), 10행(十行), 10회향(十迴向), 10지(十地), 등각(等覺)을 가리키는데, 이를 41위라고 합니다. 매 한 위(位)마다의 보살들의 수량은 모두 우리가 숫자 셈의 비유로는 알 수 없습니다. 그 처음부터 끝까지가 시종일관 모두 염불법문입니다. 그 가운데의 이런 선지식들이 표현하는 것이 곧 8만 4천 가지 법문이라는 것입니다.

이로써 알 수 있듯이, 8만4천 가지 법문은 모두 염불법문을 돕는 것이고 염불법문이 주요 수행이 됩니다. 8만4천 가지 법문은 보조수행으로 근본과 보조를 함께 닦는 것[正助雙修]입니다. 이 주요 수행이 근본수행이라는, 이런 교학적 의미와 교학적 방법은 화엄회상에서 이미 아주 명백하게 우리들에게 드러내 보여주고 있습니다. 그럼에도 우리가 『화엄경』을 읽어보면 설마 깨닫지 못하겠습니까? 이 법문에 대해 그래도 인식하지 못할까요? 그래도 감히 이 염불법문이 '할머니교' 라고 말하겠습니까? 한 번 생각해보세요. 문수보살이 어떤 인물입니까? 보현보살이 어떤 인물입니까? 모두 옛 부처님들이 자비의 배를 되돌려[倒駕慈航] 등각보살의 지위를 보이시면서 서방극락세계 왕생을 구할 것을 가르쳐 주십니다. 우리자신들이 수학할 때 이런 면을 깨달아야 비로소 경건하고 정성스럽게 이 염불법문의 수승함을 긍정하게 됩니다. (정공법사 『아미타경강기』)

5승 방편 설법

여래가 중생을 제도 해탈시키기 위하여 세간에 출현하여 설법하신 것은 본래 일체 중생으로 하여금 곧바로 직접 생사를 마치고 해탈하여 무상정등정각의 도를 증득하게 하고 싶어서였습니다. 그러나 중생의 근기가 저마다 다르므로 불타는 궁극적인 본래목적을 털어 놓고 보일 수가 없었습니다. 그래서 중생의 근기에 맞추어 차근차근 유도할 수밖에 없었습니다. 대 근기의 중생에게는 이체(理體)의 성(性)을 직접 설하여 불승(佛乘)을 말함으로써 금생에 불과(佛果)를 원만히 증득하게 하였습니다. 『화엄경』의 선재동자와 『법화경』의 용녀 등이 그에 해당합니다. 그 아래 근기의 중생에 대하여는 보살승, 연각승, 성문승을 설함으로써 점차적으로 수습하여 과위를 증득하게 하였습니다. 또 그 아래의 근기에게는 5계(五戒)와 10선(十善)을 설함으로써 3악도에 떨어지지 않고 사람 몸[인승人乘]이나 천인의 몸[천승天乘]을 받게 하였습니다. 그리하여 점차 선근을 심고 그 선근의 크기에 따라 장래 삼승법 가운데서 숙세의 선근의 힘이 발하는 상황에 따라 보살승의 6바라밀 만행을 닦아 몸소 법신을 증득하게 하거나, 연각승의 12인연법이나 성문승의 4성제법을 깨달아 견혹과 사혹을 끊고 진제(眞際)를 증득하게 하였습니다.

이런 법문들은 대승과 소승이 다르고 점법과 돈법의 차이가 있지만 법문마다 자기의 공력이 깊어져야 견혹과 사혹을 끊고 진제를 증득하고 윤회를 뛰어넘을 수 있으며 생사에서 해탈한다는 점에서는 마찬가지입니다. 만약 3계 내의 견혹과 사혹이 털끝만큼이라도 다 끊어지지 않으면 생사의 뿌리가 다 끊어진 것이 아닙니다. 그러므로 선정과 지혜의 공력이 높더라도 여전히 해탈하지 못합니다. 예를 들어 3과성인(사다함과)도 5정거천(五淨居天)에 가서 태어나 많은 겁을 지내야 비로소 4과(아라한과)를 증득할 수 있습니다.

4과를 증득하면 생사의 뿌리는 남김없이 다 끊어졌지만 소승과인 성문에 지나지 않을 뿐입니다. 아직은 자신이 증득한 소승과를 여래 대도(大道)의 성취로 회향하여 시방세계에서, 자기가 일으킨 서원에 따라 태어나 6바라밀과 온갖 선행을 닦으면서 위로는 불도의 성취를 구하고 아래로는 중생을 교화합니다. 자기 수행 공력의 깊이에 따라 점차적으로 혹은 단박에 수행계위에 의거 10주, 10행, 10회향, 10지, 등각위까지 증득해 가야합니다. 그리고 등각위에 도달한 후에 다시 일품무명을 깨뜨려 일품의 법신덕, 반야덕, 해탈덕을 증득하여 묘각위에 진입하여 불과를 성취할 수 있습니다.

여래의 일생의 가르침과 설한 법문은 한량없이 많지만 중생이 증득할 수 있는 지위는 이상에서 말한 것을 초월할 수 없습니다. '직지인심 견성성불'의 선종 법문이 비록 가장 원교이면서 돈교이며 곧은 지름길인[圓頓直捷] 법문이지만 견성성불이란 말은, 본래 자신이 갖추고 있는 법신만을 가리켜 말한 것이지, 범부와 성인이 수행의 인(因)으로 말미암아 성위의 과(果)를 증득하는 도리를 말하는 것은 아닙니다. 그 수행과 증득의 과위 입장에서 말하면 교가에서 말하는 것과 같습니다. 말법 시기에는 사람들의 근기가 하열하고 불법의 이론을 제대로 아는 선지식이 드믄데다 깨달은 사람조차도 찾기 어려운데 하물며 실제로 과위를 증득한 사람이야 더 말할 나위가 있겠습니까!

지극히 어렵고 지극히 쉬운 정토법문

여래가 49년간 설한 일체의 대소승 법문은 모두 자력에 의지하는 것이므로 닦아보면 아주 어렵습니다. 여래는 중생들이 자기의 힘에만 의지하여 생사에서 해탈하는 어려움을 아셨기 때문에 일체 법문 밖에 특별히 염불 정토왕생 법문을 열어놓았습니다. 오직 이 염불법문만이 온통 아미타불의 자비서원의 섭수의 힘과, 수행인의 믿음과 발원 그리고 간절한 억념(憶念)의 힘에 의지하므로 감응의 도리가 교차하여 일생에 생사윤회를 마치고 도업을 성취합니다. 믿음이 진실하고 왕생원이 간절하면 설사 5역10악(五逆十惡)의 죄악인이 임종 시에 지옥 모습이 출현했더라도 선지식이 그로 하여금 염불하게 하여 아미타불을 열 번 혹은 몇 번, 아니 한 번만 외더라도 아미타불의 자비력을 입고 접인 받아 왕생할 수 있거늘, 하물며 세간의 착한 일을 닦고 행하며 어떤 악행도 하지 않는 사람은 더 말할 나위가 있겠습니까! 이처럼 청정행을 닦고 정진하는 사람이라면 선정력이 깊어서 왕생 품위도 더욱 높을 것이며 아주 빨리 아미타불을 뵙고 그 설법을 들을 것입니다. 설사 확철대오했거나 견혹 사혹을 끊고 진제를 증득한 사람이라도 법신을 원만히 증득하고 불과를 빨리 성취하기 위하여 서방극락세계에 왕생하도록 회향하여야 합니다.

기타의 법문들은, 작은 법문은 큰 근기는 닦을 필요가 없고 큰 법문은 작은 근기가 감당을 못하니, 오직 정토법문만이 상중하 세 근기가 모두 닦을 수 있어서 영리한 근기나 둔한 근기나 다 거두어집니다. 그래서 상등의 관세음보살, 대세지보살, 문수보살, 보현보살 등도 모두 정토법문 밖으로 벗어나지 못하며, 하등의 5역10악 아비지옥 종성(種性)의 중생도 그 가운데 참여할 수 있습니다. 만약 여래가 이 정토법문을 열어놓지 않았다면 말법시기의 세간 중생은 금생에 생사에서 해탈하고 싶어도 절대 그 가망이 없습니다.

그러나 이 법문이 이처럼 광대하고 수행법도 지극히 간단하고 쉽지만 숙세에 정토선근이 없는 사람은 의심 없이 확신하기 아주 어렵습니다. 법부만 믿지 않을 뿐 아니라 성문승이나 연각승 중에도 의심하는 사람들이 많습니다. 이승인만이 믿지 않을 뿐 아니라 권위(權位)보살조차도 의심할 수 있습니다. 오직 대승의 심위(深位)보살이라야 철저하게 이해하고 확신하여 의심하지 않을 수 있습니다.

그러므로 정토법문은 지극히 어렵고 지극히 쉬운 법문입니다. 어렵기로 말하면 확철대오하고 경장(經藏)에 깊이 들어간 사람도 오히려 믿지 않습니다. 쉽기로 말하면 무지몽매한 사람이라도 지성으로 간절하게 염불하면 임종 시에 갖가지 상서로운 현상이 나타나고 서방에 왕생하니, 저 확철대오하고 경론에 깊게 통달한 사람도 뒤따를 수 없습니다. 왜 그럴까요? 확철대오하고 경론에 통한 일부 사람들은 부처님의 힘을 버리고 오로지 자기 힘만을 위주로 하기 때문입니다. 그런데 무지몽매한 평범한 사람들은 오로지 부처님의 힘만을 의지하고 부처님의 힘으로 말미암아 자력을 일으키기 때문입니다. 부처님의 힘, 법력, 자기 마음이 본래 갖추고 있는 힘, 이 세 가지 법이 계합(契合)되기 때문에 범부를 뛰어넘어 성인의 영역으로 들어가 생사를 마치고 해탈할 수 있습니다." (『인광대사문초정화』)

극락이라는 명칭이 어찌 헛된 것 이리요

중생심의 심지(心地: 본래 갖추어져 있는 진심)는 형상[相]을 떠나고 자성[性]을 떠나 있음이 마치 바다와 같고 허공과 같다. 허공과 같기 때문에 형상이 융화하지 않음이 없으니 어찌 동쪽이다 서쪽이다 할 곳이 있겠는가! 바다와 같기 때문에 자성을 지킴이 없으니 어찌 움직이고 고요할 때가 없겠는가! 그러기에 미혹과 업[染業]으로 인하여 5탁(五濁)을 따라 오랫동안 생사윤회에 흐르거나 정토법문의 연[淨緣]에 힘입어 번뇌[四類]를 끊고 영원히 열반세계에서 고요해지는 것이다. 이와 같은 움직임과 고요함은 모두 커다란 꿈이어서 깨달음에서 바라보면 생사의 흐름도 없고 열반의 고요함도 없다.

예토와 정토가 본래 일심(一心)이요 생사와 열반은 마침내 둘이 아니다. 그러나 둘 아닌 깨달음을 취하기는 진실로 어렵고 일심을 미혹한 꿈에서 떠나기는 쉽지 않다. 그러므로 위대한 성인이 중생을 구제하기 위하여 세상에 출현함에도[垂迹] 멀고 가까움이 있으며, 베푸신 언어적 가르침[言教]에도 찬양 격려[襃]하거나 폄하 억제함[貶]이 있다. 그러기에 석가모니불은 이 예토인 사바세계에 태어나셔서 중생들에게 5악(五惡: 5계의 반대로서 살생, 도둑질, 사음, 거짓말, 음주)에 대해 훈계하고 극락왕생을 권하셨고, 아미타불은 저 서방극락정토를 통솔하고 계시면서 상중하 3배(三輩)의 중생들이 왕생하도록 인도하신다.

　이제 이 『아미타경』은 이 두 분의 세존이 세상에 출현하신 큰 뜻이며, 사부대중이 도에 들어가는 요긴한 법문[要門]이며, 극락정토는 중생이 왕생 발원할 만 곳임을 보여주고 뛰어난 덕은 중생이 귀의할 만함을 찬탄하고 있다.

　뛰어난 덕은 중생이 귀의할 만하다함은, 중생이 귀로 『아미타경』의 이름을 들으면 일승(一乘)에 들어가 뒤로 물러나지 않고, 입으로 아미타불 명호를 부르면 삼계를 벗어나 돌아오지 않음을 말한다. 그런데 하물며 예배하고 생각을 오로지하여 찬탄하고 부르며 극락정토를 관찰하는 것은 더 말할 나위가 있겠는가!

　극락정토는 중생이 왕생 발원할 만하다함은, 금모래가 바닥에 깔려있고 묘한 연꽃들이 피어있는 팔공덕수 연못에서 목욕하면 곧 생사윤회를 초래하는 번뇌에서 떠나고, 칠보로 이루어진 나무들 숲에서 노닐면 생사 없는 열반의 성과(聖果)를 향하여 나아가며, 더 나아가 아미타불의 광명을 보고서 무상(無相)에 들어가고 천상의 음악을 듣고서 무생(無生)을 깨닫는 것을 말한다.

　그런 다음 제5문인 회향문(廻向門)으로 나와 방향을 바꾸어 시방세계 중생들의 생사윤회의 동산으로 돌아가 중생들의 번뇌의 숲에 쉬고, 한 걸음도 움직이지 않고 시방세계에 널리 유희하며, 한 생각도 움직이지 않고 끝없는 삼세에 자취를 두루 나타내니 그 즐거움을 헤아릴 수 없거늘, 극락이라는 명칭이 어찌 헛된 것이리오! (원효대사 『아미타경소』)

11. 나무아미타불이 팔만대장경이다

『화엄경』 보현행원품 원생정토(願生淨土) 게송

願我臨欲命終時　盡除一切諸障碍
원아임욕명종시　진제일체제장애
面見彼佛阿彌陀　卽得往生安樂刹
면견피불아미타　즉득왕생안락찰

원컨대 나의 목숨 마치려 할 때
온갖 번뇌 모든 업장 없애고 나서
저 아미타 부처님을 만나 뵈옵고
지체 없이 극락왕생 하려 합니다.

我旣往生彼國已　現前成就此大願
아기왕생피국이　현전성취차대원
一切圓滿盡無餘　利樂一切衆生界
일체원만진무여　이락일체중생계

내가 이미 저 세계에 가서 난 다음
눈앞에서 이 큰 소원 모두 이루어
온갖 것을 남김없이 원만하여서
가없는 중생들을 기쁘게 하리.

彼佛衆會咸淸淨　我時於勝蓮華生
피불중회함청정　아시어승연화생
親覩如來無量光　現前授我菩提記
친도여래무량광　현전수아보리기

저 부처님께 모인 대중 깨끗하시고
나는 이때 연꽃 위에 태어나리니
아미타 부처님을 친히 뵈오면
그 자리에 보리수기 내게 주시리.

蒙彼如來授記已　化身無數百俱胝
몽피여래수기이　화신무수백구지
智力廣大변十方　普利一切衆生界
지력광대변시방　보리일체중생계

부처님의 보리수기 받잡고 나서
마음대로 백억 화신 나타내어서
크고 넓은 시방세계 두루 다니며
이 지혜로 모든 중생 제도하리.

여러 스승들의 법어

도은(道隱)대사는 말했다, "팔만대장경을 전체적으로 말하면, 『화엄경』과 『법화경』은 서분(序分)이요, 『무량수경』은 정종분(正宗分)이며, 『아미타경』은 유통분(流通分)이다."

또 선도(善導)대사는 말했다, "석가모니불이 이 세상에 출현하여 성불을 보이신 목적은 아미타불의 중생제도의 크나큰 서원의 바다를 널리 설하시기 위해서였다."

연지(蓮池)대사는 말했다, "나무아미타불 한 마디는 팔교(八教: 장교·통교·별교·원교·돈교·점교·비밀교·부정교)를 포괄하고 오종(五宗: 선종·교종·율종·밀종·정토종)을 원만히 거두어 들인다."

우익(藕益)대사는 말했다, "아미타불 한 마디는 석가모니불께서 5탁악세(五濁惡世)에서 아뇩다라삼막삼보리를 증득한 법문과 다름없는 것으로, 이제 이 과위의 각[果覺] 전체인 한 마디 '아미타불' 명호를 5탁악세의 중생들에게 가르쳐 주는 것이다. 이 5탁악세에서 믿기 어려운 이 정토법문을 설하여 사람들로 하여금 믿음을 내고, 왕생하기를 발원하고, 이 한 마디 아미타불 명호를 오로지 수지(修持)함으로써 불도를 원만히 성취하도록 가르치신 것이다. 이는 모든 부처님이 행하는 경계로서 오직 부처님과 부처님만이 그 심오한 뜻을 다 알 수 있지, 9법계(九法界: 보살·연각·성문·천상·아수라·인간·축생·아귀·지옥)의 중생들이 자력(自力)으로는 깊이 믿고 이해할 바가 아니다."

"그러므로 알라, 아미타불 명호를 수지함은 얼마나 간단한가! 한 번 가르쳐 주면 곧 할 수 있으니 얼마나 쉬운가! 일심으로 수지해가면 왕생할 수 있으니 얼마나 빠른 지름길인가! 욕계, 색계, 무색계를 가로질러 뛰어넘고 생사를 단박에 뛰어넘어 일생에 불보살님들과 함께 지내면서 세 가지 불퇴를 원만히 증득하니 얼마나 돈교적이며 원교적인가! 왜 이런 효과가 있는 것일까? 생각 생각마다 곧 부처님이고, 따로 관상을 지을 필요가 없으며, 더더욱 참구할 필요가 없기 때문이다. 한 생각 그 즉시 두렷하고 밝아 무량법문을 갖추고 있으며 모자람도 부족함도 없다. 상상(上上)의 근기도 그 범위를 초월할 수 없으며 하하(下下) 근기의 중생도 극락세계에 왕생할 수 있다."

"이 한 마디 나무아미타불에 익숙해지면 3장12부(三藏十二部)의 지극한 교리와 1천7백의 공안(公案), 그리고 3천위의(三千威儀)와 8만세행(八萬細行)까지도 그 속에 전부 들어있다." (『아미타경요해』)

철오(徹悟)선사가 말했다, "이 염불법문(念佛法門)은 마치 하늘이 만물을 두루 덮듯이 땅이 만물을 두루 실어 떠받치듯, 어느 한 사람 어느 한 법도 그 안에 포함되지 않고 그 밖으로 벗어날 수 있는 게 없다. 화엄경의 전편이 비록 오주사분(五周四分: 화엄경 전체를 오주인과와 신·해·행·증으로 나누는 구조분석법)의 차이는 있지만 인과(因果)라는 두 글자로 빠짐없이 망라할 수 있는 것과 비슷하다. 즉 41위(位)의 원인 자리의 마음[因心]은 어느 하나 궁극의 과보인 깨달음[果覺]을 향하여 나아가지 않는 게 없으니, 그 41위 과정에서 닦아가는 온갖 법문 수행이 어찌 모두 다 염불법문 수행이 아니겠는가? 그런데 그 『화엄경』의 맨 끝에 이르면 보현보살(普賢菩薩)이 십대원왕(十大願王)으로써 모두 극락세계로 돌아가 불도를 완성하도록 인도하시는데, 이것이 『화엄경』 전편의 대단원을 마무리 짓는 핵심 경혈이 아닌가?

또 화엄(華嚴)이란, 원인 자리 꽃[因華]이라 할 수 있는 온갖 수행으로 일승(一乘)의 불과(佛果)를 장엄 성취하는 것일진대, 이러한 온갖 수행이 바로 염불 수행이 아니겠는가?

『화엄경』에 보면 바수밀녀나 무염족왕이나 승열바라문 등과 같은 무량한 법문이 갖추어져 있지만 모두 비로자나(毘盧遮那) 경계를 뚜렷이 보여주고 있으니, 이러한 무량한 법문도 염불 법문이 아니겠는가?

『법화경』으로 말하더라도, 처음부터 끝까지 부처님의 지견(知見)을 깨달아 들어가도록 열어 보여 주고 계시는데, 이 또한 처음부터 끝까지 온통 유일한 염불법문이 아니겠는가?

『능엄경』은 맨 첫 부분에서 여래장성(如來藏性)을 뚜렷이 내보이셨으니 부처가 될 수 있는 진짜 원인을 밝히신 것이며, 그 다음으로 원만하게 통달하는[圓通] 방법들을 엄선하셨으니 부처가 되는 미묘한 수행을 보이신 것이다. 그 뒤 60성위(六十聖位)를 거쳐 보리를 원만히 이루고 더 이상 얻을 게 없는 경지로 귀결하여 부처가 된 과지(果地)를 증득(證得)하는 것이다. 이것을 등지면 7취(七趣: 6취에 신선을 보탠 중생세계)에 빠져 허우적거리며, 이것을 향하여 나아가면 오마(五魔)가 뒤흔들어 어지럽힘을 밝힌 것이다.

맨 마지막엔 말씀하시길, 사람 몸으로 네 가지 중죄나 열 가지 바라이죄(波羅夷罪)를 짓게 되면 눈 깜박할 사이에 여기 세계와 다른 세계의 아비지옥(阿鼻地獄)을 거칠 뿐만 아니라 시방세계의 무간지옥(無間地獄)을 죄다 거치지 않는 게 없지만, 만일 일념으로 이 『능엄경』의 법문을 말겁 중의 배우지 못한 중생들에게 알리고 일깨워 준다면 이 사람의 죄악과 업장은 한 생각에 깨끗이 소멸되고 지옥에 들어가 고통 받을 원인이 안락국토에 왕생할 원인으로 변한다고 하였다. 그러므로 이 또한 처음부터 끝까지 철저히 유일한 염불법문이 아니겠는가?

부처님의 일생의 가르침의 자취인 3장12부 경전을 종합해 보아도, 법문이 소승이든 대승이든 임기방편[權]이든 불변실상[實]이든 치우쳤든[偏] 원만하든[圓] 단박이든[頓] 점차이든[漸], 이 모든 법문들이 어느 것 하나 유심(唯心)과 자성(自性)을 보여 주면서 무상묘각(無上妙覺)을 원만히 성취시켜 주지 않는 게 없으니, 부처님 가르침 전체가 그 자체로 하나의 거대한 염불법문이 아닐 수 있겠는가?

그리고 선종으로 말할 것 같으면, 달마대사가 인도에서 중국으로 오셔서 곧장 사람의 마음을 가리켜 본성을 보면 마친다[直指人心, 見性便了]고 말씀하신 게 아니라, 본성을 보고 성불(成佛)한다고 말씀하신 것을 보아도 선종의 법문도 또한 결국엔 염불 법문이 아니겠는가?

그래서 두 파[二派] 오종(五宗)의 1천7백 개의 공안(公案)은 사람의 본래 근원인 심성[本源心性]을 파헤쳐 일깨우면서 우리가 본래부터 지니고 있는 청정법신(淸淨法身)을 뚜렷이 보여주는데 지나지 않는다. 그 법신은 공간적으로나 시간적으로나 두루 꽉 차서 존재하지 않는 곳과 존재하지 않는 때가 없으며, 참선하는 사람은 바로 이 법신이 어느 때건 항상 앞에 나타나고 어느 사물이건 도처에서 서로 들어맞도록 공안을 들고 참구해야 한다. 그러한 참선이 어디가 염불 법문이 아니겠는가?

심지어 "부처 불(佛)이라는 한 글 자를 나는 듣기 좋아하지 않으니 몽둥이로 한 방에 때려 죽여 개새끼한테 처먹으라고 주리라."는 따위의 말들은 사실 모두 법신과 궁극의 최상의 경지를 뚜렷이 보

여주는 훌륭하고 미묘한 방편법문으로 이것이야말로 진짜 염불 법
문이다.

이따금 무지한 무리들이 "선종문중의 수행인들은 염불해서는 안
된다." 고들 말하는데 이는 단지 염불이 뭔지 모르는 것일 뿐만 아
니라 선종이 뭔지도 진짜로 안다고 할 수 없다.

단지 선종과 교종 이 두 법문만 그런 것이 아니라, 온 천하의 사
농공상과 제자백가 어느 누구라도 설령 염불을 하지 않으려고 하거
나 심지어 부처님을 전혀 모르는 자라 할지라도 그 역시 염불법문
밖으로 벗어날 수가 없다. 그들이 오고 가고 움직이고 고요히 있는
행위 하나 하나가 모두 이 길에 따르고 있기 때문이다. 다만 일반
사람들은 날마다 쓰면서도 그런 줄 모르는 것일 뿐이다." (『의심끊고
염불하세』 김지수 편역 등)

인광대사는 말했다, "정토법문은 그 광대함이 밖이 없어서 불법
의 귀결점이요 세간법의 근원이기도 하다. 속제(俗諦)의 입장에서
말하면, 효(孝)·제(弟)·충(忠)·신(信)·예(禮)·의(義)·염(廉)·
치(恥)의 8덕(八德)과, 격물(格物)·치지(致知)·성의(誠意)·정심
(正心)·수신(修身)·제가(齊家)·치국(治國)·평천하(平天下)의 8사
(八事)가 이를 떠나면 궁극적으로 원만할 수 없다. 진제(眞諦)의 입
장에서 말하면, 번뇌 혹업을 끊어 다해 진여실상을 증득하고[斷惑
證眞] 범부를 초월하여 성인의 경지로 들어가는 지극한 도리[妙道]
요, 한 점의 티끌도 세우지 않고 만덕(萬德)을 원만히 갖춘 진심(眞
心)은 이를 떠나면 곧바로 몸소 얻어질 수 없다. 하물며 시대가 말
법에 이르렀고 사람들의 근기는 열악함에야 더 말할 나위가 있겠는
가!" (『인광대사문초』)

철오대사 염불가타 교의백게
(徹悟大師 念佛伽陀 教義百偈)
송찬문 번역

제1게송
한 마디 아미타불 석존 교법 핵심 요체
오시교를 세로 꿰고 팔교 가로 포괄하네
一句彌陀, 我佛心要, 豎徹五時, 橫該八教。

제2게송
한 마디 아미타불 의미 취지 어떠할까
아는 자는 항상 적고 목석 귀들 훨씬 많네
一句彌陀, 意旨如何, 知音常少, 木耳偏多。

제3게송
한 마디 아미타불 주요한 뜻 분명하니
활 그림자 뱀을 낳고 금병에선 약 나오네
一句彌陀, 大意分明, 蛇生弓影, 藥出金瓶。

제4게송
한 마디 아미타불 그 이름이 특별 방편
모든 근기 널리 거둬 따로 한 길 개통했네
一句彌陀, 名異方便, 普攝群機, 旁通一線。

제5게송
한 마디 아미타불 왕생문을 열어주니
복덕이 많음이요 작은 선근 아니라네
一句彌陀, 開往生門, 是多福德, 非少善根。

제6게송
한 마디 아미타불 임종 시에 부처 현전

석존 몸소 선언하고 육방 제불 찬탄했네

一句彌陀, 臨終佛現, 四辯親宣, 六方共讚。

제7게송

한 마디 아미타불   성불하는 표준이니

염불하는 마음으로 무생인에 들어가네

一句彌陀, 成佛標準, 以念佛心, 入無生忍。

제8게송

한 마디 아미타불   삼불퇴를 증득하니[42]

단지 한번 왕생으로 보불위에 올라가네

一句彌陀, 證三不退, 只此一生, 便補佛位。

제9게송

한 마디 아미타불   십대행원 원만이라

보현보살 회향 극락 어찌 잘못 가르치랴

一句彌陀, 滿十大願, 豈得普賢, 錯教了辦。

제10게송

한 마디 아미타불   흰 소가 수레 끄는 힘

빠르기는 바람 같고 가는 걸음 반듯하네

一句彌陀, 白牛駕勁, 其疾如風, 行步平正。

제11게송

한 마디 아미타불   그대로가 여래장심

물 떠나 파도 없고 금 그릇 원래 금이로다

一句彌陀, 如來藏心, 水外無浪, 器原是金。

---

42 삼불퇴: 첫째는 위불퇴(位不退)로 성인의 부류에 들어가 범부로 떨어지지 않
   는다. 둘째는 행불퇴(行不退)로 항상 중생을 제도하여 성문 연각 이승(二乘)
   에 떨어지지 않는다. 셋째는 염불퇴(念不退)로 생각 생각마다 살바야의 바
   다로 흘러들어간다. 살바야의 바다란 부처님의 일체종지이다.

제12게송

한 마디 아미타불 그대로가 묘진여성

꽃가지에 봄이 있고 만상은 옛 거울 머금었네

一句彌陀, 妙真如性, 春在華枝, 像含古鏡。

제13게송

한 마디 아미타불 그대로가 청정실상

언어 사량 끊어져서 형용하기 어렵도다

一句彌陀, 清淨實相, 絕議絕思, 難名難狀。

제14게송

한 마디 아미타불 그대로가 원융법계

전체 모두 진실하며 서로 얽혀 걸림 없네

一句彌陀, 圓融法界, 覿體全真, 交羅無礙。

제15게송

한 마디 아미타불 그대로가 대원경지

정보 의보 영상 겹겹 머금고서 비춰내네

一句彌陀, 大圓智鏡, 身土影含, 重重掩映。

제16게송

한 마디 아미타불 그대로가 공여래장

우주만법 나오기 전 절대 진리 형상 없네

一句彌陀, 空如來藏, 萬法未形, 一真絕相。

제17게송

한 마디 아미타불 그대로가 원만보리

하늘 보다 더욱 높아 구름들과 같지 않네

一句彌陀, 圓滿菩提, 天更無上, 雲不與齊。

제18게송

한 마디 아미타불 그대로가 대반열반

밝고 둥근 달이 만리 창공에 차갑도다

一句彌陀, 大般涅槃, 一輪明月, 萬里空寒。

제19게송

한 마디 아미타불 반야문을 열어주니

시방허공 일체 만법 한 입에 삼키도다

一句彌陀, 開般若門, 十虛萬法, 一口平呑。

제20게송

한 마디 아미타불 화려한 집 문 열어주니

이로부터 들어가네 빨리 나를 따라오라

一句彌陀, 華屋門開, 從這裡入, 快隨我來。

제21게송

한 마디 아미타불 보왕삼매 들어가서

대지처럼 만물 싣고 하늘처럼 덮어주네

一句彌陀, 入王三昧, 似地均擎, 如天普蓋。

제22게송

한 마디 아미타불 대총지를 얻음이라

일체 만물 굴리면서 십이시를 부리도다

一句彌陀, 得大總持, 轉一切物, 使十二時。

제23게송

한 마디 아미타불 자성 본래 공적하니

별은 북두성 에워싸고 강은 바다로 향하네

一句彌陀, 性本自空, 星皆拱北, 水盡朝東。

제24게송

한 마디 아미타불 그대로가 법계연기

정토 왕생 성불 원인 보리 성취 종자라네

一句彌陀, 法界緣起, 淨業正因, 菩提種子。

제25게송

한 마디 아미타불 거울 서로 비춤 같아

회전 하니 서로 겹겹 머금으며 비추도다

一句彌陀, 如鏡照鏡, 宛轉互含, 重疊交映。

제26게송

한 마디 아미타불 허공 서로 합함 같아

전혀 흔적 없지만은 동방 서방 분명 있네

一句彌陀, 似空合空, 了無痕縫, 卻有西東。

제27게송

한 마디 아미타불 그대로가 일대장경

종횡 문채 의미 심오 공령하며 짝이 없네

一句彌陀, 一大藏經, 縱橫文彩, 絕待幽靈。

제28게송

한 마디 아미타불 그대로가 일대장률

염불 순간 마음 정화 계바라밀 지님이네

一句彌陀, 一大藏律, 瞥爾淨心, 戒波羅蜜。

제29게송

한 마디 아미타불 그대로가 일대장론

염불 즉시 마음 열려 지혜 광명 분출하네

一句彌陀, 一大藏論, 當念心開, 慧光如噴。

제30게송

한 마디 아미타불 일체 교법 비밀진언

본신통을 일으켜서 대위력을 갖추었네

一句彌陀, 一藏秘密, 發本神通, 具大威力。

제31게송

한 마디 아미타불 경률론의 전체 대장

계정혜의 삼학 광명 한량없이 흘러나네

一句彌陀, 渾全大藏, 戒定慧光, 流出無量。

제32송

한 마디 아미타불 노끈 원래 삼이건만

모르고서 뱀이라고 의심하니 어찌하랴

一句彌陀, 繩本是麻, 奈何不會, 翻疑作蛇。

제33게송

한 마디 아미타불 듣고 보기 드물다오

거울숲속 영상이요 우레 소리 메아리네

一句彌陀, 罕聞罕睹, 影現鏡林, 響宣天鼓。

제34게송

한 마디 아미타불 비유할 길 없도다

옛 거울에 영상 뵈고 땅에 수은 떨어지네

一句彌陀, 無可譬喻, 古鏡當台, 水銀墮地。

제35게송

한 마디 아미타불 노파심이 간절하여

만 곡 배를 운전하고 천 균 노를 발사하네

一句彌陀, 老婆心苦, 運萬斛舟, 發千鈞弩。

제36게송

한 마디 아미타불 유인 것이 분명하다

석존 설법 왕생 권유 노파심이 간곡하네

一句彌陀, 明明是有, 四辯八音, 婆心苦口。

제37게송

한 마디 아미타불 무인 것이 확실하다

저 만상을 녹여 내 용광로에 들게 하네

一句彌陀, 的的是無, 鎔他萬像, 入我洪爐。

제38게송

한 마디 아미타불 무이면서 유이기에

꿈속중의 산천이요 거울속의 꽃이로다

一句彌陀, 亦無亦有, 夢裡山川, 鏡中華柳。

제39게송

한 마디 아미타불 유도 무도 아니거니

물위에 뜬 조롱박은 누르면 구르도다

一句彌陀, 非有非無, 捺著便轉, 水上葫蘆。

제40게송

한 마디 아미타불 그대로가 제일의제

백비조차 초월한데 사구엔들 떨어지랴

一句彌陀, 第一義諦, 尚超百非, 豈落四句。

제41게송

한 마디 아미타불 공가중의 묘원삼제

최고 청량 연못이요 활활 타는 불더미네

一句彌陀, 妙圓三諦, 最淸涼池, 大猛火聚。

제42게송

한 마디 아미타불 대자재를 얻게 되니

범부 되고 성자 되고 전변 자재 융통세계

一句彌陀, 得大自在, 轉變聖凡, 融通世界。

제43게송

한 마디 아미타불 유공자에 상을 주니

왕의 음식 차려 받고 육계 명주 손에 있네

一句彌陀, 有功者賞, 王膳盈前, 髻珠在掌。

제44게송

한 마디 아미타불 어진 마을 터 잡아서

거주 정해 돌아가니 기로에서 방황 않네
一句彌陀, 里仁爲美, 居卜來歸, 枯椿非鬼。
제45게송
한 마디 아미타불   어렵지도 쉽지도 않아
왕생극락 구품연화 일생 닦는 심력이네
一句彌陀, 非難非易, 九品蓮華, 一生心力。
제46게송
한 마디 아미타불   고향 길로 가건 만은
안타깝다 우치한 자 금 버리고 삼을 메네
一句彌陀, 就路還家, 可惜癡人, 棄金擔麻。
제47게송
한 마디 아미타불   사바 탈출 첩경인데
네가 나를 안 믿으면 난들 너를 어찌하랴
一句彌陀, 橫出娑婆, 你信不及, 吾末如何。
제48게송
한 마디 아미타불   생사해탈 성불 첩경
요긴한 준비물은 오직 믿음 발원 염불뿐
一句彌陀, 歸元捷徑, 緊要資糧, 唯信願行。
제49게송
한 마디 아미타불   깊은 믿음 중요하니
구품 연화 꽃눈 싹이 신심에서 돋아나네
一句彌陀, 要在信深, 蓮芽九品, 抽自此心。
제50게송
한 마디 아미타불   간절 발원 중요하니
마음속은 불이 타고 두 눈에선 피 흐르네
一句彌陀, 要在願切, 寸心欲焚, 雙目流血。

제51게송

한 마디 아미타불 전일 염불 중요하니

오직 일념 끌고 가며 온갖 인연 베어 끊네

一句彌陀, 要在行專, 單提一念, 斬斷萬緣。

제52게송

한 마디 아미타불 타성일편 맹세하고

이 한 생애 내던져서 쓸모없는 사람 되라

一句彌陀, 誓成片段, 拌此一生, 作個閑漢。

제53게송

한 마디 아미타불 이렇게만 외워가서

백팔 염주 끊어지면 새 끈으로 바꿔 께라

一句彌陀, 只恁麼念, 百八輪珠, 線斷重換。

제54게송

한 마디 아미타불 급히 말고 느릿 말고

입과 마음 하나 되어 또렷또렷 굴려가라

一句彌陀, 不急不緩, 心口如一, 歷歷而轉。

게55게송

한 마디 아미타불 많을수록 더욱 좋네

활쏘기를 배워 오래 익힌다면 솜씨 좋듯

一句彌陀, 愈多愈好, 如人學射, 久習則巧。

제56게송

한 마디 아미타불 마음 거둬 외워 가면

물 마신 듯 차고 더움 자신만이 알게 되네

一句彌陀, 攝心密持, 如人飲水, 冷暖自知。

제57게송

한 마디 아미타불 비유컨대 우물 파기

진흙 근처 파내가니 비용 싸고 일은 더내

一句彌陀, 譬猶掘井, 就下近泥, 價廉工省。

제58게송

한 마디 아미타불   나무 비벼 불씨 얻듯

열과 연기 나기 전엔 잠시라도 쉬지 말라

一句彌陀, 類如鑽火, 木暖煙生, 暫停不可。

제59게송

한 마디 아미타불   온몸으로 떠 받들라

사람 목숨 무상하고 세월 다시 오지 않네

一句彌陀, 全身頂戴, 人命無常, 光陰不再。

제60게송

한 마디 아미타불   불붙은 머리 불 끄듯

모든 힘을 다하여서 상품상생 기약하라

一句彌陀, 如救頭然, 盡十分力, 期上品蓮。

제61게송

한 마디 아미타불   미묘 원만 지관이니

고요하고 또렷하며 섞임 없고 틈새 없네

一句彌陀, 妙圓止觀, 寂寂惺惺, 無雜無間。

제62게송

한 마디 아미타불   험한 길이 평탄하여

보배 처소 바로 가고 화성에는 안 머무네

一句彌陀, 險路砥平, 直抵寶所, 不住化城。

제63게송

한 마디 아미타불   물 맑히는 구슬 같아

어지러운 잡념들이 안 끊어도 없어지네

一句彌陀, 如水清珠, 紛紜雜念, 不斷自無。

제64게송

한 마디 아미타불 이 문 바로 들어가면
금시조가 바다 갈라 바로 용 잡아 삼키네
一句彌陀, 頓入此門, 金翅擘海, 直取龍吞。

제65게송

한 마디 아미타불 육진 절로 끊어지니
사자가 걸어가자 하이애나 놀라 흩네
一句彌陀, 塵緣自斷, 師子遊行, 驚散野干。

제66게송

한 마디 아미타불 꼿꼿하게 외워가라
향 코끼리 강 건널 때 바닥 밟듯 할지니라
一句彌陀, 驀直念過, 一踏到底, 香象渡河。

제67게송

한 마디 아미타불 형상 없는 마음 부처
극락 국토 장엄함은 다른 물건 아니로다
一句彌陀, 無相心佛, 國土莊嚴, 更非他物。

제68게송

한 마디 아미타불 그대로가 무위 대법
일상 중에 일념 염불 칼집 나온 보검이네
一句彌陀, 無爲大法, 日用單提, 劍離寶匣。

제69게송

한 마디 아미타불 번뇌 없는 진짜 승려
설산 속의 약 나무요 험한 길의 등불이네
一句彌陀, 無漏眞僧, 雪山藥樹, 險道明燈。

제70게송

한 마디 아미타불 보시도가 원만하니

간탐심을 깨뜨리고 무량 복덕 구족하네
一句彌陀, 滿檀那度, 裂破慳囊, 掀翻寶聚。

제71게송

한 마디 아미타불　지계도가 원만하니
육근 모두 거두어서 삼취정계 원만하네
一句彌陀, 滿尸羅度, 都攝六根, 圓淨三聚。

제72게송

한 마디 아미타불　인욕도가 원만하니
인아 법아 둘 다 공해 무생인을 깨달으네
一句彌陀, 滿羼提度, 二我相空, 無生忍悟。

제73게송

한 마디 아미타불　정진도가 원만하니
육진에 물 안 들고 현묘한 길 직진하네
一句彌陀, 滿毗梨度, 不染纖塵, 直踏玄路。

제74게송

한 마디 아미타불　선정도가 원만하니
행주좌와 선정인데 고목처럼 좌선하랴
一句彌陀, 滿禪那度, 現諸威儀, 藏甚枯樹。

제75게송

한 마디 아미타불　반야도가 원만하니
경계 마음 공적하여 구름 벗고 달 나오네
一句彌陀, 滿般若度, 境寂心空, 雲開月露。

제76게송

한 마디 아미타불　생각 적정 전일하니
사바세계 안 떠난 채 보련화에 앉아있네
一句彌陀, 想寂思專, 未離忍土, 已坐寶蓮。

제77게송

한 마디 아미타불   한 송이의 보배 연꽃

만법 유심 미묘함은 법이 본래 그러하네

一句彌陀, 一朵寶蓮, 唯心之妙, 法爾如然。

제78게송

한 마디 아미타불   한 송이의 보배 연꽃

범부들이 믿지 않음 또한 그게 당연하네

一句彌陀, 一朵寶蓮, 凡情不信, 亦宜其然。

제79게송

한 마디 아미타불   한 송이의 보배 연꽃

이를 절대 믿지 않음 진정으로 가련해라

一句彌陀, 一朵寶蓮, 決定不信, 真個可憐。

제80게송

한 마디 아미타불   한 송이의 보배 연꽃

비록 믿지 않더라도 이뢰야식 물들이네

一句彌陀, 一朵寶蓮, 直饒不信, 已染識田。

제81게송

한 마디 아미타불   널리 유통 게으르랴

대비실에 들어가서 법공좌에 앉아있네

一句彌陀, 宏通敢惰, 入大悲室, 坐法空座。

제82게송

한 마디 아미타불   다함없는 보배창고

신원염불 열어놓아 널리 함께 공양하네

一句彌陀, 無盡寶藏, 八字打開, 普同供養。

제83게송

한 마디 아미타불   모든 번뇌 끊어버려

전체 온통 불심이라 불도 성취 빠르도다
一句彌陀, 斷諸煩惱, 全佛全心, 一了百了。

제84게송

한 마디 아미타불 받을 업보 소멸하니
아침 해에 얇은 서리 용광로에 눈 조각들
一句彌陀, 滅除定業, 赫日輕霜, 洪爐片雪。

제85게송

한 마디 아미타불 고통 과보 텅 비우니
중생 세계 육근 몸이 거친 대로 승묘하네
一句彌陀, 能空苦報, 世界根身, 即粗而妙。

제86게송

한 마디 아미타불 삼장 원만 전환시켜
혹업고 그대로가 비밀장을 이루도다
一句彌陀, 圓轉三障, 即惑業苦, 成秘密藏。

제87게송

한 마디 아미타불 원결 액난 풀어주어
자비 광명 우러르고 법의 환희 입게 하네
一句彌陀, 解難解冤, 慈光共仰, 法喜均沾。

제88게송

한 마디 아미타불 갚지 못한 은혜 갚아
애욕 그물 찢어내고 해탈문에 들게 하네
一句彌陀, 報未報恩, 裂纏綿網, 入解脫門。

제89게송

한 마디 아미타불 모든 악취 텅 비우니
만덕 홍명 그 어디에 사량 언어 용납하랴
一句彌陀, 空諸惡趣, 萬德洪名, 那容思議。

제90게송

한 마디 아미타불   인간 천인 인도하되

근기 따라 삼배 차별 구품 연대 어울리네

一句彌陀, 機逗人天, 參差三輩, 掩映九蓮。

제91게송

한 마디 아미타불   소승들도 교화하여

좁고 졸렬한 마음을 대승으로 전향 하네

一句彌陀, 化兼小聖, 回狹劣心, 向無上乘。

제92게송

한 마디 아미타불   차별 넘어 걸림 없어

문수사리 보현보살 대인 경계 그대로네

一句彌陀, 超然無礙, 文殊普賢, 大人境界。

제93게송

한 마디 아미타불   미묘하여 불가사의

부처와 부처만이 이를 능히 아시도다

一句彌陀, 微妙難思, 唯佛與佛, 乃能知之。

제94게송

한 마디 아미타불   역대조사 봉행하여

마명보살 논을 짓고 용수보살 왕생했네

一句彌陀, 列祖奉行, 馬鳴造論, 龍樹往生。

제95게송

한 마디 아미타불   인연시절 도래하여

특이 향기 항상 맡고 염불결사 처음 했네

一句彌陀, 因緣時節, 異香常聞, 蓮社創結。

제96게송

한 마디 아미타불   용상대덕 이익 주니

지자대사 권념하고 연수선사 염불 했네

一句彌陀, 利大象龍, 永明禪伯, 智者敎宗。

제97게송

한 마디 아미타불　그 감응이 작지 않아

소강법사 화불 뵙고 선도 대사 광명 났네

一句彌陀, 感應非輕, 少康化佛, 善導光明。

제98게송

한 마디 아미타불　차별 없이 가르치니

웅준은 지옥 벗고 유공은 죄 멸했네

一句彌陀, 有敎無類, 雄俊入冥, 惟恭滅罪。

제99게송

한 마디 아미타불　그대로가 무상심묘선

한번 왕생 불도 성취 광겁 공덕 원만 하네

一句彌陀, 是無上禪, 一生事辦, 曠劫功圓。

제100게송

한 마디 아미타불　이치 알기 어려운데

백 게송을 문득 이룸 삼존 가피 입어서네

一句彌陀, 理非易會, 百偈俄成, 三尊加被。

12. 염불절요(念佛切要)

염불법문은 정토에 왕생함으로써 끝없는 생사의 윤회에서 벗어
나는 것을 목표로 한다. 이 일이 가장 중요한 일이다. 그러므로 중
생에게 염불수행을 권하는 것이다. 그런데 불행하게도 오늘날 사람

들은 염불이 생사를 해탈하는 것으로만 알 뿐 생사의 뿌리가 어디에 있는지는 모른다.

생사의 윤회를 벗어나기 위하여 여러분은 어떻게 염불해야 하는가? 만일 여러분이 생사의 뿌리를 자르지 못하면, 어떻게 윤회를 끝낼 수 있겠는가?

무엇이 생사의 뿌리인가? 옛날 스님께서 말씀하셨다.

"만일 여러분의 죄업이 무겁지 않았다면 이 사바세계에 태어나지 않았다. 만일 여러분이 애착의 생각을 끊지 못하면 정토에 태어나지 못한다."

그러므로 우리는 애착이 생사의 뿌리임을 알아야 한다. 모든 중생은 애착의 번뇌 때문에 생사의 고통에서 벗어나지 못한다. 이 애착의 뿌리는 비단 금생에서만 오는 것이 아니라, 전생이나 3생전 또는 4생전에서 유래한다. 아니 그 뿌리는 무시이래로 나고 죽고하며 이어져왔다. 한생을 버리면 또 다른 생에 나면서, 우리는 금생까지 이 애착에 휘둘려왔다. 돌이켜 보건대, 여러분의 단 한 생각이라도 이 애착의 뿌리에서 벗어난 적이 있는가?

이 애착의 씨는 오랜 세월을 두고 쌓여서, 깊이 뿌리내리고 있다. 그러므로 나고 죽고하면서 이 순환은 결코 멈추지 않는다. 이제부터라도 여러분은 마음을 오로지 염불에 두고, 오직 정토에 왕생하기만을 바라야한다. 생사의 뿌리를 모른다면 만일 여러분 마음이 한쪽은 염불에 있고, 다른 한쪽은 애착에 있다면, 비록 임종 시까지 그러한 염불을 계속해도, 여러분은 아직 애착의 뿌리에 얽매어 생사의 윤회에서 벗어나지 못한다. 그때에 여러분은 그러한 염불이 아무 소용없음을 알게 된다. 그러면 여러분은 염불이 어떠한 효과도 없다고 불평할지 모르나 후회하기에는 이미 너무 늦었다.

나는 염불 수행을 하는 여러분이 먼저 애착이 생사의 뿌리임을 알아야 한다고 강조한다.

염불하는 여러분은 생각생각 애착을 끊어야 한다. 집에서 염불할 때, 여러분이 아들이나 딸, 손자들 또는 물질적 소유물을 보게 되면, 이들에게 애착심을 내게 된다. 그러나 바로 이것이 생사의 뿌리이다. 여러분이 입으로는 부처님 명호를 외울지 모르나, 만일 애착의 뿌리가 마음에 남아있어 이를 한시라도 잊지 못한다면 염불에 집중하지 못하는 것은 당연하다.

마음이 사바세계에 대한 애착으로 가득 차 있으면, 염불은 피상적인 것이 된다. 마음 한쪽이 염불할 때 다른 쪽은 애착심으로 더욱 채워진다. 만일 자식이나 손자 생각이 여러분 마음 앞에 나타나면, 부처님의 명호를 외우려는 마음이 사랑하는 마음에 굴복하여 결국 애착심을 끊지 못하게 된다. 상황이 이러할 진데, 어떻게 여러분이 생사의 윤회에서 벗어날 수 있겠는가?

이 애착의 원인이 수많은 전생에서 비롯하기 때문에, 염불이 실효를 거두기 위해서는 비록 여러분에게 그 방법이 다소 생소하고 또 절실한 마음이 없더라도 지금 당장 염불을 시작해야 한다. 만일 여러분이 지금 스스로를 다스릴 수 없다면, 여러분 인생의 마지막 순간에도 마찬가지다.

그러므로 나는 여러분이 모두 진실로 부처님 명호를 외어 생사의 윤회를 벗어나고 싶다면, 생각 생각 생사의 뿌리를 자를 것을 당부하고 싶다. 이 일을 여러분 인생의 마지막으로 미루는 것은 바람직하지 않다. 나는 여러분에게 최선을 다하라고 당부한다. 모든 것이 생사임을 마음에 새겨야 한다. 금생에 생사의 윤회에서 벗어나기 위해서는 생각생각 부처님 명호를 외우는 일에 집중해야 한다. 만일 여러분이 순간순간 이렇게 하고도 생사의 윤회를 벗어나지 못한다면 모든 부처님이 거짓말하신 셈이 된다. 그러므로 여러분이 출가 불자든 재가 불자든 오로지 생사를 마음 맨 앞에 두어야 한다. 이것이 바로 생사를 해탈하는 방법이고 이보다 더 수승한 법은 없다.

그리고 온 마음을 다하여 염불해야 한다. 부처님 명호를 외우는 일은 여러분 마음을 생각 생각 끊임없이 외우는 일이다. 부처님과 마음은 같다. 주체와 객체가 없을 때 마음은 비워지고, 주체와 객체는 함께 고요해 진다. 이것을 자기 마음을 외우고, 자기 부처님을 외우는 것이라 말한다. 만일 여러분이 한 생각을 놓치면, 곧 마귀의 업 속으로 떨어진다.

참선은 생각을 끊어야 하지만 염불은 생각에 집중해야

지금 참선 수행의 유행을 따르는 많은 사람이 선을 최상의 법이라 생각한다. 이들은 정토법문을 낮게 보고 이를 수행하지 않는다. 이들은 명예를 즐기기 때문에, 제법 유식하게 말하고 또 서로를 칭찬하기 위하여 옛 성인들의 법문이나 저술을 배운다. 이것은 진실한 수행이 아니다. 불법의 문에 들어가려는 진실한 바램이 쇠퇴하고 있다. 이들은 또한 대승 경전을 폄하(貶下)하면서 단지 말 뿐이기 때문에 독송할 필요가 없다고 한다. 이러한 사람들은 다소의 공덕을 이루었을지는 몰라도, 자기 자신들도 제도하지 못한다. 진실로 개탄할 일이다. 이들 대부분은 대승 경전도 이해하지 못하고, 중생을 제도하는 여러 가지 방편이 있는 것도 이해하지 못한다. "만법이 하나의 법으로 돌아가지만, 불법을 깨닫게 하는 데는 수많은 방편이 있다"는 말씀도 이해하지 못한다. 이들은 단지 깨달음만이 최상의 법이라는 조사들의 가르침만을 알고 있다. 그러나 깨달음의 본래 뜻은 생사를 해탈하는 것이다. 바로 이것이 염불의 참 목적이 아니고 무엇이겠는가?

많은 선수행자들이 생사 해탈에 실패하는 반면에, 정토법문을 따르는 사람들은 쉽게 생사를 해탈한다. 이유가 무엇일까? 이것은 선에서는 생각을 끊어야 하지만, 염불에서는 생각에 집중해야 하기 때문이다. 중생은 무량한 세월에 걸쳐 허망한 생각에 골몰하여 왔으므로, 이들 생각에서 벗어나기가 매우 어렵다. 염불은 청정하지 않은 생각을 청정한 생각으로 바꾸고, 독을 독으로 다스려 여러분의 생각을 청정하게 한다. 따라서 참선수행에서는 깨달음을 얻기가 어려운 반면에, 염불에서는 목적을 이루기가 쉽다. 만일 여러분이 진실로 생사를 해탈하기 위하여 염불에 전력을 다한다면, 더 이상 걱정할 필요가 없다.

오늘날 사람들은 정토법문을 하나의 방편 법문으로만 생각한다. 이들은 정토법문이 또한 매우 수승한 법임을 깨닫지 못하고 있다. 온 법계에 그 법신을 나타내고 있는 보현보살을 예로 들어보자. 이분은 정토로 향하는 열 가지 대원을 발하셨다. 마명(馬鳴)조사는 수많은 대승경전을 근거로 대승기신론(大乘起信論)을 쓰고 중생에게 정토로 가는 길을 보여주셨다. 모든 조사들은 마음에서 마음으로 법을 전하셨다. 비록 이분들이 항상 정토를 말씀하지 않으셨을지 모르지만, 깨달음을 얻으신 후 생사의 윤회를 넘어 정토에 왕생하시지 않으셨다면, 이것은 허무가 아니고 무엇이겠는가?

선의 큰 스승이신 영명(永明)연수선사는 팔만대장경에서 마음을 가리키는 것이 곧 정토로 왕생하는 것임을 보여주는 구절들을 모았다. 말세의 시대에 많은 선수행의 스님들이 정토를 찬양하셨다. 뿐만 아니라 정토법문은 석가모니불께서 제자로부터 질문을 받지 않고 스스로 설하셨고 시방의 모든 부처님이 이를 칭찬하셨는데, 부처님과 보살 그리고 조사들이 무식하고 번뇌에 덮인 몇몇 중생보다 못하단 말인가?

　진실로 정토를 수행하고 싶은 사람이 있다면, 이 사람은 다른 사람의 의견을 들을 필요가 없다. 진실로 생사의 윤회를 벗어나고 싶다면, 단지 자기 마음에만 의지해야 한다. 마치 머리에 붙은 불을 끄듯이 더 이상 염불 수행을 늦추어서는 안 된다.

　어떤 사람이 불치병에 들어 큰 고통을 당하고 있을 때, 다른 사람이 이 병을 고칠 수 있는 만병통치약을 구해왔다고 하자. 만약 이 사람이 제 정신이라면 이 약을 믿고 즉시 먹어서 모든 병을 온 몸의 땀으로 흘려내 버리고 곧 회복될 것이다. 그리고 자연히 이 약이 매우 훌륭한 약이라고 믿게 된다. 이와 마찬가지로 어떤 사람이 정토 법문을 진실하게 믿고 임종할 때까지 염불한다면, 이 법문이 참되고 훌륭함을 알게 될 것이다. 굳이 다른 사람에게 물어볼 필요가 없는 것이다.

　나는 여러분 모두가 정진하기를 바란다. (감산대사 저 「염불절요」)

13. 아미타경의 종요

신원행(信願行) : 믿음 · 발원 · 칭명염불

　『아미타경』의 핵심은 무엇일까요? 우익대사(藕益大師)가 가장 잘 말해놓았습니다. 우익대사가 저술한『아미타경요해(阿彌陀經要解)』에 대해 근대 정토종 대덕이신 인광법사(印光法師)는 "이 요해야 말로 이 경에 대한 일체의 주소(注疏)들 가운데에서 가장 훌륭하다. 석가모니불 자신이 다시 와서 쓰더라도 이를 뛰어넘지 못할 것이다.”고 말했습니다. 『아미타경』의 종요(宗要)는 ‘믿음·발원·칭명염불[信願持名]’입니다. 우리가 아미타경을 연구할 때 우익대사의 요해를 따르면 됩니다. 우익대사는 말하기를, 아미타경의 핵심은 ‘믿음, 발원, 칭명염불’이라고 했습니다.

믿음, 발원, 염불행[信願行]을 3자량(三資糧)이라고 합니다. 우리가 여행을 떠나려면 돈을 준비해야 하는데, 이것이 ‘자(資)’입니다. 그리고 양식을 지니고 가야 하니, 이것이 ‘량(糧)’입니다. 건량(乾糧)을 가지고 가야하면 더더욱 량(糧)이 됩니다. 믿음, 발원, 염불행 이 세 가지는 없어서는 안 될 밑천, 즉 자량입니다. 오늘 여러분들은 모두 재가불자들이니 믿지 않는다고 말할 수 있겠습니까? 이 염불도량에 참가하였으니 극락세계에는 아미타불이 계신다는 것을 당연히 알고 또 믿습니다. 뿐만 아니라 아주 수승한 믿음이 됩니다. 그러나 우익대사는 그의 『아미타경요해』에서 이 믿을 신(信)자에 대해 여섯 가지를 들고 있지만 오늘은 좀 간단히 말씀드리겠습니다.

믿음은 여섯 가지 믿음인데 방금 말했듯이 극락세계가 있음을 믿고 부처님이 계심을 믿는 것입니다. 이런 믿음은 사실[事]에 대한 믿음으로서 사실적인 현상들[事相]입니다. 사실에 있어서 당신이 믿을 수 있으면 당신은 자격을 얻을 수 있습니다. 불학을 전문적으로 연구하는 사람들 중에 소수는 이 점을 믿지 않습니다. 아미타불이 계심을 믿는 것은 타불(他佛)을 믿는다는 것으로 타자[他]를 믿는 것입니다. 여섯 가지 믿음 가운데에서 사실을 믿고 그 분을 믿는 것은 기껏해야 깊은 믿음의 3분의 1에만 해당합니다.

그런데 여섯 가지 믿음 중에는 사실[事]과 상대되는 이치[理]가 있습니다. 그러므로 사실을 믿고 또 이치를 믿어야 합니다. 그분과 상대적인 것은 자기[自]입니다. 그분을 믿고 또 자기를 믿어야 합니다.

 이렇습니다. 예를 들어 황금으로 둥근 반지를 하나 만듭니다. 그리고 또 고리를 하나 만들어도 같은 모양입니다. 목걸이를 하나 만들어도 같은 모양인데 당신은 이 반지나 귀걸이나 목걸이를 알아볼 뿐입니다. 구체적인 모습만을 인식할 뿐 그것들이 금이라는 것은 인식하지 못합니다. 금은 이런 반지나 귀걸이의 본체입니다. 본체는 금으로서 차별 없이 평등합니다. 그러므로 이체(理體)인 그 본체는 변동하지 않는 것이요 생겨남도 소멸함도 없는 것이면서 그것은 일체의 형상을 나타낼 수 있습니다. 금은 어떠한 형상으로도 바뀌어 만들어 질 수 있지만 금 자체는 고정된 양식이 없습니다. 도대체 긴 것일까요 아니면 네모일까요? 정해져 있지 않습니다. 어떻게 주조하느냐에 따라서 일체의 모습으로 나타날 수 있지만 금은 반지로 만들어진다고 해서 생겨나는 것도 아닙니다. 그것은 본래에 있는 것입니다. 그것을 녹여서 소멸시킬 수 없습니다. 금은 고스란히 그대로 있습니다.

 이치와 사실에서 우리는 사실을 믿고 이치도 믿을 수 있습니다. 이치는 바로 법신불(法身佛)에 해당합니다. 법신불은 온 허공에 있으면서 영원히 과거, 현재, 미래가 없습니다. 이치와 사실은 함께 믿어야 합니다. 만약 한쪽이 없다면 깊은 믿음이 아닙니다. 자기와 타자도 마찬가지입니다. 타자를 믿는 이외에 자신도 믿어야 합니다. 이는 밀교의 근본 도리입니다. 많은 사람들이 밀교를 배우고 싶어 하면서도 이것이 밀교의 요령인지를 모르고 그저 가서 관정만 받으려고 하는데 수행법은 수승한 법익을 얻지 못합니다. 밀교가 수승한 점은 자기가 바로 본존(本尊)이라는 데 있습니다. 선종에서는 무엇이 부처라고 할까요? '청담대면취시(清潭對面就是)', 청담대면이라, 당신이 맑은 연못의 물을 보자마자 당신 자신이 물속에 나타납니다. 그게 바로 자기입니다. 관무량수경에 '시심시불 시심작불(是心是佛, 是心作佛)'이라고 합니다. 당신이 부처님을 염하고 있으면 바로 그 마음이 부처가 되고 있는 것입니다. 당신이 부처가 되는 이 마음은 본래에 부처님입니다. 이 점은 선종과 밀교가 완전히 같습니다. 그러므로 타자를 믿고 또 자기를 믿어야 합니다.

그리고 인과를 믿어야 합니다. 이제 먼저 일반적인 인과를 말하겠습니다. 많은 불교도들이 인과를 잊고 있는데 정말로 인과를 믿는다면 그래도 나쁜 일을 할까요? 믿는다면 그는 변할 겁니다. 이것이 일반적인 인과로, 믿는 정도로는 부족합니다. 그러나 이 여섯 가지 인과는 더 깊습니다. 선에는 선한 과보가 있고 악에는 악한 과보가 있음을 믿을 뿐만 아닙니다. 이는 당연히 믿어야 합니다만 깊은 믿음은 아닙니다. 깊은 믿음이란 다음과 같이 믿는 것입니다. 당신이 일개 범부로서 믿고 발원하고 칭명염불합니다. 일생동안 염불해서 임종 시에도 염불하고 있으면 당신은 불퇴전인 아비발치가 됩니다. 당신은 본래 범부였는데 믿음이 있고 원이 있어 오로지 아미타불염불만 합니다. 이렇게 나무아미타불 한 마디를 반복하면서 줄곧 염불해가고 따로 무슨 교묘한 방법이 없습니다. 당신이 금생에 얻는 결과는 반드시 성불합니다. 불퇴전을 증득하니 틀림없이 부처가 되지 않겠습니까? 이러한 믿음, 발원, 칭명염불이라는 원인은 무상보리라는 결과를 얻는다는 것을 많은 사람이 믿지 못하는 것 같습니다. 일반인들은 항상 이것도 좀 닦아보고 저것도 좀 닦아보고 싶어 합니다. 이리저리 좀 구하려고 하면서 이 수승한 인과를 믿지 못합니다.

그러므로 우리는 여섯 가지 믿음을 가져야 합니다. 여섯 가지 믿음을 갖게 된다면 이것만으로도 이미 매우 깊은 지혜가 됩니다. 만약 아직 다 갖추지 못했다면 조금 씩 조금 씩 증가시켜가야 합니다.

이제 사실을 믿고 타자를 믿는 것에서 부터 시작해서 우리는 부단히 깊이 들어가고 부단히 발전해가야 합니다. 병이 났을 경우에는 나는 염불하니 좋아질 수 있다고 믿습니다. 당신의 병을 치료해주도록 기공사를 찾는다면 그건 기공사의 힘이 당신의 그 염불의 힘보다 크다고 여기고 있는 겁니다. 당신은 이런 믿음에 물음표를 던져보아야 합니다. 그러므로 깊이 들어가고 깊이 믿어야 합니다. 믿음에는 여섯 가지 측면이 있는데 이 여섯 가지 측면을 깊이 믿어야 합니다. 이게 바로 핵심입니다.

깊은 믿음과 간절한 발원이 왕생의 관건

염불을 얼마나 많이 했느냐, 염불공부가 망상이 없는 정도에 이르렀는가의 여부는 왕생의 관건이 아닙니다. 관건은 바로 당신이 깊은 믿음과 간절한 왕생원이 있느냐 없느냐에 있습니다. 그러므로 우익대사가 말했습니다. "왕생하느냐 못하느냐는 모두 믿음과 왕생원이 있느냐 없느냐 달려있다[往生與否, 全憑信願之有無]." 발원이란 극락세계를 기뻐하고 사바세계를 싫어하여 떠나고자 원하는 것입니다. 이 일은 아주 쉬운 것으로 보이지만 실제로는 결코 쉽지 않습니다. 특히 사바세계를 싫어하고 떠난다는 게 아주 쉽지 않습니다.

얼마나 많은 수행자들이 명예를 다투고 이익을 다투고 있는가요. 이런 명리(名利)는 사바세계의 물건이 아닌가요? 여전히 미련을 두고 있지는 않는가요? 생활을 좀 더 낫게 개선하려고 항상 생각하는데 생활은 사바세계의 일이 아닌가요? 자녀나 부부 이런 감정들에서 오로지 상대방이 내가 주는 사랑에 대해 진실하지 않을까 두려워하고 나는 너에게 진짜로 대하는데 너는 나에게 진짜로 대하지 않

는다고 계산 비교하고는 몹시 속상해 합니다. 이런 감정들이 극락
세계에는 없습니다. 극락세계는 남자들 뿐 입니다. 그런 것들은 바
로 사바세계의 속박입니다. 그런 것들이 본래 부처인 당신으로 하
여금 오늘의 이 모양으로 타락하게 한 것입니다. 그러므로 진정으
로 싫어하고 떠나야 합니다. 그런 것 일체에 대해 도무지 미련이 없
어야 합니다. 다들 출가하란 얘기가 아닙니다. 많은 출가자가 몸은
출가했지만 마음은 여전히 재가에 있어서 불교 중의 지위와 명예를
다툽니다. 또 새로운 관계가 생겨나고 자신과 친한 사람 소원한 사
람이 있으면서 자기도 모르는 사이에 파벌을 형성하고 단결해서 남
을 공격합니다. 출가했으면서도 여전히 재가자의 행위를 하면서 사
바세계에 미련을 두고 있습니다. 남녀재가 거사들은 재가이면서 출
가자인 게 제일 좋습니다. 먼저 담담함에서 시작해서 점점 진실로
싫어하고 떠남으로 발전해가서 조금도 미련이 없는 것입니다.

　신심이 확고히 정해지고 극락세계를 기뻐하면서 착실하게 칭명
염불하면 3자량이 원만히 갖추어집니다. 이게 바로 『아미타경』의
종요입니다. (황념조거사 저 『심성록』)

14. 칭명 염불수행 방법

염불이 항상 마음과 입에서 떠나지 않아야

　일단 진실한 믿음과 간절한 발원을 함께 갖추었으면, 이제 염불
의 기본 수행을 닦아야 합니다. 믿음과 발원을 선행 안내자로 삼고,
염불을 기본 수행으로 삼는 것입니다. 믿음과 발원과 수행, 이 세

가지가 염불 법문의 필수 요건입니다. 수행이 있어도 믿음과 발원이 없으면 왕생할 수 없고, 반대로 믿음과 발원만 가지고 수행을 안 하면 역시 왕생할 수 없습니다.

믿음과 발원과 염불 수행 세 요건이 솥발처럼(삼위일체로) 빠짐 없이 함께 갖추어져야, 극락왕생이 틀림없이 결정됩니다. 왕생할 수 있는지 여부는 믿음과 발원의 유무에 달려 있고, 연화의 품위(品位) 고하는 전적으로 부처님 명호를 염송한 깊이에 달려 있습니다.

염불의 기본 수행(正行)은 각자 자기의 신분에 따라 정하며, 어떤 특정 방법 하나에 집착해서는 안 됩니다. 자신에게 특별한 일이나 부담이 없는 사람 같으면, 마땅히 아침부터 저녁까지, 다시 저녁부터 아침까지, 앉고, 눕고, 서고, 말하고, 옷 입고, 밥 먹고, 대소변 보건 간에, 모든 때와 모든 장소에서, '나무아미타불' 이라는 한 구절 위대하고 거룩한 명호를 항상 마음과 입에서 떠나지 않도록 염송(念誦)하는 것입니다.

손과 입을 깨끗이 씻고 의복을 단정히 입었으며 장소가 청결하기만 하면, 소리 내어 낭송하든 조용히 묵송(黙誦)하든 어떻게 해도 괜찮습니다. 그러나 잠자리에 들었거나, 옷을 벗 있거나, 목욕하거나, 또는 대소변 보는 때 및 더럽고 지저분한 곳에서는 소리 내어서는 안 되고, 단지 묵송하는 것이 좋습니다. 이런 경우에 묵송해도 염불 공덕은 한 가지이며, 소리를 내면 부처님께 공경스럽지 못한 게 됩니다. 그렇지만 그러한 때와 장소에서는 염불할 수 없다고 잘못 생각해서는 안 됩니다. 단지 소리 내어 염불할 수 없다는 것뿐임을 염두에 둡니다. 특히 잠자리에 들어 소리를 낼 것 같으면, 공경스럽지 못할 뿐만 아니라 기(氣)를 손상시킬 수 있으니 꼭 유념해야 합니다.

또 염불은 장기간 끊임없이 지속해야 합니다. 새벽에 부처님을 향해 예배(禮拜)를 드리고, 먼저 『아미타경』 한 번과 왕생주(往生呪) 세 번을 독송합니다. 그런 뒤 '아미타불신금색(阿彌陀佛身金色)'을 시작되는 8구절의 찬불게(讚佛偈)를 염송하고, '나무서방극락세계 대자대비 아미타불'을 한 번 염송한 뒤, 이어 '나무아미타불' 여섯 자 명호만 1천 번 또는 5백 번을 염송합니다. 염불할 때는 주위를 돌면서 하되, 돌기가 불편하면 꿇거나 앉거나 서거나 모두 괜찮습니다. 염불이 끝날 때는 다시 본 자리 돌아와 꿇어앉아, 관세음보살과 대세지보살과 청정대해중보살(淸淨大海衆菩薩)을 각각 세 번씩 염송한 다음, 정토문(淨土文)을 염송하며 극락왕생을 발원 회향하면 됩니다.

정토문을 염송하는 것은, 글의 뜻에 따라 마음을 내자는 것입니다. 만약 마음이 글의 뜻에 따라 서원을 일으키지 않으면, 내용 없는 빈껍데기 글이 되고 말아, 실질 이익을 얻을 수 없습니다. 정토문 염송이 끝나면, 삼귀의를 염송하고 부처님께 예배드린 뒤 물러나오는데, 이것이 아침 공과[朝時功果]입니다. 저녁때도 이와 똑같이 하면 됩니다. 만약 예배(禮拜)를 많이 하고 싶은 경우에는, 염불을 마치고 제자리에 돌아올 때 부처님께 마음껏 절을 올리고, 세 보살을 세 번씩 염송하며 아홉 번 예배드린 뒤 회향 발원하면 됩니다. 공과(功果)가 모두 끝난 뒤 자기 형편껏 예배(절)하는 것도 괜찮습니다. 단지 간절하고 지성스럽게 해야 합니다. 그저 대충 하거나 방석을 너무 높이 깔면 공경스럽지 못하게 됩니다.

만약 일이 많고 바빠서 한가한 여유가 없는 경우에는, 새벽에 세수와 양치질을 한 뒤, 부처님이 계시면 세 번 예배드린 다음, 몸을 단정히 하고 공경스럽게 합장하여 '나무아미타불'을 염송합니다. 이때 한 번 호흡[一口氣]이 다하는 동안을 한 번의 염불로 하여 열 번 호흡까지 반복 염불하고, 짧은 정토문을 염송하거나 '원생서방정토

중(願生西方淨土中)'의 4구 게송을 염송한 다음, 부처님께 세 번 예배드리고 마치면 됩니다. 부처님이 안 계시면 서쪽을 향해 정중히 문안드린 다음, 앞에서 말한 대로 염불하면 됩니다.

이것이 바로 십념법(十念法)인데, 송나라 때 자운참주(慈雲懺主)가 국왕과 대신 등 정무(政務)가 번잡하여 수행할 겨를이 없는 사람들을 위해서 특별히 세운 방편입니다. 어째서 한 호흡이 다하도록 염불을 시키는가 하면, 중생들의 마음이 산만하여 전념(專念)할 겨를이 없기 때문입니다. 이렇게 염불할 때는 호흡(氣)을 빌려 마음을 추스르므로, 마음이 산만해지지 않을 수 있습니다. 그러나 각자 호흡의 장단에 따라 자연스럽게 해야지, 억지로 호흡을 길게 늘여가며 염불을 많이 하면 절대 안 됩니다. 억지로 하면 기(氣)를 손상시키기 때문입니다. 또 십념에서 그쳐야지, 이십념, 삼십념까지 너무 많이 해도 기를 손상시키기 쉽습니다. 산만한 마음으로 염불하면 왕생하기 어렵습니다. 이 염불법은 마음을 한 곳에 집중시킬 수 있어서, 일심으로 염불하여 반드시 왕생하자는 뜻입니다. 염불의 횟수는 비록 적지만, 그 공덕은 자못 깊습니다. 아주 한가하거나 몹시 바쁜 경우에 각각의 염불법이 제시되었으니, 반쯤 한가하고 반쯤 바쁜 사람은 스스로 자기 형편에 맞춰 적당한 수행 방법을 마련하면 될 것입니다. (『인광대사문초정화』)

염불 법문은 남녀노소나 빈부귀천을 가리지 않을 뿐만 아니라, 출가 승려와 속세 거사, 그리고 현명한 자나 어리석은 자를 묻지 않고 어느 한 사람이라도 염불하지 못할 리가 없습니다.

부귀한 사람은 쓰고 지낼 재산이 넉넉히 갖추어져 먹고 살 걱정이 없으니 염불하기에 정말 좋고, 가난한 사람은 집안이 단초로워 신경 쓸 일이 적으니 염불하기에 정말 좋습니다.

또한 자식을 이미 둔 사람은 조상 제사와 가문을 맡길 수 있으니 염불하기에 정말 좋고, 자식이 없는 사람은 홀몸으로 자유자재로우니 염불하기에 정말 좋습니다.

자식이 효성스러운 사람은 편안히 봉양 받을 수 있으니 염불하기에 정말 좋고, 자식이 불효막심하면 낳아 길러준 은애(恩愛)를 떨칠 수 있으니 염불하기에 정말 좋습니다.

아무 질병도 없는 사람은 몸이 건강하니 염불하기에 정말 좋고, 몸에 질병이 많은 사람은 덧없음(無常: 죽음)이 절박할 테니 염불하기에 정말 좋습니다.

나이가 많이 든 노인은 남은 세월이 얼마 남지 않았으니 염불하기에 정말 좋고, 나이가 적은 젊은이는 정신이 맑고 기력이 넘치니 염불하기에 정말 좋습니다.

한가롭게 여유 있는 사람은 마음을 흐뜨릴 일이 없으니 염불하기에 정말 좋고, 바빠서 정신이 없는 사람은 바쁜 가운데 틈을 내어 염불하기에 정말 좋습니다.

출가 수행하는 사람은 세속 만물 밖에 소요유(逍遙遊)하니 염불하기에 정말 좋고, 집에 있는 거사는 세속 집안이 불타는 집[火宅]인 줄 알아 염불하기에 정말 좋습니다.

총명한 사람은 정토 법문을 훤히 통달하여 염불하기에 정말 좋고, 어리석은 사람은 달리 특별한 재능이 없으니 염불하기에 정말 좋습니다.

계율을 지니고 수행하는 사람은 계율이 곧 부처님의 법도이니 염불하기에 정말 좋고, 경전을 보며 수행하는 사람은 경전이 곧 부처님의 설법이니 염불하기에 정말 좋습니다.

참선을 하며 수행하는 사람은 참선이 곧 부처님의 마음이니 염불하기에 정말 좋고, 도를 이미 깨달은 사람은 깨달음이 곧 부처님의 증명이니 염불하기에 정말 좋습니다.

　그래서 우리 모두에게 두루 염불을 권하노니, 발등에 불이 떨어진 것처럼 시급히 염불하여 아홉 품계의 연화에 왕생합시다. 연화가 피어나면 부처님을 뵈올 수 있고, 부처님을 뵈오면 법문을 들을 수 있으며, 마침내는 궁극의 불도를 이루어 자기 마음이 본래 부처임을 비로소 알게 될 것입니다. (김지수 편역 『의심 끊고 염불하세』에서 연지대사 「권염불문」 일부)

염불소리를 귀로 자세히 들으라

　염불할 때는 반드시 귀로써 자세히 들어야 합니다. 한 자 한 자 한 마디 한 마디를 그냥 지나가게 해서는 안 됩니다. 오래 오래 하다 보면 심신이 하나로 돌아갑니다. 부처님명호를 듣는 방법은 정말 염불의 중요한 방법으로 어떤 사람에게나 이익만 있고 폐단이 없으며 그 공덕이 아주 깊습니다. 관상염불 등의 방법이 법을 아는 자는 이익을 얻지만 법을 알지 못한 자는 대부분 손실을 입는 것과 비교가 되지 않습니다.

　염불은 항상, 자신이 장차 죽을 것이며 장차 지옥에 떨어질 것이라는 생각을 지어야 합니다. 그러면 간절 하려고 하지 않아도 저절로 간절해지고 마음과 부처님이 상응하려 하지 않아도 저절로 상응해집니다. 고통을 두려워하는 마음으로 염불하는 것은 바로 고통에서 벗어나는 제일의 묘법이자 인연에 따라 업장을 녹이는 제일의 묘법입니다. (『인광대사문초정화』)

오로지 나무아미타불만 외우라　　但念阿彌陀佛

일분일초 시시각각	一刻又一刻
목숨은 지나가는 나그네 같고	命光如過客
순간순간 시간은 물처럼 흘러가니	寸陰流水去
멈추게 하려해도 어쩔 수 없네	欲住何能得
어느 날 무상 살귀 찾아 오면	一旦無常到
비로소 꿈속의 사람임을 아네	方知夢裏人
황천길 아무것도 가져갈 수 없고	萬般帶不去
평생 지은 선악업만 따라가니	唯有業隨身
오로지 나무아미타불만 외우면	但念阿彌陀
결정코 극락세계 왕생하네	定生極樂國
점점 백발에 살갗은 쭈글쭈글	漸漸鷄皮鶴髮
보게나 걸음걸이 갈수록 비실비실	看看行步龍鍾
비록 금은보화 집안에 가득해도	假饒金玉滿堂
쇠잔해져 늙고 병들 면하기 어렵네	難免衰殘老病
그대가 온갖 즐거움 다 누려도	任汝千般快樂
무상한 죽음은 끝내 오고야 마니	無常終是到來
오직 탈출 지름길 수행 있으니	唯有徑路修行
오로지 나무아미타불만 외우라	但念阿彌陀佛

(선도대사)

인륜도덕을 돈독히 하고 자신의 본분을 다하며	敦倫盡分
바르지 못한 의념을 막고 지성 공경심을 품으라	閑邪存誠
어떠한 악행도 하지 말고	諸惡莫作
많은 선행을 하라	衆善奉行

(인광대사)

참으로 생사윤회를 해탈하기 위해   眞爲生死
보리심을 일으키고   發菩提心
깊은 믿음과 왕생원으로   以深信願
아미타불 명호를 외우라   持佛名號

(철오대사)

어떤 사람들은 일생동안 부처님을 배웠지만, 최후에는 병원에 누워서 짧고 급하게 숨만 쉬고 있는데, 옆에 있는 사람이 염불을 하라고 말하지만 염불을 할 수가 없습니다. 기(氣)가 없어졌기 때문입니다. 제 친구들 중에는 이런 이들이 많은데, 염불을 평생 동안 해 왔기에, 제가 찾아가서 그더러 염불하라고 하지만, 가련하게도 몇 십 년을 했어도 무엇이 염불인지 모릅니다. 그저 아미타불...아미타불...입으로만 외우는 것이 염불인 줄로 생각하고, 최후에는 병상에 누워서 입도 움직이지 못하게 되어 속수무책입니다.

진정한 염불이란 꼭 입으로 외워야 되는 것이 아니라, 마음속으로 부처님을 생각하면 되는 겁니다. 꼭 무슨 장엄한 불상(佛像)을 떠올려야만 하는 것은 아닙니다. 마치 임종 직전에 보고 싶은 아들이 도착하지 않은 것을 생각하고, 넘어가는 숨을 참아가며 마음속에 그리운 마음이 걸려 있는 것처럼 하면 됩니다. 우리는 아들을 그리워하고, 애인을 그리워하는 이 한 생각의 대상을 부처님으로 바꾸기만 하면 됩니다.

안타깝게도 일생동안 염불을 해 왔지만, 내내 이 도리를 알지 못했던 사람들이 많았습니다. 임종 전에 그 사람더러 염불하라고 하지만, 그는 염불이 되질 않습니다. 맞습니다. 그는 기(氣)가 흩어져 버렸기 때문입니다. 아미타불의 아......아......소리가 나오지 않으면서 생각도 이어지지를 않습니다. 하지만 제가 그더러 염불하라고 청하면, 그는 염불이 나오지 않는다는 뜻으로 머리를 가로젓습니다. 그런데, 이때에 그는 이미 부처님을 생각한 것 아닙니까?

(남회근 선생)

제2편
아미타경(阿彌陀經)

삼장법사 구마라집 한역
송찬문 한글번역

제1장 서 분(序分)

설법 장소와 청중

이와 같이 나는 들었다. 어느 때 부처님께서 사위국의 기수급고
독원에서 대비구들 1,250인과 함께 계시었다. 이들은 대아라한으
로서 대중들이 다 아는 분들이었으니, 장로 사리불, 마하목건련, 마
하가섭, 마하가전연, 마하구치라, 리바다, 주리반타가, 난타, 아난
타, 라후라, 교범바제, 빈두로파라타, 가루타이, 마하겁빈나, 박구
라, 아누루타 등과 같은 많은 대제자들이었다. 그밖에도 보살마하
살들로는 문수사리법왕자와 아일다보살, 건타하제보살, 상정진보
살 등과 같은 대보살들과, 석제환인 등 헤아릴 수 없이 많은 천상세
계의 대중들도 함께 있었다.

如是我聞. 一時佛在舍衛國, 祇樹給孤獨園. 與大比丘僧, 千二百五十人俱, 皆是大阿羅漢, 眾所知識：長老舍利弗, 摩訶目犍連, 摩訶迦葉, 摩訶迦旃延, 摩訶俱絺羅, 離婆多, 周利盤陀伽, 難陀, 阿難陀, 羅侯羅, 喬梵波提, 賓頭盧頗羅墮, 迦留陀夷, 摩訶劫賓那, 薄拘羅, 阿那樓陀, 如是等諸大弟子. 並諸菩薩摩訶薩：文殊師利法王子, 阿逸多菩薩, 乾陀訶提菩薩, 常精進菩薩, 與如是等諸大菩薩. 及釋提桓因等, 無量諸天大眾俱.

제2장 정종분(正宗分)

제1절 극락세계의 공덕장엄

극락세계의 위치와 아미타불

그 때 부처님께서 장로 사리불에게 말씀하시었다.

"이 사바세계로부터 서쪽으로 십만 억의 불국토를 지나서 한 세계가 있으니, 그 이름을 극락이라 하느니라. 그 불국토에 부처님이 계시는데 명호를 아미타불이라 하며, 지금 현재도 설법하고 계시느니라.

爾時, 佛告長老舍利弗：從是西方, 過十萬億佛土有世界名曰極樂, 其土有佛, 號阿彌陀, 今現在說法.

극락이라는 이름의 뜻

사리불이여, 저 불국토를 어찌하여 극락이라 하겠는가? 그 불국토 중생들은 모든 괴로움이 없고 온갖 즐거움만 누리므로 극락이라 하느니라.

舍利弗, 彼土何故名為極樂? 其國衆生, 無有衆苦, 但受諸樂, 故名極樂.

극락세계의 장엄

난간과 가로수의 장엄

또 사리불이여, 극락국토에는 일곱 겹의 난간들이 있고, 일곱 겹의 그물들이 있으며, 일곱 겹의 가로수 행렬이 있는데, 이 모두는 금, 은, 유리, 파려의 네 가지 보배로 이루어져 있느니라. 그러므로 저 불국토를 극락이라 하느니라.

又舍利弗. 極樂國土, 七重欄楯, 七重羅網, 七重行樹, 皆是四寶, 周匝圍繞, 是故彼國名為極樂.

연못의 장엄

또 사리불이여, 또 극락국토에는 일곱 가지 보배로 이루어진 연못이 있는데, 여덟 가지 공덕을 갖춘 물이 가득하고, 연못 바닥은 순전히 금모래로 깔려 있느니라.

그 사방주변의 층계 길은 금, 은, 유리, 파려가 섞여서 이루어져 있으며, 그 층계 길 위에는 누각이 있는데 역시 금, 은, 유리, 파려, 자거, 붉은 진주, 마노의 일곱 가지 보배로 장엄하게 꾸며져 있느니

라. 연못에는 수레바퀴 같은 크기의 연꽃들이 피어 있고, 푸른 연꽃에서는 푸른 광채가 나고, 노란 연꽃에서는 노란 광채가, 붉은 연꽃에서는 붉은 광채가, 하얀 연꽃에서는 하얀 광채가 나는데, 미묘하면서 향기롭고 정결하니라.

又舍利弗. 極樂國土, 有七寶池, 八功德水, 充滿其中, 池底純以金沙布地. 四邊階道, 金銀, 琉璃, 玻璃合成. 上有樓閣, 亦以金銀, 琉璃, 玻璃, 硨磲, 赤珠, 瑪瑙而嚴飾之. 池中蓮花大如車輪. 青色, 青光, 黃色, 黃光, 赤色, 赤光, 白色, 白光. 微妙香潔.

사리불이여, 극락국토는 이와 같은 공덕장엄이 성취되어 있느니라.

舍利弗. 極樂國土, 成就如是功德莊嚴.

음악, 황금의 땅, 꽃비의 장엄

또 사리불이여, 저 불국토는 항상 천상의 음악이 울려 퍼지고, 황금으로 이루어진 땅 위에는 밤낮 여섯때에 천상의 만다라 꽃비가 내리느니라. 그 불국토의 중생들은 항상 이른 아침에 저마다 가지가지의 미묘한 꽃을 옷자락에 담아 다른 불국토들의 십만 억 부처님들께 나아가 한 분 한 분께 공양하고, 곧 식사 때 본래의 극락국토로 돌아와 식사하고는 경행하느니라.

又舍利弗. 彼佛國土, 常作天樂. 黃金為地 晝夜六時, 天雨曼陀羅華. 其土眾生, 常以清旦, 各以衣裓盛眾妙華, 供養他方十萬億佛, 即以食時, 還到本國, 飯食經行.

사리불이여, 극락국토는 이와 같은 공덕장엄이 성취되어 있느니라.

舍利弗. 極樂國土, 成就如是功德莊嚴.

화현한 새의 장엄

그리고 또 사리불이여, 저 불국토에는 갖가지 기묘한 여러 색깔의 새들로서, 백조와 공작과 앵무새, 사리새, 가릉빈가, 공명새 등이 있는데, 이런 새들은 밤낮 여섯때에 모여 합창하여 온화하고 우아한 소리를 내느니라. 그 소리는 오근과 오력과 칠각지, 팔정도 등과 같은 가르침을 설하느니라. 그 불국토의 중생들은 이 소리를 듣고 나면 모두 부처님을 생각하고 불법을 생각하고 승가를 생각하느니라.

復次舍利弗：彼國常有種種奇妙雜色之鳥：白鶴, 孔雀, 鸚鵡, 舍利, 迦陵頻伽, 共命之鳥. 是諸眾鳥, 晝夜六時, 出和雅音. 其音演暢五根, 五力, 七菩提分, 八聖道分, 如是等法. 其土眾生, 聞是音已, 皆悉念佛, 念法, 念僧.

사리불이여, 그대는 이 새들이 실제로 죄업의 과보로 생겼다고 말하지 말라. 왜냐하면 저 불국토에는 삼악도가 없기 때문이니라.

舍利弗. 汝勿謂此鳥, 實是罪報所生, 所以者何？彼佛國土, 無三惡道.

　사리불이여, 그 불국토에는 삼악도라는 이름조차도 없는데, 하물며 실제의 삼악도가 있을 리가 있겠는가? 이런 여러 새들은 모두 아미타불께서 불법의 소리를 널리 알려 퍼지도록 하고자 변화하여 만들어진 것이니라.

　舍利弗. 其佛國土, 尚無三惡道之名, 何況有實. 是諸眾鳥, 皆是阿彌陀佛, 欲令法音宣流, 變化所作.

바람에 의한 합주의 장엄

　사리불이여, 저 불국토는 미풍이 불 때면 보배로 된 가로수들과 보배 그물들이 흔들리면서 미묘한 소리를 내는데, 마치 백천 가지 음악이 동시에 울려 퍼짐과 같으니라. 이 소리를 듣는 자는 누구나 부처님을 생각하고 불법을 생각하고 승가를 생각하는 마음이 저절로 우러나느니라.

　舍利弗. 彼佛國土, 微風吹動諸寶行樹, 及寶羅網, 出微妙音, 譬如百千種樂, 同時俱作. 聞是音者, 自然皆生念佛, 念法, 念僧之心.

　사리불이여, 그 불국토는 이와 같은 공덕장엄이 성취되어 있느니라.

　舍利弗. 其佛國土, 成就如是功德莊嚴.

극락세계의 아미타불과 성중

사리불이여, 그대 생각에 어떠한가? 저 부처님을 무슨 까닭으로 아미타라고 하겠는가?

舍利弗. 於汝意云何? 彼佛何故號阿彌陀?

사리불이여, 저 부처님의 광명은 한량이 없어서, 시방세계의 모든 불국토를 두루 비춤에 걸림이 없기 때문에 아미타라고 하느니라.

舍利弗. 彼佛光明無量, 照十方國, 無所障礙, 是故號為阿彌陀.

또한 사리불이여, 저 부처님의 수명과 그곳 사람들의 수명은 한량없고 끝없는 아승기겁이기 때문에 아미타라고 하느니라.

又舍利弗. 彼佛壽命, 及其人民, 無量無邊阿僧只劫, 故名阿彌陀.

사리불이여, 아미타불께서 성불하신 지는 지금까지 십겁이 지났느니라.

舍利弗. 阿彌陀成佛已來, 於今十劫.

사리불이여, 저 부처님께는 한량없고 끝없이 많은 성문제자들이 있는데, 모두가 아라한들로서 그 수는 숫자로 헤아려서 알 수 있는 것이 아니니라. 많은 보살 대중들 또한 이와 같으니라.

又舍利弗. 彼佛有無量無邊聲聞弟子, 皆阿羅漢, 非是算數之所能知. 諸菩薩衆, 亦復如是.

사리불이여, 저 불국토는 이와 같은 공덕장엄이 성취되어 있느니라.

舍利弗. 彼佛國土, 成就如是功德莊嚴.

또 사리불이여, 극락국토에 왕생한 중생들은 모두 아비발치이며, 그 중에는 일생보처(一生補處)의 지위에 있는 자도 참으로 많아서, 그 수는 숫자로 헤아려서 알 수 있는 것이 아니라 다만 한량없고 끝없는 아승기라고만 말할 수 있을 뿐이니라.

又舍利弗. 極樂國土, 衆生生者, 皆是阿鞞跋致, 其中多有一生補處, 其數甚多, 非是算數所能知之, 但可以無量無邊阿僧只說.

제2절 염불왕생

염불수행으로 극락에 태어남

사리불이여, 중생이 이와 같은 극락세계를 들었다면 마땅히 저 불국토에 왕생하기를 발원해야 하느니라. 어찌하여 그런가 하면, 이와 같이 많은 상등의 선인들과 한 데 모여 지낼 수 있기 때문이니라.

舍利弗. 衆生聞者, 應當發願, 願生彼國, 所以者何？得與如是
諸上善人俱會一處.

사리불이여, 적은 선근과 복덕의 인연으로는 저 불국토에 왕생하
지 못하느니라.

舍利弗. 不可以少善根福德因緣, 得生彼國.

사리불이여, 만약 어떤 선남자나 선여인이 아미타불에 대한 설법
을 듣고 오로지 그 명호를 마음에 확고히 새겨 지니고 부르되, 하루
나 이틀 혹은 사흘·나흘·닷새·엿새 혹은 이레 동안, 한 마음이
산란하지 않는다면, 그 사람이 목숨이 다하려 할 때에 아미타불께
서 여러 성인 대중과 함께 그의 앞에 나타나시고, 그 사람은 목숨이
다하는 순간 마음이 뒤바뀌지 않고 곧바로 아미타불의 극락국토에
왕생하느니라.[43]

---

43 선도대사는 『법사찬』에서 이 경문에 대해 다음과 같이 해석하셨다.
　"극락의 무위열반계를 인연을 따르는 잡다한 선으로는 아마 왕생하기 어
렵나니, 여래께서 요법을 선택하시어 아미타불을 전념하고 또 전념하라 가
르치셨네. 칠일 밤낮 마음에 틈새 없고, 장시간 행을 일으켜 배가 됨도 모
두 그러하네. 임종할 때 성중들이 꽃을 들고 나타나니, 심신이 용약하여 금
색 연꽃에 앉노라. 앉을 때 바로 무생법인 얻어 일념사이 부처님 전으로 영
접해 가니 법우들이 옷을 가지고 서로 입혀주며 불퇴전을 증득하고 삼현위
에 들게 되리.(極樂無爲涅槃界，隨緣雜善恐難生，故使如來選要法，敎念彌陀
專復專；七日七夜心無間，長時起行倍皆然，臨終聖衆持花現，身心踴躍坐金
蓮；坐時即得無生忍，一念迎將至佛前，法侶將衣競來著，證得不退入三賢。)"
주해
　① 적은 선근과 복덕의 인연으로는 저 불국토에 왕생할 수 없느니라.

舍利弗. 若有善男子善女人, 聞說阿彌陀佛, 執持名號, 若一日, 若二日, 若三日, 若四日, 若五日, 若六日, 若七日, 一心不

많은 사람들이 보리심을 발하고 널리 6바라밀을 실천하고 만행을 닦고 선을 쌓고 덕을 누적하는 것을 많은 선근과 많은 복덕이라 생각한다. 그들은 '명호만 집지하면 곧 많은 선근과 많은 복덕'임을 모르고 있다.

② 그 명호를 마음에 확고히 새겨 지니고 ~ 한 마음이 산란하지 않는다면
많은 사람들이 성도법문의 관점에서 정토특별법문의 '일심불란(一心不亂)'의 참뜻을 곡해하였다. 그들은 염불의 공력이 깊어 삼매를 증득하거나, 혹은 혹업(번뇌)을 조복시키거나 끊어서 번뇌가 일어나지 않는 것을 일심불란이라 부른다고 여기는데, '집지명호'가 곧 '마음으로 아미타부처님의 구제를 믿고 입으로 아미타부처님의 명호를 부르는 것'이고, '일심'이 곧 '둘이 아닌 마음(不二心)'이고 둘이 아님이 곧 '전專'이며, '불란'이 곧 '난잡하지 않음'이고 난잡하지 않음 역시 '전專'임을 모르고 있다. 그런 까닭에 선도화상께서 '집지명호, 일심불란'을 '아미타불의 명호를 전념하고 또 전념하라'고 해석하신 것이다. 따라서 누구든지 다만 한 평생을 다하여(약일일에서 약칠일의 뜻이자, 또한 내지 십념·내지 일념의 뜻이기도 하다) 오로지 아미타부처님의 명호를 부르며 극락세계에 왕생하기를 원하는 것이 곧 부처님의 원력에 승탁하여 이미 왕생한 것이니, 이해하기가 쉽고 행하기가 쉬워서 조금도 별다른 뜻이 없고 현묘한 뜻이 없다.

③ 그 사람은 목숨이 다하는 순간 마음이 뒤바뀌지 않는다
많은 사람들이 목숨을 마칠 때 반드시 스스로 정념(正念)을 유지하고 마음이 뒤바뀌지 않아야만 비로소 아미타부처님의 현전(現前)을 감득하여 접인 왕생할 수 있다고 여긴다. 그들은 '부처님께서 현전함으로 인해 정념에 머무는 것이지, 정념에 머물러 부처님께서 현전하신 게 아님'을 모르고 있다. 이른바 '자비롭게 가지(加持)와 보우(保佑)를 하여 마음이 흐트러지지 않게 해주신다'는 것이다. 대개 '평소에 오로지 부처님의 명호를 집지한 까닭에 임종할 때 부처님께서 반드시 현전하고, 부처님께서 현전한 까닭에 자연히 마음은 정념에 머물며 뒤바뀌지 않는 것'이다. 이 양중(兩重)인과는 경문이 분명하고 조사의 해석도 뚜렷하다. 만약 차분한 마음으로 생각해보면 그 뜻은 저절로 드러날 것이다. (대만 혜정법사 강의. 정전스님 번역에서 인용하였음)

亂, 其人臨命終時, 阿彌陀佛, 與諸聖衆, 現在其前. 是人終時,
心不顚倒, 卽得往生阿彌陀佛極樂國土.

사리불이여, 나는 이런 이익이 있음을 보기 때문에 이런 말을 하
는 것이니, 만약 어떤 중생이 이런 말을 들었다면 마땅히 저 불국토
에 왕생하기를 간절히 발원해야 하느니라.

舍利弗. 我見是利, 故說此言. 若有衆生, 聞是說者, 應當發願,
生彼國土.

제3절 육방세계 부처님들의 믿음 권유

동방세계 부처님들의 믿음 권유

사리불이여, 내가 지금 아미타불의 불가사의한 공덕의 이익을 찬
탄하는 것처럼 이 사바세계로부터 동쪽으로 무궁무진한 세계에 계
시는 아촉비불, 수미상불, 대수미불, 수미광불, 묘음불 등과 같은,
갠지스 강의 모래알 수만큼이나 많은 부처님들께서도 저마다 자신
의 불국토에서, 두루 삼천대천세계를 덮는 넓고 긴 혀의 모습으로
써 간곡하고 진실하게 말씀하시기를, '여러분 중생들이여, 그 불가
사의한 공덕을 찬탄하시면서 일체 모든 부처님들이 보호하고 늘 생
각하시는 이 경을 마땅히 믿으라.'고 하시느니라.

舍利弗. 如我今者, 讚歎阿彌陀佛, 不可思議功德之利. 東方亦
有阿閦鞞佛, 須彌相佛, 大須彌佛, 須彌光佛, 妙音佛, 如是等恒
河沙數諸佛, 各於其國, 出廣長舌相, 遍覆三千大千世界, 說誠實

言：「汝等眾生, 當信是稱讚不可思議功德一切諸佛所護念經.」

남방세계 부처님들의 믿음 권유

사리불이여, 이 사바세계로부터 남쪽으로 무궁무진한 세계에 계시는 일월등불, 명문광불, 대염견불, 수미등불, 무량정진불 등과 같은, 갠지스 강의 모래알 수만큼이나 많은 부처님들께서도 저마다 자신의 불국토에서, 두루 삼천대천세계를 덮는 넓고 긴 혀의 모습으로써 간곡하고 진실하게 말씀하시기를, '여러분 중생들이여, 그 불가사의한 공덕을 찬탄하시면서 일체 모든 부처님들이 보호하고 늘 생각하시는 이 경을 마땅히 믿으라.'고 하시느니라.

舍利弗. 南方世界, 有：日月燈佛, 名聞光佛, 大焰肩佛, 須彌燈佛, 無量精進佛, 如是等恒河沙數諸佛, 各於其國, 出廣長舌相, 遍覆三千大千世界, 說誠實言：「汝等眾生, 當信是稱讚不可思議功德一切諸佛所護念經.」

서방세계 부처님들의 믿음 권유

사리불이여, 이 사바세계로부터 서쪽으로 무궁무진한 세계에 계시는 무량수불, 무량상불, 무량당불, 대광불, 대명불, 보상불, 정광불 등과 같은, 갠지스 강의 모래알 수만큼이나 많은 부처님들께서도 저마다 지신의 불국토에서, 두루 삼천대천세계를 덮는 넓고 긴 혀의 모습으로써 간곡하고 진실하게 말씀하시기를, '여러분 중생들이여, 그 불가사의한 공덕을 찬탄하시면서 일체 모든 부처님들이 보호하고 늘 생각하시는 이 경을 마땅히 믿으라.'고 하시느니라.

舍利弗. 西方世界, 有：無量壽佛, 無量相佛, 無量幢佛, 大光
佛, 大明佛, 寶相佛, 淨光佛, 如是等恒河沙數諸佛, 各於其國,
出廣長舌相, 遍覆三千大千世界, 說誠實言：「汝等眾生, 當信是
稱讚不可思議功德一切諸佛所護念經.」

북방세계 부처님들의 믿음 권유

사리불이여, 이 사바세계로부터 북쪽으로 무궁무진한 세계에 계
시는 염견불, 최승음불, 난저불, 일생불, 망명불등과 같은, 갠지스
강의 모래알 수만큼이나 많은 부처님들께서도 저마다 자신의 불국
토에서, 두루 삼천대천세계를 덮는 넓고 긴 혀의 모습으로써 간곡
하고 진실하게 말씀하시기를, '여러분 중생들이여, 그 불가사의한
공덕을 찬탄하시면서 일체 모든 부처님들이 보호하고 늘 생각하시
는 이 경을 마땅히 믿으라.'고 하시느니라.

舍利弗. 北方世界, 有：焰肩佛, 最勝音佛, 難沮佛, 日生佛,
網明佛, 如是等恒河沙數諸佛, 各於其國, 出廣長舌相, 遍覆三千
大千世界, 說誠實言：「汝等眾生, 當信是稱讚不可思議功德一切
諸佛所護念經.」

하방세계 부처님들의 믿음 권유

사리불이여, 이 사바세계로부터 아래쪽으로 무궁무진한 세계에
계시는 사자불, 명문불, 명광불, 달마불, 법당불, 지법불 등과 같은,
갠지스 강의 모래알 수만큼이나 많은 부처님들께서도 저마다 자신
의 불국토에서, 두루 삼천대천세계를 덮는 넓고 긴 혀의 모습으로

써 간곡하고 진실하게 말씀하시기를, '여러분 중생들이여, 그 불가사의한 공덕을 찬탄하시면서 일체 모든 부처님들이 보호하고 늘 생각하시는 이 경을 마땅히 믿으라.'고 하시느니라.

舍利弗. 下方世界, 有 : 師子佛, 名聞佛, 名光佛, 達摩佛, 法幢佛, 持法佛, 如是等恒河沙數諸佛, 各於其國, 出廣長舌相, 遍覆三千大千世界, 說誠實言 :「汝等眾生, 當信是稱讚不可思議功德一切諸佛所護念經.」

상방세계 부처님들의 믿음 권유

사리불이여, 이 사바세계로부터 위쪽으로 무궁무진한 세계에 계시는 범음불, 숙왕불, 향상불, 향광불, 대염견불, 잡색보화엄신불, 사라수왕불, 보화덕불, 견일체의불, 여수미산불 등과 같은, 갠지스강의 모래알 수만큼이나 많은 부처님들께서도 저마다 자신의 불국토에서, 두루 삼천대천세계를 덮는 넓고 긴 혀의 모습으로써 간곡하고 진실하게 말씀하시기를, '여러분 중생들이여, 그 불가사의한 공덕을 찬탄하시면서 일체 모든 부처님들이 보호하고 늘 생각하시는 이 경을 마땅히 믿으라.'고 하시느니라.

舍利弗. 上方世界, 有 : 梵音佛, 宿王佛, 香上佛, 香光佛, 大焰肩佛, 雜色寶華嚴身佛, 娑羅樹王佛, 寶華德佛, 見一切義佛, 如須彌山佛, 如是等恒河沙數諸佛, 各於其國, 出廣長舌相, 遍覆三千大千世界, 說誠實言 :「汝等眾生, 當信是稱讚不可思議功德一切諸佛所護念經.」

제4절 이 경을 듣고 수지하고 왕생 발원하는 자의 공덕

사리불이여, 그대 생각에 어떠한가? 무슨 까닭으로 이 경의 이름을 '일체 모든 부처님들이 보호하고 늘 생각하시는 경'이라고 하겠는가?

舍利弗. 於汝意云何？何故名為一切諸佛所護念經？

사리불이여, 만약 어떤 선남자나 선여인이 이 경을 듣고 마음에 받아들여 잊지 않고 지니거나, 저 많은 부처님들의 명호를 들었다면, 이런 선남자 선여인들은 일체 모든 부처님들이 보호하고 늘 생각하시므로 누구나 아뇩다라삼먁삼보리에서 물러나지 않는 불퇴전을 얻게 되기 때문이다. 그러므로 그대들은 마땅히 나의 말과, 저 모든 부처님들이 하신 말씀을 그대로 믿고 받아들여야 하느니라.

舍利弗. 若有善男子, 善女人, 聞是經受持者, 及聞諸佛名者, 是諸善男子, 善女人, 皆為一切諸佛之所護念, 皆得不退轉於阿耨多羅三藐三菩提. 是故舍利弗, 汝等皆當信受我語, 及諸佛所說.

사리불이여, 어떤 사람이든 아미타불의 불국토에 왕생하기를 이미 발원하였거나, 이제 발원하거나, 장차 발원한다면 이런 사람들은 모두 아뇩다라삼먁삼보리에서 물러나지 않는 불퇴전을 얻게 되고, 저 불국토에 이미 왕생하였거나, 이제 왕생하거나, 장차 왕생할 것이니라. 그러므로 사리불이여, 선남자나 선여인으로서 믿음을 가진 자라면 응당 저 불국토에 왕생하기를 발원해야 하느니라.

舍利弗. 若有人已發願, 今發願, 當發願, 欲生阿彌陀佛國者, 是諸人等, 皆得不退轉於阿耨多羅三藐三菩提, 於彼國土, 若已生, 若今生, 若當生. 是故舍利弗, 諸善男子, 善女人, 若有信者, 應當發願生彼國土.

제5절 모든 부처님들의 찬탄

사리불이여, 내가 이제 모든 부처님들의 불가사의한 공덕을 찬탄하는 것처럼, 저 모든 부처님들께서도 나의 불가사의한 공덕을 찬탄하시기를, '석가모니불께서 참으로 어렵고 희유한 일을 능히 하셨도다. 사바세계의 오탁악세로서 시대가 혼탁하고, 견해가 혼탁하고, 번뇌가 혼탁하고, 중생이 혼탁하고, 수명이 혼탁한 가운데서도, 능히 아뇩다라삼먁삼보리를 얻으시고, 모든 중생들을 위하여 일체 세간에서 믿기 어려운 법문을 설하셨도다.' 하시느니라.

舍利弗, 如我今者, 稱讚諸佛不可思議功德, 彼諸佛等, 亦稱讚我不可思議功德, 而作是言:「釋迦牟尼佛能為甚難希有之事, 能於娑婆國土, 五濁惡世, 劫濁, 見濁, 煩惱濁, 眾生濁, 命濁中, 得阿耨多羅三藐三菩提. 為諸眾生, 說是一切世間難信之法.

제6절 석가모니불의 위대함

사리불이여, 마땅히 알라. 내가 오탁악세에서 이 어려운 일을 행하여 아뇩다라삼먁삼보리를 얻고서, 일체 세간의 중생들을 위하여 이 믿기 어려운 법문을 설하는 것은 참으로 어려운 일이니라."

舍利弗. 當知我於五濁惡世, 行此難事, 得阿耨多羅三藐三菩
提, 為一切世間說此難信之法, 是為甚難.

제3장 유통분(流通分)

환희 신수봉행

부처님께서 이 경을 다 설하시자, 사리불과 모든 비구들 그리고
일체 세간의 천인·아수라 등이 부처님의 말씀을 듣고 나서는, 기
뻐하면서 믿고 받아들인 다음 예배하고 물러갔다.

佛說此經已　舍利弗, 及諸比丘, 一切世間天人阿修羅等, 聞
佛所說, 歡喜信受, 作禮而去.

칭찬정토불섭수경
(稱讚淨土佛攝受經)

대당(大唐) 현장(玄奘) 한역
최윤옥 번역

나는 이와 같이 들었다.
어느 때 박가범(薄伽梵)께서 실라벌성(室羅筏城)의 서다림(誓多
林)에 있는 급고독원(給孤獨園)에서 1,250명의 대필추(大苾芻)들과
함께 계셨다. 모두 다 존숙(尊宿) 성문(聲聞)으로서 대중들이 모두

알고 존경하는 대아라한(大阿羅漢)이었으며, 존자 사리자(舍利子)와 마하목건련(摩訶目犍連)과 마하가섭(摩訶迦葉)과 아니율타(阿泥律陀) 등 여러 대성문들이 상수(上首)가 되었다. 또 한량없이 많은 보살마하살들이 함께 하였으니, 모두가 다 물러남이 없는 지위에 머물러 무량한 공덕으로 장엄하였으며, 묘길상보살(妙吉祥菩薩)과 무능승(無能勝)보살과 상정진(常精進)보살과 불휴식(不休息)보살 등 대보살들이 상수가 되었다. 또 제석(帝釋)과 대범천왕(大梵天王)과 감인계주(堪忍界主)와 호세사왕(護世四王)이 상수가 되어 백천 구지(俱胝) 나유다(那庾多) 수의 모든 천자(天子)들과 그 밖의 세간의 한량없이 많은 천인(天人)과 아소락(阿素洛) 등이 법을 듣기 위해서 모두 집회에 와서 앉았다.

이때 세존께서 사리자에게 말씀하셨다.

"네가 지금 아느냐? 이곳에서 서방으로 백천 구지 나유다의 불국토를 지나면 극락(極樂)이라고 이름하는 세계가 있다. 그곳에 무량수(無量壽)와 무량광(無量光) 여래(如來)·응(應)·정등각(正等覺)이라는 세존께서 계시는데, 10호(號)가 원만하시며 지금 현재 그곳에서 안온하게 주지(住持)하시면서 모든 유정(有情)에게 매우 깊고 미묘한 법을 잘 설하시어 그들로 하여금 수승한 이익과 안락을 얻게 하신다.

또 사리자야, 무슨 인(因)과 무슨 연(緣)으로 저 불세계를 극락이라고 하는가? 사리자야, 저 세계 안에 있는 모든 유정들은 몸과 마음에 근심과 고통이 전혀 없고 오직 한량없이 청정한 기쁨만이 있기 때문이니, 그러므로 극락세계라고 이름한다. 또 사리자야, 극락세계의 청정한 불토 안에는 곳곳에 모두 일곱 겹으로 늘어선 묘한 보배 난간과 일곱 겹으로 늘어선 보배 다라수(多羅樹)와 일곱 겹의 묘한 보배 그물이 빙 둘러 에워싸서 4보(寶)로 장엄되어 있으니, 즉 금보(金寶)와 은보(銀寶)와 폐유리보(吠琉璃寶)와 파지가보(頗胝迦寶)가 간간이 수놓아져서 묘하게 장식되었다.

사리자야, 저 불국토에는 이와 같이 묘하게 장식한 공덕(功德)과 장엄(莊嚴)들이 있어 매우 즐거우므로 극락세계라고 이름한다.

또 사리자야, 극락세계의 청정한 불국토 안에는 곳곳마다 모두 일곱 가지 묘한 보배로 된 연못이 있고 8공덕수(功德水)가 그 안에 가득 차 있다. 어떠한 것들을 이름하여 8공덕수라고 하는가? 첫째는 맑고 깨끗한 것[澄淨]이고, 둘째는 맑고 시원한 것[淸冷]이며, 셋째는 감미(甘美)로운 것이고, 넷째는 부드러운 것[輕軟]이며, 다섯째는 윤택(潤澤)한 것이고, 여섯째는 평온한 것[安和]이며, 일곱째는 마실 때 기갈(飢渴) 등의 한량없는 과환(過患)을 없애는 것이고, 여덟째는 마시고 나면 안정되어 능히 모든 근(根)과 4대(大)를 장양(長養)하고 온갖 수승한 선근(善根)을 증익(增益)시키는 것이니, 다복(多福)한 중생이 항상 즐겨 수용한다. 이 모든 보배 연못의 바닥에는 금모래를 깔았고, 사면에는 빙 둘러 네 개의 계단이 있어 4보(寶)로 장엄하여 보는 사람을 매우 즐겁게 한다. 모든 연못 주위에는 묘한 보배 나무가 죽 늘어서 장식한 사이사이로 향기롭게 향내가 나며, 7보로 장엄하여 보는 사람을 매우 즐겁게 한다. 7보란, 첫째는 금이고, 둘째는 은이고, 셋째는 폐유리이고, 넷째는 파지가이고, 다섯째는 적진주(赤眞珠)이고, 여섯째는 아습마갈랍바보(阿濕摩遒拉婆寶)이고, 일곱째는 모사락갈랍바보(牟娑落遒拉婆寶)이다. 이 모든 연못 속에는 항상 여러 가지 색의 연꽃이 있어 크기가 수레바퀴만한데 푸른 연꽃에서는 푸른 광명과 푸른 그림자가 푸르게 드러나고, 황색 연꽃에서는 황색 광명과 황색 그림자가 황색으로 드러나고, 붉은 연꽃에서는 붉은 광명과 붉은 그림자가 붉게 드러나고, 흰색 연꽃에서는 흰색 광명과 흰색 그림자가 희게 드러난다. 네 가지 연꽃이 네 가지 광명과 네 가지 그림자를 네 가지로 드러낸다. 사리자야, 저 불국토 안에는 이와 같이 묘하고 아름답게 장식한 많은 공덕과 장엄이 있어 매우 즐겁게 하므로 극락세계라고 이름한다.

또 사리자야, 극락세계의 청정한 불국토 안에는 자연스럽게 항상 한량없고 끝없이 많은 묘한 음악소리가 나는데, 음의 곡조가 온화하고 아름다워 매우 즐겁게 한다. 온갖 유정들이 이 묘한 소리를 들으면 모든 악과 번뇌가 다 소멸되고 한량없이 많은 선법(善法)이 점차 증장되어 속히 무상정등보리(無上正等菩提)를 증득한다. 사리자야, 저 국토 안에는 이와 같이 묘하고 아름답게 장식한 많은 공덕과 장엄이 있어 매우 즐겁게 하므로 극락세계라고 이름한다.

또 사리자야, 극락세계의 청정한 국토 안에 두루 펼쳐져 있는 대지는 진금(眞金)으로 이루어져 있는데, 그 촉감이 부드럽고 향기가 깨끗하며 광명이 한량없고 끝없으며 묘한 보배로 간간이 장식되어 있다. 사리자야, 저 불국토 안에는 이와 같이 묘하고 아름답게 장식한 많은 공덕과 장엄이 있어 매우 즐겁게 하므로 극락세계라고 이름한다.

또 사리자야, 극락세계의 청정한 불국토에는 밤낮으로 여섯 때[時]에 아주 묘한 온갖 하늘꽃들이 항상 내려오는데 여러 가지 색깔에 윤이 나며 향기가 깨끗하고 부드럽다. 보는 이의 몸과 마음을 기쁘게 하면서도 탐착하지 않게 하며, 유정에게 한량없고 끝없으며 불가사의하게 수승한 공덕을 증장시켜 준다. 저 유정들이 밤낮으로 여섯 때에 항상 이 꽃을 무량수불께 공양하고 새벽마다 이 하늘꽃을 가지고 잠깐 사이에 다른 곳의 무량세계에 날아가서 백천 구지의 모든 부처님께 공양한다. 모든 부처님의 처소에서 각기 백천 구지의 수화(樹花)를 흩어 공양하고 본 곳으로 돌아와 하늘을 돌아다니기도 하고 머물러 있기도 한다. 사리자야, 저 불국토 안에는 이와 같이 묘하고 아름답게 장식한 많은 공덕과 장엄이 있어 매우 즐겁게 하므로 극락세계라고 이름한다.

또 사리자야, 극락세계의 청정한 국토 안에는 항상 온갖 기묘하고 사랑스러우며 여러 가지 색깔을 한 많은 새들이 있다. 거위·기러기·오리·해오라기·큰 기러기·학·공작·갈라빈가(羯羅頻迦)·명명조(命命鳥) 등이다. 이와 같은 많은 새들이 밤낮으로 여섯 때에 항상 함께 모여 온화하고 아름다운 소리를 내니, 그 소리의 종류에 따라 묘법을 선양(宣揚)한다. 말하자면 매우 깊이 염(念)하여 정단(正斷)에 머무는 것과 신족(神足)과 근력(根力)과 각(覺)과 도지(道支) 등의 한량없는 묘법(妙法)이다. 저 국토의 중생들이 이 소리를 듣고 나서 각기 부처님을 염하고 법을 염하고 승(僧)을 염하게 되며, 무량한 공덕으로 그 몸을 훈수(熏修)한다. 사리자야, 네 생각에는 어떠하냐? 저 국토에 있는 많은 새들이 어찌 방생(傍生)의 악취(惡趣)에 들겠느냐. 그런 생각을 하지 마라. 왜냐하면 저 불정토(佛淨土)에는 3악도(惡道)가 없기 때문이다.

3악취(惡趣)라는 이름도 없거늘 어찌 죄업으로 인하여 방생(傍生)으로 태어난 새들이 있을 수 있겠는가? 마땅히 알라. 이들은 모두 무량수불께서 무량한 법음(法音)을 선양하시어 모든 유정들에게 이익과 안락을 주시기 위하여 변화하여 되신 것이다. 사리자야, 저 불국토 안에는 이와 같이 묘하고 아름답게 장식한 많은 공덕과 장엄이 있어 매우 즐겁게 하므로 극락세계라고 이름한다.

또 사리자야, 극락세계의 청정한 불국토 안에는 항상 묘한 바람이 모든 보배 나무와 보배 그물에 붙어 미묘한 소리가 난다. 마치 백천 구지의 하늘 음악이 동시에 모두 나는 것처럼 미묘한 소리가 나서 매우 즐겁게 한다. 이와 같이 저 국토에는 항상 묘한 바람이 많은 보배 나무와 보배 그물에 불어 갖가지 미묘한 음성이 부딪쳐 일어나 온갖 법을 말하며, 저 국토의 중생들은 이 소리를 듣고 나서 부처님과 법과 승을 염하려는 생각을 일으키는 등의 무량한 공덕을 짓는다. 사리자야, 저 불국토 안에는 이와 같이 묘하고 아름답게 장식한 많은 공덕과 장엄이 있어 매우 즐겁게 하므로 극락세계라고 이름한다.

또 사리자야, 극락세계의 청정한 불국토 안에는 이와 같이 한량없고 끝없이 불가사의하고 매우 희유(希有)한 일들이 있으니, 가령 백천 구지 나유타겁 동안 한량없는 백천 구지 나유다의 혀로써 하나하나의 혀마다 한량없는 소리를 내어 그 공덕을 찬탄한다 하여도 역시 다할 수 없다. 그러므로 극락세계라고 이름한다.

또 사리자야, 무슨 까닭으로 극락세계의 청정한 불국토 안에 계신 부처님을 무량수(無量壽)라고 하느냐? 사리자야, 저 여래와 모든 유정의 수명이 한량없고 무수한 대겁이기 때문이다. 이러한 까닭에 저 국토의 여래를 무량수라고 이름한다. 사리자야, 무슨 까닭으로 저 부처님을 무량광(無量光)이라고 하느냐? 사리자야, 저 여래께서 항상 한량없고 끝없는 묘한 광명을 내시어 시방의 모든 불토를 비추시며 불사(佛事)를 베풀어 주시되 장애가 없기 때문이다. 이러한 까닭에 저 국토의 여래를 무량광이라고 이름한다. 사리자야, 저 불정토(佛淨土)는 이와 같은 공덕과 장엄을 성취하여 매우 즐겁게 하므로 극락세계라고 이름한다.

또 사리자야, 극락세계의 청정한 국토 안에 계신 무량수불(無量壽佛)께는 항상 한량없이 많은 성문제자(聲聞弟子)들이 있다. 모두

다 대아라한(大阿羅漢)들로서 온갖 미묘한 공덕을 다 갖추었으니, 그 양은 끝이 없어 숫자로 나타낼 수 없다. 사리자야, 저 불정토는 이와 같은 공덕과 장엄을 성취하여 매우 즐겁게 하므로 극락세계라고 이름한다.

또 사리자야, 극락세계의 청정한 불국토에 계신 무량수불께는 항상 한량없이 많은 보살 제자들이 있는데, 모두 다 일생소계(一生所繫)로서 온갖 미묘한 공덕을 다 갖추었다. 그 양은 끝이 없어 숫자로 나타낼 수 없으니, 설사 수를 헤아릴 수 없는 겁 동안 그 공덕을 찬탄한다 하여도 끝내 다할 수 없다. 사리자야, 저 불국토는 이와 같은 공덕과 장엄을 성취하여 매우 즐겁게 하므로 극락세계라고 이름한다.

또 사리자야, 만일 유정들이 저 국토에 태어난다면 그들은 모두 퇴전(退轉)하지 않을 것이며, 반드시 다시는 모든 험한 악취(惡趣)와 변지(邊地)와 하천(下賤)한 멸려차(蔑戾車: 불법을 믿지 않는 비천한 사람) 가운데 떨어지지 않을 것이다. 항상 모든 부처님의 청정한 국토를 다니면서 수승한 행원(行願)을 생각생각마다 증진하여 반드시 아뇩다라삼먁삼보리를 증득할 것이다. 사리자야, 저 국토는 이와 같은 공덕과 장엄을 성취하여 매우 즐겁게 하므로 극락세계라고 이름한다.

또 사리자야, 만일 유정들이 저 서방 무량수불의 청정한 불국토의 한량없는 공덕과 많은 장엄을 들었다면, 그들은 모두 저 불국토에 태어나기를 발원(發願)해야 한다.

왜냐하면 만일 저 국토에 태어난다면 이와 같이 무량한 공덕과 많은 장엄을 얻고 모든 대사(大士)들과 함께 동일하게 모여 무량한 공덕과 많은 장엄을 갖춘 청정한 불국토를 수용(受用)하며 대승의 법락(法樂)에서 항상 퇴전(退轉)하는 일이 없고 무량한 행원(行願)을 생각생각마다 증진하여 속히 무상정등보리(無上正等菩提)를 증득하게 될 것이기 때문이다. 사리자야, 저 불국토에 태어나는 모든 유정들은 한량없고 끝없는 공덕을 성취하여야 하니, 작은 선근(善根)을 가진 유정들이 무량수불이 계신 극락세계의 청정한 불토에 왕생하게 되는 것은 아니다.

또 사리자야, 만일 청정한 믿음을 가진 모든 선남자나 선여인이 이와 같은 무량수불의 한량없고 끝없고 불가사의한 공덕과 명호와 극락세계의 공덕과 장엄을 듣고, 듣고 나서 사유하되, 하루 밤낮이나 이틀이나 사흘이나 나흘이나 닷새나 엿새나 이레 동안 생각을 한 곳에 매어두어 흔들리지 않는다면, 이 선남자나 선여인이 목숨이 끊어지려 할 때 무량수불께서 그 한량없이 많은 성문제자들과 보살들이 앞뒤로 에워싼 가운데 그 앞에 와서 머무시어 자비로써 도우셔서 마음을 혼란스럽지 않게 하실 것이며, 이미 목숨을 버리고 나면 부처님과 그 회중을 따라 무량수불의 극락세계인 청정한 불국토에 태어날 것이다.

사리자야, 내가 이와 같이 이익과 안락을 주는 대사(大事)의 인연을 보았기에 성제어(誠諦語)를 말하는 것이다. 만일 어떤 청정한 믿음을 가진 선남자나 선여인이 이와 같은 무량수불의 불가사의한 공덕과 명호와 극락세계의 청정한 불국토에 대하여 들으면 모두 다 당연히 받아 믿고 발원하여야 할 것이니, 말한 대로 수행하면 저 불국토에 태어날 것이다.

또 사리자야, 내가 지금 무량수불의 한량없고 끝없고 불가사의한 불국토의 공덕을 칭양(稱揚)하고 찬탄하는 것처럼 동방에도 역시 현재 부동여래(不動如來)와 산당(山幢)여래와 대산(大山)여래와 산광(山光)여래와 묘당(妙幢)여래 등 항하[殑伽]의 모래알같이 많으신 부처님께서 각자의 불정토에 머물러 계시면서 각각 광장설상(廣長舌相)을 나타내 보이시어 삼천대천세계를 둥글게 에워싸 덮으시고 성제언(誠諦言)으로, '너희 유정들은 모두 이처럼 불가사의한 불국토의 공덕을 칭찬하는 모든 부처님께서 섭수(攝受)하시는 법문을 받아 믿어야 한다'고 말씀하신다.

또 사리자야, 이와 같이 남방에도 역시 현재 일월광(日月光)여래와 명칭광(名稱光)여래와 대광온(大光蘊)여래와 미로광(迷盧光)여래와 무변정진(無邊精進)여래 등이 항하의 모래알같이 많으신 부처님께서 각자의 불정토에 머물러 계시면서 각각 광장설상을 나타내 보이시어 삼천대천세계를 둥글게 에워싸 덮으시고 성제언으로, '너희 유정들은 모두 이처럼 불가사의한 불국토의 공덕을 칭찬하시는 모든 부처님께서 섭수하시는 법문을 받아 믿어야 한다'고 말씀하신다.

또 사리자야, 이와 같이 서방에도 역시 현재 무량수(無量壽)여래와 무량온(無量蘊)여래와 무량광(無量光)여래와 무량당(無量幢)여래와 대자재(大自在)여래와 대광(大光)여래와 광염(光焰)여래와 대보당(大寶幢)여래와 방광(放光)여래 등 항하의 모래알같이 많으신 부처님께서 각자의 불정토에 머물러 계시면서 각각 광장설상을 나타내 보이시어 삼천대천세계를 둥글게 에워싸 덮으시고 성제언으로 '너희 유정들은 모두 이처럼 불가사의한 불국토의 공덕을 칭찬하시는 모든 부처님께서 섭수하시는 법문을 받아 믿어야 한다'고 말씀하신다.

또 사리자야, 이와 같이 북방에도 역시 현재 무량광엄통달각혜(無量光嚴通達覺慧)여래와 무량천고진대묘음(無量天鼓震大妙音)여래와 대온(大蘊)여래와 광망(光網)여래와 사라제왕(娑羅帝王)여래 등 항하의 모래알같이 많으신 부처님께서 각자의 불정토에 머물러 계시면서 각각 광장설상을 나타내 보이시어 삼천대천세계를 둥글게 에워싸 덮으시고 성제언으로 '너희 유정들은 모두 이처럼 불가사의한 불국토의 공덕을 칭찬하시는 모든 부처님께서 섭수하시는 법문을 받아 믿어야 한다'고 말씀하신다.

또 사리자야, 이와 같이 하방(下方)에도 역시 현재 시현일체묘법정리상방화왕승덕광명(示現一切妙法正理常放火王勝德光明)여래와 사자(師子)여래와 명칭(名稱)여래와 예광(譽光)여래와 정법(正法)여래와 묘법(妙法)여래와 법당(法幢)여래와 공덕우(功德友)여래와 공덕호(功德號)여래 등 항하의 모래알같이 많으신 부처님께서 각자의 불정토에 머물러 계시면서 각각 광장설상을 나타내 보이시어 삼천대천세계를 둥글게 에워싸 덮으시고 성제언으로 '너희 유정들은 모두 이처럼 불가사의한 불국토의 공덕을 칭찬하시는 모든 부처님께서 섭수하시는 법문을 받아 믿어야 한다'고 말씀하신다.

또 사리자야, 이와 같이 상방(上方)에도 역시 현재 범음(梵音)여래와 숙왕(宿王)여래와 향광(香光)여래와 여홍련화승덕(如紅蓮華勝德)여래와 시현일체의리(示現一切義利)여래 등 항하의 모래알같이 많으신 부처님께서 각자의 불정토에 머물러 계시면서 각각 광장설상을 나타내 보이시어 삼천대천세계를 둥글게 에워싸 덮으시고 성제언으로 '너희 유정들은 모두 이처럼 불가사의한 불국토의 공덕을 칭찬하시는 모든 부처님께서 섭수하시는 법문을 받아 믿어야 한다'고 말씀하신다.

또 사리자야, 이와 같이 동남방에도 역시 현재 최상광대운뢰음왕(最上廣大雲雷音王)여래 등 항하의 모래알같이 많으신 부처님께서 각자의 불정토에 머물러 계시면서 각각 광장설상을 나타내 보이시어 삼천대천세계를 둥글게 에워싸 덮으시고 성제언으로 '너희 유정들은 모두 이처럼 불가사의한 불국토의 공덕을 칭찬하시는 모든 부처님께서 섭수하시는 법문을 받아 믿어야 한다'고 말씀하신다.

또 사리자야, 이와 같이 서남방에도 역시 현재 최상일광명칭공덕 (最上日光名稱功德)여래 등 항하의 모래알같이 많으신 부처님께서 각자의 불정토에 머물러 계시면서 각각 광장설상을 나타내 보이시어 삼천대천세계를 둥글게 에워싸 덮으시고 성제언으로 '너희 유정들은 모두 이처럼 불가사의한 불국토의 공덕을 칭찬하시는 모든 부처님의 섭수하시는 법문을 받아 믿어야 한다'고 말씀하신다.

또 사리자야, 이와 같이 서북방에도 역시 현재 무량공덕화왕광명 (無量功德火王光明)여래 등 항하의 모래알같이 많으신 부처님께서 각자의 불정토에 머물러 계시면서 각각 광장설상을 나타내 보이시어 삼천대천세계를 둥글게 에워싸 덮으시고 성제언으로 '너희 유정들은 모두 이처럼 불가사의한 불국토의 공덕을 칭찬하시는 모든 부처님께서 섭수하시는 법문을 받아 믿어야 한다'고 말씀하신다.

또 사리자야, 이와 같이 동북방에도 역시 현재 무수백천구지광혜 (無數百千俱胝廣慧)여래 등 항하의 모래알같이 많으신 부처님께서 각자의 불정토에 머물러 계시면서 각각 광장설상을 나타내 보이시어 삼천대천세계를 둥글게 에워싸 덮으시고 성제언으로 '너희 유정들은 모두 이처럼 불가사의한 불국토의 공덕을 칭찬하시는 모든 부처님께서 섭수하시는 법문을 받아 믿어야 한다'고 말씀하신다.

사리자야, 무슨 까닭으로 이 경을 이름하여 불가사의한 불국토의 공덕을 칭찬하는 모든 부처님께서 섭수하시는 법문[稱讚不可思議佛 土功德一切諸佛攝受法門]이라고 하는가? 사리자야, 이 경 가운데에서 무량수불의 불가사의한 불국토인 극락세계의 공덕을 칭찬하기 때문이며, 시방의 모든 불세존께서 방편으로써 모든 유정들에게 이익과 안락을 주시기 위하여 각각의 본토(本土)에 머물러 계시면서 대신변(大神變)을 나타내시어 성제언으로 모든 유정들에게 이 법을 받아 믿으라고 권하여 말씀하시기 때문이다. 그러므로 이 경을 이름하여 불가사의한 불국토의 공덕을 칭찬하는 모든 부처님께서 섭수하시는 법문이라고 하는 것이다.

또 사리자야, 만일 선남자나 선여인이 이 경을 이미 들었거나 앞으로 듣게 되거나 지금 듣거나, 듣고 나서 깊이 믿어 이해하고 믿어 이해하고 나서는 반드시 이와 같이 시방에 머물고 계신 십 항하의 모래알같이 많으신 모든 불세존께서 섭수하신 것이라고 여기고 말씀하신 대로 행한다면 모두 결정코 아뇩다라삼먁삼보리에서 퇴전 (退轉)치 않게 될 것이며, 모두 반드시 무량수불의 청정한 불국토인 극락세계에 태어나게 될 것이다. 그러므로 사리자야, 너희 유정들은 모두 다 나와 시방에 계신 불세존의 말씀을 받아 믿고 깨달아 부지런히 정진하고 말씀하신 대로 수행할지니 의심하는 마음을 내지 말라.

또 사리자야, 만일 선남자나 선여인이 무량수불의 청정한 불국토인 극락세계의 공덕과 장엄을 이미 발원(發願)하였거나 앞으로 발원할 것이거나 지금 발원하여 반드시 이와 같이 시방에 머물고 계신 10항하의 모래알같이 많으신 모든 불세존께서 섭수하신 것이라고 여기고 말씀하신 대로 행한다면 모두 결정코 아뇩다라삼먁삼보리에서 퇴전치 않게 되며, 모두 반드시 무량수불께서 계신 극락세계의 청정한 불국토에 태어날 것이다. 그러므로 사리자야, 만일 청정한 믿음이 있는 선남자와 선여인은 모두 다 무량수불의 청정한 불국토인 극락세계를 깊이 마음으로 믿어 이해하여 왕생하기를 발원해야 할지니 방일하지 말라.

또 사리자야, 내가 지금 무량수불의 불가사의한 불국토인 극락세계의 공덕을 칭양(稱揚)하고 찬탄(讚歎)하는 것처럼 저 시방의 모든 불세존께서도 역시 나의 불가사의하고 끝없는 공덕을 칭찬하시며, '매우 기이하고 희유(希有)하도다. 석가적정(釋迦寂靜)·석가법왕(釋迦法王) 여래(如來)·응(應)·등정각(正等覺)·명행원만(明行圓滿)·선서(善逝)·세간해(世間解)·무상장부(無上丈夫)·조어사(調御士)·천인사(天人師)·불세존(佛世尊)께서 마침내 능히 이 사바세계[堪忍世界]의 오탁악시(五濁惡時)인 겁탁(劫濁)과 모든 유정탁(有情濁)과 모든 번뇌탁(煩惱濁)과 견탁(見濁)과 명탁(命濁) 가운데서 아뇩다라삼먁삼보리를 증득하시고 방편을 써서 모든 유정들에게 이익과 안락을 주기 위해서 세상에서 극히 믿기 어려운 이 법을 설하셨다. 매우 희유하고 불가사의하도다'라고 말씀하신다.

또 사리자야, 이 여러 가지로 물든 사바세계의 오탁악시에 청정한 믿음이 있는 선남자나 선여인이 이처럼 모든 세간이 극히 믿기 어려운 법을 말씀하시는 것을 듣고 능히 믿고 이해하여 받아 지니고 연설하고 가르침대로 수행한다면, 이런 사람은 매우 드무니, 한량없는 부처님의 처소에서 일찍이 선근(善根)을 닦은 줄 알아야 한다. 이 사람이 목숨이 끊어지면 결정코 서방의 극락세계에 태어나 청정한 불국토의 온갖 공덕과 장엄과 대승(大乘)의 법락(法樂)을 수용(受用)하고 밤낮으로 여섯 때에 무량수불을 친근히 공양할 것이다. 그리고 시방을 두루 돌아다니며 모든 부처님께 공양하고 모든 부처님 처소에서 법을 듣고 기별을 받을 것이며[受記], 복과 지혜의 자량(資糧)이 원 만해지고 속히 무상정등보리를 증득할 것이다."

박가범(薄伽梵)께서 이 경을 말씀하시자, 존자 사리자 등의 모든 대성문(大聲聞)과 모든 보살마하살들과 한량없이 많은 천인(天人)과 아소락(阿素洛) 등과 모든 대중이 부처님께서 하신 말씀을 듣고 크게 환희하며 받아 믿고 받들어 행하였다.

제3편
연종집요(蓮宗集要)

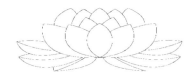

홍인표 거사 집편
운허 이학수 번역
송찬문 증보윤문

증보서문

본 연종집요는 2007년 7월 1차로 전체 내용을 윤문함과 동시에 일부 내용을 약간 삭제하고 「사료간」 풀이를 증보하였습니다. 2009년 10월 2차로 염불왕생 실제사례와 사성예문을 증보하고 윤문하였습니다. 3차로 2010년 5월 사성예문 2의 「연지대사 극락왕생발원문」과, 부록의 「태상감응편」을 번역하고 「공덕과 죄과의 경중 일람표」를 발췌하여 함께 증보하였음을 기록합니다.

2010년 5월 초순 송찬문 삼가 씀

서 문

석가모니불께서 온갖 중생들이 6도에 수레바퀴처럼 돌아다니며 고통을 받으면서도 벗어날 줄을 알지 못하는 것을 불쌍히 여겨, 성도하신 뒤 사십여 년 동안 팔만 법장을 말씀하시어 성불하는 길을 가르쳐 주셨다.

그러나 중생으로서 처음 발심하여 성불하기까지에는 3아승지겁의 오랜 세월을 닦아야 하니 그러는 동안에는 무수한 생사를 반복하면서 한량없는 고난을 받아야 한다. 그리하여 부처님을 항상 만나기 어렵고 악도에 떨어지기는 쉬우며, 열 사람이 도를 닦다가 아홉 사람이 물러나게 되어, 끝까지 성불하는 이가 지극히 드물 것이다. 중생들이 이 말을 듣고 겁약하여 발심하지 못하거나 혹은 도를 닦다가 중도에 그만두는 폐단이 있을까 염려하여 빨리 성불할 수 있는 방편문을 말씀하셨다.

이 방편문은 연종법문이니, 어떤 중생이나 여러 생을 지나지 아니하고 일생에 염불한 공덕으로 서방정토 극락세계에 왕생하여 아미타불의 설법을 듣고 필경에 성불하는 법문이다.

다른 법문은 모두 자기의 힘으로 도를 닦아 온갖 번뇌를 끊어야 6도의 윤회를 면하고 성불하는 것이며 조금이라도 번뇌가 남아 있으면 성불은 고사하고 6도의 윤회도 면할 수 없다.

그러나 이 연종법문은 자기의 염불하는 수행과 아미타불의 원력으로 말미암아 설사 임종할 때에 번뇌를 죄다 끊지 못했더라도 번뇌를 가지고 왕생하여 물러나지 아니하고 성불하게 되는 것이니 다른 법문에 비하여 알기 쉽고 닦기 쉽고 성불하기 쉬운 빠른 지름길이며 절묘한 법문이라 하지 않을 수 없다.

그리고 이 책은, 본인이 모아 놓은 자료를 운허 스님께서 알아보기 쉽게 풀어 쓰고 엮은 것임을 밝히고, 스님께 감사를 드리는 바이다.

불기 2506년 임인(壬寅) 계춘(季春)

홍인표(洪仁杓)

제1장 극락세계

1. 서방정토 극락세계

서방정토(西方淨土)란 이 사바세계(娑婆世界)와 같은 예토(穢土)에 대비하여 하는 말로서, 서방의 성자가 계시는데 오탁(五濁)의 더러움이 없는 정토이므로 서방정토라 한다.

극락세계(極樂世界)는 시방정토(十方淨土)중에 아미타불(阿彌陀佛)이 계시는 정토로서, 괴로움[苦]은 없고 즐거움[樂]만 있으므로 극락세계라 하며, 다른 정토보다 가장 수승한 정토이다.

2. 극락세계의 유래

무량겁 전에 세자재왕불(世子在王佛)이 세간에 출현하셨을 때 그 나라에 교시가(橋尸迦)라는 국왕이 있었다. 그는 보리심을 발하여 왕위를 버리고 출가하여 법장비구(法藏比丘)가 된 후에 세자재왕불 앞에서 사십팔원(四十八願)을 세우고 장구한 세월을 수행하였다. 그의 소원이 성취되어 성불하였으니, 그가 바로 아미타불이시고 그 아미타불이 교화하시는 국토가 극락세계이다.

3. 극락세계의 위치

화엄경에 보면, 연화장세계(蓮華藏世界)의 맨 아래에 풍륜(風輪)이 있고, 풍륜 위에 향수해(香水海)가 있으며, 향수해 가운데에 대연화(大蓮華)가 있고, 연화 위에 십불가설 불찰 미진수 찰종(十不可

說佛利微塵數利種)이 있으니, 이것을 화장세계라 하며, 그 많은 찰종들은 모두 이십중세계(二十重世界)로 되어있다.

그 한복판에 있는 찰종의 제13층에 우리가 살고 있는 사바세계가 있는데, 십삼불찰(十三佛利) 미진수세계로 둘러싸였으며, 사바세계의 서쪽으로 십만 억 개의 세계를 지나가서 극락세계가 있으니, 극락세계는 사바세계와 같이 제13층에 있다.

4. 극락세계와 삼계의 비교

극락세계는 삼계(三界 : 욕계, 색계, 무색계) 이외의 정토이니 삼계와 비교하면 다음과 같다.

1) 극락세계는 오욕(五慾)등이 없으므로 욕계가 아닌 비욕계(非欲界)이다.

욕계(欲界)는 육천(六天), 즉 위에서부터 타화자재천(他化自在天), 화락천(化樂天), 도솔천(兜率天), 야마천(夜摩天), 도리천(忉利天), 사왕천(四王天)이다. 타화자재천에서 야마천까지는 공중에 의지해 있으므로 공거천(空居天)이라 한다. 도리천·사천왕은 수미산(須彌山)에 의지해 있으므로 지거천[地居天]이라 한다. 단 해와 달과 별은 공거천에 속한다.

인간, 아수라, 아귀, 축생, 지옥세계의 총칭이고, 오욕(五欲 : 재물욕, 색욕, 음식욕, 명예욕, 수면욕) 등이 있는 유정중생이 사는 곳이다.

2) 극락세계는 땅에 의지하여 있는 곳이므로 색계가 아닌 비색계(非色界)이다.

색계(色界)는 욕계의 위에 있고 선정을 닦아서 태어나는 여러 천상세계의 대중들이 사는 곳이다. 이미 모든 욕망을 여의고 물질[色]이 뛰어나게 묘하며 정묘하므로 색계라 한다. 이 색계에 다음과 같은 18천이 있다.

위에서부터 아래로 색구경천(色究竟天), 선견천(善見天), 선현천(善現天), 무열천(無熱天), 무번천(無煩天), 광과천(廣果天), 무상천(無想天), 복생천(福生天), 무운천(無雲天)이 있는데 이상은 사선천(四禪天)이다.

그 아래로 변정천(邊淨天), 무량정천(無量淨天), 소정천(小淨天)이 있는데 이상은 삼선천(三禪天)이다.

그 아래로 광음천(光音天) 또는 극광정천(極光淨天), 무량광천(無量光天), 소광천(小光天)이 있는데 이상은 이선천(二禪天)이다.

그 아래로 대범천(大梵天), 범보천(梵補天), 범중천(梵衆天)이 있는데 이상은 초선천(初禪天)이다.

이상의 천상세계들은 허공에 있으므로 공거천이다.

3) 극락세계는 형상이 있으므로 무색계가 아니다,

무색계(無色界)는 식심(識心)만 있어서 깊고 묘한 선정에 머무르므로 무색계라한다. 무색계는 물질[色]이 없으므로 그 방향처소를 정할 수 없으나 과보가 수승하므로 색계위에 있는 것이다.

무색계에 4천이 있다. 즉 위에서부터 아래로 비상비비상처천(非想非非想處天), 무소유처천(無所有處天), 식무변처천(識無邊處天), 공무변처천(空無邊處天)이다. 거처(居處)로서 이것을 나눌 수가 없으나 그 선정(禪定)·수명 등의 우열에 따라 차등을 세운 것이다.

5. 극락세계의 별명

극락은 범어로 수마제(須摩堤, 須摩題), 수마야(須摩耶), 수가마제

(須呵摩提), 소가박제(蘇珂縛帝)를 번역한 것이며, 그 별명이 30여 종이 있으니 다음과 같다.

극락(極樂), 안락(安樂), 안양(安養), 묘락(妙樂), 묘의(妙意), 호의(好意), 서방(西方), 서찰(西刹), 정토(淨土), 정방(淨邦), 연방(蓮邦), 연찰(蓮刹), 보국(寶國), 보방(寶邦), 보찰(寶刹), 낙방(樂邦), 불회(佛會), 보토(報土), 무위(無爲), 밀엄국(密嚴國), 청정처(淸淨處), 엄정국(嚴淨國), 제지토(諸智土), 열반성(涅槃城), 진여문(眞如門), 제불가(諸佛家), 서방정토(西方淨土), 극락장엄국(極樂莊嚴國), 무량수불토(無量壽佛土), 무량광명토(無量光明土), 무량청정토(無量淸淨土), 연화장세계(蓮華藏世界), 대승선근계(大乘善根界), 대원청정보토(大願淸淨報土), 일승청정무량수세계(一乘淸淨無量壽世界).

청태국(淸泰國)을 극락의 별명으로 쓰는 사람이 있으나 청태국은 부모 등이 있는 미타국(彌陀國)으로서 예토 출현의 상(相)이다. 그러므로 청태국을 곧 극락정토라 함은 잘못이다.

6. 극락세계의 장엄

장엄(莊嚴)이란 선행공덕의 아름다움으로써 국토를 장식하는 것이니 극락세계의 장엄은 다음과 같다.

1) 극락세계는 땅이 칠보로 되어 광채가 빛나고 기묘하며 청정하기가 시방세계에 뛰어나다. 국토의 넓기가 한량 없으며 땅이 평탄하여 산과 구릉과 골짜기가 없다. 바다와 강이 없으며 대, 중, 소의 보배 연못이 있고 6도(六道) 중 지옥, 아귀, 축생, 아수라와 용(龍)이 없다.

2) 극락세계에는 비와 눈이 없고 해와 달이 없으나 항상 밝고 어둡지 아니하여 밤과 낮이 없다. 꽃이 피고 새가 우는 것으로 낮을

삼고 꽃이 지고 새가 쉬는 것으로 밤을 삼는다. 극락세계의 일주야
는 사바세계의 일겁(一劫)이요 또한 기후도 차고 더운 것이 없어 항
상 봄과 같이 온화하고 밝으며 상쾌한 것은 말할 것도 없다.

3) 극락세계는 땅위에서 허공에 이르기까지 한량이 없는 여러 가
지 보배와 백 천 종류의 향으로 되어 있으며, 장엄한 것이 기묘하고
절승하며 광채가 휘황한 것은 다 말 할 수 없다. 또 누각이 마음대
로 높고 커서 공중에 떠 있는 것도 있고, 마음대로 높거나 크지 못
하여 땅위에 있는 것도 있나니, 이것은 전생에 도를 닦을 때에 덕이
후하고 박함에 말미암은 것이다.

4) 극락세계에는 여러 가지 보배로 된 보배그물이 그 나라를 덮
고 있을 뿐 아니라 여러 가지 보배나무도 위에는 보배그물로 덮여
있다. 그 주위는 보배 난간이 둘러싸고 있으나 교묘하게 꾸미고 광
채가 찬란한 것은 형언할 수 없다. 또 바람이 약간 불면 보배나무와
보배그물에서 미묘한 법음(法音)이 나며 꽃다운 향기가 퍼지고 나
무에서 나는 소리가 백 천 종류의 음악소리와 같다. 또 극락세계에
는 각종 음악이 있어서 끊어지지 않는데 그 소리가 시방세계의 음
악 중에서 제일이다. 또 모든 천상세계에서 백천 가지의 향과 꽃 그
리고 백천 가지 음악을 가지고 내려와서 불보살께 공양한다.

5) 극락세계에는 바람이 불면 꽃이 흩어져서 전국에 가득 찬다.
하늘에서도 꽃비가 오는데 제각기 그 빛을 따라 쌓이고 섞이지 아
니한다. 부드럽고 고우며 찬란한 광채와 꽃다운 향기가 나고 꽃이
네 치나 쌓인다. 발로 밟으면 네 치를 들어갔다가 발을 들면 도로
올라오며 꽃이 시들면 바람에 날려 없어진다.

6) 극락세계에는 칠보로 된 연못에 팔공덕수(八功德水)가 가득 차
있다. 목욕할 때에는 물이 덥고 차가움과 늘고 줄어듦이 마음대로
되어서, 더워지라 하면 더워지고 차가워지라 하면 차가워지고, 무

릎까지 올라오라 하면 무릎까지 올라오고 허리까지 올라오라 하면 허리까지 올라오고 목까지 올라오라하면 목까지 올라오고, 또다시 내려가라면 내려간다.

7) 극락세계에는 갖가지 색깔의 연꽃이 온 나라에 차 있다. 칠보로 된 연못에는 크기가 전륜성왕의 윤보(輪寶)와 같은 갖가지 연꽃들이 미묘하고 향기롭고 정결하며, 물이 연꽃 사이로 흘러서 아래 위로 돌면서 여러 가지 소리를 내는데 제각기 소원대로 듣게 된다. 가령 설법소리를 듣고자 하면 설법소리를 듣게 되고 음악소리를 듣고자 하면 음악소리를 듣게 된다.

8) 극락세계에는 부처님과 보살이 설법하시거니와 아미타불이 변화하여 만든 여러 가지 기묘한 새들이 온화하고 청아한 소리로 밤낮으로 내내 설법한다.

9) 극락세계에 태어날 때에는 칠보로 된 연못 속의 연꽃에 화생(化生)한다. 젖으로 기르지 아니하여도 저절로 자라고 수명이 무수 겁이요, 온몸이 금색으로 빛나며, 용모가 잘나고 못난 것이 없이 한결같고 형상이 단정하며 정결하고 수승하기가 세간 사람이나 천상인들은 비교할 수 없다.

인간세계의 거지를 인간세계의 임금에 비하면 그 추악하기가 비교할 수 없어서 임금이 백천만 배나 수승하다. 하지만 인간세계의 임금이 사람들 가운데에서는 존귀하더라도 전륜성왕에 비교하면 그 추악하기가 거지를 임금에게 비교한 것과 같다. 그 전륜성왕이 천하에서는 제일이나 도리천왕에게 비교하면 도리천왕이 백천만 배나 수승하다. 그 도리천왕을 타화자재천왕에 비교하면 타화자재천왕이 백천만 배나 수승하다. 그 타화자재천왕을 극락세계의 성인(聖人)에게 비교하면 극락세계의 성인들이 배천만 배나 수승하다고 한다.

10) 극락세계에는 여인이 없다. 설사 여인이 왕생하더라도 여인으로 태어나지 아니하고 남자가 된다.

11) 극락세계의 사람은 육신통(六神通)을 다 갖추고 있다. 즉, 천안통(天眼通), 천이통(天耳通), 타심통(他心通), 숙명통(宿命通), 신족통(神足通), 누진통(漏盡通)을 구족하고 있다.

12) 극락세계에서는 음식을 먹을 때에는 갖가지 색깔의 보배 그릇이 마음대로 앞에 오는데 그 가운데에 흰 쌀이 갖추어진 음식이 담겨 있고 먹은 뒤에는 자연히 녹아 흘러서 남는 찌꺼기가 없다. 혹은 색깔만 보고 냄새만 맡아도 저절로 배가 부르면서 몸과 마음이 부드럽다. 식사를 마친 뒤에는 자연히 변화해서 사라지며 다시 먹고자 하면 다시 또 앞에 나타난다.

의복도 입고자 하면 마음대로 앞에 와서 놓이는데 바느질하거나 빨래하거나 물들이거나 다듬질하는 일이 없다.

13) 극락세계에는 사람들이 모두 지혜가 있고 마음으로 생각하는 것이 도덕 아님이 없다. 입으로 말하는 것이 바른 일 아님이 없고 서로 사랑하고 공경하며 미워하거나 시기하는 일이 없다. 제각기 질서를 지키고 어긋나는 일이 없어서 움직이는 것이 예의에 맞고 화목하기가 형제 같으며 말이 진실하고 서로 가르쳐 주면 기쁘게 받아들여 어김이 없으며 정신기운[神氣]이 고르고 고요하며 체질이 가볍고 맑다.

14) 극락세계에는 즐거움만 있고 생로병사의 괴로움이 없다. 태생 하는 데는 괴로움이 있으나 화생(化生)하는 데는 연꽃에 화생하므로 태어나는 고통이 없다. 춘하추동이 없고 절기가 바뀌지 아니하며 기후가 항상 온화하므로 늙는 고통이 없으며, 화생한 몸이 미묘하여 향기롭고 정결하므로 병의 고통이 없으며, 수명이 한량이 없으므로 죽는 고통이 없다.

7. 극락세계 장엄의 종류와 명칭

극락세계의 정보(正報)와 의보(依報)의 장엄을 표시하는 것으로 열 가지 장엄[十種莊嚴], 스물네 가지 즐거움[二十四樂], 서른 가지 이익[三十種益] 등이 있으며 다음과 같다.

정보는 과거의 업으로 인하여 받는 나의 심신을 정보라 하니 범부나 성인의 몸이다. 즉 인간, 천인, 제신(諸神), 보살, 부처님 등을 말한다.

의보는 범부와 성인의 심신에 따라 존재하는 일체세간의 자연환경을 의보라 하니 국토 등을 말하는 것으로 정토, 예토 등을 말한다.

열 가지 장엄

「예념미타도량참법(禮念彌陀道場懺法)」에 의하면 정보장엄과 의보장엄을 다음과 같이 열 가지로 분류한다[十種莊嚴].

1) 법장서원수인장엄(法藏誓願修因莊嚴) : 법장비구의 서원으로 인행(수행)을 닦은 장엄

2) 사십팔원원력장엄(四十八願願力莊嚴) : 사십팔원의 원력을 세운 장엄

3) 미타명호수광장엄(彌陀名號壽光莊嚴) : 아미타불의 명호로 목숨과 광명이 된 장엄

4) 삼대사관보상장엄(三大士觀寶像莊嚴) : 세 분 보살의 보배 형상의 장엄

5) 미타국토안락장엄(彌陀國土安樂莊嚴) : 아미타불의 국토가 안락한 장엄

6) 보하청정덕수장엄(寶河淸淨德水莊嚴) : 보배로 된 연못에 청정한 팔공덕수의 장엄

7) 보전여의누각장엄(寶殿如意樓閣莊嚴) : 궁전이 뜻과 같은 누각의 장엄

8) 주야장원시분장엄(晝夜長遠時分莊嚴) : 낮과 밤이 길고 긴 시간의 장엄

9) 이십사락정토장엄(二十四樂淨土莊嚴) : 스물네 가지 즐거움이 있는 정토의 장엄

10) 삼십종익공덕장엄(三十種益功德莊嚴) : 서른 가지 이익이 있는 공덕의 장엄

스물네 가지 즐거움

영명연수선사(永明延壽禪師)의 만선동귀집(萬善同歸集)에 스물네 가지 즐거움[二十四樂]을 말하였는데 극락정토의 스물네 가지 즐거운 모습이며 다음과 같다.

1) 난순차방락(欄楯遮防樂) : 난간으로 둘러막은 즐거움

2) 보망라공락(補網羅空樂) : 보배 그물이 허공에 덮인 즐거움

3) 수음통구락(樹陰通衢樂) : 길거리마다 나무그늘이 있는 즐거움

4) 칠보욕지락(七寶浴池樂) : 칠보로 된 목욕탕의 즐거움

5) 팔수징의락(八水澄漪樂) : 팔공덕수가 맑고 잔잔한 즐거움

6) 하견금사락(下見金砂樂) : 밑에 금모래가 보이는 즐거움

7) 계제광명락(階梯光明樂) : 층층대가 빛나는 즐거움

8) 누대능공락(樓臺凌空樂) : 누각이 허공에 솟아 있는 즐거움

9) 사연화향락(四蓮華香樂) : 네 가지 연꽃이 향기 뿜는 즐거움

10) 황금위지락(黃金爲地樂) : 황금으로 땅이 된 즐거움

11) 팔음상주락(八音常奏樂) : 여덟 가지 음악이 항상 연주되는 즐거움

12) 주야우화락(晝夜雨華樂) : 밤낮으로 꽃비가 내리는 즐거움

13) 청신책여락(淸晨策勵樂) : 이른 새벽에 경책하여 주는 즐거움

14) 엄지묘화락(嚴持妙華樂) : 아름다운 꽃을 장엄하게 가지는 즐거움

15) 공양타방락(供養他方樂) : 다른 불국토 제불에게 공양하는 즐거움

16) 경행본국락(經行本國樂) : 본국에서 경행하는 즐거움

17) 중조화명락(衆鳥和鳴樂) : 여러 새가 듣기 좋게 노래하는 즐거움

18) 육시문법락(六時聞法樂) : 하루 내내 법문을 듣는 즐거움

19) 존념삼보락(存念三寶樂) : 불법승 삼보에 생각을 두는 즐거움

20) 무삼악도락(無三惡道樂) : 축생, 아귀, 지옥의 삼악도가 없는 즐거움

21) 유불변화락(有佛變化樂) : 부처님의 변화가 있는 즐거움

22) 수요라망락(樹搖羅網樂) : 나무에서 보배그물이 흔들리는 즐거움

23) 십문동성락(十聞同聲樂) : 열 곳에서 같은 소리를 듣는 즐거움

24) 성문발심락(聲聞發心樂) : 성문들이 대승심을 일으키는 즐거움

서른 가지 이익

극락정토의 서른 가지 즐거운 모습[相]이니 이것을 삼십락(三十樂)이라고도 한다.

「석정토군의론(釋淨土群疑論)」에 정토왕생을 권하기 위하여 칭찬정토불섭수경(稱讚淨土佛攝受經), 관무량수경(觀無量壽經), 무량수경(無量壽經)의 사십팔원(四十八願)에 의하여 만들어 놓은 것이니 다음과 같다.

1) 수용종종공덕장엄청정불토익(受用種種功德莊嚴淸淨佛土益) : 가지가지 공덕으로 장엄한 청정한 부처님의 국토에서 사는 이익

2) 대승법락익(大乘法樂益) : 대승법의 즐거움을 누리는 이익

3) 친근공양무량수불익(親近供養無量壽佛益) : 무량수불을 가까이 모시고 공양하는 이익

4) 유력시방공양제불익(遊歷十方供養諸佛益) : 시방세계로 다니면서 부처님들께 공양하는 이익

5) 어제불소문법수기익(於諸佛所聞法受記益) : 여러 부처님들께 법을 듣고 수기를 받는 이익

6) 복혜자량질득원만익(福慧資糧疾得圓滿益) : 복덕과 지혜의 자량이 빨리 원만해지는 이익

7) 속증무상정등보리익(速證無上正等菩提益) : 아뇩다라삼먁삼보리를 빨리 증득하는 이익

8) 제대사등동일집회익(諸大士等同一集會益) : 여러 보살들과 함께 모이는 이익

9) 상무퇴전익(常無退轉益) : 언제나 아뇩다라삼먁삼보리에서 물러나지 않는 이익

10) 무량행원염념증진익(無量行願念念增進益) : 한량없는 행원이 생각 생각마다 증진하는 이익

11) 앵무사리선양법음익(鸚鵡舍利宣揚法音益) : 앵무새와 사리새

등이 불법의 소리를 널리 말하는 이익

12) 청풍동수여천중락익(淸風動樹如千衆樂益) : 맑은 바람에 나무가 흔들려 천상의 음악과 같은 이익

13) 마니수류선설고공익(摩尼水流宣說苦空益) : 마니보배의 물이 흐르면서 괴로움과 공의 가르침을 널리 설해주는 이익

14) 제악음성주제법음익(諸樂音聲奏諸法音益) : 여러 가지 음악이 법문을 연주하는 이익

15)사십팔원홍서원중영절삼도익(四十八願弘誓願中永絶三塗益) : 사십팔원의 큰 서원에는 삼악도가 영원이 끊어지는 이익

16) 진금신색익(眞金身色益) : 진금 빛 몸이 된 이익

17) 형무미추익(形無美醜益) : 얼굴이 고움도 추함도 없는 이익

18) 구족육통익(具足六通益) : 여섯 가지 신통을 다 갖추는 이익

19) 주정정취익(住正定聚益) : 정정취에 머무는 이익

20) 무제불선익(無諸不善益) : 모든 착하지 못한 것이 없는 이익

21) 수명장원익(壽命長遠益) : 수명이 한없이 긴 이익

22) 의식자연익(衣食自然益) : 옷과 밥이 저절로 오는 이익

23) 유수중락익(唯受衆樂益) : 모든 즐거움만 누리는 이익

24) 삼십이상익(三十二相益) : 서른두 가지 대인상(大人相)을 갖추는 이익

25) 무유실여인익(無有實女人益) : 실제의 여인이 없는 이익

26) 무유소승익(無有小乘益) : 소승이 없는 이익

27) 이제팔난익(離諸八難益) : 여덟 가지 어려움을 떠나는 이익

28) 득삼법인익(得三法忍益) : 세 가지 법인(法忍)을 얻는 이익

29) 신유광명주야상광익(身有光明晝夜常光益) : 몸에 있는 광명이 밤낮으로 빛나는 이익

30) 득나라연력익(得那羅延力益) : 나라연천과 같은 힘을 얻는 이

익

8. 태궁

태궁의 태(胎)는 태생(胎生)이요 궁(宮)은 궁전(宮殿)이니 부처님 지혜의 불가사의함을 의혹하는 행자가 자력으로 선(善)을 닦아 왕생을 원하면 저 정토에 왕생하되, 연화 중에 포함되어 태어나지 못함이 마치 사람이 태중에 있어서 암둔함과 같으므로 태생이라 하며, 스스로 궁전 중에 머무름과 같이 생각하므로 궁전이라 한다.

무량수경에 의하면, 만약 어떤 중생이 의혹하는 마음으로 많은 공덕을 닦아서 저 나라에 낳기를 원하고, 부처님의 지혜를 의혹하여 믿지 아니하면서도 오히려 죄와 복을 믿으며 선근[善本]을 닦아서 그 나라에 낳기를 원하면, 이런 중생들이 저 궁전에 태어나더라도 5백세가 되도록 부처님을 뵈옵지 못하고 경전의 가르침을 듣지 못하며 보살 성문의 성중(聖衆)도 볼 수 없으므로 이것을 태생이라 한다. 만약 중생들이 부처님의 모든 지혜를 믿고 많은 공덕을 지어 신심으로 회향하면 이 중생들은 칠보화(七寶華) 중에 자연히 화생하여 가부좌하고 잠깐 동안에 몸의 광명과 지혜공덕이 다 갖추어져 성취되리라 하였다.

제2장 극락세계의 삼성

1. 삼성의 인행

삼성(三聖)은 극락세계의 교주이신 아미타불, 그 왼편에 계신[左

脇侍] 관세음보살님, 그리고 그 오른편에 계신[右脇侍] 대세지보살님을 말한다. 아미타불의 과거에 수행하던 인행(因行)시에 다음과 같은 일이 있었다.

지나간 겁에 용진왕이 산에 들어가서 도를 닦을 때, 신하의 두 딸인 녹파나와 세택가가 따라 들어가서 도를 배웠으니, 그 왕은 지금의 아미타불이고 녹파나는 관세음보살, 그리고 세택가는 대세지보살이시다.

2. 삼성과 석가모니불과의 인행관계

극락세계의 삼성과 석가모니불과의 인행 시에 관계된 사적의 한 가지 예를 들면 다음과 같다.

지나간 겁에 한 세계가 있었으니 이름이 산제람(刪提嵐)이요, 겁의 이름은 선지(善持)였다. 그때에 한 전륜성왕이 있었으니 그 이름이 무쟁념(無諍念)이었는데 이분이 바로 아미타불이고, 그때의 대신(大臣)의 이름이 보해(寶海)였으니 이분이 곧 석가모니불이며, 보해의 아들이 출가하여 성불하니 이분이 곧 보장여래(寶藏如來)이시다.

전륜성왕의 첫째 태자는 불순(不眴)이었으니 이분이 곧 관세음보살이시다. 둘째 왕자는 니마(尼摩)였으니 이분이 곧 대세지보살이시다. 셋째 왕자는 왕중(王衆)이었으니 곧 문수보살이시다. 여덟 째 왕자는 민도(泯圖)였으니 이분이 곧 보현보살이시다.

전륜성왕이 보해의 지도로 보장여래 앞에서 정토에 성불하기를 발원하였고, 왕의 천명의 아들들과 팔만사천의 소왕(小王)들도 보해의 지도로 발심하지 아니한 이가 없었다. 또 보해의 팔십 명의 아들과 삼억 제자들도 보해의 지도로 발심하였으니 현겁(現劫) 때의

천불(千佛)과 당래(當來)의 미륵불도 보해의 제자이다. (비화경(悲華經))

전륜성왕과 보해가 모두 보장여래에게 성불하겠다는 발원을 하였는데, 전륜성왕은 청정장엄세계에서 성불하여 일체중생을 제도하기를 발원하시고 정토 극락세계에서 성불하여 아미타불이 되셨다. 보해는 오탁고뇌세계(五濁苦惱世界)에서 성불하여 일체중생을 교화하기를 발원하고 예토 사바세계에서 성불하여 석가모니불이 되셨다.

3. 아미타불

아미타불의 인행 시의 사적

아미타불이 무량겁 중 수행하는 인지 시에 전륜성왕, 국왕, 왕자, 비구, 보살 등이 되셨는데 그 사적(事蹟) 중 몇 가지 예를 들면 다음과 같다.

*지나간 겁에 월계불(月髻佛)때에 전륜성왕이 있었으니 그 이름이 혜기(慧起)였다. 선(善)을 닦아 복전을 심었으니 그 전륜성왕이 바로 아미타불이시다. (지인경智印經)

*지나간 겁에 사자유희금광불(獅子遊戲金光佛)때에 한 국왕이 있었으니 그 이름이 승위(勝威)였다. 부처님께 공양하고 선정을 닦았는데 그 국왕이 바로 아미타불이시다. (여환삼마지무량인법문경如幻三摩地無量印法門經)

*지나간 겁에 전륜성왕이 있었으니 이름이 지화(持火)요, 태자의 이름은 승공덕(勝功德)이었는데, 출가하여 불법을 수행 하였다. 그 태자가 바로 아미타불이시다. (일향출생보살一向出生菩薩)

*지나간 겁에 무구염칭기왕불(無垢焰稱起王佛) 때에 정명(淨命)비구가 수많은 갖가지 경전 14억 부(部)를 가지고 중생이 원하고 즐거워하는 바에 따라서 널리 설법 하셨다. 그 정명비구가 곧 아미타불이시다. (대승방등총지경大乘方等摠持經)

　*지나간 겁에 산상불(山上佛)이 열반하신 뒤에 명상(明相)보살이 삼천대천세계에서 널리 사리보탑을 세웠다. 그 보살이 곧 아미타불이시다. (대법거다라니경大法炬陀羅尼經)

아미타불과 석가모니불과의 인행관계

　아미타불과 석가모니불의 인행 시에 관계된 사적의 예를 들면 다음과 같다.

　*지나간 겁에 대통지승여래(大通智勝如來)때에 열여섯 왕자가 출가하여 모두 성불하였으니 제9왕자는 아미타불이시고, 제16왕자는 석가모니불이시다. (법화경法華經)

　*지나간 겁에 성리혜여래(成利惠如來) 때에 한 국왕이 있었으니 이름이 염의(焰意)요, 그 태자의 이름은 복염(福焰)이었다. 국왕이 태자와 함께 불법을 수행하였는데 그 국왕이 아미타불이시고, 그 태자가 석가모니불이시다. (보적경寶積經)

　*지나간 겁에 길의여래(吉義如來) 때에 한 국왕이 있었으니 그 이름이 액진무(額眞無)요, 그 태자의 이름은 덕광(德光)이었다. 국왕이 태자와 함께 불법을 수행하였으니 그 국왕이 아미타불이시고 그 태자가 석가모니불이시다.

　*지나간 겁에 수달(首達)이라는 연장자가 있었다. 제자 중에 유선(惟先)이라는 제자가 6만 인을 교화하고 지혜와 용맹이 있는 것을 보고 모두들 숭배하려 하니, 수달이 여러 학자에게 말하기를, "유선

은 나이 어리고 지혜가 적다."하고 유선을 비방하였으므로 수달이 지옥고통을 받았다. 그 수달이 아미타불이시고 그 유선이 석가모니불이시다. (불설생경佛說生經)

아미타불의 성불 내력

보장여래(寶藏如來)께서 무쟁념전륜성왕(無諍念轉輪聖王)을 위하여 정법을 설하시니 왕이 여래와 성중을 청하여 석 달 동안을 공양하였다. 또 불순태자(不純太子), 니마왕자(尼摩王子) 등 천 분의 왕자들도 여래께 공양하면서 3백50세를 지냈다. 모두 보해(寶海)가 권하여 전륜성왕과 왕자들과 무량중생에게 보리심을 발하게 하였다.

이때에 보장여래가 삼매에 들어 대광명을 놓으시어 시방세계를 비추시니 오탁예악(五濁穢惡)의 세계도 있고 혹은 청정 미묘한 세계도 있는지라 전륜성왕이 보장여래께 이렇게 여쭈었다.

"모든 보살들이 무슨 업으로 인하여 청정세계를 취하며 무슨 업으로 인해서 부정한 세계를 취하나이까?" 하였더니, 여래께서 "보살의 원력으로 청정국을 취하기도 하고 예악(穢惡)국토를 취하기도 하느니라."하셨다.

왕이 "내가 이제 진실하게 보리도를 행하여 부정한 국토를 취하려 하지 아니하기를 원하옵니다. 제가 성도할 때에는 저의 국토가 청정하여 모든 냄새와 더러운 기운이 없을 뿐만 아니라 지옥, 아귀, 축생도 없고, 중생들이 모두 금색이며, 여인이 없고, 한번 화생한 후에는 수명이 무량하며, 또 다른 세계의 중생들이 내 이름을 듣고 모든 선의 근본을 닦아서 내 국토에 낳기를 원하는 이는 그 목숨이 마친 뒤에 와서 반드시 낳게 되기를 원하나이다. 그러나 오역(五逆)

의 죄악을 행했거나 성인을 비방하거나 정법을 파괴한 이는 제외할 것입니다."하였다.

왕이 이와 같이 깊은 원을 발한 뒤에 부처님께 수기(授記)해 주시기를 청하였다.

여래께서는 "서방으로 백천만억 불국토를 지나서 존음왕여래(尊音王如來)의 세계가 있으니 청정한 장엄이 너의 소원과 같으니라. 저 부처님이 입멸하신 뒤에 또 세 분의 부처님이 나셨다가 입멸하시고 그 후에 제1 항하사아승지겁을 지내고 제2 아승지겁에 들어갈 때에는 그 세계를 안락(安樂 : 극락)이라 할 것이고, 너는 그때에 성불하여서 무량수여래(無量壽如來)가 되리라." 하셨다. 그 다음에 첫째 태자 불순과 둘째 왕자 니마도 큰 서원을 발했는데 부처님께서 이들에게도 장래에 성불하리라는 수기를 주셨다.

지나간 겁에 정광여래(錠光如來)가 세상에 나시고 그 다음에 또 다른 부처님이 차례로 나시고 하여 차례로 52분의 부처님이 나시고 그 다음에 53번째 부처님이 나셨는데 그 이름이 세자재왕여래이시다.

이때에 한 국왕이 있었는데 그 국왕이 부처님의 설법을 듣고 마음에 기뻐하여 나라와 왕위를 버리고 출가하여 법장비구가 되었다. 법장비구는 부처님께 여쭈었다 "제가 무상보리의 마음을 발하였사오니 경법(經法)을 많이 설하여 주시기를 원하나이다. 제가 마땅히 수행하여 청정한 묘토(妙土)를 취하려 하오니 저로 하여금 속히 정각을 이루어서 중생의 생사와 고의 근본을 뽑아 버리게 하옵소서."

세자재왕불께서 2백2십억이나 되는 모든 불국토의 추하고 묘한 것을 말씀하시고 그 마음의 원대로 이 여러 세계를 모두 보게 하였다. 법장비구는 5겁 동안이나 여러 부처님의 청정한 국토와 행을 생각한 뒤에 그 가운데서 고르고 골라 취하여 부처님 앞에서 사십팔원을 세웠다. 이때에 대지가 진동하며 하늘에서 꽃비가 내리고 공중에서 소리하기를 "결정코 무상정각을 이루리라."하였다.

법장비구는 이때부터 불가사의 조재 영겁 동안에 한량없는 덕행을 닦아 모은 후 그 원이 다 이루어져 정각을 이루었으니 이름이 무량수불이고, 그 세계는 극락세계라 부르니, 즉 여기서 서방으로 십만 억 개의 불국토를 지나가서 그 세계가 있고 성불하신지는 10겁이 되며 지금도 그 세계에서 설법하시는 중이라 한다.

법장비구가 세운 사십팔원은 다음과 같다.

사십팔원

1) 악취무명원(惡趣無名願) : 제가 부처가 될 적에, 그 나라에 지옥과 아귀와 축생의 삼악도가 있다 면 저는 차라리 부처가 되지 않겠나이다.

2) 무타악도원(無墮惡道願) : 제가 부처가 될 적에, 그 나라의 중생들이 수명이 다한 뒤에 다시 삼악도에 떨어지는 일이 있다면, 저는 차라리 부처가 되지 않겠나이다.

3) 동진금색원(同眞金色願) : 제가 부처가 될 적에, 그 나라 중생들의 몸에서 찬란한 금색 광명이 빛나지 않다면, 저는 차라리 부처가 되지 않겠나이다.

4) 형모무차원(形貌無差願) : 제가 부처가 될 적에, 그 나라 중생들의 모양이 한결같이 훌륭하지 않고, 잘 나고 못난 이가 따로 있다면, 저는 차라리 부처가 되지 않겠나이다.

5) 성취숙명원(成就宿命願) : 제가 부처가 될 적에, 그 나라의 중생들이 숙명통을 얻어 백천억 나유타겁의 옛 일들을 알지 못한다면, 저는 차라리 부처가 되지 않겠나이다.

6) 생획천안원(生獲天眼願) : 제가 부처가 될 적에, 그 나라의 중생들이 천안통을 얻어 백천억 나유타의 모든 세계를 볼 수 없다면, 저는 차라리 부처가 되지 않겠나이다.

7) 생획천이원(生獲天耳願) : 제가 부처가 될 적에, 그 나라의 중생들이 천이통을 얻어 백천억 나유타의 많은 부처님들의 설법을 듣고, 그 모두를 간직할 수 없다면, 저는 차라리 부처가 되지 않겠나이다.

8) 보지심행원(普知心行願) : 제가 부처가 될 적에, 그 나라의 중생들이 타심통을 얻어 백천억 나유타의 모든 국토에 있는 중생들의 마음을 알지 못한다면, 저는 차라리 부처 가 되지 않겠나이다.

9) 신족초월원(神足超越願) : 제가 부처가 될 적에, 그 나라의 중생들이 신족통을 얻어 순식간에 백천억 나유타의 모든 나라들을 지나가지 못한다면, 저는 차라리 부처가 되지 않겠나이다.

10) 정무아상원(淨無我相願) : 제가 부처가 될 적에, 그 나라의중생들이 모든 번뇌를 여의는 누진통을 얻지 못하고 망상을 일으켜 자신에 집착하는 분별이 있다면, 저는 차라리 부처가 되지 않겠나이다.

11) 결정정각원(決定正覺願) : 제가 부처가 될 적에, 그 나라의중생들이 만약, 성불하는 정정취(正定聚)에 머물지 못하고, 필경에 열반을 얻지 못한다면, 저는 차라리 부처가 되 지 않겠나이다.

12) 광명보조원(光明普照願) : 제가 부처가 될 적에, 저의 광명이 한량이 있어서 백천억 나유타의 모든 불 국토를 비출 수가 없다면, 저는 차라리 부처가 되지 않겠나이다.

13) 수량무궁원(壽量無窮願) : 제가 부처가 될 적에, 저의 수명이 한정이 있어서 백천억 나유타겁 동안만 살 수 있다면, 저는 차라리 부처가 되지 않겠나이다.

14) 성문무수원(聲聞無數願) : 제가 부처가 될 적에, 그 나라 성문들의 수효가 한량이 있어서, 삼천대천세계의 성문과 연각들이 백천겁 동안 세어서 그 수를 알 수 있는 정도라면, 저는 차라리 부처가 되지 않겠나이다.

15) 중생장수원(衆生長壽願) : 제가 부처가 될 적에, 그 나라 중생들의 수명은 한량이 없으리니, 다만 그들이 중생 제도의 서원에 따라 수명의 길고 짧음을 자재로 할 수는 있을지언정, 만약 그 수명에 한량이 있다면, 저는 차라리 부처가 되지 않겠나이다.

16) 개획선명원(皆獲善名願) : 제가 부처가 될 적에, 그 나라의중생들이 좋지 않은 일은 물론이요, 나쁜 이름이라도 있다면, 저는 차라리 부처가 되지 않겠나이다.

17) 제불칭찬원(諸佛稱讚願) : 제가 부처가 될 적에, 시방세계의 헤아릴 수 없는 모든 부처님들이 저의 이름(아미타불)을 칭찬하지 않는다면, 저는 차라리 부처가 되지 않겠나이다.

18) 십념왕생원(十念往生願) : 제가 부처가 될 적에, 십방세계의 중생들이 저의 나라에 태어나고자 신심과 환희심을 내어 저의 이름(아미타불)을 다만 열 번만 불러도 저의 나라에 태어날 수 없다면, 저는 차라리 부처가 되지 않겠나이다.

19) 임종현전원(臨終現前願) : 제가 부처가 될 적에, 시방세계의 중생들이 보리심을 일으켜 모든 공덕을 쌓고, 지성으로 저의 불국토에 태어나고자 원을 세울 제, 그들의 임종 시에 제가 대중들과 함께 가서 그들을 마중할 수 없다면, 저는 차라리 부처가 되지 않겠나이다.

20) 회향개생원(回向皆生願) : 제가 부처가 될 적에 시방세계의중생들이 제 이름(아미타불)을 듣고 저의 불국토(극락세계)를 흠모하여 많은 선근공덕을 쌓고, 지성으로 저의 나라에 태어나고자 마음

을 회향할 제, 그 목적을 이루지 못한다면, 저는 차라리 부처가 되지 않겠나이다.

21) 구족묘상원(具足妙相願) : 제가 부처가 될 적에, 그 나라의 중생들이 모두 32대인상(大人相)의 훌륭한 상호(相好 : 몸매)를 갖추지 못한다면, 저는 차라리 부처가 되지 않겠나이다.

22) 함계보처원(咸階補處願) : 제가 부처가 될 적에, 다른 불국토의 보살들이 제 나라에 와서 태어난다면, 필경에 그들은 한생(生)만 지나면 반드시 부처가 되는 일생보처(一生補處)의 자리에 이르게 되오리다. 다만 그들의 소원에 따라, 중생을 위하여 큰 서원을 세우고 선근공덕을 쌓아 일체중생을 제도하고, 또는 모든 불국토에 다니며 보살의 행을 닦아 시방세계의 여러 부처님을 공양하고, 또한 한량없는 중생을 교화하여 위없이 바르고 참다운 가르침을 세우고자 예사로운 순탄한 수행을 초월하여 짐짓, 보현보살의 공덕을 닦으려 하는 이들은 자재로 그 원행(願行)에 따를 것이오나, 다른 보살들이 일생보처에 이르지 못한다면, 저는 차라리 부처가 되지 않겠나이다.

23) 신공타방원(晨供他方願) : 제가 부처가 될 적에, 그 나라의보살들이 부처님의 신통력을 입고, 모든 부처님을 공양하기 위하여 한참 동안에 헤아릴 수 없는 모든 불국토에 두루 이를 수가 없다면, 저는 차라리 부처가 되지 않겠나이다.

24) 소수만족원(所須滿足願) : 제가 부처가 될 적에, 그 나라의보살들이 모든 부처님에게 공양드리는 공덕을 세우려 할 제, 그들이 바라는 모든 공양하는 물건들을 마음대로 얻을 수 없다면, 저는 차라리 부처가 되지 않겠나이다.

25) 선입본지원(善入本智願) : 제가 부처가 될 적에, 그 나라의보살들이 부처님의 일체지혜를 연설할 수 없다면, 저는 차라리 부처

가 되지 않겠나이다.

26) 나라연력원(那羅延力願) : 제가 부처가 될 적에, 그 나라의 보살들이 천상의 금강역사(金剛力士)인 나라연(那羅延)과 같은 견고한 몸을 얻지 못한다면, 저는 차라리 부처가 되지 않겠나이다.

27) 장엄무량원(莊嚴無量願) : 제가 부처가 될 적에, 그 나라의중생들과 일체 만물은 정결하고 찬란하게 빛나며, 그 모양이 빼어나고 지극히 미묘함을 능히 칭량할 수 없으리니, 만약 천안통을 얻은 이가 그 이름과 수효를 헤아릴 수 있다면, 저는 차라리 부처가 되지 않겠나이다.

28) 보수실지원(寶樹悉知願) : 제가 부처가 될 적에, 그 나라의보살들을 비롯하여 공덕이 적은 이들까지도, 그 나라의 보리수나무가 한없이 빛나고 그 높이가 사백만 리나 되는 것을 알아보지 못한다면, 저는 차라리 부처가 되지 않겠나이다.

29) 획승변재원(獲勝辯才願) : 제가 부처가 될 적에, 그 나라의 보살들이 스스로 경을 읽고 외우며 또한 남에게 설법하는 변재와 지혜를 얻을 수 없다면, 저는 차라리 부처가 되지 않겠나이다.

30) 대변무변원(大辯無邊願) : 제가 부처가 될 적에, 그 나라 보살들의 지혜와 변재가 한량이 있다면 저는 차라리 부처가 되지 않겠나이다.

31) 국정보조원(國淨普照願) : 제가 부처가 될 적에, 그 불국토가 한없이 청정하여, 시방 일체의 무량무수한 모든 부처님 세계를 모두 낱낱이 비추어 봄이 마치 맑은 거울로 얼굴을 비쳐 보는 것과 같지 않다면, 저는 차라리 부처가 되지 않겠나이다.

32) 무량승향원(無量勝香願) : 제가 부처가 될 적에, 지상이나 허공에 있는 모든 궁전이나 누각이나 흐르는 물이나 꽃과 나무나, 나라 안에 있는 일체 만물은 모두 헤아릴 수 없는 보배와 백천 가지의

향으로 이루어지고, 그 장엄하고 기묘함이 인간계나 천상계에서는 비교할 수 없으며, 그 미묘한 향기가 시방세계에 두루 풍기면, 보살들은 그 향기를 맡고 모두 부처님의 행을 닦게 되리니, 만약 그렇지 않다면, 저는 차라리 부처가 되지 않겠나이다.

33) 몽광안락원(蒙光安樂願) : 제가 부처가 될 적에, 시방세계의 한량없고 불가사의한 모든 불국토의 중생들로서, 저의 광명이 그들의 몸에 비치어 접촉한 이는 그 몸과 마음이 부드럽고 상냥하여 인간과 천상을 초월하오리니, 만약 그렇지 않는다면, 저는 차라리 부처가 되지 않겠나이다.

34) 성취종지원(成就總持願) : 제가 부처가 될 적에, 시방세계의 헤아릴 수 없고 불가사의한 모든 부처님 세계의 중생들이 제 이름(아미타불)을 듣고, 보살의 무생법인(無生法忍)과 깊은 지혜 공덕인 다라니 법문을 얻을 수 없다면, 저는 차라리 부처가 되지 않겠나이다.

35) 영리여신원(永離女身願) : 제가 부처가 될 적에, 시방세계의 헤아릴 수 없고 불가사의한 부처님 세계의 여인들이 제 이름(아미타불)을 듣고 환희심을 내어 보리심을 일으키고 여자의 몸을 싫어한 이가 목숨을 마친 후에 다시금 여인이 된다면, 저는 차라리 부처가 되지 않겠나이다.

36) 문명지과원(聞名至果願) : 제가 부처가 될 적에, 시방세계의 헤아릴 수 없고 불가사의한 모든 부처님 세계의 보살들이 제 이름(아미타불)을 듣고 수명이 다한 후에도 만약 청정한 수행을 할 수 없고, 필경에 성불하지 못한다면, 저는 차라리 부처가 되지 않겠나이다.

37) 천인경례원(天人敬禮願) : 제가 부처가 될 적에, 시방세계의 헤아릴 수 없고 불가사의한 모든 부처님 세계의 중생들이 제 이름

(아미타불)을 듣고 땅에 엎드려 부처님을 예배하며 환희심과 신심을 내어 보살행을 닦을 제, 모든 천신과 인간들이 그들을 공경하지 않는다면, 저는 차라리 부처가 되지 않겠나이다.

38) 수의수념원(須衣隨念願) : 제가 부처가 될 적에, 그 나라의 중생들이 의복을 얻고자 하면 생각하는 대로 바로 훌륭한 옷이 저절로 입혀지게 되는 것이, 마치 부처님이 찬탄하시는 가사가 자연히 비구들의 몸에 입혀지는 것과 같으리니, 만약 그렇지 않고 바느질이나 다듬이질이나 물들이거나 빨래할 필요가 있다면, 저는 차라리 부처가 되지 않겠나이다.

39) 재생심정원(纔生心淨願) : 제가 부처가 될 적에, 그 나라의 중생들이 누리는 상쾌한 즐거움이 일체 번뇌를 모두 여읜 비구와 같지 않다면, 저는 차라리 부처가 되지 않겠나이다.

40) 수현불찰원(樹現佛刹願) : 제가 부처가 될 적에, 그 나라의 보살들이 시방세계의 헤아릴 수 없는 청정한 불국토를 보고자 하면, 그 소원대로 보배나무에서 모두 낱낱이 비추어 보는 것이 마치, 맑은 거울에 그 얼굴을 비쳐 보는 것과 같으리니 만일 그렇지 않다면, 저는 차라리 부처가 되지 않겠나이다.

41) 무제근결원(無諸根缺願) : 제가 부처가 될 적에, 다른 세계의 여러 보살들이 제 이름(아미타불)을 듣고 부처님이 될 때까지 육근(根)이 원만하여 불구자가 되는 일이 없으리니 만약 그렇지 않다면, 저는 차라리 부처가 되지 않겠나이다.

42) 현증등지원(現證等持願) : 제가 부처가 될 적에 다른 세계의 보살들이 제 이름(아미타불)을 들은 이는 모두 청정한 해탈삼매를 얻을 것이며, 매양 이 삼매에 머물러 한 생각 동안에 헤아릴 수 없고 불가사의한 모든 부처님을 공양하고도 오히려 삼매를 잃지 않으리니, 만일 그렇지 않다면, 저는 차라리 부처가 되지 않겠나이다.

43) 문생호귀원(聞生豪貴願) : 제가 부처가 될 적에, 다른 세계의 보살들이 제 이름(아미타불)을 듣고도 수명이 다한 후에 존귀한 집에 태어나지 않는다면, 저는 차라리 부처가 되지 않겠나이다.

44) 구족선근원(具足善根願) : 제가 부처가 될 적에 다른 세계의 보살들이, 제 이름(아미타불)을 듣고 한없이 기뻐하며 보살행을 닦아서 모든 공덕을 갖추리니, 만일 그렇지 않다면 저는 차라리 부처가 되지 않겠나이다.

45) 공불견고원(供佛堅固願) : 제가 부처가 될 적에, 다른 세계의 보살들이 제 이름(아미타불)을 들으면, 그들은 모든 부처님을 두루 뵈올 수 있는 삼매를 얻을 것이며, 매양 이 삼매 에 머물러 성불하기까지 언제나 불가사의한 일체 모든 부처님을 뵈올 수 있으리니, 만일 그렇지 않다면 저는 차라리 부처가 되지 않겠나이다.

46) 욕문자문원(欲聞自聞願) : 제가 부처가 될 적에, 그 나라의 보살들은 듣고자 하는 법문을 소원대로 자연히 들을 수 있으리니, 만약 그렇지 않다면 저는 차라리 부처가 되지 않겠나이다.

47) 보리무퇴원(菩提無退願) : 제가 부처가 될 적에, 다른 세계의 보살들이 제 이름(아미타불)을 듣고 나서 일체 공덕이 물러나지 않는 불퇴전의 자리에 이를 수 없다면, 저는 차라리 부처가 되지 않겠나이다.

48) 현획인지원(現獲忍地願) : 제가 부처가 될 적에, 다른 세계의 보살들이 제 이름(아미타불)만 듣고도 바로, 설법을 듣고 깨닫는 음향인(音響忍)과 진리에 수순하는 유순인(柔順忍)과 나지도 죽지도 않는 도리를 깨닫는 무생법인을 성취하지 못하고, 모든 불법에서 물러나지 않는 불퇴전의 자리를 얻을 수 없다면, 저는 차라리 부처가 되지 않겠나이다.

법장비구가 세운 사십팔원 중 제십팔원은 이러하다.

"설사 내가 성불하더라도 시방중생들이 지극한 마음으로 믿고 즐거워하고 내 나라에 나고자하여 내 이름을 외기를 열 번을 하고라도 만일 내 나라에 나지 못하면 나는 정각을 취하지 아니 하겠나이다. 다만 오역(五逆)의 죄악을 행한 이와 정법을 비방한 이는 제외할 것입니다."

4. 아미타불과 석가모니불의 국토

아미타불과 석가모니불의 보신토(報身土)와 화신토(化身土)는 다음과 같다.

불신(佛身)을 세 가지로 나누니 법신(法身), 보신(報身), 응신(應身)이다.

법신은 법(法)은 진여(眞如)이니, 진여의 이체(理體)가 증득되어 드러난 부처님의 진신(眞身)으로, 곧 빛깔도 형상도 없는 본체신(本體身 : 본바탕의 몸)을 말한다.

보신은 인위(因位)에서 지은 한량없는 원행(願行)에 과보로 나타난 상호장엄(相好莊嚴)의 불신을 말한다.

응신(혹은 應化身)은 중생을 교화 제도하기 위하여 여러 가지로 응현(應現)하는 몸을 말한다. 응신을 다시 응신과 화신으로 구별하면, 2천 5백여 년 전에 인도에 출현하신 석가모니불은 응신이다. 그리고 부처님 형상으로가 아니라, 교화 제도할 중생의 종류에 따라서 인간, 천인, 아귀, 축생 등으로 변화해서 나타내는 몸을 화신이라 한다.

아미타불의 보신토는 극락세계이며 그 화신토는 청태국이다. 석가모니불의 보신토는 무승장엄국이며 그 화신토는 사바세계이다.

아미타불의 화신토인 청태국은 "성왕(聖王)이 머무는 곳이니 그 성(城)의 종광(縱廣)이 10천 유순(由旬)이다. 그 가운데 찰제리종이 가득하게 차고 아버지는 월상전륜왕(月上轉輪王)이고, 어머니는 수승묘안(殊勝妙顏)이며, 장자는 월명(月明), 받들어 모시는 제자는 무구칭(無垢稱), 지혜제자(智慧弟子)는 현광(賢光)이다." 하였다.

석가모니불의 보신토인 무승장엄국(無勝莊嚴國)은 "사바세계에서 서쪽으로 42 항하사 등의 많은 부처님의 국토를 지나서 한 세계가 있으니 무승(無勝)이라 한다. 그 국토를 어찌하여 무승이라 하는가? 그 국토에 있는 장엄하고 아름다운 것들이 모두 평등하여 고하(高下)가 없는 것이 극락세계와 같고 또 동방의 만월세계(滿月世界)와 같다. 내가 그 세계에 출현하여 중생을 교화하기 위하여 이 세계의 염부제(閻浮提) 중에서 나타나 법륜을 굴린다." 하였다.

5. 석가모니불의 큰 은혜

중생들이 아미타불의 성스러운 명호인 만덕홍명(萬德洪名)을 일심으로 억념(憶念)하면 임종 시에 극락세계에 왕생하게 된다.

그 이유는 아미타불의 사십팔원 중에 "중생이 내 나라에 나려 하는 이가 내 이름을 열 번만 염하면 임종할 때에 내 나라에 나서 뛰어나게 기묘한 즐거움을 누리며 수명이 무량하리라."하셨으니 부처님의 이 서원이 있는 까닭으로 중생들이 염불하면 곧 왕생하게 되는 것이다. 이것은 아미타불의 원력에 의한 것이지 중생의 자력이 아니다. 자기 힘으로는 성취하기가 어렵고 부처님의 힘에 의지하여야 성취하기가 쉬운 것이다.

아미타불의 성호를 염하여 극락정토에 왕생하는 일은, 석가모니불이 말씀하시지 아니하셨으면 중생들이 알지 못하였을 것이다. 그런데 석가모니불께서 정토삼부경(淨土三部經) 등을 말씀하시고 염불을 권장하셔서, 중생들이 이 염불법문을 알게 되었으며 간단한 이 묘법으로 인하여 오랜 세월과 한량없는 고난을 겪지 아니하고 일생 중에 왕생 성불할 수 있게 되었으니, 우리는 일심으로 염불하여 극락세계에 왕생함으로써 석가모니불의 큰 은혜에 보답하여야 할 것이다.

6. 현교와 밀교와의 구별

석가모니불이 말씀하신 대소승경전을 다 현교라 하고 이것은 중생의 근기에 따라 설법하신 것인데, 그 이유가 드러나서[顯然] 알기 쉬우므로 현교(顯教)라 한다. 대일여래(大日如來)가 말씀하신 금강계(金剛界), 태장계(胎藏界)의 양부(兩部)를 다 밀교(密教 : 대일여래가 자기내증의 법문을 개설한 비밀하고 심오한 진실의 교법)라 한다.

이것은 여러 부처님이 내면으로 증득하신 경계이니 등각보살(等覺菩薩)도 알 수 없으므로 밀교라 하니 즉 진언종(眞言宗)이다.

7. 밀교에서 말하는 아미타불의 명칭

밀교에서는 아미타불을 무량수불, 무량광불이라 하는 외에 감로왕이라고도 칭한다. 무량수불을 법신, 무량광불을 보신, 감로왕을 응신이라 하였으며 또 관자재왕(觀自在王)이라고도 부른다.

8. 아미타불의 상형과 인상

아미타불의 색신상(色身像)은 관무량수불경에 말씀하셨거니와 그 상형(像形)과 인상(印相)이 현교와 밀교가 각각 다르다. 현교에는 좌상과 입상의 구별이 있고 밀교에는 금강계와 태장계의 구별이 있다.

현교에는 좌상 입상이 모두 나발형(螺髮 : 머리털이 주름져서 나선형으로 말려있는 형태)의 출가형상이다. 밀교에서는 좌상은 금강계, 태장계의 양부가 모두 선정수인을 맺었으니 이것은 아미타불이 성도한 자리(自利)의 상(相)이다. 그 입상은 이 선정수인을 분리하여 상하로 나누어 오른손을 들고 왼 손을 내리고 있는 모습인데, 이것은 관무량수경에 말씀하신 것과 같이 공중에 머물러서 계신 아미타불이니 중생을 맞아서 정토로 접인 하시는 화타(化他 : 타인교화)의 모습이다.

밀교에서는 금강계의 좌상은 보관형(寶冠形)으로 선정수인을 맺으신 모습이고, 태장계의 좌상은 나발형으로 선정수인을 맺고 두 눈을 조금 감고 아래를 보시는 모습이다.

지금 인도에 남아있는 불상을 보면 중인도에는 라발형의 불상이 많고 북인도 간다라 지방의 불상에는 대개 파도형상 모양이 있는데, 한국, 중국, 일본에서는 라발형의 불상을 모신다.

9. 나무아미타불의 해석

나무아미타불(南無阿彌陀佛)의 나무(南無)는 나모(南謨, 南模, 南车.), 나마(南摩), 나망(南忙), 납막(納莫), 납모(衲慕), 낭막(曩莫), 낭

모(曩謨)라고도 쓴다. 귀명(皈命), 귀의(歸依), 귀투(歸投), 귀례(歸禮), 예배(禮拜), 경례(敬禮), 신종(信從), 계수(稽首), 굴슬(屈膝), 구제(救濟), 구아(救我), 도아(度我)라 번역한다.

귀명(皈命)의 귀(皈)는 백(白)으로 돌이킨(反)다는 뜻이다. 곧 물듦[染]을 돌이켜서 깨끗함[淨]을 이룬다는 뜻이다.
또 귀명에서 세 가지 해석이 있다.
1) 나의 신명(身命)을 던져 부처님께 귀취(歸趣)하는 뜻이다.
2) 부처님의 교명(敎命)에 귀순(歸順)하는 뜻이다.
3) 명근(命根)을 일심(一心)의 본원(本源)에 환귀(還歸)하는 뜻이다. 곧 중생의 육근이 일심으로부터 생겨서 그 근원을 등지고, 육진으로 나타나서 8만 4천의 진로(塵勞)를 일으키는 것이므로, 이제 명근으로써 육근을 통틀어 거두어들여 그 일심의 근본으로 돌아가게 하는 것이므로 귀명이라 한다.
통틀어 말하면 중생이 불타를 향하여 지심으로 돌아가 의지하고[歸依] 믿고 따른다[信順]는 의미이다.

아미타불의 아미타는 범어로 두 가지 이름이 있다.
하나는 아미타유스(阿彌陀臾斯)니 무량수(無量壽)라 번역하고, 다른 하나는 아미타바(阿彌陀婆)니 무량광(無量光)이라 번역한다.
무량수는 아미타불의 수명이 무량무변 아승지겁이니, 곧 아미타불의 수명은 한량이 없어서 수로 계산할 수도 없는 까닭으로 무량수라 한다.
부처님의 수명에는 법신수(法身壽), 보신수(報身壽), 응신수(應身壽)의 세 가지가 있다,
법신수는 빛도 없고 형상도 없이 삼제(三際 : 과거, 현재, 미래)에

통하므로 무시무종(無始無終), 즉 시초도 없고 끝도 없어서 수명의 양을 말할 수 없는 것이요.

보신수는 인위(因位 : 수행과정)에서 지은 한량없는 원(願)과 행(行)의 과보로 나타난 만덕(萬德)이 원만한 불신이므로 한번 얻으면 유시무종(有始無終), 즉 시초는 있고 끝은 없는 것이니 수명이 무량하다. 응신수는 왕궁에 탄생하셨다가 쌍림(雙林)에 열반하신 석가모니불과, 청태국의 아미타불과 같이 중생을 교화하시려는 부처님이 중생의 근기종류에 따라 나타내시는 몸이므로 유시유종(有始有終), 즉 시작도 있고 끝도 있어서 수명의 양에 기한이 있는 것이다,

불명경(佛名經)에 의하면 응신불의 수명은 다음과 같다.

월면불(月面佛)은 1일 1야,

일면불(一面佛)은 1천8백 세(歲),

묘성분성불(妙聲分聲佛)은 6십백 세,

지자재불(智自在佛)은 십2천 세

범면불(梵面佛)은 2십2천 세,

대중자재불(大衆自在佛)은 6십천 세,

위덕자재불(威德自在佛)은 7십6천 세,

마혜수라불(摩醯首羅佛)은 1억 세,

범성불(梵聲佛)은 십억 세.

또 현겁(賢劫)의 7불(佛)인

비사부불(毘舍浮佛)은 2천 겁,

시기불(尸棄佛)은 6십천 겁,

비바시불(毘婆尸佛)은 8십천 겁,

구류손불(拘留孫佛)은 십4소 겁,

가섭불(迦葉佛)은 2십소 겁,

구나함모니불(痀那含牟尼佛)은 3십소 겁,

석가모니불(釋迦牟尼佛)은 1백 년이라 하였다.

무량광은 아미타불의 광명이 무량하시고 걸림 없이 시방세계에 두루 비친다는 뜻이다.

광명에 두 가지가 있다.

하나는 신광(身光)으로 몸의 광명이다. 외광(外光), 색광(色光)이라고도 하는데 몸에서 나는 광명이다. 다른 하나는 심광(心光)으로 마음의 광명이다. 내광(內光), 지혜광(智慧光)이라고도 하는데 심지(心地)가 밝은 것으로 불보살의 광명의 지혜로써 나오므로 지혜가 광명이요 광명이 지혜다.

또 광명에 상광(常光)과 방광(放光 또는 현기광現起光이라고도 한다)이 있다. 상광은 불보살의 머리나 몸에 항상 있는 원광(圓光 : 둥근 광명)이다. 방광은 필요할 때 임시로 놓으시는 광명으로, 가령 발, 무릎 배꼽, 심장, 입, 눈썹 사이 등에서 놓으시는 빛 같은 것이다.

부처님께서 발아래로 놓으시는 광명은 지옥세계를 비추어 유익하게 하시는 것이요, 무릎에서 놓으시는 광명은 축생세계를, 음장(陰藏)에서 놓으시는 광명은 아귀세계를, 배꼽은 아수라 세계를, 심장은 인간세계를, 입은 소승인을, 눈썹 사이는 대승인을 비춘다고 한다.

불(佛)은 불타(佛陀)를 줄인 말이다. 부타(浮陀, 部陀), 부도(浮圖, 浮屠), 부두(浮頭), 발타(勃陀), 발타(勃馱), 모타(母陀), 몰타(沒陀), 몰타(沒馱)라고도 쓴다. 각자(覺者), 지자(智者)로 번역한다.

각자(覺者)의 각(覺)에는 각찰(覺察), 각오(覺梧)의 두 뜻이 있다

1) 각찰(覺察) : 번뇌를 깨달아 살펴서 해(害)하지 않게 하는 것이, 마치 세상 사람이 적(敵) 있는 것을 각지(覺知)하는 것과 같은 것이니, 이것을 일체지(一切智)라 한다.

2) 각오(覺悟) : 제법(諸法)의 사리(事理)를 각지(覺知)하여 똑똑하고[了] 분명한 것이, 마치 잠이나 꿈에서 깨어나는 것과 같은 것이니, 이것을 일체종지(一切種智)라 말한다.

자기가 깨닫고 능히 다른 이를 깨닫게 하여, 자타(自他)의 각행(覺行)이 부족함이 없는 것을 불(佛)이라 부른다. 즉 자각(自覺)은 범부와 다르고, 각타(覺他)는 이승(二乘 : 성문승, 연각승)과 다르며, 각행(覺行)이 부족함이 없는 것은 보살과 다름을 말한 것이다. 그 이유는 범부는 자각할 수 없고, 이승은 자각하되 각타의 행(行)이 없고, 보살은 자각하되 각행이 원만하지 못한 것이다.

지자(智者)란 이지(二智)를 충분히 갖추어 일체제법(一切諸法)을 각지(覺知)하는 것이 분명한 까닭으로 지자라 하며 세 가지의 지혜가 있다.

1) 일체지(一切智) : 일체제법의 총상(總相)을 개괄적으로 아는 지혜이다.

2) 도종지(道種智) : 중생을 교화하기 위하여 교화 방법[化道]의 종류와 차별을 아는 지혜이다. 화도지(化道智)라고도 한다.

3) 일체종지(一切種智) : 일체만법의 별상(別相)을 낱낱이 정밀하게 아는 지혜이다.

10. 관세음보살

관세음보살의 명호와 의미

관세음(觀世音)은 구역이며 관음 또는 관세음이라 한다. 신역에서는 관세자재(觀世自在) 또는 관자재(觀自在)라 한다. 관세음이란 뜻은 세상 사람이 부르는 소리를 관하여 고통에서 구제해준다는 뜻이다. 화엄경탐현기(華嚴經探玄記)에서는 '세간을 보고 소리를 따라서 고통에서 구제해준다.' 하였고, 법화현찬(法華玄贊)에서는 '삼업(三業)의 귀의(歸依)를 보고 중생의 고통을 뽑아준다' 하였다. '관음'은 관세음(觀世音) 세 글자를 줄인 것이다. 광세음(光世音)은 보살의 신광(身光)이 중생에게 비친다는 뜻이고, 관세자재는 세간을 살펴 고통을 뽑아주고 즐거움을 주는 것이 자재하다는 뜻이다. 관자재는 관세자재를 줄인 것이다.

천관 속의 화불

관세음보살의 색신상은, 관무량수경에 말하기를 천관(天冠) 중에 서 있는 화불이 있으니 높이가 25유순이라 하였다. 존각(存覺)의 보은기(報恩記)에는 관음은 스승의 은덕이 무거운 것을 표하여 아미타를 이고 있는 것이라 하였다.

관세음보살의 인지

관음삼매경(觀音三昧經)에 말씀하시기를, 관음이 나(석가모니불)보다 먼저 성불하여 정법명왕여래(正法明王如來)가 되고 나는 고행 제자가 된 일이 있었는데, 이 보살의 대비원력으로 일체 보살을 발기하고 모든 중생을 성숙하기 위하여 현재의 보살이 되었다고 하였다.
*지나간 겁에 아미타불이 용진왕으로 계실 때에 시녀이던 녹파나가 곧 관세음보살이시다.
*지나간 겁에 한 임금이 있었으니 이름이 장엄이고 왕비는 보응이었다. 세 딸이 있었으니 첫째는 묘안이고 둘째는 묘음이고 셋째

가 묘선이었으니, 그 묘선이 곧 관세음보살이시다.

  *지나간 겁에 천광왕정주여래가 세간에 출현하여 대비심대다라니를 설하고 금색 손으로 관세음보살의 정수리를 만지시면서, 네가 심주(心呪)를 가지고 미래의 악한 세상에서 일체 중생을 위하여 이로움과 즐거움을 지어라 하였다. 이때에 관세음보살은 초지(初地)보살로써 이 주문을 듣고 곧 뛰어서 제8지 보살이 되었다.

  *지나간 겁에 남섬부주(南贍部洲)에 한 국왕이 있었으니 이름이 선수(善首요), 태자의 이름은 선광(善光)이었다. 이때에 공왕관세음불이 세상에 출현하였는데 선광태자가 부처님께 말씀드리기를, "제가 무수겁이래로 삼독(三毒 : 탐진치)에 덮이어 악업을 많이 짓고 생사에 끊임없이 흘러 다니다가 비로소 부처님 광명이 제 몸에 비침을 만나 생사의 괴로움을 깨닫고 열 가지 비원을 발하였사오니, 제가 미래세에 관세음이라 하고 일체 세계에서 일체신(一切身)을 나타내어 일체중생의 고통 받는 것을 구제하겠나이다." 하였으니 그 선광태자가 곧 관세음보살이시다.

  *지나간 겁에 금강사자유희여래가 세상에 출현하시니 그때에 나라이름이 무량덕취안락시현이요, 임금은 위덕(석가모니불)이다. 이 임금이 정원에서 삼매에 들었을 때에 좌우 땅에서 연화가 솟아나고 꽃 가운데에 두 동자가 화생하여 가부좌하고 앉았으니 하나는 보의요, 하나는 보상이다. 그 보희가 곧 관세음보살이시다.

관세음보살의 명호를 받음과 성불의 수기

  지나간 겁에 무쟁념전륜왕의 태자인 불순이 바로 지금의 관세음보살이신데, 그때에 대비(大悲)의 원을 세우니 보장불이 수기 하시기를, "네가 일체 중생을 보고 대비심을 내어 그들의 모든 고뇌와 번뇌를 끊고 중생으로 하여금 안락에 머무르게 하려기에 이제 너를 관세음이라 이름하고 무량수불이 열반 한 후에 그 국토를 일체 진보소성취세계라 할 것이고 네가 성불하여 변출일체광명공덕산왕여래라 칭하리라." 하셨다. (비화경)

지나간 겁에 금강사자유희여래 때에 연화에 화생한 보희(관세음보살), 보상(대세지보살) 두 동자가 여래의 설법을 듣고 보리심을 발하니 성덕왕(석가모니불)이 열반하신 후에 관세음보살이 정각을 이루어 국토를 중보보집장엄이라 하고 불호는 보광공덕산왕여래라 칭하리라 하셨다. (관세음득대세지보살수기경)

관세음보살의 각종 형상과 변화분신

관세음보살은 정관음외에 여러 가지의 형상이 있으니 육관음, 팔관음, 십오관음, 삼십삼관음 등이 있다. 또 여러 가지 변화신을 나타내는데 여인상을 많이 나타내는 까닭으로 세상 사람들이 이 보살의 근본이 여자의 몸인 줄 오해하는데, 여인상을 나타내는 것은 중생과 접근하시기에 편리하도록 함이며, 중국에서는 당나라 이후부터 여인상으로 조성하였다. 보살의 변화신에 대하여 능엄경에는 32응신을 말하고 법화경에는 33응신을 말하였다.

관세음보살의 정토

인도의 남해안에 관세음보살의 주처(住處)가 있으니 보타낙가산이다. 광명산, 해도산, 소화수산이라 번역하고 산의 모형은 팔각이다.

*신역 화엄경에는 남방에 보탈낙가산이 있고 그 산에 보살이 있

으니 이름이 관자재요, 해상에 산이 있으니 성현이 많고 여러 가지 보배로 이루어져 극히 청정하고 꽃과 과일나무가 우거진 숲이 넓게 가득 퍼져 있으며, 샘과 내와 못이 모두 갖추어져 있으며, 용맹한 장부 관자재가 중생을 이익 되게 하기 위하여 산에 머무르고, 그 서면에는 바위 골짜기 사이에 샘물이 흘러 맑게 비추며, 나무가 우거져 울창하고 향내가 좋은 풀이 부드럽고 오른편으로 돌아 땅에 널리 퍼져있고 관자재보살이 금강보석위에 결가부좌 하신다고 하였다.

*화엄경탐현기에는 남인도의 남쪽에 있는 산이 천축으로, 본래 이름은 포다라산이다. 바른 번역은 없고 뜻을 번역하여 소수만장엄산인데, 소수화가 항상 광명이 있어서 대비광명보무시현을 표한다고 하였다.

*서역기에는 말라야산 동쪽에 포탈낙가산이 있으니, 산의 형세가 위험하며 바위 골짜기가 기울어지고 산길에 못이 있어 거울과 같이 맑으며, 물이 흘러 산을 이십 번을 둘러남해로 들어가며, 못가에는 석천궁(石天宮)이 있어 관자재보살이 왕래하신다 하였고, 천수경에는 한 때에 석가모니불이 보타낙가산의 관세음궁전 보장엄도량중에 계시다고 하였다.

11. 대세지보살

대세지보살의 명호와 의미

범어로 마하나발을 득대세(得大勢) 또는 대세지(大勢至)라 번역하고 줄여서 세지라 한다.

아미타불에 자비와 지혜 두 문(門)이 있으니 관세음보살은 자비문(慈悲門)을 표하고 대세지보살(大勢至菩薩)은 지혜문(智慧門)을 표한다. 이름을 대세지라 한 까닭은 다음과 같다.

첫째, 그의 큰 지혜가 모든 곳에 이르는 까닭이다.

둘째, 지혜의 광명으로써 모든 중생에게 널리 비치어 삼도(지옥, 아귀, 축생)를 여의고 무상력을 얻게 하는 까닭이다.

셋째, 이 보살이 발을 들어 놓는 곳에 삼천대천세계와 악마의 궁전이 진동하는 까닭이다.

넷째, 세간의 국왕대신과 같이 위세가 자재한 까닭이다.

즉 이 성자가 이와 같이 대비자재한 지위를 얻었으므로 이렇게 이름하였다.

육계 위의 보배 병

대세지보살의 색신상은 관무량수경에서 말하기를, 육계(肉髻) 위에 있는 보배 병[寶瓶]에는 모든 광명을 담아서 불사(佛事)를 나타낸다 하였다. 또 존각의 보은기에는 세지는 부모의 은혜가 막중한 것을 표현하여 보병 중에 전생부모의 유골을 넣었다고 하였다.

대세지보살의 인지

능엄경에서 대세지보살이 항하사겁 전에 초일월광불께 염불삼매를 배워 닦으시고 항상 이 세계에서 염불하는 중생을 섭수하여 정토에 왕생하게 하신다 하였으니, 염불법문을 전하신 시조가 되시고 중국의 혜원조사는 중국 정토종의 초조라 할 것이다.

*지나간 겁에 아미타불이 용진왕으로 계실 때에 그 시녀이던 세택 가가 곧 대세지보살이시다.

*지나간 겁에 무쟁념전륜왕의 둘째 왕자인 니마가 곧 대세지보살이시다.

*지나간 겁에 금강사자유희여래가 세간에 출현하였을 때 위덕왕이 정원에서 삼매에 들었을 때에 그 좌우 땅에서 솟은 연화중에 화생한 보상동자가 곧 대세지보살이시다.

대세지보살의 명호를 받음과 성불의 수기

*지나간 겁에 보장불이 무쟁념전륜왕의 둘째 태자인 니마에게 수기하시기를, 네가 큰 세계를 취하려 하므로 너를 득대세라 이름하고 또 미래에 성불하여 선주진보산왕여래라고 부르리라 하셨다. (비화경)

*지나간 겁에 금강사자유희여래때에 두 동자가 연화에서 화생하여 부처님의 설법을 듣고 보리심을 발하였는데 석가모니불이 말씀하시기를, 보상은 관세음보살이 열반한 뒤에 성불하여 선주공덕보왕여래라고 부르리라 하셨다.

제3장 왕생한 실제 전례

1. 아미타불을 친견함

천축 오통보살

천축(인도의 옛 이름) 계두마사(鷄頭摩寺)의 오통보살(五通菩薩)이 신력(神力)으로 극락세계에 가서 아미타불을 뵈옵고 여쭈기를, "사바세계의 중생이 정토에 나기를 원하오나 성상(聖像)을 뵈옵지 못하여 강림하시기를 바라나이다." 하니 부처님께서, "네가 먼저 내려가면 내가 따라 나타나리라." 하셨다. 오통보살이 돌아와 보니 성중이 이미 오셨는데 한 부처님과 오천 명의 보살이 각기 연화에 앉으시고 또 나뭇잎 위에 계시었다. 이에 그 형상을 모사하여 전국에 널리 퍼뜨렸다.

수나라 승려 혜해

중국 수(隋)나라 때에 승려 혜해(慧海)가 강도의 안락사(安樂寺)에 머물러 지성으로 염불하더니, 승려 도전이 제주에서 아미타불상을 모시고 왔는데, 그 미묘하고 정교함이 세간에 있지 아니한 것이라. 그 내력을 물은즉, 이것은 천축의 계두마사의 오통보살이 극락세계에 가서 그려 온 것이라 하였다. 혜해가 감격하여 지성으로 예배하며 보니 신광이 찬란하게 비치었다. 이에 그 상을 본떠 그리며 극락에 왕생하기를 간절히 원하였는데, 그 후에 대수롭지 않은 병이 있더니 밤에 문득 일어나 서쪽을 향하여 예배한 후에 가부좌하고 새벽에 입적하였는데 산 사람과 같았다.

당나라 승려 법조

중국 당나라 때에 승려 법조(法照)는 연종의 제4조인데, 대종의 대력4년(서기769년)에 호동사에서 오회염불도량(五會念佛道場)을 개설하였다. 이때에 상서로운 구름이 가득히 덮이고 구름 속에 누각이 나타나며 아미타불과 관음 세지 두 보살이 나타나서 허공에 가득하므로 형주 사람들이 분향하며 우러러 절하였다.

송나라 여인 기씨

중국 송(宋)대에 여인 기(紀)씨는 구용(句容) 갈제지(葛濟之)의 처인데 대대로 신선술을 배웠으나 기씨는 홀로 불법을 좋아하여 성심으로 염불하였다. 하루는 베를 짜다가 머리를 들어 하늘을 보니 공중이 청명하고 문득 보개(寶蓋)와 당번(幢幡)이 서방으로부터 오는데, 그 가운데에 부처님이 계시고 금색광명이 찬란하게 비쳤다. 기씨는 베 짜기를 멈추고 자세히 뵈오며 마음으로 기뻐서 경(經)에 말씀하신 무량수불이신가하고 머리를 조아려 예배하고, 갈제지를 끌어 부처님 계신 곳을 가리켜 보이나 남편은 단지 부처님의 반신과 번개(幡蓋)만을 보았다. 이때에 동리사람들이 이것을 보고 불법에 귀의한 사람이 많았다한다.

당나라 여인 요파

중국 당나라 때의 여인 요파(姚婆)는 상당(上黨)사람인데 범파(范婆)라는 분이 염불을 권하므로 요파는 집안일을 끊고 일심으로 염불하였다. 임종 때에 아미타불이 공중에 강림하시고 관음 세지 두 보살이 모신 것을 뵈옵고 요파가 부처님께 여쭈기를, "범파를 만나지 못하였더라면 어찌 부처님을 뵈옵게 되겠나이까. 부처님께서 잠간만 계시면 범파와 작별하겠나이다." 하더니 범파가 이르매 요파는 서서히 입적하였다.

명나라 승려 원과

중국 명나라의 승려 원과(圓果)는 임종 날에 제자에게 부탁하기를, 내가 죽은 지 10년 후에 화장하라하였다. 제자가 10년 후에 관을 들고 뜰에 이르니 관 속에서 불이 일어나 타버렸다. 이때에 승려와 불자들이 보니 구름 속에 극락세계의 전경이 나타나는데, 칠중란순, 칠중라망, 칠중항수, 칠보지, 누각 궁전이 금, 은, 유리, 파려, 자거, 적주, 마노 등으로 장엄하고, 연못 속에 청, 황, 적, 백의 연화

와 백학, 공작, 앵무, 사리, 가릉빈가, 공명조 등이 불경에 말씀하신
것과 다르지 아니하고 공중에서 천상음악이 울렸다 한다.

중화민국 강암남 거사

중화민국 거사 강암남(江庵南)은 안휘성의 무원사람인데 만년에
강역원거사의 권고로 매일아침 송경 염불하더니 서기1932년 3월
에 등에 종기가 발병하여 다시 살아나지 못할 줄을 알고 염불에 더
욱 힘썼다. 병은 비록 중하나 고통을 느끼지 아니하며 또 서방극락
세계를 보았는지라 강 거사에게 편지하기를, 제가 3월 25일 인시에
뇌우가 있은 뒤에 하늘이 낮같이 밝더니 문득 서방극락세계의 진경
이 나타나는데, 그 중에 칠보장엄과 보수 보탑 등이 모두 기이하지
아니한 것이 없고, 부처님이 공중에서 말씀하시는데 분명하게 들리
지 아니하고 곧 흩어져 버렸으니, 이로써 극락세계가 확실히 있는
줄을 알았노라 하였다. 강암남은 그 뒤부터 더욱 부지런히 염불하
다가 그 해 4월 22일에 염불하면서 입적하였다.

2. 극락왕생했다고 와서 알려줌

진나라 궐공측 거사

중국 진(晉)나라 때에 궐공측(闕公則) 거사가 여산(廬山) 백련사
(白蓮社)에서 염불의 정업(淨業)을 닦다가 극락에 왕생한 후에 그의
친구가 낙양의 백마사(白馬寺)에서 궐거사의 기제사를 지내는데,
수목과 건물들이 문득 금색이 되고 공중에서 소리하여 말하되, "나
는 궐공측이다. 극락에 나기를 원하여 이미 왕생하였노라."하고 말
을 마치자 보이지 아니하였다.

송나라 가구 거사

중국 송(宋)나라 때에 가구(可久)가 명주에 있으면서 항상 법화경을 외우며 정토에 나기를 원하므로 사람들이 구법화(久法華)라 불렀다. 1093년에 나이 80으로 앉은 채로 왕생 하였다가 3일 만에 다시 살아나서, "내가 극락에 가서 모든 뛰어난 아름다운 현상을 보니 불경에 말씀하신 내용과 같았고, 이 세상에서 정업을 닦는 이는 그 곳의 연화대위에 이름이 표기되었는데, 금대(金臺)에 표기된 이는 성도(成都)에 있는 광교원(廣教院)의 훈공(勳公), 명주(明州)의 손십이랑(孫十二郎), 가구(可久)요. 은대에 표기된 이는 명주(明州)의 서도고(徐道姑)라 하고 말을 마치고 다시 떠나갔다. 5년 후에 서도고는 운명할 때에 말할 수 없이 좋은 향기가 방안에 가득하였고 12년 후에 손십이랑은 운명할 때에 천상음악이 울려서 가구의 말이 모두 증험 되었다.

송나라 위세자

중국 송나라 때에 위세자(魏世子)가 자녀를 데리고 염불하였으나 그 모친은 염불하지 아니하였는데, 그 딸이 14살에 병으로 죽었다가 7일 만에 다시 살아나서 그 모친에게 말하기를, "내가 극락에 가서 보니 아버지와 오빠들은 이미 연화가 있어서 죽은 뒤에는 마땅히 왕생할 터인데, 어머니의 연화는 없어서 마음에 대단히 섭섭하므로 내가 다시 와서 알려 주니 염불하세요." 하고 눈을 감았다. 그 모친은 이 말을 듣고 감동하여 곧 신심을 발하여 부지런히 염불하다가 죽은 뒤에 극락에 왕생하였다,

3. 극락왕생 후 세상에 돌아와 중생을 제도함

각명묘행보살(覺明妙行菩薩)은 중국 진(晉)나라 때의 사람으로 빈한한 집에 태어났다. 그 가난의 고통으로 인하여 발원하기를, "내가 전부터 지은 행업으로 이 가난의 고통을 받는 것인데 내가 만약 아미타불을 뵈옵고 극락국에 나서 일체 공덕을 성취하지 못하면 설사 몸을 잃어버리더라도 마침내 물러나 쉬지 않겠다." 하고 7일 7야를 일심으로 염불하다가 마침내 아미타불의 상호광명을 보았다. 부처님이 각명묘행(覺明妙行)이란 칭호를 주시며 친히 수기하심을 받고 그 후 75세에 앉은 채로 해탈하여 극락에 왕생하였다가 다시 이 세계에 와서 비구, 거사 ,왕, 신하, 여인, 걸인 등이 되기도 하며 혹은 현신(顯身) 혹은 은신(隱身)하여 많은 중생을 제도하였다.

4. 극락왕생할 것임을 극락삼성이 미리 알려줌

정토종의 초조인 혜원대사(慧遠大師)가 여산(廬山) 동림사(東林寺)에서 연못에 백련(白蓮)을 심고 123인과 함께 백련사(白蓮社)를 결성하고 30년 동안 염불의 정업(淨業)을 닦았다. 처음 11년 동안에 극락삼성인 아미타불, 관세음보살, 대세지보살을 세 번 뵈었으나 대사는 발설하지 아니하더니 30년 되던 7월 그믐날 저녁에 아미타불 몸이 허공에 가득하고 원광(圓光) 중에 여러 화불(化佛)이 계시며, 관세음보살과 대세지보살이 그 좌우에 모시고 서계셨는데, 아미타불이 말씀하시기를, "내가 본원력으로 와서 너를 위안하노니 7일 후에는 네가 내 나라에 왕생하리라." 하셨다. 혜원대사는 8월 초엿새에 대중을 모아 훈계하고 단정하게 앉아 떠나갔으니 나이 83세였다.

5. 극락삼성이 와서 대중을 맞이함

신라 경덕왕(景德王) 17년(서기 758년) 무술(戊戌)년에 고성현 (固城懸) 원각사(圓覺寺 : 고려 때는 열산현烈山縣 서봉사西鳳寺로, 현대에는 강원도 고성군固城郡 건봉사乾鳳寺로 개명함)에서 발징화 상(發徵和尙)이 승려 정신(貞信), 양순(良順) 등 31인과 함께 염불만 일회(念佛萬日會)를 결성하고 염불하였는데, 신도 1,820인이 스스 로 발심하여 그중 120인은 의복을 공급하고, 1,700인은 식량을 공 급하더니, 원성왕(元聖王) 3년(서기787년) 정묘(丁卯)년에 도량 문 밖에 큰물이 나서 넘치며 아미타불이 관음, 세지 두보살과 함께 자 금색 연화대를 타시고 문 앞에 이르러 금색 팔을 펴시어서 염불대 중을 접인하시니, 대중이 크게 기뻐 뛰면서 좋아하였고, 부처님은 대중을 거느리시고 반야선(般若船)에 올라 극락으로 다시 돌아 가 셨다. 이때에 도량승려 31인은 육신으로 하늘로 올라가 상품상생 (上品上生)에 왕생하였다. 의복과 식량을 공급하던 염불신도 1,820 인 중 913인도 일시에 단정히 앉아서 화(化)하여 상품상생에 왕생 하였고, 다른 18인은 상품중생(上品中生)에, 31인은 하품하생(上品 下生)에 각기 왕생하였다.

제4장 사바세계와 극락세계의 비교

1. 삼계와 극락세계의 비교

삼계는 욕계, 색계, 무색계를 말한다. 삼계의 중생들은 모두 미혹 (惑 : 번뇌)으로 인하여 삼계를 벗어나지 못하거니와, 극락세계에는 안에는 더러운 종자가 없고 밖으로는 청정한 곳[淨方]을 나타내고 사폭류(四瀑流 : 번뇌)를 멀리 여의어서 길이 삼계에 뛰어난 까닭으로 비욕계라 한다.

1) 삼계 욕계 : 오욕 등의 탐욕이 있는 까닭으로 욕계라 한다. 색계 : 형상이 있는 까닭으로 색계라 한다. 무색계 : 형상은 없고 의식만 있는 까닭으로 무색계라 한다.

2) 극락세계

비욕계 : 음욕과 단식(段食)이 없는 까닭으로 욕계가 아니다.

비색계 : 땅에 의지하여 있고 물질경계에 물들어 집착하지 아니하므로 색계가 아니다.

비무색계 : 형상이 있는 까닭에 무색계가 아니다.

2. 6도세계와 극락세계의 비교

6도의 세계는 일체 중생이 자기가 지은 업에 따라 6도의 세계를 돌아다니면서 태어났다 죽었다 하는 것을 쉬지 못한다. 이는 마치 수레바퀴가 끝없이 돌아가는 것과 같으므로 윤회라 한다.

그 예를 들면, 천상세계에서 죽어 인간세계에 낳고, 인간세계에서 죽어 천상세계에 태어나고, 천상세계에서 죽어 지옥세계에 태어나고, 지옥세계에서 죽어 천상세계에 태어나고, 천상세계에서 죽어 아귀세계에 태어나고, 아귀세계에서 죽어 천상세계에 태어나고, 천상세계에서 죽어서 축생세계에 태어나고, 축생세계에서 죽어 천상세계에 태어나고, 천상세계에서 죽어 다시 다른 6도세계에 태어나는 등, 이와 같이 끝없이 윤회한다. 그러나 극락세계에는 그렇게 윤회하는 일이 없다. 일체중생은 남녀노소 빈부귀천을 막론하고 다만 극락세계를 진실로 믿고[信], 간절히 왕생하기를 발원하고[願], 염불수행[行]해서, 일심으로 나무아미타불 여섯 자 혹은 아미타불 네 자를 걷거나 머물거나 앉거나 눕거나 외우며 생각하는 마음이 그치

지 않으면, 죽을 때 극락세계에 왕생하여 부처님을 뵈옵고 무생인
(無生忍)을 깨닫게 된다.

3. 도솔천과 극락세계의 비교

도솔천은 욕계6천 중에서, 제3천인 야마천과 제5천인 화락천의
중간에 있는 제4천인데, 해면에서 30만 유순(由旬) 허공에 많이 모
인 구름 위에 있고 종광(縱廣)이 8만 유순이다.

여기에 도솔천궁이 있는데, 이 궁에 내원(內院)과 외원(外院)의
구별이 있다. 내원에는 미륵보살이 있고 외원에는 수 없이 많은 천
인들이 살고 있다.

내원에서는 미륵보살을 가까이서 모시는 까닭에 불법에서 뒤로
물러나는 일이 없으나, 외원에서는 오욕에 탐착하고 10악(十惡)을
지으므로 흔히 삼악도에 떨어진다.

도솔천을 극락세계와 비교하면 다음과 같다.

1) 교주 : 극락세계는 아미타불이 이미 성불하셔서 극락세계에
계시지만, 도솔천의 미륵보살은 아직 일생보처로서 성불하지 못하
였다.

2) 주처 : 극락세계는 정토로서 삼계를 초월한 위가 없는 불가사
의한국토이지만, 도솔천은 사바세계의 예토이면서 열천(劣天)이다
(미륵보살이 계신 내원만은 정토다).

3) 권속 : 극락세계는 여인이 없지만, 도솔천에는 남녀가 많이 함
께 지낸다.

4) 수명 : 극락세계는 수명이 무량아승지겁이지만, 도솔천은 4천
세 이며 중간에 요절하는 경우가 있어서 천수를 다하지 못한다, 인
간세계의 4백 년이 도솔천의 1일1야이다.

5) 내외원(內外院) : 극락세계는 내외원의 구별이 없고 어느 곳이나 평등하다. 또 구품(九品)의 우열이 있지만 모두 정정취에 머물므로 모두 성현이다. 도솔천은 내원과 외원의 구별이 있고, 혜업(慧業)이 많으면 내원에 낳아서 퇴전하지 않으나 혜업이 적고 복이 많으면 외원에 떨어져서 윤회를 면치 못해 삼악도에 떨어진다.

6) 몸의 색깔 : 극락세계는 순 진금색이요 광명이 백천 유순을 비치지만, 도솔천은 천상세계의 환경이 비록 청정 미묘하나 죽을 때에는 오쇠상(五衰相)이 나타나서 몸의 광명을 잃어버린다.

7) 상호 : 극락세계는 아미타불의 본원력에 의하여 모두 32대인상(三十二大人相)이 있으면서 곱거나 추함이 없지만, 도솔천은 상호가 비록 단정하고 엄숙하나 남녀가 같지 않고 곱거나 추함이 있어 다르다.

8) 고락 : 극락세계에는 근심과 괴로움이 없지만, 도솔천에는 근심의 감수[憂受], 기쁨의 감수[喜受], 괴로움의 감수[苦受], 즐거움의 감수[樂受], 괴롭지도 즐겁지도 않은 감수[捨受]의 오수(五受)가 있다.

9) 권생(勸生) : 극락세계는 극락왕생을 권하는 경문도 많을 뿐 아니라 석가모니불과 시방제불이 성실하고 간절하게 권하지만, 도솔천은 도솔천에 왕생을 권하는 것으로는 오직 미륵상생경만 있을 뿐이고 제불이 권하시는 것도 없고 범연(汎然)하여 간절하지 못하다.

10) 멸죄(滅罪) : 극락세계는 나무아미타불을 한 번 부를 때마다 8십억 겁의 생사를 거치면서 지은 무거운 죄를 멸하고 극락에 왕생한다. 도솔천은 미륵보살의 명호를 한 번 부르면 1천2백 겁 생사의 중죄를 없앤다. 또 미륵보살의 명호를 듣고 합장공경하면 5십 겁 생사의 중죄를 없애며 미륵보살에게 경례하면 100겁 생사의 죄를

없앤다.

11) 접인(接引) : 극락세계는 왕생할 때에는 아미타불의 본원력으로 성중이 와서 맞지만, 도솔천은 왕생할 때에는 미륵보살이 미간을 놓아 맞으신다.

12) 수생(受生) : 극락세계는 칠보로 된 연못의 연꽃 속에 화생하지만, 도솔천은 남녀의 무릎 위 품속에 생명을 받는다.

4. 인간세계와 극락세계의 비교

인간세계와 극락세계를 비교하면 다음과 같다.

극락세계는 연꽃에 화생하므로 태어나는 고통이 없지만, 인간세계는 피와 살로 된 몸으로 태어나는 고통이 있다.

극락세계는 추위와 더위 등으로 바뀌지 아니하므로 늙는 고통이 없지만, 인간세계는 시절이 바뀌므로 날마다 쇠약하여 늙어간다.

극락세계는 화신이 향기롭고 정결하므로 병이 나는 고통이 없지만, 인간세계는 육신의 지수화풍 사대가 고르기가 어려우므로 병이 많이 난다.

극락세계는 수명의 양이 한이 없으므로 죽는 고통이 없지만, 인간세계는 수명이 한정이 있을 뿐 아니라 죽을 때 고통이 있다.

극락세계는 육친이 없으므로 이별하는 고통이 없지만, 인간세계는 육친의 애정이 있어서 서로 이별하지 않았으면 좋겠는데 반드시 이별하게 되는 고통이 있다.

극락세계는 극히 착한 사람들이 모여 있으므로 미운 원수를 만나는 고통이 없지만, 인간세계는 미운 원수를 만나지 않았으면 좋겠는데 반드시 만나게 되는 고통이 있다.

극락세계는 옷과 음식이 보물로 되어 있는 것을 받아쓰지만, 인간세계는 고난과 배고픔과 추위가 많으므로 탐(貪)하여 구하는 것이 맞지 아니한다.

극락세계는 용모가 단정하고 몸에 광명이 있지만, 인간세계는 형체가 추악하고 병이 있는 몸이 많다.

극락세계는 한번 태어난 후에는 다시 6도 윤회에 떨어지지 않으므로 삼악도란 이름조차 없지만, 인간세계는 수레바퀴처럼 6도를 따라 돌아다니며 생사의 고통을 받는다.

극락세계는 그 땅이 황금으로 되어 평탄하고 보배로 된 나무가 하늘에 닿았으며 누각은 칠보로 되고 연화가 네 가지 색으로 피어 있지만, 인간세계는 땅이 흙과 돌로 되었으며 모든 산과 언덕 구덩이가 있고 모두 추악하다

극락세계는 지금 아미타불이 계시어서 설법을 하시고 계시지만, 인간세계는 석가모니불이 이미 열반하시고 미륵불이 아직 출현하시지 아니 하였다.

극락세계는 무수한 성인들과 함께 훌륭한 벗이 되지만, 인간세계는 여기서 친히 관세음보살 대세지보살을 뵈옵지 못하고 단지 존호(尊號)만 흠모할 뿐이다.

극락세계는 부처님의 교화가 통일되고 모든 마구니와 외도가 없지만, 인간세계는 모든 마구니와 외도들이 정행(正行)을 어지럽힌다.

극락세계는 성중이 모두 청정하고 여인이 없지만, 인간세계는 여색과 나쁜 벗과 올바르지 못한 말이 행자를 미혹시킨다.

극락세계는 물과 새와 나무와 수풀들이 모두 묘법(妙法)을 설하지만, 인간세계는 악한 모든 짐승과 산도깨비 등이 요망스럽고 간사한 소리를 낸다.

5. 시방의 제불 보살들과 종사들의 극락세계 찬양

칭찬정토불섭수경(稱讚淨土佛攝受經)에서는 시방의 모든 부처님들이 극락정토를 극구 찬양하셨다.

보적경에서는 석가모니불이 부왕 정반왕께 염불 왕생을 권하셨다.

보살내계경(菩薩內戒經)에서는 보살의 세 가지 원 중 제2원이 아미타불국에 왕생을 원하는 것이다.

화엄경에서는 보현보살이 왕생을 발원하셨다.

문수발원경(文殊發源經)에서는 문수보살이 왕생을 발원하셨다.

선종의 제13조인 마명보살(馬鳴菩薩)은 대승기신론에서 왕생을 권장하였다.

선종 제14조인 용수보살은 십주비바사론(十住毘婆沙論)에서 아미타불을 찬양하였다.

세친보살(世親菩薩)은 무량수경론(無量壽經論)에서 왕생을 발원하였다.

선종의 마명보살, 용수보살 이외에도 선종의 선덕(先德)들이 정토법문을 겸해서 닦되 혹은 드러나게 혹은 은밀하게 닦았다. 자기 뿐만이 아니라 극락정토를 찬양하여 법문을 설하기도 하고, 논문을 지어서 극락왕생을 권장하기도 하였다. 또 정토 경문을 주석하여서 정토법문을 발양(發揚)한 이가 많았으며, 임제종의 백장회해선사는 그가 지은 백장청규(百丈淸規)에서 병이 든 승려와 죽은 승려를 위하여 나무아미타불을 염송하게 하였다.

또 선종 이외에 율종이나 삼론종, 천태종, 화엄종, 법상종 등 각 종파의 종사들도 정토를 겸해서 닦았을 뿐 아니라, 다른 사람에게 권하여 닦게 하고, 또 정토경전을 주해하기도 하여서 정토를 진작

시킨 사람이 많았다.

제5장 정토종의 염불방법

1. 염불의 의의

정토종에서 염불의 본뜻은 아미타불의 본원의 힘으로 서방정토 극락세계에 왕생하기 위하여 아미타불을 염하는 것이다. 이는 아미타불이 세우신 사십팔원 가운데 "유정중생이 내 이름을 지성으로 염하면 임종 시에 내 나라에 태어나게 하신다."는 원이 있는 까닭이다.

1) 시방의 모든 부처님들 중에 아미타불이 가장 수승하시고 가장 존귀하시고 자비하시다.

2) 시방의 모든 부처님들 중에 아미타불이 유정중생과 연(緣)을 맺으신 것이 가장 많으시다.

3) 시방의 모든 부처님들 중에 아미타불이 원력으로 유정중생을 접인하시는 것이 가장 많으시다.

4) 시방의 모든 부처님들의 정토 중에 아미타불의 정토가 가장 좋다.

5) 시방의 모든 부처님들의 정토 중에서 아미타불의 정토가 가장 가깝다.

6) 시방의 모든 부처님들의 명호 중에 아미타불의 명호를 염하는 공덕이 가장 크다.

그러므로 아미타불을 오로지 염하고 다른 부처님을 염하지 아니하는 것이다.

2. 염불의 종류

염불법에는 실상염불, 관상염불, 관상염불, 칭명염불 이 네 가지가 있다

1) 실상염불(實相念佛) : 부처님의 법신은 유(有)도 아니고 공(空)도 아닌 중도실상(中道實相)의 이치임을 관하고 생각[觀念]하는 것이다. 이것은 유정중생의 업장이 두터워서 해오(解悟)하는 이가 드문 방법이다.

2) 관상염불(觀像念佛) : 단정히 앉아서 불상이나 불화 등의 상신(像身)을 관하고 생각하는 것이니, 상신이 없어지면 그 관하고 생각함이 사이가 져서 끊어지는 염불방법이다.

3) 관상염불(觀想念佛) : 고요히 앉아서 부처님의 원만하신 상호만 상념(想念)하는 것인데, 이것은 유정중생의 마음은 거칠고 경계는 미세해서 능히 묘한 관[妙觀]을 이루기 어려운 방법이다.

4) 칭명염불(稱名念佛) : 지명염불(持名念佛)이라고도 한다. 부처님의 명호를 속으로 생각하거나 소리 내어 부르는 것인데, 이것은 가장 간단하고 수행하기 쉬우며 왕생하기 쉬운 것이므로 네 가지 염불법 중에 가장 손쉬운 방법이다.

3. 염불수행의 요건

염불법문에는 신(信), 원(願), 행(行)의 세 조건을 구비하여야 극락에 왕생하기 쉽고 구비하지 못하면 왕생하기 어려운 것이다.

신(信)이란 믿는 것이다. 아미타불의 사십팔원과 석가모니불의

가르침의 말씀과 시방제불의 찬탄을 굳게 믿는 것이다.

유마경에는 "서방정토에 가고자 할진대 깊이 믿음이 견고하여야 하나니 정토의 항하사 제불은 모두 정토를 바르게 믿던 사람들이다." 하셨다. 연지대사(蓮池大師)는 "정토에 왕생하려면 진심으로 믿어야 하나니 천 사람이 믿으면 천 사람이 왕생하고 만 사람이 믿으면 만 사람이 왕생한다."하였다. 종경록(宗鏡錄)에는 "믿지 아니하는 사람은 천 부처님들이라도 구제할 수 없느니라."하였다.

원(願)이란 어느 때나 항상 사바세계의 생사의 고통을 싫어하고 극락정토의 보리의 즐거움을 사모하여 선악의 업을 짓는 대로 선업은 회향하여 정토에 나기를 원하고, 악업은 참회하여 정토에 낳기를 원하되 자기 혼자서만 왕생할 것을 원할 것이 아니라 일체중생이 함께 왕생하기를 원하는 것이다.

대지도론(大智度論)에도 "행(行)만 하는 공덕은 성취할 수 없으므로 원이 있어야 하나니, 비유하면 소가 수레를 끌 수 있지만 모는 사람이 있어야 가려는 곳에 도달할 수 있는 것과 같이, 정토에 왕생하는 원도 이와 같으니 행하는 복덕은 소와 같고 원은 모는 사람과 같다."하였다.

화엄경보현행원품(華嚴經行願品)에는 "이 사람이 임종할 때에 최후 찰나에 육근이 모두 흩어져 망가지고 모든 친속들을 모두 여의어 버리고 모든 위세를 잃어버리고 내지는 코끼리, 말, 타고 다니는 수레, 진보(珍寶) 등이 하나도 따라오지 못하지만, 이 원력만은 떠나지 아니하고 어느 때나 항상 그 앞을 인도하여 한 찰나 중에 극락세계에 왕생하게 된다."고 하였다.

염불수행[行]에는 정행(正行)과 조행(助行)이 있다. 정행은 나무아미타불 여섯 자 혹은 아미타불 넉 자를 항상 생각하거나 외우는 것이다.

조행은 예배 공양하고, 주문(呪文)과 경문을 염송하고, 업장을 참회하고, 애정을 끊고, 많은 착한 일을 행하고, 닦은 공덕을 극락에 회향하는 것이다.

믿음, 왕생원, 염불행에서 믿음과 왕생원은 눈과 같고, 염불행은 발과 같다. 또 믿음과 왕생원은 소와 같고 염불행은 수레와 같다. 또 믿음와 왕생원은 바둑판의 줄과 같고 염불행은 바둑과 같다. 이 믿음, 왕생원, 염불행의 셋 중에서 하나만 없어도 성취하지 못한다.

더욱이 믿음과 왕생원이 주재(主宰)가 되어 인도하는 것이므로 믿음과 왕생원만 한결같다면 모든 선행이 모두 정토의 자량(資糧)이 되며, 설사 불행히 잘못하여 악한 일을 했었더라도 지성으로 참회하고 상속심(相續心)을 일으키지 아니하면 충분히 왕생의 묘행(妙行)이 되는 것이다.

4. 정행염불

정행염불의 여러 가지

염불하는 사람은 걷고 머물고 앉고 눕는 일상생활 속에서 마음은 항상 서방극락세계를 향하고 어느 때 어느 곳에서나 일심으로 '나무아미타불'을 염할 것이다.

염불에는 소리를 내어 외는 출성념(出聲念), 소리 내지 않고 외는 무성념(無聲念)의 구별이 있다. 또 출성념에는 고성념(高聲念)과 저성념(底聲念)이 있으며, 무성념에는 미동순설념(微動脣舌念)과 무성밀념(無聲密念)이 있고, 또 기수념(記數念)과 불기수념(不記數念)이 있다.

고성념은 고성지(高聲持)라고도 하는데, 큰 소리로 부처님 명호를 외우는 것이다. 저성념은 저성지(底聲持)라고도 하는데, 작은 소리로 외우는 것이다.

미동순설념은 금강념(金剛念), 금강지반명반묵지(金剛持半明半黙持)라고도 하는데, 입술만 움직여 곁에 있는 사람이 그 소리를 듣지 못하는 것이다.

무성밀념은 묵념(黙念), 묵지삼매념(黙持三昧念)이라고도 하는데, 소리 없이 속으로만 염하는 것이다.

기수념은 기수지(記數持)라고도 하는데, 염불할 때에 염주를 가지고 수를 세는 것이다.

불기수념은 불기수지(不記數持)라고도 하는데, 염불할 때에 염주로 세지 아니하는 것이다.

기수념이든 불기수념이든 제각기 뜻대로 할 것이나 처음 염불하는 사람은 염주를 가지고 세는 것이 좋다.

염송할 때의 주의할 일

1) 재가불자로서 염불할 때의 의복은 일부러 가사 같은 법의를 입을 것은 없고 평상복도 좋다. 또 목탁이나 광쇠 같은 것을 치는 것도 주위의 환경에 따라서 치거나 치지 않거나 뜻대로 할 것이다.

2) 염불할 때에는 항상 생각하기를, 자기의 몸이 큰 연꽃 위에서 결가부좌한 채 합장하거나 아미타불의 수인(手印)을 맺고 부처님이 광명을 놓아 내 몸을 비춰 주시는 형상을 생각할 것이다.

3) 염불할 때에는 마음의 지극한 정성이 간절하고 긴장하기가 마

치 부모상을 만난 때의 애절함과 같이, 또는 자기 머리에 붙은 불을 끄는 생각과 같이, 주릴 때에 밥을 생각하는 것과 같이, 목마를 때에 물을 구하는 생각과 같이, 병났을 때에 약을 찾는 것과 같이, 젖 잃은 아이가 어머니를 찾는 것과 같이, 옥에 갇혔을 때에 나오기를 바라는 생각과 같이, 원수가 따라올 때에 피하려는 것과 같이, 수재나 화재에서 구해지기를 바랄 때의 생각과 같이, 닭이 알을 품었을 때와 같이, 고양이가 쥐를 잡을 때에 생각하는 것과 같이 하여야 할 것이다.

4) 염불은 출성념이거나 무성념이거나 형편이 좋은 것을 따라 자유로 하되, 식사할 때나 대소변 할 때나 누웠을 때나 옷을 벗었을 때나 목욕할 때에는 무성념으로 할 것이다. 이것은 소리를 내는 것이 공경스럽지 못한 까닭이다. 염불의 공덕은 출성념이나 무성념이 같다.

5) 출성념에서 고성념이 힘이 들거든 저성념을 할 것이고, 저성념이 불편하거든 금강념이나 묵념을 할 것이고, 금강념이나 묵념이 혼침할 경우에는 저성념이나 고성념을 할 것이다.

6) 부처님 명호를 염송할 때에는 글자음과 구절을 분명히 할 것이며, 염송할 때에 만약 잡념이 일어나거든 염송하는 소리가 내 귀에 들리도록 하면 잡념이 점점 줄어들 것이다.

7) 염불하는 장소는 구태여 조용한 곳만 구하려 하지 말고, 염불에만 오로지 마음을 써서 끊임없이 계속하면 좋다. 염불이 완전히 익지 못한 이는 조용한 장소가 좋거니와 조용한 곳에서만 염불하던 사람이 혹시 번잡한 곳에 가게 되면 염불에 방해되는 일이 있을 것이므로 처음부터 환경이 어떠하든 염불에만 오로지 마음을 쓰는 습관을 기르는 것이 좋다.

8) 염불을 권하는 사람들이 혹은 먼저 망상을 버리라 하기도 하

고,염불하는 사람도 망상이 생기는 것을 근심도 하거니와, 망상은
성현들도 아주 끊어 버리기 어렵거늘 하물며 범부중생으로서 어떻
게 망상을 모두 끊을 수 있으랴. 망상을 끊지 못한 범부로서도 평소
에 왕생한 이가 많은 것은 평소에 믿음과 왕생원이 견고하고 항상
생각하고 흔들리지 않아 부처님의 본원에 부합하므로 섭수를 입는
까닭이다.그러므로 설사 망상이 없다 하더라도 염불하지 않으면 왕
생할 수 없나니, 마치 어두운 밤에는 구름이 없더라도 달이 없으면
달빛을 받을 수 없는 것과 같다. 염불하는 사람은 망상이 있더라도
왕생할 수 있는 것이니, 마치 빛나는 태양의 빛이 대지에 퍼져 사람
들이 모두 수용(受用)하여 작업할 수 있는 거와 같다. 여기에 이런
게송이 있다.

아미타불 한 마디가 법문 가운데 왕이니	彌陀一句法中王
잡념이 어지러워도 방해되지 않는다네	雜念紛紛也不妨
만 리의 뜬구름이 빛나는 해 가려도	萬里浮雲遮赫日
인간세상 곳곳에는 나머지 광명 있어라	人間處處有餘光

즉, 아미타불 한 마디가 법 중의 왕이니 망상이 뒤얽혀 갈피를 잡
을 수 없더라도 무방하다. 비유하면 만 리에 뜬구름이 해를 가리더
라도 인간 곳곳에 나머지 광명이 있는 것과 같다는 뜻이다. 우익대
사(藕益大師)는 말하기를, 깊은 신심과 간절한 원을 가지고 염불하
면 망상이 많은 사람은 곧 하품하생(下品下生)이다 하였으니 비록
하품(下品)에 태어나더라도 많은 상등의 착한 사람들과 한곳에 모
여 법락(法樂)을 함께 받게 되는 것이다. 그러므로 염불할 때 에 망
상을 떨쳐버리려고 애쓰지 말고 염불에만 오로지 마음을 써서 끊어
지지 않는 것이 가장 적절한 방법이다.

9) 염불에 마음을 오로지 하여 어지러워지지 않는 것은 생각의 흩어짐으로부터 성취되는 것이다. 먼저 생각의 흩어짐을 중하게 여기지 않고야 어떻게 일심(一心)을 성취할 수 있으랴. 마치 글자를 배운 뒤에라야 글을 쓸 수 있는 것이거늘 글자도 배우지 아니하고 글부터 먼저 지으려는 것과 같으며, 또 모든 기술이 서투른 데서부터 익숙하게 되는 것이다. 그러므로 신심이 견고하고 왕생원이 간절하면서 염불하는 것이 끊어지지 아니하면, 쉬는 일도 적어지고 생각의 흩어짐도 점점 적어져서 일심에 이르는 것이다. 또 설사 일심이 되지 못하더라도 이와 같이 수행하면 하품에는 반드시 왕생할 수 있는 것이니, 중요한 비결은 오직 걷거나 머물거나 앉거나 눕거나 생각 생각마다 놓아버리지 않는다는 뜻인 '행주좌와염념불사(行主左臥念念不捨)' 이 여덟 글자에 있다.

10) 참구염불(參究念佛)이란 "염불자수(念佛者誰)?", 즉 염불할 때 "염불하는 자가 누구인가?" 하면서 염불에 참선을 겸하는 것이다. 이렇게 하면 염불이 둘로 나뉘어 한결같지 못하고 부처님의 본원과도 서로 어울리지 못하므로 왕생하기 어려운 것이다. 중국의 중봉선사(中峯禪師)는 "참선에는 염불을 겸할 것이나 염불에는 참선을 겸해서는 안 된다."하였다. 선종은 원래 시심마(是甚麼), 즉 이것이 무엇인고? 라는 화두법문이 있는데, 배우는 사람들 중에 참선으로 깊이 깨달아서 확고한 힘을 얻지 못하는 이가 많고, 혹은 염불을 겸해서 닦는 이도 있으며, 혹은 염불로 바꾸는 이도 있으므로, 선종종사들이 부득이 한 가지 방편으로 참구염불을 권하였으나, 이것을 정토종의 근본 취지가 그러한 줄로 아는 이가 있다.

11) 세상 사람들 중에는 "현세를 발원하려면 관세음보살을 염하고 내세를 발원하려면 아미타불을 염한다."는 오해를 가진 이들이 있다. 아미타불은 원래 대비원력(大悲願力)으로 염불중생을 접인하

여 극락세계에 왕생케 함은 물론이거니와 관세음보살과 대세지보살도 극락세계에 계시면서 중생을 접인 왕생케 하시는 터인즉, 누구나 극락왕생을 발원하였으면 아미타불을 염하거나 관세음보살을 염하거나 대세지보살을 염하거나 모두 극락에 왕생하는 것인즉 관세음보살이라고 현세에서만 중생을 호념(護念)하시는 것은 아니다.

12) 세상 사람들이 염불한다 하면, 아미타불을 염하거나 관세음보살 혹은 지장보살을 염하는 것을 통칭하여 모두 염불한다고 한다. 염불하는 사람 중에는 관세음보살을 염하는 이가 많으니, 이것은 관세음보살이 사람들의 괴로움을 건져 주시고 어려움을 도와주신다 하여, 세상 사람들이 세속적인 복[世福], 곧 자손, 부귀, 장수 등을 누리기를 발원하는 까닭이요. 아미타불을 염하는 이가 적은 것은 내세의 일이라 하면서 반신반의하고 현세의 복락과 같이 탐탁하게 생각하지 않는 까닭이다. 또 지장보살을 염하는 사람은 더러 있으나 대세지보살을 염하는 이는 없는 모양이다.

13) 부처님이나 보살을 염할 때에 두 분이나 세 분을 합하여 염하는 이도 있다. 이것은 한 분을 염하는 것보다 여러분을 염하는 것이 더 좋다는 생각으로 여러분을 염하나, 염불은 원래 일심(一心)이 되어야 하는데 만약 여러분을 염하면 염불이 한결같지 못하여 한 분만을 일심으로 염함만 같지 못하다. 지장보살은 중생을 교화하시고 악도에 떨어져 많은 고통을 받는 중생을 제도하여 우선 심한 고통을 면하게 하고, 사람, 하늘 등 선도(善道)에 낳게 하시는 보살이시므로 망자를 천도할 때에는 항상 지장보살을 염하는 것이 통례인데, 이것은 망자가 죄의 고통을 벗고 선도에 낳기를 애원하는 것이다.

14) 관세음보살도 지금 극락세계의 보처(補處)보살로 계셔서 중생을 접인하여 극락에 왕생케 하신다. 그러나 아미타불은 그 사십

팔원 중에 유정중생이 아미타불의 명호를 염하면 죽을 때에 극락에 왕생하게 하기를 발원하셨는데 관세음보살은 이러한 원이 없으시다. 또 부처님은 법왕(法王)이시고 보살은 법신(法臣)이시므로 관세음보살을 염하는 공덕은 아미타불을 염하는 공덕만 못할 것이다. 능엄경에 사바세계에 현재 계시는 보살이 62억 항하사수라 하였다.

염불의 사구(四句)의 구별

사바세계는 생멸이 덧없고 허망하며 혼탁하고 악한 세계요, 극락세계는 생사가 없고 영구불변의 진실한 청정세계다. 그러나 세상 사람들은 자기 눈으로 당장에 극락세계를 보지 못할 뿐만 아니라, 그 장엄이 뛰어나고 훌륭하다고 찬탄하는 말을 듣고 얕은 지견(知見)으로는 상상하지도 못할 일이 많기 때문에, 도리어 사바세계를 진실한 세계로 인정하고 극락세계를 허망한 세계로 인정하여 확실히 믿지 못하는 사람이 많다. 그래서 세상 사람이 염불하는데 사구(四句)의 구별이 생기게 되니, 곧 무원염불(無願念佛), 속원염불(俗願念佛), 진원염불(眞願念佛), 양원염불(兩願念佛)이다.

1) 무원염불이란 극락왕생도 현세의 탁한 복[現世濁福], 즉 자손, 부귀, 장수 등도 발원하지 아니하고 다만 염불하면 좋다는 말만 듣고 염불하는 것이다. 원래 염불법문은 극락왕생을 발원하고 염불하여야 왕생하게 되는 것인데 왕생하려는 발원이 없이 염불만 하여서는 왕생하기가 어렵다.

2) 속원염불(俗願念佛)이란 현세의 세속의 탁한 복만을 발원하여 염불하는 것이다. 이는 미망(迷妄)한 최하의 비열한 발원이다. 부처님이 49년 동안을 설법하신 목적은, 6도(六道)를 중생들이 수레바

퀴처럼 돌고 돌면서 끝없이 전전하여 시작도 끝도 없이 고통 받는 것을 제도하시어 속히 성불하는 길을 가르치신 것이거늘, 6도를 벗어날 생각은 없고 현세에 눈이 어두워 이 혼탁하고 악한 세계에서 고통의 원인이 되는 탁한 복만을 받으려 발원하니 실로 가련하고 불쌍한 중생이다.

3) 진원염불(眞願念佛)이란 극락왕생만을 발원하고 일심으로 염불하는 것이다. 그러면 저절로 현세에서는 몸과 마음이 안온하고 집안이 태평하며 하는 일이 뜻대로 될 뿐 아니라, 죽을 때에 반드시 왕생하게 될 것이니, 이와 같이 현세와 미래의 효과는 참으로 일거양득의 법이니 염불하는 사람은 명심하여 알아 두어야 할 것이다.

4) 양원염불(兩願念佛)이란 세속적인 원[俗願]과 진정한 원[眞願]을 겸하여 염불하는 것이니, 이것은 두 원이 뒤섞이어 구별이 안 되어 발원이 한결같지 못하고 부처님의 본뜻과도 어긋나므로 왕생하기 어렵다.

염불삼매

삼매(三昧)는 옛말이오. 새 말로는 삼마지(三摩地)라 쓰고 정정(正定), 등지(等持)라 번역한다.

정정은 올바르지 못하고 어지러움을 여의므로 정(正)이라 하고, 마음이 한 경계에 머무르게 하므로 지(持)라 한다.

염불삼매라 함은 염불하는 이가 마음으로써 부처님께 반연(攀緣)하며, 부처님으로써 마음을 얽매어 마음과 마음이 서로 이어져 끊어지지 아니하면, 이때에 안으로는 마음이 일어나지 아니하고, 밖으로는 경계가 침입하지 아니하여, 여러 가지 느낌[受]을 받지 아니하고 정수(正受)를 얻게 되는 것이니, 이것을 염불삼매라 한다.

염불삼매를 구별하면 두 가지가 있다.

1) 일심으로 부처님의 상호를 관하고 생각하거나 혹은 일심으로 법신의 실상을 관하고 생각하거나(이상 두 가지는 관상염불觀相念佛이다), 또는 일심으로 부처님 명호를 외우는 수행법을 닦는 것을 염불삼매라 하니, 이것을 인행(因行)의 염불삼매라 한다.

2) 위의 세 가지 인행이 과(果)를 이루어 마음이 선정(禪定)에 들어서, 혹은 불신(佛身)이 눈앞에 나타나거나 혹은 법신의 실상에 꼭 들어맞는 것을 염불삼매라 하니, 이것을 과성(果成)의 염불삼매라 한다. 인행의 염불삼매를 수(修)라 하고, 과성(果成)의 염불삼매를 발득(發得 : 지혜가 생기므로 점점 얻게 되는)이라 한다.

관불삼매해경(觀佛三昧海經)에 염불삼매를 성취함에는 다섯 가지 조건[五緣]이 있다 하였으니,

1) 계행을 지니고 범하지 아니할 것.
2) 사견(邪見)을 일으키지 아니할 것.
3) 아첨하거나 교만하지 아니할 것.
4) 자기 마음에 맞지 않는 것을 성내고 원망하며 질투하지 아니할 것.
5) 용건정진 할 것 이라 하였다.

선지식에게 배워야 한다

세상 사람들은 한 번 보고 들은 것이 선악 사이에 머릿속에 들어가 있으면 그것을 바꾸어 고치기가 대단히 어려운 모양인데 이것을 선입견이라 한다.

이 선입견이 있는 사람은 소견만 고집하며 옳은 법을 가르쳐 주

어도 시키는 대로 잘 쫓지 아니하고, 자기의 소견만 고집한다. 또 옳은 법을 알지 못하므로 이법 저 법을 섞어서 행하는 사람도 있으나 이것은 모두 선지식을 만나지 못한 까닭이다.

선지식이라는 것은 자기도 올바른 도를 닦으면서 다른 사람도 올바른 도로 가르쳐 이끄는 이를 말함이니, 불보살도 선지식이요 바르게 잘하는 이는 모두다 선지식이다. (부정한 도를 가르치는 스승이나 벗은 악지식이다).

경에 말씀하시기를, "도를 얻는 데는 선지식이 온통 인연이다." 하셨다. 성암법사(省庵法師)는 "세간의 사소한 기술도 선생이 있어야 하거늘 하물며 불법에 있어서이랴." 하였으니 공부하는 데는 선지식을 만나야 하는 것이며, 임종 때에는 선지식이 더욱 긴요한 것이다.

만일 선지식을 만났거든 그가 지도하는 대로 곧 실행하여야 한다. 다른 일을 핑계하고 차일피일하다가 필경 실행하여 보지도 못하고 목숨을 마치어 큰일을 그르치게 되면, 이 보다 더 큰 원통한 일이 어디에 있겠는가.

적실화상(寂室和尙)이 말하기를, "세상 사람이 정토를 닦으려 하거든 지금 몸이 건강할 때에 부지런히 닦을 것이다. 만일에 '지금은 바쁘니까 조금 한가하거든 닦겠다.' 하거나, '지금은 가난하니까 부자가 되거든 닦겠다.' 하거나, '아직 나이 젊으니까 늙어지거든 닦겠다.' 하면서 닦지 않다가 별안간에 죽게 되면, 잘못된 뒤에 아무리 후회하여도 어찌할 수가 없으리라."하였다.

한 번 외움이 많이 외움과 같다는 설

한번 부처님 명호를 염하는 것이 여러 번 염하는 것과 같은지 다른지에 대하여 아래와 같이 말하였다.

1) 낙방문류(樂邦文類)에는, 석가모니불이 계실 때에 어떤 속가의 늙은 남녀 두 사람이 곡식 한 말을 가지고 수를 세어 가면서 아미타불을 염하여 정토왕생을 원하는 것을 보시고는 말씀하시기를, "나무서방정토극락세계삼십육만억일십일만구천오백동명동호대자대비아미타불(南無西方淨土極樂世界 三十六萬億一十九千五百同名同號 大慈大悲 阿彌陀佛)을 한 번 염하는 것이, 많은 곡식 수와 같이 염하는 것과 공덕이 같다."고 하셨다 한다. 그러나 이 부처님 명호는 모든 정토자료에서 찾아볼 수 없고, 당나라 비석선사(飛錫禪師)의 보왕론(寶王論)에 비로소 이 부처님 명호로써 '일념다념문(一念多念門)'을 세웠고, 다음에 시랑3왕고3가 '직지정토결의집3'에서 이 일을 말하였다. 그 후에 삼문직지(三門直指)에는, "나무서방정토 극락세계 불신장광 상호무변 금색광명 변조법계사십팔원 도탈중생 불가설 불가설 전불가설 항하사불찰 미진수 도마죽위 무한극수 삼백육십만억일십일만구천오백 동명동호 대자대비 아등도사 금색여래 아미타불 (南無西方淨土極樂世界 佛身長廣 相好無邊 金色光明 邊照法界 四十八願 度脫衆生 不可說 不可說 轉不可說 恒河沙佛刹 微塵數 稻麻竹葦 無限極數三百六十萬億一十一萬九千五百 同名同號 大慈大悲我等導師 金色如來 阿彌陀佛)" 이라는 명호가 금색아미타불경(金色阿彌陀佛經)에서 나온 것인데, 한 번 염하고 한 번 절하면 10념 예념(禮念)한 공덕과 같다고 하였다. 위의 두 가지 부처님 명호는 염불하는 사람이 참고로 한 번 볼 뿐이고 항상 "나무아미타불" 혹은 "아미타불"만 오로지 염할 것이다.

2) 10념하여 왕생하는 것보다도 1념에 왕생하여 불퇴지(不退地)에 오르는 것이 정당하다. 그 이유는 오역(五逆)과 사중죄(四重罪)도 모두 한 생각에 악업을 이루어 무간지옥에 떨어지는 것이 활 쏘는

것과 같고, 또 한 생각에 선업을 이루어 극락정토에 왕생하는 것은 팔을 굽히는 것과 같다. 무량수경에도 "일념염불(一念念佛)에 모두 왕생한다." 하셨으나 관무량수경에는 10념(十念)이라 한 것은, 임종 시에 극도로 고통 이 심한 병으로 기운이 없고 마음이 줄어들므로 열 번 외워서 한 번 외움[一念]을 돕게 한 것이다. 중국 당나라의 장선화(張善和)는 백정이 직업이어서 생전에 지은 업이 순전히 흑업(黑業)이므로 이와 같은 사람은 설혹 선지식을 만나서 염불을 가르쳐 주더라도 한 번 외는 것만으로는 부족하므로 10념으로써 그 부족한 것을 돕는 것이다. 그러나 만약 염심(念心)이 왕성하고 심신(心神)이 어리석고 둔하지 아니하면 다만 한 번 외움으로도 족하다. 마치 실과 머리카락 같은 묘목을 심어서 백 아름이나 되는 거목이 되는 것과 같이 한 번 외우는 힘이 굉장히 큰 것이다.

3) 선업과 악업이 모두 한 생각으로 결과하는 것인데, 한 생각이 일체의 생각[一切念]을 갖추어 있으므로, 1념이 10념보다 못하지 아니하고, 또 10념이 즉 1념이므로 10념이 1념보다 나을 것 없으나, 부처님이 혹 1념을 말하시고 10념을 말씀하신 것은 여래의 뛰어난 방편이시다. 부처님께서 중생을 교화하실 때에 간단하게 말씀하실 곳에서는 간단하게 말씀하시고 많이 말씀하실 곳에서는 많게 말씀하셨으니, 간단히 할 곳에서 1념을 가르치신 것은 그 온 정력을 다하는 마음이 치밀하고 한결같으므로 1념이 다념(多念)보다 수승한 까닭이고, 또 많이 말씀하실 곳에서 10념을 가르치신 것은 숙습(宿習)이 짙으므로 다념이라야 제거할 수 있고 적은 염으로 삼매를 이루기 어려운 까닭이다. 그러나 이것은 한 방편에 불과하고 실은 하나가 곧 둘이요 둘이 곧 하나이니, 1념 10념 분별 할 것이 없다.

십념 왕생의 의의

어떤 이가 묻기를, "경에는 중생의 지은 업이 저울과 같아서 무거운 데로 먼저 끌린다 하였는데 중생들이 오늘날까지 나쁜 짓을 짓지 아니한 적이 없거늘 어떻게 임종 시의 10념 염불로 곧 왕생할 수 있겠는가?. 만일 10념으로 왕생한다면 무거운 데로 끌린다는 말은 어떻게 해석할 것인가?" 하였는데, 그것은 오늘에 이르기까지 지은 나쁜 업이 중하고 10념의 선(善)이 가볍다 하거니와, 10념으로 왕생되는 것은 곧 마음에 있고 연(緣)에 있으며 결정에 있는 것이므로 시간의 오래고 짧음이나 일의 많고 적은 데 있는 것이 아니다.

1) 마음에 있다는 것은, 사람이 죄를 지을 때에는 허망하고 전도(顚倒)된 마음으로 짓는 것이요, 이 10념은 선지식의 위안에 의하여 실상법(實相法)을 듣고 염불하는 것이므로, 하나는 허망하고 하나는 진실하거늘 어찌 대비할 수 있으랴. 천 년이나 묵은 어두운 방도 한 찰나의 광명으로 밝게 할 수 있는 것 아닌가. 그러므로 유일마니보경(遺一摩尼寶經)에는 "중생이 비록 수천거억만겁(數千巨億萬劫)을 애욕 중에서 죄에 덮여 있더라도 만일 불경을 듣고 한 생각이 착하면 죄가 사라져 없어진다." 하셨으니, 이것이 마음에 있다는 것이다.

2) 연(緣)에 있다는 것은, 사람이 죄를 지을 때에는 망상에 의하고 또 번뇌과보 중생에 의하여 생기는 것이나, 이 10념은 지극한 신심에 의하고 또 아미타불의 진실 청정한 한량없는 공덕에 의하여 생기는 것이다. 마치 사람이 독화살을 맞아 뼈와 살이 깨져 상하였더라도 멸제약고성(滅除藥鼓聲)을 들으면 화살이 나오고 독이 제거되는 것과 같으니, 이것이 연(緣)에 있는 것이다. 능엄경에 "비유하

면 한 가지 약이 있으니 이름이 멸제(滅除)라, 만약 전쟁할 때에 이 약을 북에 바르면 그 북소리를 듣는 이는 화살이 빠지고 독이 제거 되는 것이니, 보살마하살도 이와 같이 수능엄삼매(首楞嚴三昧)에 머 무르면 그 이름을 듣는 이가 삼독(三毒)의 화살이 저절로 빠져 나온 다." 하였다.

3) 결정(決定)에 있다는 것은, 사람이 죄를 지을 때에는 유후심 (有後心) 유간심(有間心)에 의하여 생기는 것이요, 이 10념은 무후 심(無後心) 무간심(無間心)에 의하여 생기는 것이니, 이것이 결정에 있는 것이다. 대지도론에는 "일체 중생이 임종 시에 죽는 고통이 매 우 절박하여 대단히 두려워하는 마음이 생기므로, 이때에 선지식을 만나서 대 용맹을 발하여 마음과 마음이 계속하여 끊어지지 않으 면, 이것이 증상선근(增上善根)이 되어 곧 왕생케 되는 것이다. 마 치 사람이 적을 대하여 진을 쳐부술 때에 평생에 있는 힘을 다 쓰는 것 같이, 이 10념의 선근도 그러한 것이다. 또 임종 시에 한 생각의 사견증상악심(邪見增上惡心)이 생기면 능히 삼계(三界)의 복을 기우 려서 곧 악도에 들어가게 된다." 하였다. (안락집) 임종 시의 염불하 는 마음 밖에 후심(後心)이 없고, 후심이 없으면 딴 생각이 섞이지 않으므로 임종 시에는 무후(無後) 무간(無間)의 견고하고 흔들리지 않는 맹렬하고 날카로운 마음으로 행하는 것이고, 평상시의 악업은 유후(有後) 유간(有間)의 견고하지 못하고 흔들리며 맹렬하지 못하 고 날카롭지 못한 마음으로 행하는 것이다.

10념에 왕생하는 것은 마음에 있고 경계에 있고 청정함[淨]에 있 는 것이다.

마음에 있다는 것은, 죄를 짓는 것은 허망심이요, 염불하는 것은 진실심이니 진실로써 허망을 떨어버리는 것이 마치 천 년이나 된

어두운 방에 아침 해의 밝은 빛을 막지 못하는 것 같은 것이다.

경계에 있다는 것은, 죄를 짓는 것은 전도경계(顚倒境界)에 연(緣)한 것이요 염불은 뛰어나게 기묘한 공덕에 연한 것이니 진정으로써 허위를 여의는 것이다.

청정함[淨]에 있다는 것은, 죄를 짓는 것은 더러운 마음[染意]이요, 염불하는 것은 깨끗한 마음[淨心]이니, 깨끗한 마음이 더러운 마음을 이기는 것이 마치 동자의 칼이 능히 천장(千丈) 길이의 노끈을 끊으며, 작은 불이 능히 만 묶음의 땔 나무를 태우는 것 같은 것이다.

[문] 중생의 지은 죄업이 산같이 쌓였는데 어떻게 10념으로 그 죄업을 소멸할 수 있겠는가. 비록 백만 념을 하더라도 그 많은 죄업을 다 없앨 수 없거늘 어떻게 죄업을 다 없애지 못하고 정토에 왕생하겠는가.

(답) 이에 대하여 다음의 세 가지 뜻이 있다. 첫째, 그 악업을 소멸하지 아니하더라도 정토에 왕생할 이는 임종 시에 정념(正念)이 앞에 나타나 능히 무시이래로 또는 일생 동안 지은 선업을 이끌어 서로 도와서 왕생하는 것이다. 둘째, 부처님의 명호는 통틀어 만덕을 이룬 것이니 일념염불(一念念佛)하는 이는 즉 일념 중에 통틀어 만덕을 염하는 것이다. 셋째, 무시이래의 악업은 망상으로 지은 것이니 어두움과 같고, 염불공덕은 진심으로 생기는 것이니 태양과 같다. 해가 나오면 온갖 어두운 것이 없어지듯이 진심이 잠깐 일어나면 망심(妄心)이 제거되는 것이므로 임종 시에 10념을 성취하면 반드시 왕생하게 되는 것이다.

[문] 평시에 약간 염불하던 사람이라도 임종 시에 10념으로 왕생한다고 반드시 때를 정해 약속하기 어렵거늘 하물며 평시에 염불하지 않던 사람이 어떻게 임종 시의 10념으로 왕생할 수 있겠는가.

(답) 약간 염불이라는 것은 일심으로 계속 염불하지 아니하고 매일 몇 번씩 염불함을 말하는 것이니, 이렇게 염불하는 사람은 염불하지 아니한 이와 다를 것이 없다. 그러나 약간 염불한 사람이거나 염불하지 아니한 사람이거나 임종 때에는 짧은 시간의 마음의 힘이 맹렬한 까닭에 10념으로 왕생할 수 있으니 다음 세 가지 뜻이 있다. 첫째, 짧은 시간의 마음의 힘이 능히 일생동안 악을 지은 사람을 이기는 것이니, 비록 짧은 시간이라 하더라도 그 힘이 맹렬하여 이 마음의 맹렬한 결심이 곧 대심(大心)이다. 몸을 버리는 일이 급하기가 마치 전쟁터에 들어 간 사람이 신명을 아끼지 아니함과 같은 것이다. 둘째, 혹 승(乘)이 급하고 계(戒)가 더디더라도 임종 시에 염불을 권하면 곧 신심이 생기고, 비록 현세에 수행하지 않았더라도 역시 숙세의 선업이 강하므로 임종 시에 선지식을 만나서 10념으로 성취하는 것이다. 셋째, 염불할 때에 반드시 깊은 후회가 있어서 자신의 온 정력을 다하는 마음과 부처님의 원력으로 얻은 이 10념이 능히 백천만 번 염하는 것을 당하는 것이다. 그러므로 경에 말씀하시기를, "일체중생이 아미타불의 원력에 지지(支持)되어 세세생생에 놓지 아니하시니, 이 뜻이 있으므로 부처님의 크나큰 본원의 바다[大願海] 중에서 그 이름을 한 번 부르면 능히 80억 겁 동안 생사를 거듭하면서 지었던 무거운 죄를 멸하고 곧 부처님을 따라서 왕생한다."하였다.

십념왕생과 주의할 일

사람이 만약 과거의 선인(善因)이 있으면 임종 시에 선지식을 만나서 10념이 성취되어 왕생하기 쉬울 것이요, 또 과거의 인(因)이 없더라도 임종 시에 일심으로 10념을 계속하고 운명 전 후에 행사를 법에 맞추어 실행하면 왕생할 수 있다.

그러나 십념이라는 것은 평소에 대단히 분망한 사람이 아침에나 저녁에 10념씩 하거나, 또는 평시에는 염불을 알지 못하던 사람이 임종 시에 선지식에게 염불하라는 권고를 받고 10념 하는 것과 같이 오래도록 염불할 여가가 없을 경우에는 10념법을 응용할 것이다.

그런데 세상 사람들 중에는 10념 왕생이란 말을 듣고 임종 시에 10념만 하면 왕생 할 수 있다 하여 평시에는 염불하지 아니하고 임종 시에만 10념하려는 이가 있으니, 평시에 염불하지 아니하고 임종의 10념만 믿다가 만일 과거의 인(因)도 없고, 평시에 염불한 공덕도 없는 이로서 불의의 사고나 기타 환경으로 인하여 임종 시에 염불을 못하게 되거나 행사를 법에 맞추어 하게 하지 못하게 되면 왕생할 수 없을 것이다.

그러므로 평상시에 부지런히 염불하여 왕생할 자량(資糧)을 예비하여야 임종 시에 왕생하기 쉬우려니와 생품(生品)도 반드시 높을 것이다.

[문] 일생에 악업을 지었더라도 임종 시에 염불만 하면 업을 벗고 왕생한다 하니 생시에 세상사에만 분망하다가 임종 시에 염불하여도 무방하겠는가.

(답) 소위 오역죄와 십악을 지은 범부[逆惡凡夫]로서 임종 시에 염불하는 이는 숙세의 선근공덕이 있으므로 선지식을 만나서 염불하게 되는 것이거니와 이러한 요행은 만에 하나도 있기 어려운 것이다. 이 세상에 열 가지의 사람이 임종 시에 염불하지 못하게 되는 것이 있으니 1) 착한 벗[善友]을 만나지 못하는 이 2) 업의 고통[業苦]이 몸에 얽힌 이 3) 중풍으로 말을 못하게 되는 이 4) 미친 듯이 어지러움으로 실심(失心)한 이 5) 수재나 화재를 당한 이 6) 호

랑이에게 죽은 이 7) 임종에 나쁜 벗[惡友]을 만난 이 8) 혼미(昏迷)하여 죽은 이 9) 군진(軍陣)에서 전사하는 이 10) 급한 낭떠러지나 높은 바위에서 떨어져 죽은 이 등이다.

염불하는 기간의 장단의 의의

[문] 관무량수경에는 "임종 시에 1념 내지 10념으로 왕생한다." 하였고, 아미타경에는 "하루 내지 7일 동안 일심불란(一心不亂)하면 왕생한다." 하였다. 무량수경에는 "몸과 목숨이 끝나도록 한결같이 염불하여야 왕생한다." 하였으니, 몸과 목숨이 끝나도록 염불하여야 왕생한다면, 1념이나 10념, 하루나 7일에 왕생한다는 헛된 말일 것이고 하루 내지 7일이 참말이라면 몸과 목숨이 끝나도록 하라는 것은 무슨 뜻인가?

(답) 위의 세 가지 말이 모두 허언이 아니다. 중생이 정토의 가르침을 듣는데 이른 것과 늦음이 있고 발심할 때에 더딤과 빠름이 있으며 수명에 장단이 있으므로, 여러 경전들의 교설이 동일하지 아니한 것이다. 만약 임종 시에 처음으로 착한 벗을 만나서 발심 염불하여도 왕생할 것이고, 또 하루나 이틀 내지 여러 날 후에 목숨이 다 할 사람에게는 그 명을 따라서 염불할 것을 가르쳐 주었을 것이고, 장수한 이에게는 그 목숨이 다하도록 염불하라고 가르쳤을 것이므로, 세 경전의 교설이 같지 아니한 것이다. 즉, 관무량수경에는 금방 임종하려는 이에 대하여는 1념이나 10념에도 왕생한다 하신 것이고, 아미타경에는 몇 날을 지나서 운명할 이에 대하여는 하루 내지 7일 동안 염불하면 왕생한다 하신 것이고, 무량수경에는 장수할 이에 대하여는 장시간 염불하면 역시 왕생한다 하신 것이다. 또 아미타경의 하루 내지 7일의 기한은 이근과 둔근에 대한 말씀을 하

신 것이고, 무량수경과 고음성왕경(鼓音聲王經)의 10념, 대집경(大集經)의 49일과, 반주삼매경(般舟三昧經)의 90일은 둔근을 위한 말씀을 하신 것이니, 10념이나 하루 등은 기한이 너무 짧고 49일이나 90일은 너무 길거니와 그중 7일이 적절한 것이다.

하루 내지 칠일 일심불란(一心不亂)의 의미

[문] 아미타경에 말하기를, "적은 선근과 복덕의 인연으로 저 나라에 왕생할 수 없느니라. 사리불이여, 만약 어떤 선남자나 선여인이 아미타불에 대한 설법을 듣고 그 명호를 마음에 확고히 새겨 지니고 부르되, 하루나 이틀 혹은 사흘·나흘·닷새·엿새 혹은 이레 동안, 한 마음이 산란하지 않는다면, 그 사람이 목숨이 다하려 할 때에 아미타불께서 여러 성인 대중과 함께 그의 앞에 나타나시고, 그 사람은 목숨이 다하는 순간 마음이 뒤바뀌지 않고 곧바로 아미타불의 극락국토에 왕생하게 되느니라.[不可以少善根福德因緣 , 得生彼國。若有善男子、善女人 , 聞說阿彌陀佛 , 執持名號 , 若一日、若二日、若三日、若四日、若五日、若六日、若七日……一心不亂. 其人臨命終時 , 阿彌陀佛與諸聖衆 , 現在其前。是人終時 , 心不顚倒 , 即得往生阿彌陀佛極樂國土]."라고 했는데, 하루 내지 7일이라는 것은 염불의 기간인가 혹은 일심불란(一心不亂)의 기간인가?

(답) 하루 내지 7일은 일심불란 하여 정(定)에 있는 기간을 가르치신 것이다. 염불을 하루 내지 7일 하면 곧 일심불란을 얻는 것을 말한 것이 아니다. 일심불란의 기간이 길면 7일 짧으면 하루이고, 길고 짧은 것은 다르나 일심(一心)은 같은 것이다.

[문] 아미타경에 7일 일심불란이라 한 것은 어째서 7일이라 하였는가?

(답) 7일은 세간과 출세간의 사물을 말할 때에 흔히 7수(七數)를 말한다. 예컨대 예참(禮懺)의 7일, 진언수지[持呪]의 7번, 아미타경에서의 일곱 겹의 난간, 일곱 겹의 보배그물, 일곱 겹의 가로수 행렬, 그리고 종묘(宗廟)의 칠대봉사 치성(致誠)의 7일, 칠일재계(七日齋戒) 등과 같은 것이다. 또 하루 내지 7일은 이근과 둔근에 대한 것이다. 이근은 하루 만에 성공하여 곧 일심을 얻어서 마음이 어지러워지지 않게 되고, 둔근은 이틀, 삼일 내지 7일 만에 마음이 순일하게 되는 것이며, 또 이근은 칠일을 지내도 마음이 어지러워지지 않으며, 둔근은 6, 5일내지 하루를 지내면 흩어져 어지럽게 되는 것이다.

[문] 하루 내지 7일에 일심불란 하던 것이 그 후에 능히 일심(一心)이 되지 못하여도 왕생할 것인가.

(답) 한 번 일심이 된 뒤에는 다음에 조금 흩어져 어지러워지더라도 크게 흩어져 어지러워지지 아니할 것이며, 항상 스스로 낱낱이 검사하고 누누이 큰 원을 발하면 왕생하지 못할 자가 없을 것이다.

[문] 평시에 가령 7일을 일심불란한 뒤에 다시 미혹을 일으켜 업을 짓더라도 왕생할 수 있는가.

(답) 만약 일심불란된 사람이면 다시 미혹을 일으켜서 업을 짓는 일이 없을 것이다.

[문] 그러나 선도(善導)대사의 해석은 다르다고 하는데 어떤 뜻으로 풀이하는가? (제2증보판에서 편역자가 보충함)

(답) 선도대사는『아미타경』이 단락의 경문을 다음과 같이 해석하였다.

"극락의 무위(無爲) 열반계는 인연을 따르는 잡다한 선(善)으로는 아마 왕생하기 어렵나니, 여래께서 요법(要法)을 선택하시어 아미타불을 전념(專念)하고 또 전념하라 가르치시네. 칠일 밤낮 마음에 틈새 없고, 장시간 행을 일으켜 배가 됨도 모두 그러하네. 임종할 때 성중들이 꽃을 들고 나타나니, 심신이 용약(踊躍)하여 금색 연꽃에 앉노라[極樂無爲涅槃界 , 隨緣雜善恐難生。故使如來選要法 , 教念彌陀專復專。七日七夜心無間 , 常時起行倍皆然。臨終聖衆持華現 , 身心踴躍坐金蓮]."

　이를 알기 쉽게 풀이하면, '적은 선근과 복덕의 인연'이 바로 '인연을 따르는 잡다한 선(善)'이고, '일심불란'이 바로 '아미타불을 전념(專念)하고 또 전념하라'이다. 수명이 다할 때까지 전수(專修)염불을 하며, 염불에 부족함이 있다고 여기지 않고 다른 생각을 하지 않으며 믿음과 발원이 견고하다면, 이것이 바로 '일심불란'이어서 누구나 다 할 수 있다. 따라서 선도대사가 해석한 '일심불란'은 바로 당신이 아미타불의 구제를 믿고 전수염불을 한다면 이것이 곧 '일심불란'이고,『무량수경』의 48대원 중 제18원에서 말하는 '지극한 마음으로 믿고 기뻐하며 나의 나라에 태어나고자 내지 십념으로'이며, 이것이 바로 '일심불란'이다. 그렇다면 정토삼부경의 종지는 완전히 관통이 된다. 석가모니불과 아미타불은 완전히 일치가 된다. 위로는 아미타불의 자비원력과 석가모니불의 세상에 출세본회(出世本懷)와 꼭 들어맞으며, 아래로는 중생들의 근기에 부합한다. 만약 이러한 해석이 아니라면 전부 위로는 아미타불의 본원과 꼭 들어맞지 않고 아래로는 중생들의 근기와 부합하지 않는데 어떻게 왕생을 하겠는가? 예전의 그러한 해석들은 모두 정토종의 해석이 아니라 천태종과 선종의 해석들이었다.(대만 혜정법사 풀이)

관상염불하는 법

　관상염불(觀想念佛)은, 행자가 먼저 서쪽을 향하여 결가부좌 또는 반가부좌하고, 아미타불의 수인을 맺은 뒤에, 부처님의 몸빛이 진금색으로 되신 일장육척(一丈六尺)의 불상이 칠보로 된 연못 위에 서 계시거나 앉아 계신 것을 관상(觀想), 즉 관하면서 생각한다. 또 삼십이상(三十二相)을 한 상(相)씩 낱낱이 관상하거나 혹은 미간의 백호상(白毫相)만 관상한다. 이 백호상 관상을 오래 오래하여 익숙해지면 자연히 감응한다. 32상을 관상하는 법은 32상 중에 발바닥이 평평하게 찬 족하평만상(足下平滿相)부터 관상하기 시작하여 위로 올라가면서, 한 상씩 관상하여 정계육골상(頂髻肉骨相)까지 이른다. 그런 다음 다시 정계육골상부터 아래로 내려오면서, 한 상씩 관상하여 족하평만상까지 이르되 조금도 다른 잡념이 없이 또렷하게 관상하는 것이다.

미간의 백호상을 관상하는 법은, 부처님의 눈썹 사이 윗부분에 흰 털 하나가 있는 것을 미간 백호상이라 하는데, 그 빛깔이 선명하고 희며, 광채가 있고 맑기가 백설보다 더 희며, 부드럽기가 도라면과 같고 여덟모가 졌으며, 가운데가 비고 주위가 다섯 치이며, 잡아당기면 길이가 일장오척이요 놓으면 오른편으로 다섯 번 비틀려서 유리통과 같이 된다고 한다. 이 상을 관상하는 법도 32상을 관상함과 같이 조금도 다른 잡념이 없이 명확하고 똑똑하게 관상하는 것이다.

5. 조행염불

몸과 마음을 깨끗이 할 것

행자가 조행(助行)을 닦으려면 먼저 몸과 마음을 깨끗이 하여야 하나니, 몸과 마음을 깨끗이 함에는 신심원리(身心遠離)와 희족소욕(喜足小欲), 그리고 사성종(四聖種) 이 세 가지 정인[三淨因]이 있다. 이것을 신기청정(身器淸淨)의 삼인(三因)이라고도 한다.

1) 신심원리(身心遠離)는 몸에는 나쁜 벗 등과 악연(惡緣)을 멀리 여의고 마음에는 악한 생각분별을 일으키지 말아야 한다. 이 신심원리를 성취하려면 희족소욕에 의하여야 한다.

2) 희족소욕(喜足小欲)의 희족이라 함은, 이미 얻은 의복·음식 등에 만족함을 말함이고, 소욕은 아직 얻어지지 않았을 때 크게 구하지 아니함이다. 이것으로써 불희족대욕(不喜足大欲 : 만족하지 못하고 크게 욕심내는 것)을 고친다. 불희족대욕은 욕계의 탐번뇌(貪煩惱 : 탐욕하는 번뇌)요, 희족소욕은 무탐(無貪 : 탐욕이 없음)의 심소(心所 : 심리작용)이니 삼계와 무루(無漏)에 통하는 것으로, 이 희족소욕에 의하여 사성종(四聖種)에 머물음을 얻는다.

3) 사성종(四聖種)은 의복희족성종(衣服喜足聖鐘), 음식희족성종(飮食喜足聖種), 와구희족성종(臥具喜足聖鐘), 낙단수성종(樂斷修聖鐘)의 네 가지를 말함인데 앞의 셋은 의복, 음식, 와구(사는 곳)에 대하여 기뻐하고 만족하는[喜足] 마음에 머무는 것을 말함이요. 뒤의 하나는 번뇌를 끊고 성도(聖道)를 닦는 것을 좋아하는 것이니, 이것은 삼계의 탐욕을 버리는 것이므로 무탐을 그 성질로 한다 할 것이다. 이 사성종의 네 가지는 모두 성도를 낳게 하는 시초이므로 성종이라 한다.

예배할 것

행자는 매일 조석으로 사성례(四聖禮)를 행하여야 한다. 먼저 깨끗한 방에 아미타불, 관세음보살, 대세지보살, 삼성의 상이나 화상(畵像)을 모시되, 아미타불을 동향으로 모시고 그 왼편에는 관세음보살, 오른편에는 대세지보살을 모신다. 만일 삼성의 상이 없으면 아미타불상 만을 동향으로 모시고 그 앞에는 향로 하나를 놓고 다른 물건은 많이 두지 않는다. 만약 불상이 없으면 부처님 명호를 써서 족자를 만들어 건다. 그것도 없으면 서쪽을 향하여 사성례만을 행하되 먼저 분향하고, 바로 서거나 꿇어앉거나 결가부좌 혹은 반가부좌하고, 합장 또는 아미타불 수인을 맺고 사성예문(四聖禮文)을 외우며 예배한 후에 물러난다.

조석으로 사성례 뿐 아니라 틈나는 대로 불상에 예배하여야 할지니, 불상에 대하여는 진짜 부처님을 뵈옵는 것과 같이 공경하고 조금도 소홀한 생각을 가지지 아니하여야 한다.

염불경(念佛鏡)에 이르길, 석가모니불이 그 어머니 마야부인을 위하여 도리천에 올라가셔서 설법하시고 90일이나 계셨는데, 그때에 인도의 우전왕(優塡王)이 부처님을 생각하나 뵈올 수가 없으므로 장인(匠人)을 보내어 불상을 만들었다. 부처님이 천상에서 내려오시므로 우진왕이 모든 신하를 거느리고 맞을 때에 불상도 부처님을 맞아서 부처님이 불상과 같이 서시니 불상이 부처님과 흡사한지라, 부처님이 손으로 불상의 이마를 만지시며 말씀하시기를 "나는 얼마 있지 않아 열반할 터이니 네가 오래 세간에 있어서 유정중생을 교화하라."하셨다.

이와 같이 부처님께서도 불상을 공경하시거늘 하물며 유정중생이야 어찌 공경하지 아니하리오. 또 지장십륜경(地藏十輪經)에 이르기를, "한 사냥꾼이 가사를 입었더니 코끼리가 일어나서 공경한 덕으로 코끼리는 도리천에 태어나서 91겁 동안이나 즐거움을 누렸다. 불상도 이와 같이 공경하면 존귀 영화를 누리고 정토에 난다."하셨다. 불상의 시초는 인도의 우전왕이 최초에 전단(栴檀)나무로 불상을 만들고 파사왕(波斯王)은 금으로 불상을 만들었다.

업보차별경(業報差別經)에는 예불일배(禮佛一拜)에 열 가지 공덕을 얻는다 하였는데 다음과 같다.

1) 묘한 육신[妙色身]을 얻는다.

2) 말을 하면 사람이 믿는다.

3) 많은 사람들 사이에 있어도 두려움이 없다.

4) 부처님이 항상 돌보아 주신다.

5) 큰 위의를 갖춘다.

6) 많은 사람이 친근히 한다.

7) 하늘이 애경(愛敬)한다.

8) 큰 복덕을 갖춘다.

9) 목숨이 다하면 왕생한다.

10) 속히 열반을 증득한다.

공양할 것

공양(供養)은 공급(供給), 자양(資養)한다는 뜻이다. 제불께 공양하기 위하여 향, 꽃, 음식 등을 공양하는 것이니 공양에 세 가지가 있다.

1) 이양공양(利養供養) : 음식, 의복, 와구(臥具) 등을 공양하는 것이다.

2) 공경공양(恭敬供養) : 향, 꽃, 등명(燈明), 증개(增蓋), 당번(幢幡)등을 공양하는 것이다.

3) 행공공양(行公供養) : 보리심을 발하여 자리이타의 행을 닦는 것이다.

이양공양과 공경공양을 합하여 재물공양이라 하고 행공공양을 법공양이라 한다.

경문과 주문을 공경히 할 것

불경이나 주문(呪文)도 불상과 같이 공경하는 마음으로 대하여야한다. 깨끗한 곳에 두되 경책 위에는 다른 외전(外典 : 불교이외의서적)이나 물건을 놓지 말아야 한다. 또 경을 볼 때에는 깨끗한 손으로 단정히 앉아서 보아야 하고, 몸이 피곤하거나 누웠을 때 술 취하였을 때에는 보지 말 것이며, 경책을 베개로 삼지 말고 아무리 헌경책이라도 불태워서는 안 된다.

부처님의 경전과 세간의 서적이 문자는 비록 같으나, 불경은 중생을 널리 이익케 하는 것이며, 천룡팔부(天龍八部)가 모두 옳은 줄로 믿고 받드는 것이므로, 이것을 보통의 서적에 비할 것이 아니다.

세간의 폐서는 설사 다 태워 버리더라도 오직 불경만은 태워 버릴 수 없나니, 불경의 복덕 지혜가 사람에게 미치는 것이 세간의 서적보다 월등한 까닭이다.

불경 책이 훼손되거나 낡아서 못 쓰게 되어 읽을 수 없게 되었을경우에는, 깨끗하게 태운 후에 그 재를 깨끗한 헝겊에 사서 강물에나 바다에 띄워 보내야 한다.

부처님이 극락세계의 일만을 말씀하신 경문으로는 무량수경, 관무량수경, 아미타경이 있는데, 무량수경과 관무량수경은 번다하여항상 읽기는 어려우니 간혹 보는 것이 좋다. 아미타경은 간단하여외우기 편리하므로 이 경과 왕생주 등을 매일 한번이나 여러 번 외워도 좋다. 왕생에 관한 경문이나 주문 이외의 경문이나 주문은 읽거나 외우지 않는 것이 좋다.

참회할 것

참(懺)은 앞서 지은 허물을 뉘우치는 것이고, 회(悔)는 장차 지을 허물을 뉘우치고 고치는 것이다. 염불하는 사람은 앞서 지은 죄업을 참회하고 다시 죄업을 짓지 아니하여야 한다. 참회하지 아니하면 무량겁 이래의 죄업이 제거되지 못하는 것이니, 마치 때 묻은 옷은 빨아야 신선하고 먼지 앉은 거울은 닦아야 밝은 것과 같이, 업장이 제거되어야 마음이 청정하여지는 것이다. 그러므로 항상 부처님 앞이나 자기의 마음속에서 진심성의(眞心誠意)로 죄장(罪障)을 참회할 것이며, 또 어쩌다가 죄과를 범하였거든 시각을 지체하지 말고 곧 참회하여야 한다. 참회에는 작법참(作法懺), 취상참(取相懺), 무생참(無生懺)의 세 가지가 있다.

1) 작법참(作法懺) : 불전을 향하여 죄과를 낱낱이 열거하고 언어 동작의 행위가 법도에 따르는 것이니, 이것은 계율을 범한 죄를 멸하는 것이다.

2) 취상참(取相懺) : 매우 성실한 마음으로 참회하여 부처님이 오시어서 손으로 이마를 어루만지시는 등의 상서로운 징조를 느끼는 것을 기한으로 하는 것이니, 이것은 번뇌의 죄성(罪性)을 멸하는 것이다.

3) 무생참(無生懺) : 바로 마음을 가다듬고 단정히 앉아서 무생(無生)의 이치를 관찰하는 것이다. 이것은 중도(中道)를 가로막는 무명(無明)을 멸하는 것이다.

한 마디 아미타불을 염불하면 능히 80억 겁 동안 생사를 거듭하면서 지은 무거운 죄를 소멸하며, 염불이 이상의 세 가지 참회에 통하는 것이니 참회하며 염불하는 것이 간단하고 쉬운 참회법이 된다.

애착미련(貪着愛戀)을 끊을 것

예전에 어떤 사람이 산에 갔다가 호랑이를 만나 겁결에 "나무불
(南無佛)"을 불렀는데, 그 부른 공덕으로 선근이 익어져서 나중에
성불하였다는 것과 같이, 불법을 알면 그 인연으로 말미암아 설혹
지옥에 떨어졌다가도 그 뒤에 사람이 되어 다시 불법을 닦아, 6도
에 수레바퀴처럼 돌고 돌아 끝이 없이 전전하며 시작도 끝도 없이
나고 죽는 고통을 면할 수 있거니와, 만약 전혀 불법을 알지 못하면
6도윤회를 면할 길이 없는 것이다.

자주법사개시록(慈舟法師開示錄)에, "차라리 내 몸이 지옥에 떨어
질지언정 불법으로 인정(人情)을 짓지 말라(寧肯己身墮地獄, 不以佛
法作人情)." 하였다. 이것은 예컨대 나는 염불할 생각이 있으나 가
족들이 반대하면 애정에 끌리어 염불을 단념하는 것을 인정을 짓는
다고 한 말이다. 처자 권속은 전세의 인연으로 모이게 되는 것이니
연(緣)이 있으면 모였다가 연이 다하면 서로 헤어지고, 헤어진 뒤에
는 서로 알지 못하는 것이다.

옛말에, "부모는 은혜가 깊고 부부는 의(義)가 무거우나 필경에는
서로 이별하는 것이니 마치 새가 한 나무에 함께 앉았다가도 제 각
기 여러 곳으로 날아가는 것과 같다."하였다. 이것은 죽을 때가 오
면 각기 헤어져 버린다는 뜻을 말한 것이다.

처자 권속의 애정이 아무리 무겁고 길더라도 죽을 때에는 할 수
없이 이별하게 되는 것이고, 재산이 아무리 아깝더라도 죽을 때에
는 맨손으로 가는 것이니, 이것을 '공수래 공수거(空手來 空手去)'라
고 한다.

옛말에 이렇게 말했다.

어느 날 무상살귀 죽음이 찾아오면	一日無常到
비로소 사람이란 꿈속에 살았음을 알게 되네	方知夢裏人
떠나는 길 그 무엇 하나 가져갈 수 없고	萬般將不去
오직 평생 지은 선악업만 그 몸을 따르나니	唯有業隨身
다만 나무아미타불 염불하면	但念阿彌陀
서방정토 극락세계 안락국에 왕생하네	往生安樂國

즉, 죽을 때가 오면 다른 것은 모두 가지고 가지 못하나 오직 업 (業)만은 따라가는 것인데, 다만 아미타불을 염불하면 극락세계에 왕생한다는 뜻이다.

사람이 죽을 때에는 처자 가족이나 금, 은, 재산은 고스란히 놓고 가거니와 일생에 지은 선악의 업만이 끝까지 나를 따라가는 것이다. 나쁜 업을 지었으면 악도로 가고, 착한 업을 지었으면 선도로 가고, 염불하는 업을 지었으면 극락세계에 왕생하는 것이다. 세상 사람들은 이런 이치를 알지 못하거나, 혹은 이런 말을 듣더라도 믿지 아니하고 처자 권속과 토지 재산 등에만 애착하다가 임종 시에 큰일을 그르쳐서 왕생하지 못하게 되는 것이다.

깨끗한 마음으로 염불할 것

염불하는 사람은 마땅히 자비심, 희사심, 지계심, 정진심, 인욕심, 겸하심, 평등심등 일체 선심으로 염불하며 극락에 왕생하기를 구하면 임종 시에 반드시 왕생하게 되는 것이다. 이것은 그 마음이 부처님의 뜻과 서로 맞아 부처님이 자비로 접인하시는 까닭이다.

그러나 만일 간탐심, 진한심, 치애심, 오만심, 질투심, 기광심, 첨곡심, 모해심 같은 일체 악심으로 염불하며 극락에 왕생하기를 구하면 임종 시에 왕생하기 어려울 것이다. 이것은 그 마음이 부처님의 뜻과 서로 어긋나서 부처님도 자비를 드리워서 접인할 수 없는 까닭이다. 그러므로 염불하는 사람은 청정심을 발하여 더럽고 악한 마음을 버리고 염불해야 한다. 염불은 입으로만 염하는데 있지 않고, 심리행위가 정직하여야 비로소 효과를 얻는 것이므로 행자는 반드시 이것을 알아 두어야 한다.

1) 자비심(慈悲心) : 중생에게 즐거움[樂]을 주는 것이 자(慈)요, 고통[苦]을 없애주는 것이 비(悲)이다. 즉 중생에게 즐거움을 주려는 마음과 고통을 없애주려는 마음이다.

2) 희사심(喜捨心) : 정사(淨捨), 정시(淨施)라고도 한다. 기쁜 마음으로 재물을 보시하는 마음이다.

3) 지계심(持戒心) : 불법에 제정한 계행을 받아 가지는 마음이다.

4) 정진심(精進心) : 온갖 곤란을 물리치고 선법을 닦고, 악법을 끊는 마음이다

5) 인욕심(忍辱心) : 온갖 모욕과 번뇌를 참고 원한을 일으키지 아니하는 마음이다.

6) 겸하심(謙下心) : 다른 사람에 대하여 내 몸을 낮추어 공손히 하는마음이다.

7) 평등심(平等心) : 일체중생에 대하여 원한이나 친밀함 등의 차별이 없이 한결같이 가엾게 여기는 마음이다.

8) 간탐심(慳貪心) : 물건을 아끼고 남에게 주지 않으며 탐내어 구하면서 만족할 줄 모르는 마음이다.

9) 진한심(嗔恨心) : 눈을 부릅뜨고 성내는 마음이다.

10) 치애심(癡愛心) : 아깝게 여기는 어리석은 마음이다.

11) 오만심(傲慢心) : 잘난 체 하고 남을 업신여기는 마음이다.

12) 질투심(嫉妬心) : 미워하고 속을 태우는 마음이다.

13) 기광심(欺誑心) : 남을 속이는 마음이다.

14) 첨곡심(諂曲心) : 남에게 아양 거리며 교묘히 돌려서 귀염을 받으려는 마음이다.

15) 모해심(謀害心) : 모략을 써서 남을 해롭게 하려는 마음이다.

16) 심행(心行) : 심리행위를 말한다. 즉 마음과 정신작용을 말한다. 신체행위와 언어행위는 심리행위에서 비롯된다.

착한 일을 행할 것

염불하는 사람은 반드시 오계(五戒)와 십계(十戒)를 지켜야 한다. 오계 십계를 계속하여 지키기 어려울 경우에는 팔관재계(八關齋戒), 육재일(六齋日), 십재일(十齋日), 월재일(月齋日)을 가져야 한다. 또한 부모를 효도로써 받들어 모셔야 하고, 스승과 어른을 공경하며, 형제간에 우애하고, 부부간에 화순하며, 친척과 화목하고, 사찰을 지으며 불상을 만들고, 부처님께 공양하며, 승려에게 보시하고, 경문을 출판하며 선법을 널리 통용케 하고, 주린 사람에게 밥을 주며, 추워서 떠는 사람에게 옷을 주고, 병든 사람에게 약을 주며, 죽은 이에게 관을 주고, 다리를 놓으며 길을 닦는 등 선사(善事)공덕을 지어 정토로 회향하여 극락에 왕생하기를 발원하고 일심으로 염불해야 한다.

세간의 효도와 출세간의 효도

염불하는 사람은 염불의 조행(助行)으로 부모에게 세간의 효도와 출세간의 효도를 행하여야 한다. 세간의 효도란 부모를 받들어 순종하고, 맛있는 음식으로 부모를 봉양하며, 국가와 사회를 위해 봉사함으로써 부모를 영화롭게 하는 등이다. 출세간의 효도란 부모에게 염불법문을 권하여 정토에 왕생케 하는 것이다. 세간의 효도는 작은 효도요 출세간의 효도야말로 크나큰 효도이다.

부모의 열 가지 큰 은혜가 있다.

1) 회탐수호은(懷眈守護恩 : 태에 품어 지켜주고 보호해주신 은혜

2) 임산수고은(臨産受苦恩) : 해산할 적에 고통을 받으신 은혜

3) 생자망우은(生子忘憂恩) : 자식을 낳고는 걱정을 잊으신 은혜

4) 인고토감은(咽苦吐甘恩) : 쓴 것은 삼키고 단 것은 먹여주신은혜

5) 회건취습은(回乾就濕恩) : 마른 자리를 내주시고 젖은 자리로 나아가시는 은혜

6) 유포양육은(乳哺養育恩) : 젖을 먹여 키워주신 은혜

7) 세탁부정은(洗濯不淨恩) : 더러운 것을 씻어주신 은혜

8) 원행억념은(遠行憶念恩) : 먼 길 떠났을 때에 잊지 못하고 생각해주시는 은혜

9) 위조악업은(爲造惡業恩) : 자식을 위하여 나쁜 업도 지으신 은혜

10) 구경연민은(究竟憐愍恩) : 끝까지 가엾이 여기시는 은혜

최승불정존승다라니정제업장경에는, "사람이 왼쪽 어깨에 아버지를 업고 오른쪽 어깨에 어머니를 업은 채, 수미산을 백천만 번을 돌아서 피가 흘러 복사뼈까지 잠기더라도, 그것으로 하루 동안 젖 먹인 은혜도 갚을 수 없거늘, 어찌 나쁜 마음으로 가볍게 화를 내리오."하셨다.

또 대승본생심지관경에는, "자부(慈父) 비모(悲母)의 길러주심으로 인하여 모든 남녀가 모두 안락하나니 자부의 은혜는 산과 같이 높고 비모의 은혜는 바다와 같이 깊다."하셨고, 또 "사람이 부모의 모든 은혜를 갚기 위하여 1겁 동안을 지나도록 매일 세 때에 자신의 살을 베어 부모를 봉양해도 하루 동안의 은혜도 갚을 수 없다." 하셨다.

또 "부모의 은혜는 부(父)에 자은(慈恩)이 있으며, 모(母)에 비은(悲恩)이 있다. 어머님의 비은은 내가 세간에 사는 1겁 동안에 말하여도 다 말할 수 없나니 가령 어떤 사람이 깨끗한 행위에 머무르는 [淨行] 대 바라문 백 사람, 오통을 갖춘 대 신선 백 사람, 선지식 백 사람을 칠보(七寶)로 된 훌륭한 집에 모시고, 백천 가지의 아주 잘 만든 진기하고 맛 좋은 음식과, 모든 영락과 많은 보배와 전단 침향의 향나무와 백보로 장식한, 앉고 까는 침구와, 모든 병을 치료하는 백가지 탕약으로써, 백천 겁이 차도록 일심으로 공양하더라도, 일심의 효순심으로써 아주 적은 물건으로 비모를 받들어 모시며 곳을 따라 공경하여 모시는 것만 같지 못하다." 하셨다.

또 "모든 세간에 무엇이 가장 부유함이며 무엇이 가장 가난함이냐? 비모가 집에 있는 것이 부유함이요, 비모가 있지 않는 것이 가난함이며, 비모가 있을 때가 한낮이요, 비모가 죽었을 때가 해가 진 것이며, 비모가 있을 때가 달빛이 밝은 것이고, 비모가 죽었을 때가 어두운 밤이니라. 그러므로 너희들은 부지런히 효행을 닦아서 부모를 효도로써 받들어 모시면 부처님을 모시는 것과 복이 같을 것이니, 이와 같이 부모의 은혜를 갚으라." 하셨다

두 종류의 회향

자기가 닦은 선근공덕을 돌려서 다른 중생에게나 자기의 보리열반에 취향(趣向)하는 것을 회향(廻向)이라고 한다. 또 망자를 위하여 선근을 닦는 추선(追善)도 회향이라 한다. 회향에 왕생회향과 환상회향 두 가지가 있다.

1) 왕생회향(往生廻向) : 자기가 닦은 선근공덕을 일체 중생에게 되돌려 베풀어서 다른 중생과 함께 극락정토에 왕생하기를 원하는 것이다. 염불할 때에 발원이 없이 염불하거나, 세간의 탁한 복을 발원하여 염불하거나, 세간 탁복과 극락왕생을 혼동하여 발원 염불하면 극락에 왕생하기 어려우니, 단지 왕생만 발원하여 염불하고 그 공덕을 극락에 회향하여야 왕생이 쉽고 품위도 높을 것이며, 설사 그릇 악행을 지었더라도 정성심으로 참회하고 상속심을 끊으면 참회하는 힘이 능히 왕생할 수 있다.

2) 환상회향(還相廻向) : 극락정토에 왕생하는 일체 공덕을 성취하고 다시 사바세계에 돌아와서 중생을 제도하여 불도에 향하게 하는 것이다.

염불인의 신광(身光)

정토첩요(淨土捷要)에, 대아미타불경(大阿彌陀佛經)에 말씀하시기를 "염불하는 사람은 40 리 광명촉신(光明燭身)이 있어 마구니가 능히 범치 못한다." 하셨다.

비장지남(祕藏指南)에 말했다. "중국의 동성(桐城)지방의 두 사람이 함께 객지에 갔다가 한 사람이 객사하였다. 그 동행이 장사를 치룬 뒤에 그 유산을 갖고 망자의 집에 가서 그 처에게 부음과 유산을 전하였더니, 그 미망인이 부음을 전한 동행에 대하여 자기 남편을 살해한 것이 아닌가 하고 의심하거늘, 그 동행은 대단히 분함을 이기지 못하여 망자의 영전에 가서 자기의 억울함을 하소연했다. 망자의 귀신이 이 말을 듣고 동행의 억울함을 밝혀주기 위하여 망자의 귀신이 동행과 함께 집으로 가는 도중에 동행이 우연히 아미타불을 한번 염불하였다. 그러자 귀신이 크게 소리 질러 말하기를, '어찌하여 광명을 놓아 나를 무섭게 하는가?'하니 동행이 또 한 번 염불했다. 그랬더니 귀신이 무서워하면서 '네가 한 번 염불하는데 네 가슴에서 별안간 십여 장(十餘丈)이나 되는 오색 광명이 나와서 내 마음과 눈을 어지럽히고 아찔하게 하니 다시는 너와 같이 갈수 없다. 네가 혼자 내 집에 먼저 가서 내 처를 나에게 보내면 내가 너의 억울함을 잘 설명하겠노라.' 하였다. 그 후 그 동행은 깨닫고 출가하여 고승이 되었다."고 하였다.

제6장 정토종의 원만 섭수와 염불공덕

1. 정토종 한 법문이 일체법문을 원만히 섭수

나무아미타불(南無阿彌陀佛) 여섯 자의 만덕홍명(萬德弘名 : 모든 덕을 갖춘 위대한 명호)이 일체법문을 원만히 섭수한다. 그러므로 우익대사는 "삼장 십이부경의 교리와 선종의 천칠백 공안이 그 속에 있고, 삼천위의(三千威儀)와 팔만세행(八萬細行)과 삼취정계(三聚淨戒)도 그 속에 있다." 하였고, 연지대사(蓮池大師)는 "한 마디 아미타불이 팔교(八教)를 포괄하고 오종(五宗)을 원만히 섭수한다." 하였다.

2. 염불공덕

'나무아미타불' 여섯 자(字)의 공덕은 다음과 같다.

나(南) : 갠지스 강의 모래알 수 같은 성품의 공덕을 갖추고 있다.

무(無) : 돌아가신 7대 조상까지 고통을 여의고 즐거움을 얻는다.

아(阿) : 삼십삼천의 태허공이 진동한다.

미(彌) : 무량억겁의 생사의 죄업이 단번에 없어진다.

타(陀) : 팔만사천마군이 갑자기 없어진다.

불(佛) : 팔만사천 무명업식(無明業識)이 한꺼번에 없어진다. 염불하는 사람은 현세와 내세에 다음과 같은 열 가지 공덕을 얻는다.

1) 모든 천상의 큰 힘이 있는 신장과 그 권속이 밤낮으로 형상을 숨겨서 염불하는 사람을 지켜 보호한다.

2) 관세음보살 같은 스물다섯 분의 큰 보살과 일체 보살들이 항상 염불하는 사람을 따라서 지켜 보호하신다.

3) 모든 부처님이 밤낮으로 항상 염불하는 사람을 호념하시고 아미타불이 광명을 놓으셔서 섭수하신다.

4) 야차(夜叉) 나찰(羅刹)과 같은 일체 악귀가 해치지 못하고 일체의 독사, 독룡, 독약이 침범하여 해를 끼치지 못한다.

5) 화재, 수재, 원적(怨賊), 칼, 화살, 옥에 갇힘과 형구와 수갑을 채우는 것과, 비명에 죽는 것, 잘못 죽는 것 등을 모두 당하지 아니한다.

6) 지은 죄가 사라져 없어지고 전에 생명을 살해하였더라도 다 벗어나 다시 마음에 생각이 얽매이지 않는다.

7) 꿈을 정직하게 꾸고 또 아미타불의 뛰어나게 기묘한 색신을 뵙는다.

8) 마음이 항상 기쁘고 얼굴빛이 윤택하며 기력이 충실하고 하

는 일이 모두 길(吉)하고 이롭다.

9) 일체 세간 사람들이 부처님께 공경 예배하는 것과 같이 염불하는 사람에게 공경 예배한다.

10) 임종 시에 마음에 두려운 생각이 없고 정념(正念)이 앞에 나타나서, 아미타불과 여러 성자의 보살들이 금대(金臺)를 가지고 오시고, 임종하는 사람이 극락에 왕생하여 미래세가 다 하도록 뛰어나게 기묘한 즐거움을 누린다.

고성염불의 열 가지 공덕은 다음과 같다.
1) 능히 잠을 밀어내어 없앤다.
2) 천마(天魔)가 놀라서 두려워한다.
3) 소리가 시방(十方)에 두루 가득 찬다.
4) 삼악도가 고통을 쉰다.
5) 바깥 소리가 들어오지 않는다.
6) 마음이 흩어 지지 아니한다.
7) 용맹하게 수행을 게을리 하지 아니하고 나아가게 한다.
8) 제불이 크게 기뻐하신다.
9) 삼매가 앞에 나타난다.
10) 정토에 왕생한다.

염불공덕과 보살공덕의 비교

귀원직지(歸元直指)에, "사천하의 칠보로써 불, 보살, 연각 성문 등에 공양하는 것이 사람에게 염불 한 번을 권하는 것만 같지 못하다." 하였다.

낙방문류(樂邦文類)에, "만약 사람이 사사(四事 : 음식, 의복, 와구, 탕약) 등의 지극히 좋은 물건으로써 삼천대천세계 중에 있는 아라한과 벽지불에게 공양하더라도 합장하고 염불 한 번 하는 것만 같지 못하다." 하였다.

열반경에, "한 달 동안을 옷과 음식으로써 일체 중생에게 공양하는 것이 한 번 염불하는 것만 같지 못하다." 하였다

염불 공덕과 경전의 읽기, 듣기, 강의 공덕의 비교

염불 공덕을 경전읽기 수도 공덕에 비교하면, 염불 공덕이 가장 많다.

염불 공덕을 경전듣기 공덕에 비교하면, 염불 공덕이 백천만 배가 많다.

관무량수경에, 하품하생인(下品下生人)이 목숨이 끝날 때에 선지식을 만나서 십이부경제목(十二部經題目)을 설법하는 것을 들으면 천겁 동안의 죄를 없애 버린다 하고, 지혜로운 자가 아미타불을 열 번 하도록 가르쳐 염불하면 80억 겁의 생사의 죄를 없애 버린다 하였다.

염불 공덕을 경전강의 공덕에 비교하면, 염불 공덕이 백천만 배가 많다. 경전강의는 돈을 세는 것과 같고 염불은 돈을 쓰는 것과 같으니, 돈을 세는 것은 비록 많아도 가난한 고통을 없애지 못하고 전에 지은 죄가 없어지지도 아니하며 공덕도 되지 아니하나, 돈을 쓰는 것은 비록 많지 아니하여도 능히 목숨을 구제하고 공덕을 얻는 것이 무량한 것이다.

제7장 여러 스승들의 법어와 정토종과 선종

1. 여러 스승들의 법어

여러 스승들이 칭명염불법(稱名念佛法)에 대하여 불법을 설한 중에서 몇 가지 예를 들면 다음과 같다.

선도(善導)대사의 법어

선도대사는 염불수행에 대하여 전수(專修)와 무간수(無間修)를 다음과 같이 말하였다.

전수(專修) : 중생이 업장이 두텁고 대상경계(境)는 미세하며 마음은 미혹하여 관법(觀法)을 성취하기가 어려우므로 대성(大聖 : 부처님)이 이를 불쌍히 여기사 명호만 오로지 생각함을 권하셨다.

이것은 이름은 부르기 쉽고 계속하여 끊어지지 아니함이 잘 되어서 곧 왕생하게 되는 것이다. 능히 염념이 계속하여 끊어지지 아니하여 목숨이 마칠 때가지 반드시 됨을 기약하면 열이면 열이 왕생하고 백이면 백이 왕생하는 것이다.

그 이유는 바깥의 잡연(雜緣)이 없어서 정념(正念)을 얻게 되고, 부처님의 본원에 서로 맞아 부처님의 가르침을 어기지 아니하고 부처님의 말씀을 순종하는 까닭이다. 이것을 전수라 한다.

그러나 만약 전수를 버리고 여러 가지 업(業)을 닦아서 왕생을 구하는 이는 백에 하나나 둘이고 천에 삼, 사인 밖에 왕생하지 못할 것이다.

그 이유는 잡연이 어지럽게 일어나서 정념을 잃고, 부처님의 본원과 서로 맞지 못하고, 부처님의 가르침을 어기고, 부처님의 말씀을 순종하지 않고, 계념(繫念 : 생각을 한 곳에 묶어 놓는 것)이 계속되지 못하고, 염불을 계속하여 끊어지지 아니하여 부처님의 은혜를 갚을 마음이 없고, 비록 업행(業行)은 있으나 항상 명리와 서로 맞고 잡연에 접근하기를 좋아하여 정토에 왕생함을 스스로 장애하는 까닭이다.

무간수(無間修) : 몸으로는 오로지 아미타불께만 예배하고 다른 예배는 섞지 아니하며, 입으로는 오로지 아미타불만 부르고 다른 명호는 부르지 아니하고, 다른 경은 읽지 아니하며 뜻으로는 오로지 아미타불만 생각하고 다른 생각을 섞지 아니하며, 만일 탐욕, 성냄, 어리석음을 범하였거든 시간을 지체하지 말고 곧 참회하여 항상 청정하게 할 것이다. 이것이 무간수이다.

영명(永明)대사의 법어

행자가 일심으로 삼보에 귀명하고 보(報)가 끝나도록 정진하여 닦되, 앉고 누울 때에 얼굴을 항상 서쪽으로 향하고 행도(行道) 예배할 때나 염불 발원할 때에 지성으로 간절하게 하고, 다른 생각은 없는 것이 마치 형장에 나갈 때와 같이, 옥중에 갇혔을 때와 원수에게 쫓길 때와 수재나 화재를 만났을 때와 같이, 일심(一心)으로 구원을 구하되 빨리 고통의 굴레를 벗어나 무생(無生)을 증득하기를 원하며, 함령(含靈 : 중생)을 널리 제도하고 삼보(三寶 ; 불법승)를 흥성하게 하며 사은(四恩 : 부처님, 부모, 나라, 중생의 네 가지 은혜)을 갚기를 서원할 것이다.

이와 같이 지성을 다하면 허사가 되지 아니하려니와, 만일 말과 행이 일치하지 아니하며, 믿음과 발원이 가볍고 적어서 염념이 계속하여 끊어지지 아니하는 마음이 없고 자주 자주 끊어지면서 임종시에 극락에 왕생하기를 바라면, 업장이 가려져서 선우를 만나기 어려울 뿐만 아니라 뜻밖에 일어나는 불행한 일이 괴롭게 굴어 정념(正念)을 이루지 못할 것이다.

그 이유는 지금이 인(因)이요 임종이 과(果)가 되는 것이니, 원인이 진실하면 결과가 헛되지 않는 것이, 마치 소리가 어울리면 울리는 소리가 순하고, 형상(形狀)이 곧으면 그림자가 단정한 것과 같은 것이다.

연지(蓮池)대사의 법어

요점만 가려서 정확하게 말하면, 마음을 단정히 하고 악을 소멸하면서 염불하는 이를 선인(善人)이라 하고, 마음을 섭수하고 산란을 없애면서 염불하는 이는 현인이라 하고, 마음에 깨닫고 미혹을 끊으면서 염불하는 이를 성인이라 한다.

세상 사람은 누구를 막론하고 모두 염불할 수 있으니, 염불 법문은 남녀노소 빈부귀천을 물을 것 없이 일심으로 염불만 하면 극락에 왕생할 수 있는 것인즉 한 사람도 염불하지 못할 사람이 없다.

가령 부귀한 사람은 의식이 넉넉하니 염불하기 좋고, 가난한 사람은 집이 작고 번거로운 일이 적으니 염불하기 좋고, 자손이 있는 사람은 나의 힘을 덜어 주니 염불하기 좋고, 자손이 없는 사람은 마음에 거리낄 것이 없으니 염불하기 좋고, 무병한 사람은 몸이 건강하니 염불하기 좋고, 병 있는 사람은 죽을 때가 가까운 줄 아니까 염불하기 좋고, 한가한 사람은 마음이 번거롭지 아니하니 염불하기 좋고, 바쁜 사람은 바쁜 중에라도 틈을 탈 수 있으니 염불하기 좋고, 출가한 사람은 세간을 뛰어났으니 염불하기 좋고, 집에 있는 사람은 이 세계가 불타는 집[火宅]인 줄을 아니 염불하기 좋고, 총명한 사람은 정토 일을 잘 아니 염불하기 좋고, 어리석은 사람은 별로 능한 것이 없으니 염불하기 좋고, 계행을 가지는 사람은 계행이 불법이니 염불하기 좋고, 경을 읽는 사람은 경이 부처님의 말씀이니 염불하기 좋고, 참선하는 사람은 선(禪)이 부처님의 마음이니 염불하기 좋고, 깨달은 사람은 불도를 증득하였으니 염불하기 좋은 것이다.

우익(藕益)대사의 법어

염불공부는 다만 진실한 신심이 귀중한 것이니 첫째로 나는 앞으로 될 부처요, 아미타불은 이미 이루어진 부처님으로서 그 본체[體]가 둘이 아닌 것인 줄을 믿을 것이고, 둘째로 사바세계의 고통과 극락세계의 즐거움을 믿어서 고통을 싫어하고 즐거움 구할 것이고, 셋째로 지금의 일거일동이 모두 서방극락세계로 회향할 수 있음을 믿을 것이다.

만일 회향하지 아니하면 비록 상품선(上品善)이라도 왕생하지 못하고, 회향할 줄 알면 비록 악행을 지었더라도 빨리 상속심을 끊고 참회하는 마음을 일으키면 참회하는 힘만으로도 능히 왕생할 수 있거늘, 하물며 계율을 지키고 복을 닦는 등 여러 가지 수승한 업으로 어찌 정토에 왕생하지 못할 이치가 있으랴.

염불법문이 백천 가지 법문을 원만히 섭수하는데, 염불이 정행(正行 : 주요수행)이 되고 계(戒) 정(定) 혜(慧) 등이 조행(助行 : 보조수행) 되어 정(正)과 조(助)를 합하여 행하면 순풍을 만난 배와 같을 것이고, 다시 판삭(板索 : 널빤지와 밧줄)을 가하면 빨리 저 언덕에 이를 것이다.

염불법이 비록 많으나 지명염불이 가장 간편하고, 지명염불방법 중에서도 기수념(記數念)이 더욱 좋다.

자력으로 미혹을 끊고 생사를 벗어나는 것을 수출삼계(竪出三 界 : 세로로 삼계를 벗어남)라 칭하니 일이 어렵고 공(功)이 차차 이 루어지는 것이고, 부처님의 힘으로 접인하여 서방에 왕생하는 것을 횡초삼계(橫超三界 : 가로로 삼계를 뛰어넘음)라 칭하니 일이 쉽고 공이 갑자기 이루어지는 것이다.

혜원조사는 "공(功)은 높고 태어나기 쉽기로는 염불이 첫째라." 하였고 경에는 "말세에는 억억(億億) 사람들이 수행하여도 성도하 는 사람이 드물거니와 오직 염불을 의지하면 도탈(度脫)할 수 있다.' ' 하였으니 이는 마치 배를 타고 바다를 건너는 것 같아서 공력이 들지 아니하는 것인데, 능히 서방의 지름길을 열성 있고 진실하게 믿고, 지성으로 발원하며, 일심으로 염불하여 왕생을 구하는 이는 참으로 대장부라 하려니와, 만약 믿음[信]이 참되지 못하고 원(願) 이 간절하지 못하며 염불수행[行]에 온 힘을 다하지 아니하면, 이는 부처님의 대자비로 주시는 배에 중생이 타기를 즐겨 하지 않는 것 이니 어찌할 수 없는 일이다. 윤회하는 고통을 빨리 벗으려면 칭명 염불하여 극락에 왕생함을 구하는 것이 가장 좋고, 극락에 왕생코 자 하면 믿음을 길잡이로 하고 왕생원을 뒤에서 가하는 채찍으로 함이 가장 필요하다.

믿음이 결정되고 왕생원이 간절하면 흩어진 마음으로 염불하여 도 반드시 왕생할 수 있거니와, 믿음이 진실치 못하고 왕생원이 지 극하지 못하면 일심으로 염불하더라도 왕생하지 못하는 것이다.

믿음이란 첫째는 아미타불의 원력을 믿고, 둘째는 석가모니불의 가르침을 믿고, 셋째는 육방(六方) 제불의 찬탄을 믿는 것이다. 세 간의 성인군자도 헛된 말이 없거늘 하물며 아미타불과 석가모니불과 육방 제불이 어찌 헛된 말이 있으랴. 이것을 믿지 아니하면 참으로 구해줄 수 없는 것이다.

왕생원이란 것은 어느 때나 사바세계에서 나고 죽는 고통을 싫어하고 정토에서 보리의 즐거움을 좋아하며, 선악의 지은 바를 따라서 선(善)은 회향하여 왕생하며 악(惡)은 참회하여 왕생을 바라고 다시 두 뜻이 없을 것이니, 믿음과 왕생원이 갖춰지면 염불은 정행이 되고, 악을 뉘우치고 고치면 선을 닦는 것이 모두 조행이 되어, 공행(功行)의 깊이에 따라서 구품(九品) 사토(四土)를 나누어 왕생하게 되는 것이다.

만약 깊은 신심과 간절한 원력으로 염불하면서도 염불할 때에 마음이 흩어져 어지러운 이는 하품하생에 날 것이다. 염불할 때에 흩어져 어지러운 마음이 점점 적어진 이는 하품중생에 날 것이다. 염불이 사일심불란(事一心不亂)란에 이르러 먼저 견혹(見惑)과 사혹(思惑)을 끊고 또 능히 무명(無明)을 복단(伏斷 : 눌러 일시적으로 일어나지 않도록 함)하는 이는 상삼품생이 될 것이다.

그러므로 믿음과 왕생원으로 지명염불하는 이는 능히 구품에 왕생함이 틀림없다. 또 믿음과 왕생원으로 지명염불하여 업장을 없애고 미혹을 지닌 채 왕생하는 이는 범성동거정토(凡聖同居淨土)에 날 것이다. 믿음과 왕생원으로 지명염불하여 견혹과 사혹을 모두 끊고 왕생하는 이는 방편유여정토(方便有餘淨土)에 왕생할 것이다. 믿음과 왕생원으로 지명염불하여 일푼의 무명을 깨뜨린 이는 실보장엄토(實報莊嚴土)에 왕생할 것이다. 믿음과 왕생원으로 지명염불하여 구경처(究竟處)에 들어가 무명을 완전히 끊은 이는 상적광정토(常寂光淨土)에 왕생할 것이다. 그러므로 지명염불이 능히 사토(四土)를 청정케 하는 것이 또한 틀림없는 것이다.

육조(六祖)대사의 법어

선정쌍수집요(禪淨雙修集要)에는, 옛 적에 어떤 사람이 육조대사에게 묻기를 "염불에 무슨 이익이 있나이까?" 하고 묻는 말에, 육조대사는 "나무아미타불 한 마디를 염불하는 것이 만세의 괴로움을 뛰어나는 묘한 길이요, 부처를 이루고 조사가 되는 정인(正因)이요, 삼계(三界)의 인간과 천상인의 눈이요, 마음을 밝히고 본성을 보는 [明心見性] 지혜의 등이요, 지옥을 깨뜨리는 용맹한 장수요, 많은 올바르지 못한 것을 베는 보검이요, 5천대장경[大藏]의 골수요, 팔만총지(總持)의 중요한 길이요, 암흑을 여의는 밝은 등이요, 생사를 벗어나는 훌륭한 처방이요, 고해를 건너는 타고 가는 배요, 삼계를 뛰어넘는 지름길이요, 최존(最尊) 최상(最上)의 묘문(妙門)이며, 무량무변(無量無邊)의 공덕이니라. 이 일구(一句)를 기억하여 염념이 항상 나타나고 시시로 마음에 떠나지 아니하여, 일이 없어도 이와 같이 염불하고 일이 있어도 이와 같이 염불하며, 안락할 때도 이와 같이 염불하고 병고가 있을 때도 이와 같이 염불하며, 살았을 때에도 이렇게 염불하고 죽어서도 이렇게 염불하여, 이와 같이 일념이 분명하면 또 무엇을 다시 남에게 물어서 갈 길을 찾으랴. 이른 바, "한 마디 아미타불 이외에는 다른 생각 없으니, 손가락 한 번 튕기는 수고도 하지 않고 서방극락에 이르네[一句彌陀無別念, 不勞彈指到西方]."라 하였다.

2. 정토종과 선종

영명대사 법어

영명(永明)대사는 후세의 학자에게 염불과 참선의 관계를 알게 하기 위하여 정토종과 선종의 사료간[淨禪四料簡]을 지어서 그 뜻하는 바를 알게 하였으니 다음과 같다.

사료간(四料簡)

유선유정토(有禪有淨土) : 참선수행도 있고 염불공덕도 있으면
유여대각호(猶如戴角虎) : 마치 뿔 달린 호랑이 같아,
현세위인사(現世爲人師) : 현세에는 뭇 사람들의 스승이 되고
내세작불조(來世作佛祖) : 내세에는 부처나 조사가 될 것이다.

무선유정토(無禪有淨土) : 참선수행 없더라도 염불공덕이 있으면
만수만인거(萬修萬人去) : 만 사람이 닦아 만 사람 모두 가나니,
약득견미타(若得見彌陀) : 단지 아미타불을 가서 뵙기만 한다면
하수불개오(何愁不開悟) : 어찌 깨닫지 못할까 근심걱정 하리요?

유선무정토(有禪無淨土) : 참선수행만 있고 염불공덕이 없으면
십인구차로(十人九蹉路) : 열 사람 중 아홉은 길에서 자빠지나니,
음경약현전(陰境若現前) : 저승(中陰) 경계가 눈앞에 나타나면
별이수타거(瞥爾隨他去) : 눈 깜짝할 사이 그만 휩쓸려 가버리리.

무선무정토(無禪無淨土) : 참선수행도 없고 염불공덕마저 없으면
철상병동주(鐵床竝銅柱) : 쇠침대에 눕고 구리기둥 안을 것이니,
만겁여천생(萬劫與千生) : 억만 겁이 지나고 천만 생을 거치도록
몰개인의호(沒箇人依怙) : 믿고 의지할 사람몸 하나 얻지 못하리.

이 사료간에 대하여 중국 청나라 때의 인광대사(印光大師)는 다음과 같이 풀이했다.

"유선유정토(有禪有淨土)", 행인이 선종을 깨달아 견성하고 또 여래의 권실법문(權實法門)을 갖추어 안중(眼中)에 오직 신, 원, 염불의 한 법으로써 자리이타의 행을 행하는 것이다.

"유여대각호(猶如戴角虎)", 행인이 정토와 선을 같이 닦으면 대지혜, 대 선정, 대 변재가 있어서 삿된 마구니와 외도가 이름만 들어도 간이 덜컹하고 혼비백산하며 호랑이가 뿔난 것 같아서 사나운 위엄 있는 기세가 짝 없는 것이 금상첨화라 말할 수 있다.

"현세위인사(現世爲人師)", 배우는 사람에게는 그 능력과 성향에 따라서 설법 교화하여 상중하 근기가 하나도 그 혜택을 입지 아니한 사람이 없는 것이다.

"내세작불조(來世作佛祖)", 임종 때에 부처님의 접인을 입어서 상품에 왕생하여 곧 부처님을 뵈옵고 무생인을 증득하여 속히 성불하는 것이다.

"무선유정토(無禪有淨土)", 비록 견성을 못하더라도 결심하고 서방 극락세계에 왕생하기를 구하는 것이다.

"만수만인거(萬修萬人去)", 지성으로 염불하면 감응의 도리가 교차하여 부처님의 섭수를 입어서 왕생하게 되는 것이니, 오역 십악을 범한 자도 임종 때에 부끄러운 마음을 발하고 염불을 열 번 내지 한 번 해도 왕생하게 되는 것이다.

"약득견미타(若得見彌陀)", 서방 극락세계에 왕생하여 부처님을 뵙는 것이다.

"하수불개오(何愁不開梧)", 부처님을 뵈옵고 불법을 들어 깨닫는 것이다.

"유선무정토(有禪無淨土)", 선종을 깨달아서 견성은 하였으나 서방 극락세계에 왕생하기를 구하지 아니하는 것이다.

"십인구차로(十人九蹉路)", 왕생도 구하지 않고 견혹과 사혹의 번뇌도 끊지 못하므로 6도윤회를 면치 못하여 생사의 바다는 깊고 보리의 길은 멀어서 집에 돌아오지 못하는 것과 같은 것이니 크게 깨달은 사람도 열 사람 중 아홉 사람은 이러한 것이다.

"음경약현전(陰境若現前)", 음경(陰境)은 중음신의 경계이니 즉 임종 때에 현생과 지나간 겁의 선악의 과보를 가져오는 업의 큰 힘이 나타나는 것이다.

"별이수타거(瞥爾隨他去)", 음경(陰境)이 한번 나타나면 순식간에 가장 맹렬한 선악의 과보를 가져오는 업의 큰 힘을 따라서 삼선도나 삼악도[善惡道] 중에 태어나서 조금도 능히 자기의 힘으로 다스리지 못하는 것이다.

"무선무정토(無禪無淨土)", 선종을 깨닫지 못하고 서방 극락세계에 왕생하기를 구하지도 아니하고 다른 법문을 닦아서 미혹을 끊어 진리를 증득하지도 못하고 또 부처님의 자력에 의하여 미혹을 지닌 채로 왕생하지도 못하는 것이다.

"철상병동주(鐵床並銅柱)", 다른 법문을 닦아서 혹을 끊지는 못하였으나 그 공덕을 많이 지었으면 다음 생에는 인간이나 천인으로 태어나서 그 복보를 받는 중에 오욕에 빠져서 악업을 많이 짓고 악한 과보를 면하기 어려워서 그 다음 생에는 지옥에 떨어져서 쇠 평상과 구리기둥의 형구로써 그 죄보를 받는 것이다.

"몰개인의호(沒箇人依怙)", 모든 부처님 보살이 비록 자비연민을 드리우시나 악한 업장이 무거운 까닭으로 능히 그 이익을 얻지 못하는 것이다.

이 사료간의 의미를 분명히 이해하려면, 먼저 무엇이 선(禪)이고 무엇이 정토(염불)이며, 있고 없고가 무슨 뜻인지를 정확히 알아야 한다.

선(禪)이란 우리들이 본래부터 갖추고 있는 진여불성(眞如佛性)으로 선종에서는 부모가 낳아 주기 이전의 본래진면목(本來眞面目)이라고 부른다. 선종에서는 말을 다 갈파하지 않고 사람들에게 직접 참구하여 스스로 얻도록 유도하기 때문에 이렇게 표현했을 따름이다. 실제로는 주체[能]도 없고 객체[所]도 없으며 고요하면서도 밝게 비추는 무념무상의 신령스런 지각인 영지(靈知)이자, 순수하고 진실한 마음자리[純眞心體]이다.

정토란 정토삼부경(아미타경, 무량수경, 관무량수경)의 가르침을 깊이 믿고 나무아미타불의 명호를 지송하여 서방정토에 왕생하기를 간절히 발원하는 법문이다. "오직 마음이 정토요, 자기의 본성이 바로 아미타불이다[唯心淨土, 自性彌陀]"는 추상적 이치에만 치중하는 편협한 의미는 아니다.

'참선(수행)이 있다' 함은 참구하는 힘이 지극하여 생각이 고요하고 사량분별심이 사라지는 지경에 이르러 부모에게서 태어나기 이전의 본래진면목을 보는 확철대오를 가리킨다. 이른바 명심견성(明心見性)이다.

'정토(염불)가 있다' 함은 진실한 보리심을 내어 깊은 믿음과 간절한 발원으로 흔들림 없는 염불 수행을 용맹스럽게 지속해 가는 것을 말한다. 선과 정토는 추상적인 교리만 언급하는 개념이며, '선이 있고 정토가 있다'함은 근기에 따른 구체 수행 방법을 말한다.

교리로 보면 항상 변함이 없어 부처님도 더 보탤 수가 없고 중생도 덜어낼 수가 없지만, 근기에 따른 수행은 모름지기 교리에 의해 실천을 시작하고 실천이 지극히 무르익어 교리를 체득함으로써 그것이 진실로 자기 안에 존재함을 증명하여야 한다.

두 쌍의 용어는 표현이 서로 비슷한 것 같지만 실제로는 크게 다르므로 적당히 얼버무리지 말고 자세히 음미하여 그 차이를 느껴야 한다. 가령 참선을 아무리 오래 했더라도 깨닫지 못했거나 또는 깨달았더라도 확철대오하지 못했으면 참선이 있다고 말할 수 없다.

깨닫기만 하고 증득하지 못하면 결국 생사윤회를 벗어날 수 없기 때문이다. "깨달으면 곧 생사가 없다"는 말은 전문가(대가)의 표현이 아니다. 깨달음이란 마음의 눈을 뜨는 것에 불과하며, 깨달은 뒤에 비로소 진실한 수행과 실제 증험의 길이 펼쳐지게 된다.

깨닫지 못한 자는 눈먼 소경이 길을 가는 것처럼 맹목적이고 미신적 수련으로 악마의 구렁텅이에 빠져들[走火入魔] 위험이 매우 크다. 그래서 먼저 마음의 눈을 뜨고 깨닫는[開悟] 공부가 수행의 첫걸음으로 매우 요긴한 것이다.

깨달은 바를 증득하여 대가가 되려면 불에 기름을 끼얹듯 더욱 용맹스럽게 가행정진(加行精進)해야 된다. 그런데도 세상 사람들은 말라빠진 고목처럼 가만히 앉아 죽은 화두나 들고 있는 것을 마치 대단한 참선(수행)이 있는 줄로 생각하는데, 이는 정말 크나큰 착각이고 오해다.

또 염불도 추상적인 유심정토(唯心淨土)와 관념적인 자성미타(自性彌陀)에 편협하게 집착하여 믿음과 발원이 없거나, 혹간 믿음과 발원이 있더라도 진실하지도 간절하지도 않으면서 유유자적하니 그저 입으로 공염불하거나,

또는 열심히 정진하더라도 마음이 세속에 미련을 못 버리고 내생

에 부귀한 집안에 태어나거나 천상에 올라가 온갖 복덕과 쾌락을 누릴 생각이나 하든지, 아니면 내생에 스님으로 출가하여 하나를 들으면 천 가지를 깨닫고 대 지혜를 얻어 불도와 정법을 크게 펼침으로써 중생들을 두루 이롭게 하기나 바란다면, 이들도 마찬가지로 정토가 있다고 말할 수 없다.

사료간 중 첫 번째 참선도 있고 정토(염불)도 있다 함은, 공부가 이미 확철대오하여 마음의 성품을 분명하게 보는 경지에 이른 뒤 더욱 진실한 믿음과 간절한 발원으로 서방정토에 왕생하길 바라는 수행을 일컫는다.

참선으로 깨달은 뒤 경전의 가르침에 깊숙이 들어가 여래의 권실법문(權實法門)을 두루 통달하고, 다시 그중에 믿음과 발원으로 염불하는 정토 수행만이 자기와 타인을 동시에 두루 이롭게 할, 확실하고 안전한 대도정법(大道正法)임을 깨달은 자가 여기에 해당한다.

확철대오하여 용맹스런 힘이 호랑이 같은데 다시 염불로 생사 해탈을 장악하게 되면 호랑이에 뿔이 달린 격 아니겠는가?

대승 경전을 독송하여 제일의(第一義)를 이해한 뒤 대 지혜와 유창한 말재주[大辯才]를 겸비하여 악마와 외도가 그의 이름을 듣기만 하여도 간담이 서늘해진다면 그 용맹과 위력은 견줄 바가 없을 것이다.

그리고 자기가 깨닫고 수행하는 바를 가지고 중생들을 교화하여 마음의 눈을 틔워 주되, 사람들의 근기와 인연에 따라 설법하면서 참선과 염불을 함께 닦아도 좋을 사람은 선정쌍수(禪淨雙修)로 인도하고, 오로지 염불수행에 전념해야 할 사람은 정토전수(淨土專修)로 이끌어 근기의 상중하를 막론하고 어느 누구라도 그 도덕 감화의 혜택을 입지 않는 이가 없게 될 것이다. 인간뿐만 아니라 천상 세계의 위대한 사범(師範)이 되는 것이다.

명심견성(明心見性)한 사람이 염불로 정토왕생을 구하면 임종 때 9품 연화 가운데 최상품으로 화생(化生)하는데, 눈 깜박할 사이에 연꽃이 피면서 아미타불을 친견하고 금방 무생법인(無生法忍)을 증 득하거나, 최소한 원교(圓教)의 초주(初住) 지위에 올라 일백 부처 세계에 부처의 분신(分身)을 나투어 인연과 근기에 따라 중생을 교화 제도하게 되나니, 바로 장래의 부처나 조사가 된다는 뜻이다.

그러면 자연히 두 번째 게송은, 아직 확철대오하지 못하여 자기의 힘으로는 생사 해탈의 가망이 거의 없음을 깨닫고 아미타불께서 와서 맞이해 주시도록 발원하고 정토 법문을 수행하는 사람을 가리킨다.

아미타불께서 과거에 법장(法藏) 비구로 수행할 때 48대 서원을 발하여 어머니가 자식을 그리워하듯 모든 중생을 받아들이겠다고 다짐한 약속을 굳게 믿고, 자식이 어머니를 그리워하듯 지성으로 부처님을 생각[念佛]하면 감응의 도리가 서로 통하여[感應道交] 마침내 극락정토에 왕생하게 되는 것이다.

선정과 지혜를 함께 깊이 닦은 이가 왕생할 수 있음은 물론이요, 십악(十惡)의 죄를 저지른 패역무도한 중생이라도 임종 때 막심한 괴로움에 못 이겨 큰 참회심을 통절(痛切)히 일으키고 아미타불 명호를 간절히 염송하면 설령 열 번이나 아니 단 한 번만 부르고 숨이 끊어지더라도 부처님 화신의 인도를 받아 정토에 왕생할 수 있다. 단지 굳게 믿고 간절히 발원하며 진실하게 염불수행을 하기만 하면 누구라도 극락왕생할 수 있기에, 만 명이 닦으면 만 사람 모두 정토에 간다고 한 것이다.

그렇지만 임종 때 염불 몇 번으로 왕생할 수 있다는 말은 그 마음이 지극히 간절하고 맹렬하기 때문에 그처럼 막대한 이익을 얻는다는 뜻임을 알아야 한다. 그저 유유자적하니 염불의 횟수나 기간만 따지면서 미지근하게 수행하는 사람은 왕생할 가망이 별로 없음을 명심해야 한다.

이러한 이치를 모르고 염불로 단지 부귀공명을 구하거나 천상에 나기만 바라는 사람은 정토가 결코 없다. 왕생하지 못하는 자는 오직 자신이 발원하지 않은 것을 탓해야지 행여 아미타불께서 와서 맞이해 주지 않으심을 원망해서는 안 된다.

요컨대 발원만 하면 누구나 갈 수 있는 곳이 극락정토요. 일단 왕생하기만 하면 아미타불을 친견하고 미묘한 설법을 들어 단박에 불퇴전(不退轉:아비발치)의 지위를 증득하게 된다.

비록 빠르고 더딘 차이는 있을지라도 이미 성인의 경지에 올라 영원토록 뒤로 물러나는 법이 없으며, 근기와 성품에 따라 혹은 단박에 혹은 점차로 모든 과위를 증득한다. 그래서 단지 아미타불만 뵈면 어찌 깨닫지 못할까 걱정하겠느냐고 반문한 것이다.

세 번째 계송은, 비록 참선으로 확철대오하고 명심견성한 사람일지라도 견혹과 사혹을 끊어 버리기 쉽지 않음을 경고하고 있다. 두 번뇌는 인연 따라 꾸준히 단련하면서 남김없이 말끔히 제거해버려야 비로소 생사윤회를 벗어날 수 있다.

조금이라도 덜 끊은 경우는 말할 것도 없고, 터럭 끝만큼이라도 남아 말끔하지 못하면 여전히 6도 윤회를 피하기 어렵다. 생사의 바다는 깊고 험하며 깨달음의 길[菩提路]은 멀기만 한데 아직 고향집에 돌아가기도 전에 이 목숨 다하면 어떻게 되겠는가.

확철대오한 사람도 열 가운데 아홉은 이 모양이다. 차로(蹉路)란

길 가던 중에 발을 헛디뎌 넘어지거나 망설임 또는 허송세월로 시기를 놓친다는 뜻이다.

또 음경(陰境)이란 중음신의 경계인데, 임종 때 금생 및 과거 역대 전생의 모든 선악 업력이 한꺼번에 나타나는 장면을 뜻한다. 이 경계가 한번 나타나면 눈 깜박할 사이에 그 중 가장 맹렬한 선악의 업력에 이끌려가 그에 상응하는 생명을 받는다.

마치 채무자가 파산한 경우 빚쟁이들이 몰려들어 채권액이 가장 많은 사람이 큰소리치듯이, 가장 강렬한 업력이 먼저 끌어당기면 자신은 마음속에 만 갈래 생각의 실마리가 엉클어지면서도 조금도 주인 노릇을 못하고 무거운 쪽으로 휩쓸려 떨어지게 된다.

오조(五祖) 계(戒) 선사가 소동파(蘇東坡)로 태어나고 초당(草堂) 청(淸) 선사가 노공(魯公)으로 환생한 것은 바로 그 때문이다. 음(陰)은 소리와 뜻이 음(蔭)과 같아 뒤덮는다는 의미다. 업력이 진여 불성[眞性]을 뒤덮어 제 모습을 발휘하지 못하게 막음을 뜻한다.

더러 차(蹉)가 길을 헷갈려 잘못 든다는 착로(錯路)이고, 음경(陰境)이 오음마경(五陰魔境 : 오음이 중생의 불성을 해칠 수 있기에 악마로 비유한 말)이라고 잘못 생각하는 사람도 있다. 이는 선(禪)과 있다[有]는 문자의 의미를 몰라서 오해하는 헛소리다.

확철대오한 선사가 어찌 열 명 중 아홉이나 길을 잘못 들고 오음마경에 홀려 주화입마로 미쳐 날뛰겠는가? 교리도 모르고 자기 마음도 밝히지 못한 채 맹목적으로 수련하는 증상만(增上慢)에 걸린 사람이나 미쳐 날뛰는 것이지, 어찌 확철대오한 수행자에게까지 그 악명을 덮어씌운단 말인가?

너무 중대한 문제라 밝히지 않을 수 없다. 다만 근심 없이 편안히 살 수 있는[安心立命] 진실한 경지까지 아직 이르지 못해 생사의 중요한 갈림길에서 확실하게 스스로 주인 노릇하지 못할까 염려하는 것뿐이다.

그러니 어찌 두렵고 무섭지 않겠는가? 정말로 아미타불의 영접을 받아 극락왕생하는 염불 법문이 가장 안심하고 확실하게 믿을 수 있는 탄탄대로이다.

마지막 네 번째 게송은, 수행을 모르는 일반인들이 명심견성의 참선공부도 안하고 염불로 극락왕생하려는 발원도 없이 그저 죄악을 짓는 데만 골몰하여 그 업보를 피하지 못하고 지옥에 떨어질까 염려하는 경고인 셈이다.

법문이야 수없이 많지만 오직 참선과 정토(염불)만이 가장 근기에 합당한 길이다. 깨닫지도 못하고 왕생을 발원하지도 않은 채 다른 법문이나 그럭저럭 배우다 보면, 선정과 지혜를 고르게 닦아 미혹을 끊고 진리를 증득할 수 없을 뿐만 아니라 부처님의 자비 가피력으로 업장을 짊어진 채 극락왕생하는 길도 열리지 않게 된다.

고작해야 평생 수행한 공덕으로 내생에 천상의 복록이나 누릴 것이다. 금생에 올바른 지혜[正智]가 없으니 내생에 복덕을 받는다고 하더라도 오욕(五欲)의 향락에 탐닉하여 널리 악업만 지을 게 분명하다.

일단 악업을 지으면 죄악의 과보를 피할 수 없고, 날숨 한번 안 들어오면 곧 지옥에 떨어져 쇠 침대 위에 구리 기둥이나 껴안고 억겁이 지나도록 빛과 소리와 맛 등에 탐착하여 생명을 살상한 죄악 등을 갚아야 할 것이다.

그때는 모든 부처님과 보살님이 대자대비를 몸소 베푸시더라도 죄악의 업장 때문에 그 가피를 받을 수가 없다. 옛날부터 "수행하는 사람이 올바른 신앙으로 서방정토에 왕생하길 발원하지 않으면서 널리 많은 선행이나 닦는 것은 제3세의 원한[第三世怨]이라고 부른다"고 하였다.

금생의 수행으로 내생[第二世]에 복을 누리면서 복으로 말미암아 죄악을 짓고 그 다음 생에 타락하여 과보를 받을 것이니 말이다. 쾌락을 내생에 잠시 얻으면 고통은 영겁토록 물려받는다. 설령 지옥의 죄업이 소멸되더라도 다시 아귀와 축생으로 태어나 사람 몸 회복하기가 정말 어렵고도 또 어렵게 된다. 그래서 부처님께서 손으로 흙 한 줌 집어들고 아난에게 물었다. "내 손의 흙이 많으냐? 대지의 흙이 많으냐?" 아난이 당연히 "대지의 흙이 훨씬 많습니다."고 대답했다. 그러자 부처님이 이렇게 비유하셨다. "사람 몸 얻기란 내 손의 흙과 같고, 사람 몸 잃기란 대지의 흙과 같으니라."

"억만 겁이 지나고 천만 생을 거치도록 믿고 의지할 사람 몸 하나 얻지 못하리."라는 말은 게송의 형식에 맞추느라 아주 간단히 축약한 표현이다.

그래서 네 번째 게송을 읽고 나면 마음이 놀라고 정신이 번쩍 든다. 모두 생사고해를 깨닫고 보리심을 내어 정토(염불) 수행이 없는 사람은 재빨리 발원 수행으로 정토를 있게 하고, 정토가 있는 사람은 용맹 정진하여 결정코 극락왕생하길 구하는 것이 요긴하고 또 요긴하다.

다른 모든 법문은 오로지 자력에 의존하여 미혹의 업장이 깨끗이 사라져야 생사를 끝낼 수 있는데, 정토 법문은 오로지 부처님의 가피력에 의지하여 업장을 짊어진 채 극락왕생하여 성인의 경지에 합류할 수 있다.

모두들 한번 생각해 보라. 자력에 의지해 수행한다는데, 도대체 자기에게 무슨 힘이 있단 말인가? 단지 시작도 없는[無始] 때부터 쌓아온 업력 밖에 무엇이 있는가? 그래서 억만 겁이 지나고 천 만 생을 거치도록 해탈하기 어려운 것 아닌가?

아미타불의 크고 넓은 서원력에 의지하면 저절로 일생에 모든 것을 끝마치게 된다. 사람 몸 받기 어렵고 부처님 법문 듣기 더욱 어려운데, 이미 보배의 산에 들어왔다가 그냥 빈손으로 돌아간단 말인가?

또 반드시 알아야 할 게 있다. 염불 법문이 단지 하근기의 중생에게만 적합한 게 아니라 상중하 세 근기의 모든 중생에게 두루 통한다는 점이다.

최상의 지혜나 최하의 어리석음이나, 근기의 우열을 가리지 않고 등각보살에 이르기까지 모두 이 법문으로 일생에 생사를 끝마칠 수가 있는 것이다.

그래서 화엄경에 보면 선재동자가 50여 대선지식을 두루 참방(參訪)하여 무량 다라니문(陀羅尼門)에 들어선 뒤, 맨 마지막으로 보현보살이 십대원왕(十大願王)으로 극락에 돌아가도록 인도하셨다.

이것을 보아도 정토법문이 정말로 가장 고상하고 가장 원만한 법문임을 알 수 있다. 만약 염불이 어리석은 아저씨, 아주머니나 하는 것이고 궁극의 법문이 아니라고 말한다면, 이는 정말로 부처와 불법을 비방하는 지옥의 종자요, 그런 자들의 어리석음과 미친 기와 타락 운명은 너무도 가련하고 불쌍하다.

정토법문이 이처럼 고상하고 원만한 까닭은 자력에만 의지하는 다른 모든 법문과는 달리 부처님의 가피력을 함께 겸비하기 때문이다. 이는 보통의 교리가 아니라 아주 특별한 교리이다.

보통의 눈으로 특별한 교리를 보면 당연히 제대로 판단 평가할 수 없다. 자력에 의지하는 보통 법문이 관직에서 단계대로 승진하는 것이라면, 부처님의 힘에 의지하는 특별교리인 정토법문은 왕실에 태어나면서부터 태자가 되는 것에 비유할 수 있다.

그러나 정토 수행에 특별하거나 기이한 것은 전혀 없다. 단지 간절한 마음으로 부처님께 구하면 저절로 가피를 입게 된다. 부처님이 중생을 보호하고 늘 생각하는 것은 부모가 자식 사랑하는 것보다 훨씬 크고 강함을 알아야 한다.

그래서 지성으로 감동시키면 반드시 가피력의 응답이 있는 것이다.

그리고 우리가 본디 지니고 있는 천진불성(天眞佛性)은 태고부터 지금까지 천지우주를 두루 비추고 있다.

비록 십악오역의 무도한[惡逆無道]한 죄인이라도 그의 본성이 지닌 신령스런 광명은 조금도 줄어들지 않는다. 다만, 맑은 거울이 먼지에 뒤덮여 있는 것과 같다. 어리석은 사람들은 광명이 없어 비추지 않는다고만 투덜거리고, 먼지를 닦아내면 금방 광명이 다시 나타날 줄은 모르는 것이다.

그래서 아미타불을 염송하는 것은 부처님 생각에 의지해 잡념망상을 쫓아내는 일이며, 마음의 거울에 낀 먼지를 닦아내는 가장 좋은 방법이다. 염불을 하다 보면 자기 마음에 본래 갖추어진 신령스런 광명[靈光]이 아미타불 광명의 끌어당김을 받아 점차 환하게 드러나게 된다.

자력과 타력이 서로 호응[自他相應]하여 감응의 도리가 서로 통하게 되니 극락왕생의 미묘한 뜻을 어찌 말로 다 표현할 수 있겠는가? 염불하는 사람은 단지 지성으로 간절하게 늘 부처님의 마음을 품고 부처님의 행동을 행하기만 하면 된다. 공경을 다한 만큼 이익을 얻고 정성을 보인 만큼 누리기 마련이다. 모두 힘써 수행하기 바란다.

말법의 시대에 태어난 우리 중생의 근기는 형편없고 업장은 막중한데 이끌어 줄 선지식조차 매우 드무니, 만약 정토 염불을 저버린다면 해탈할 길이 없게 된다.

영명 선사께서 세상 사람들이 이러한 사실조차 모르는 것을 염려하며 특별히 사료간으로 후세인들을 일깨우고 계시니, 이는 정말로 나루터를 잃은 길손에게 더없이 보배로운 뗏목이며 험난한 길을 안내하는 스승이 틀림없다.

그런데 애석하게도 온 세상 사람들이 이 글을 보고도 수박 겉핥기식으로 지나쳐 버리고 깊이 궁리하거나 음미하지조차 않으니, 이는 중생들의 사악한 업장이 가로막는 탓이다.

혜원조사의 법어

혜원조사(慧遠祖師)는 말했다. "요사이 선종들이 염불하며 정토를 닦는 이를 보고는 '상에 집착해서 수행한다[着相修行]'며 비방하고, 참선견성(參禪見性)하여 진상(眞常)을 돈오하는 것만 같지 못하다고 말하므로, 근기가 얕은 사람들은 그 말을 믿고는 염불도 하지 않고 경도 보지 아니한다. 속세의 잡무 속에 있으면서 입으로는 참선을 말하나 마음에는 도(道)를 행하지 아니하며 정토를 비방하고 왕생을 믿지 아니하니, 이것은 크게 잘못된 것으로 아미타불 염불이 무상심묘선(無上深妙禪 : 가장 높은 깊고 묘한 선)임을 알지 못하는 것이다.

지금 사람들이 커다란 도리를 궁구하지 아니하고 분별을 허망하게 일으키는[妄生] 것이니 참선 견성하고자 하면 따로 화두를 들것이 없이 다만 일구(一句) 아미타불만 가지고 스스로 참구하고 스스로 염불하기[自參自念]를 오래 오래하면 자연히 소득이 있을 것이다. 이때에 설사 개오(開悟)하지 못하더라도 목숨을 마치면 상품상생(上品上生)을 얻을 것이다."

감산대사의 법어

감산(憨山)대사는 말하기를, "참선하는 이가 많으나 반드시 생사를 벗어나는 것은 아니다. 하지만 염불하는 이는 생사에서 벗어날 것을 의심할 것 없다. 왜냐하면 참선은 생각[想]을 여의기를 요하나 염불은 오로지 생각에 있는 것인데, 중생이 오랫동안 망상에 빠져서 이 생각을 여의기가 매우 어렵기 때문이다. 그러므로 만일 염불 생각[念想]으로써 청정한 생각[淨想]으로 변화시키면, 이것은 독을 다스리는 것으로 바꾸어 놓는 법이다. 그러므로 참구는 깨닫기가 어렵고 염불은 이루기가 쉬운 것이다." 하였다.

왕룡서 거사의 법어

왕룡서(王龍舒)거사는 말하되, "참선하여 크게 깨달아서 생사의 윤회를 벗어나는 것이 진실로 상(上)이 되거니와 이에 이르는 이가 백 명에 두세 사람도 없고 서방 극락세계에 왕생하기를 닦으면 윤회를 벗어나 생사가 자재하여 만명 중에 하나도 빠지지 아니한다. 그러므로 나는 승가의 상근기에 권하고 싶은 것은 참선하는 외에 매일 짬을 내어 서방 극락세계에 왕생하기를 발원하라는 것이다. 만약 참선하여 크게 깨달아서 윤회를 벗어났다 하더라도 오히려 불지(佛地)와 떨어진 거리가 극히 멀고도 멀므로 다시 아미타불을 가서 뵈옵고 예를 올려 공경을 바치는 것이 무엇이 불가하겠는가? 만약 크게 깨닫지 못하고 수명이 문득 다하여 목숨을 마치더라도 서방극락에 가서 부처님을 뵈옵고 법을 들으면 어찌 크게 깨닫지 아니할 것을 근심하리요? 만약 정토를 닦지 아니하면 업연(業緣)을 따라가는 것을 면치 못하는 것이므로 청초당(靑草堂) 오조계선사(五祖戒禪師) 진여철(眞如喆)도 윤회에 빠졌으니 참으로 두려워할 일이다. 만일 이 도를 정성심으로 닦아 사람들을 교화 인도하고 다시 서로 불교를 권해 교화하게 되면 사람들이 자기를 명승이라 하여 반드시 그 말을 즐거이 따를 것이니 그 이익이 무궁하고 반드시 상품상생에 나리라." 하였다.

철오대사의 법어

철오대사(徹悟大師)는 말하기를, "관무량수경의 '이 마음이 부처되고 이 마음이 부처이다[是心作佛 是心是佛]' 함은, 선종의 '사람의 마음을 바로 가리켜 본성을 보아 부처를 이룬다[直指人心 見性成佛]' 함과 서로 비교해보면 참으로 단도직입적[直截]이고 통쾌하다. 왜냐하면 견성은 어렵고 부처되기[作佛]는 쉽기 때문이다. 견성은 심(心), 의(意), 식(識)을 여의고 영광(靈光)이 드러나야 비로소 견성한 것이 되므로 견성은 어렵다. 부처되기는 부처님의 명호를 염지(念持)하며 부처님의 의보(依報)와 정보(正報)를 관하면 곧 부처가 되므로 부처되기가 쉬운 것이다.

경에 말씀하시기를 '여러분이 부처님을 생각할 때 그 마음이 곧 32상80종호이다.' 하셨으니, 이것이 부처님을 상념함으로써 곧 부처가되는 것 아니겠는가.

그러므로 부처되기[作佛]와 부처임[是佛]의 이치가 둘이 아닌 것과, 견성과 성불의 어렵고 쉬운 것이 이렇게 판이하게 다르니, 염불로써 참선에 비교하면 염불이 더욱 단도직입적이고 통쾌한 것이다.

하나는 부처님의 말씀이요, 하나는 조사의 말이니, 어느 것이 무겁고 어느 것이 가벼우며 어느 것을 취하고 어느 것을 버릴 것인가.

배우는 자는 한 번 완미(玩味)하여 점검해보면 반드시 이 말이 그릇되지 아니한 것을 수긍할 것이다." 하였다.

인광대사의 법어

인광(印光)대사는 말하기를, "염불하는 사람은 선가(禪家)의 참구에 간섭할 것이 아니요, 참구염불(參究念佛)도 염불할 때에 '이것이 누구인고?' 하는데 치중해서 깨닫기만 구할 뿐이다.

행자가 믿고, 발원하고 염불하여 왕생하게 되면 깨닫지 못하는 자가 없고, 또 깨달아 미혹과 업장이 다하면 마땅히 생사를 마칠 것이다. 만약 깨닫기만 구하고 믿음과 발원이 없는 경우에는 미혹과 업장이 다하지 못했다면 능히 자력으로 생사를 마칠 수도 없고, 또 능히 불력에 의지하여 생사를 마칠 수도 없으므로 자력과 불력에 모두 근거가 없어서 윤회를 면하지 못하는 것이다. 그래서 법신보살도 성불하기 전에는 모두 불력에 의지하는데 하물며 업력의 범부는 말할 것도 없는 것이니 불력과 자력의 크기가 어찌 하늘과 땅 차이만 나겠는가." 하였다.

제8장 유심정토와 자성미타에 대한 논변

세상 사람들 중에는 극락정토와 교주 아미타불의 존재를 부인하면서 오직 마음이 정토인데[唯心淨土]인데 유심 외에 무슨 정토가 따로 있으며, 자기 본성이 아미타불인데[自性彌陀] 자기 본성 외에 무슨 미타가 또 있겠는가 하면서 오해하는 이가 있다. 그래서 이에 대한 선덕들이 가려 밝힌 것 중에서 몇 가지 예를 들면 다음과 같다.

왕룡서 거사의 논변

참선하는 사람들이 "유심정토(唯心淨土) 자성미타(自性彌陀)"를 주장하여 극락세계를 부인하려는 이가 있으나 그것은 그릇된 생각이다.

왜냐 하면 서방정토가 그 이치로도 있고 그 사실로도 있기 때문이다. 그 이치로 말하면 능히 그 마음을 깨끗하게 하므로 일체가 모두 청정하니 진실로 유심정토가 되는 것이요.

사실의 실재로 말하면 실로 극락세계가 있어서 부처님께서 틀림없이 자세히 말씀하셨으니 어찌 헛된 말씀이라 하랴.

사람마다 성불할 수 있는 것이며 또 자성미타란 말도 거짓말이 아니다. 그러나 갑자기 그 경지에 이를 수가 없는 것이다. 마치 불상을 조각할 만한 좋은 재목이 있더라도 불상을 조각한 연후에야 비로소 불상이라 칭할 것이요.

재목을 그대로 두고 불상이라고 예배 공양할 수는 없는 것 같은 것이니, 소위 유심(唯心)이 정토니 따로 정토가 없고 자성이 미타니 따로 미타가 없다는 것은 옳지 못한 주장이다.

또 어떤 이는 정토가 있는 것을 믿으면서도 유심정토설에 구애되어 서방에 왕생할 것이 없다하거나, 참선은 직접 견성 성불하는 것이므로 아미타불을 볼 것이 없다는 말을 하는데, 모두 잘못된 주장이다.

왜냐하면 저 서방 정토는 탐욕[貪], 애착[戀], 성냄[瞋], 어리석음[癡]이 없거니와 우리의 마음에도 탐욕, 애착, 성냄, 어리석음이 없는가?

또 서방 정토에서는 옷을 생각하면 옷을 얻고, 음식을 생각하면 음식을 얻으며, 고요하고자 하면 고요하여지고, 가고자 하면 가는 것이지만, 내가 옷을 생각하여 얻지 못하면 찬 것이 마음을 고달프게 하며, 음식을 생각하여 얻지 못하면 주림이 마음을 고달프게 하며, 고요하고자 하다가 고요할 수 없으면 흩어져 움직이게 하는 것이 마음을 고달프게 하고, 가고자 해도 갈 수 없으면 얽매여 있음이 마음을 고달프게 하니, 이른바 유심정토란 진실로 도달하기 쉽지 않은 경지인 것이다.

아미타불은 복덕과 지혜를 충분히 갖추시고 신통이 광대하여 지옥을 변하여 연화를 만드시는 일이 손바닥을 뒤집기보다 쉽고, 한량없는 세계를 보시는 것이 눈앞에 있는 것 같거늘, 나는 항상 숙업이 깊고 무거워 지옥에 떨어질까 두려워하거늘, 어떻게 연화로 고쳐 만들 수 있으며, 또 벽 사이의 거리의 일도 알지 못하거늘 하물며 한량 없는 세계를 볼 수 있으랴.

소위 자성미타라 함은 참으로 도달하기 어려운 것이므로 나의 마음이 정토가 될 수 있다 하나 별안간에는 정토가 될 수 없는 일이고, 나의 본성이 가히 아미타불이 될 수 있다 하나 갑자기는 될 수 없는 것이거늘, 어찌 정토를 소홀히 생각하고 닦지 아니하며 아미타불을 버리고 뵈옵기를 원치 않으리오.

정토의 업을 닦아서 아미타불을 뵈옵고 보리를 이루기는 어렵지 않거니와, 만약 이 세계에서 참선하여 견성성불하기는 매우 어려울 뿐 아니라, 정토를 수행하는 것이 참선에 방해되지 않거늘 어찌하여 참선하는 이는 정토를 소홀히 여기고 닦지 아니하겠는가.

대아미타경에 말씀하시기를 "시방의 한량이 없는 보살들이 아미타불국에 왕생하였다" 하였거늘, 나는 어떠한 사람인데 정토에 왕생하기를 원치 아니하는가?내가 과연 모든 보살보다 뛰어나다고 생각하는가? 통틀어 말하면 '유심정토와 자성미타'란 말은 많은 사람을 그르치는 것이니라.

즉, 정토법문을 지송 수행하면 사람마다 반드시 정토에 낳아서 속히 윤회를 벗을 것이니 저 거짓과 불성실한 마음이 있는 자와는 그 거리가 천지 차이만큼이나 먼 것이다

성암(省庵)대사의 논변

누가 묻기를 "마음 그대로가 부처인데[即心是佛] 어찌하여 다시 아미타불을 보려는가." 하기에 답했다. "마음 그대로가 부처이다."라는 말은 얼음을 가리켜 물이라 하는 말과 같다. 즉, 얼음이 비록 물이기는 하나 물이 얼어붙었으므로 태양의 열을 빌려야 비로소 녹아 풀어져서 물이 되는 것과 같이, 마음이 부처이기는 하나 전체가 어지럽고 어두움 속에 있으므로 불일(佛日)의 힘을 빌려서야 비로소 깨닫게 되는 것이거늘, 어찌 사리에 어두운 마음만을 고집하고 부처님을 뵈옵기를 원하지 아니 하리요" 또 묻기를 "마음 그대로가 정토이다[即心淨土]" 하는데 어찌하여 다시 정토에 왕생하기를 원하는가? 하기에 답했다. "마음 그대로가 정토이다 함은 나무를 가리켜서 기둥이라 함과 같다. 즉 나무가 기둥이 될 수는 있거니와 나무 그대로가 기둥이 되지는 못하는 것과 같이 마음이 비록 정토를 지을 수는 있으나 마음 그대로가 정토는 아니다.

우리의 마음이 하루 동안에 일체 경계에 대하여 한 털끝만큼이라도 잡념이나 더러운 마음[染汚心]이 일어난다면, 이것은 곧 더러운 상[穢相]이 공(空)하지 못한 것이거늘 어떻게 마음이 그대로 정토이다 라 하겠는가. 이와 같은 말은 모두 자신을 속이는 것이다. 만일

정토에 왕생하지 아니하면 유심정토가 끝끝내 드러나지 못하는 것임을 알아야 하느니라."

대우(大佑)선사의 논변

어떤 이가 묻기를, "관무량수경에는 '이 마음이 부처가 되고 이 마음이 곧 부처이다.' 하였는데 어찌하여 다른 불을 염불하는가?" 하기에 답했다. "마음이 본래 부처이므로 저 부처를 염불하게 하는 것이다. 범망경에는 '나는 앞으로 될 부처요, 여러 부처는 이미 이룬 부처인줄 알라.' 하였으니, 너의 마음의 부처님은 앞으로 될 부처이고 아미타불은 이미 이룬 부처이다.

앞으로 될 부처는 오랫동안 애욕의 바다에 잠겨서 번뇌가 다 갖추어져 있어 언제 벗어날지 그 기한을 정할 수 없어 까마득하나, 이미 이룬 부처는 이미 보리를 발하고 위력신통이 충분히 갖추어져 있어 중생을 도와서 보호하시므로, 여러 부처님이 염불을 권하신 것이다. 즉, 나는 앞으로 될 부처로서 이미 이룬 다른 부처님에게 도움과 보호를 구해 얻는 것이다.

그러므로 중생이 만약 염불하지 아니하면 성인과 범부가 영원히 사이가 떨어지고 부모와 자식이 항상 어긋나 이별한 채 오래도록 윤회에 처하여 서로 떨어진 거리가 먼 것이니라."

극락정토의 권실에 대한 논변

중국 당나라 때의 조백(棗栢) 이통현(李通玄)장자가 화엄합론(華嚴合論)을 짓고, 그 중에 십종정토(十種淨土)의 육권사실(六權四實), 즉 열 가지 정토 중에 여섯은 권(權)이요, 넷은 실(實)이라는 것을 열거하면서 그 중의 아미타불 정토를 권이라 하고 실은 아니라 하였으나, 이 장자는 사십화엄경(四十華嚴經)이 당나라에 들어오기 이전이어서 보현행원품(普賢行願品)을 보지 못한 까닭으로 아미타불 정토를 실이 아니고 권이라고 그릇 인정한 것이다.

누가 물었다. "서방 정토는 성인이 권방편(權方便)으로 우둔한 근성을 이끌어 범부의 근기를 교화하는 것이니 한 번 뛰어넘어 여래의 지위에 들어가게 되면 무슨 타력을 빌리리요?"

이에 다음같이 답했다. "부처님이 계신 때의 문수보살과 보현보살과, 부처님이 돌아가신 후 마명보살과 용수보살과 중국의 천태지자대사와 영명연수선사가 모두 왕생을 발원하였으니, 이네들이 모두 둔근이겠는가?

보적경에는 석가모니 세존께서 부왕께 정토왕생을 권하여 육만 석가족이 모두 왕생하였으니 이네들은 모두 평범한 이들이라 하겠는가? 또 이 성현들이 모두 지금의 소위 재능이 예리하고 뛰어난 이에 미치지 못하겠는가?

만일 서방 정토를 권이라 하면 어떠한 것을 실이라 하겠는가? 중국의 손신로(孫莘老) 학사가 처음에 정토를 의심하다가 양차공(楊次公)과 왕민중(王敏仲) 시랑을 만나서 도를 논하다가 계합하여 마침내 의심을 풀었다. 양차공, 왕민중시랑 두 사람은 선(禪)을 배우다가 모두 정토 귀의에 쉬지 않고 노력하였으니 정토는 성인의 권설(權設)이 아니고 진실로 선려(禪侶)가 깃들어 머물 곳이다."

제9장 운명(殞命)의 전후

1. 사대가 이산

사람의 몸을 만들어서 이루어진 것 가운데 단단한 것은 지대(地大)에 속하고, 흐르는 것은 수대(水大)에 속하고, 더운 것은 화대(火大)에 속하고, 움직이는 것은 풍대(風大)에 속한다. 이 네 가지를 사대(四大)라 하니 사람이 죽을 때에는 이 사대가 제 각기 흩어지는 것[離散]이다.

염불구도중음법(念佛救度中陰法)에는, "지대가 수대에 내릴 때에는 전신에 무거운 압력을 느끼며 내장과 뼈마디에까지 미치어 숨이 막혀 답답하고 무거운 고통은 말할 수 없나니, 이때에 수족이 끌어당기고 근육이 떨린다.

수대가 화대에 내릴 때에는 전신이 차갑고 냉기가 골수에 들어가 내장이 떨리며 간장이 얼음 같이 차서 화로불로도 차가운 고통을 제하기 어려운 것인데 이때에는 얼굴빛이 잿빛처럼 하얗고 숨이 차고 몸이 떨리게 된다.

화대가 풍대에 내릴 때에는 생기(生氣)가 태반이나 감퇴하여 저항력이 약하고 바람을 부치면 불이 성하는 모양 같아서 내장과 겉의 사지[外肢]가 다리고 찌는 것 같고 살과 힘줄을 베고 쪼개는 것 같은데, 이때에는 얼굴빛이 붉고 신기(神氣)가 혼미한 것이요.

풍대가 따로 떨어질 때에는 문득 광풍이 온 몸을 불어 찢어 부스러뜨리는 것과 같은 감각을 느끼며 그 고통의 극심함은 형용할 수 없는데 이때에 사대가 흩어지며 육근(六根)이 망가지고 오직 그 신식(神識)만이 생전에 지은 업의 경중을 따라서 과보를 받아 간다." 하였다.

중유론(中有論)에는, "장차 죽을 때에는 사대(四大)가 지, 수, 화, 풍의 순서로 따로따로 떨어지는데 지대가 분리할 때에는 신체는 무거운 물건으로 온 몸을 누르는 것 같고, 네 팔다리는 끌어당기는 것 같은데 극히 고통이 되고, 그 다음에 수대가 따로 떨어질 때에는 몸에 땀이 나고 혹은 머리에서 땀이 난다." 하였다.

대지도론에는, "악업을 지은 사람은 풍대가 먼저 흩어지므로 몸이 움직이며 화대가 먼저 가므로 몸이 덥고 선행을 한 사람은 지대가 먼저 가므로 몸이 고요하며 수대가 먼저 가므로 몸이 차다." 하였다.

정법염처경(正法念處經)에는, "임종 시에 칼바람이 모두 일어나 천 개의 뾰족한 칼로 몸을 찌르는 것 같다." 하였다.

이와 같이 사대가 흩어질 때에 악도에 가서 날 사람은 죽을 때에 고통을 받으나 인도에 날 사람은 별로 고통이 없고, 천도에나 극락세계에 왕생할 사람은 고통이 없을 뿐만 아니라 도리어 상쾌한 감각이 있다고 한다.

2. 신식이 시체에서 떠나가는 방법

신식, 즉 속칭 영혼이 시체에서 떠나갈 때에 전신이 별안간에 일시에 식어지는 것이 아니고 몸 아래서부터 먼저 식거나 혹은 몸 위서부터 먼저 식는다.

몸의 더운 기운이 최후에 발에 와서 식으면 지옥도에 낳는 것이요, 무릎에 와서 식으면 축생도에 낳는 것이요, 배에 와서 식으면 아귀도에 낳는 것이요, 가슴에 와서 식으면 인도(人道)에 낳는 것이요, 눈에 와서 식으면 천도에 나는 것이고, 정수리에 와서 식으면 성도(聖道) 즉 극락에 나는 것이다. 아수라는 종류가 많아서 식는 곳을 확실히 정하기 어려운 것이다.

3. 아뢰야식과 중유

우리가 안, 이, 비, 설, 신, 의(眼耳鼻舌身意)의 육근(六根)으로 색, 성, 향, 미, 촉, 법(色聲香味觸法)의 육경(六境)에 대하여 보고[見], 듣고[聞], 냄새맡고[嗅], 맛보고[味], 닿고[覺], 알고[知]하는 것을 잘 알아서 분별하는 작용이 일어나는 것을 식(識)이라 하니, 곧 안이비설신의의 육식(六識)이라 하고 여기에 말나식(未那識)과 아뢰야식(阿賴耶識)을 가하여 팔식(八識)이라 한다.

사람이 처음 생길 때에는 아뢰야식이 먼저 오고, 그 다음에 말나식과 육식이 생기며 죽을 때에는 육식과 말나식이 먼저 가고 아뢰야식이 나중에 가나니, 아뢰야식은 곧 우리의 신식, 즉 영혼이라 하는 것이다.

사람이 수태(受胎)할 때에는 아뢰야식이 먼저 오는 까닭으로 아이가 태중에 있어서 활동하게 되고, 사람이 죽은 후에는 전신 중의 어느 부분이든지 더운 기운이 아주 없어져야 아뢰야식이 완전히 떠난 것이다.

아뢰야식이 처음 와서 우리의 심신이 생긴 것을 생유(生有) 또는 생음(生陰)이라 하고, 출생한 후부터 죽기 전까지의 심신을 본유(本有)라 하며, 죽은 뒤의 심신을 사유(死有) 또는 사음(死陰)이라 하고, 사유 후와 생유 전의 중간에 있는 심신을 중유(中有) 또는 중음(中陰) 중음신(中陰身)이라 하니, 이 네 가지 종류를 사유(四有)라 한다.

이 사유는 오직 아뢰야식의 이름을 바꾸었을 뿐이고 그 본질은 바뀌지 아니한 것이니, 중유가 곧 아뢰야식이요 아뢰야식이 곧 중유이다. 구사론(俱舍論)에서는 사유(四有)의 시간을 말하되, "생유

(生有), 사유(死有)는 각각 생사의 일찰나간이고, 본유(本有)와 중유(中有)는 그 시간의 길이가 다르다." 하였다. 유식론(唯識論)에는, "생유, 사유는 일찰나간 보다 조금 길고 본유, 중유는 시간의 길이가 일정하지 않다." 하였다

4. 중유의 작용

중유의 형체는 본유의 분량과 같다 하며, 혹은 사람의 중유는 사람 몸의 반이라 하고, 또 욕계의 중유는 오륙 세의 아이와 같고 오근(五根)이 완전히 갖추었으나 의복이 없다. 색계의 중유는 몸이 원만한 것이 본유와 같고 상호가 구비하고 의복이 있다. 인간과 천인의 중유는 깨끗하고 밝고, 삼악도의 중유는 어둡고, 또 지옥에 날 중유는 그 형상이 지옥과 같고, 천상세계에 날 중유는 천인과 같다고 한다.

중유는 냄새를 먹는데 그 먹는 냄새는 복덕을 따라서 차별이 있다. 즉 복 있는 중유는 꽃과 과실 같은 가볍고 맑은 냄새를 먹고, 복 없는 중유는 대소변과 썩은 음식과 같은 것의 더러운 냄새를 먹는데, 중유가 먹는 분량이 극히 적어서 중유가 비록 많아도 모두 먹을 수가 있다 한다.

중유의 보는 분량[見量]은 중유의 승하고 열함[勝劣]에 따라 같지 아니하니, 승(勝)한 중유는 열(劣)한 중유를 보거니와 열한 중유는 승한 중유를 보지 못하며 같은 종류의 중유는 서로 본다고 한다.

중유는 신통력이 강하고 빨라서 공중을 날아다니는 까닭에, 금강산도 장애가 되지 아니하고 부처님도 억제 할 수 없으며, 산과 물과 돌과 벽과 내지 수미산 같은 것도 무난히 통과하여 다니되, 오직 보리도장[菩提道場], 즉 부처님의 금강좌와 모체의 자궁은 통과하지

못하며, 또 일찰나에 사대주(四大洲)와 수미산을 돌아다니며 어느 곳에나 순식간에 왕래할 수 있으므로, 중유가 아무리 먼 곳에 있더라도 한 번 부르는 소리를 들으면 즉각 앞에 와 서 있고, 또 중유가 모든 감관이 영리하여 전에 지은 일을 잘 기억하되 그 기억력이 생시보다 아홉 배나 되고, 생시에 비록 용열하고 둔탁하던 사람이라도 중유에 들면 매우 영민하게 된다고 한다.

5. 중유가 태어날 인연을 얻는 기한

중유가 생유로 태어나기 전에 중유로 머물러 있는 기한에 대한 네 가지 설이 있다.

1) 비바사제사(毘婆沙諸師)는 "일체의 중유가 태어나기를 즐겨 구하므로 속히 생을 받고 반드시 오래 머물러 있지 않는다." 하였다.

2) 세우존자(世友尊者)는 "칠일을 최장 기간으로 한다." 하였다.

3) 설마달다존자(設摩達多尊者)는 "일곱 칠일을 최장 기간으로 한다." 하였다.

4) 법구존자(法救尊者)는 "머물러 있는 기한이 일정하지 않다." 하니, 즉 생명을 받는 연(緣)에 더딤과 빠름이 있고 만약 태어나는 연을 만나지 못하면 중유가 항상 있다는 것이다.

법화문구(法華文句)에는 "인간의 중유는 동자와 같고 반드시 칠일을 한 기간으로 하여 본생처(本生處)에 나는데, 만약 칠일이 끝날 때까지 태어날 연을 얻지 못하면 또 다시 중유 칠일을 계속하여 제2 칠일의 종말에 또 본생처에 낳고, 이렇게 칠일을 한 기간으로 하여 그 기한이 가장 긴 것은 제7기까지 이르고 칠기의 종말에는 반드시 어느 곳에든 태어나는 것이니, 이 일곱 칠일 동안을 '중음'이라 칭한다.

이와 같이 태어날 연을 아직 결정짓지 못한 동안에 천도하는 일을 베풀어 그 힘으로 좋은 곳에 나기를 바랄 것이다." 하였다.

관정경(灌頂經)에는 "목숨을 마친 사람이 중음 중에 있어서 몸이 소아와 같고, 죄 복이 아직 결정짓지 못하였으니 마땅히 복을 닦아서 망자의 신식으로 하여금 정토에 낳기를 원하면 이 공덕으로 반드시 왕생하게 된다." 하였다.

제10장 운명할 때의 행사

사람이 운명(殞命)하기 전에 미리 준비할 일과 주의할 일이 있다. 운명 후에도 주의할 일은 법대로 염불하며, 도를 잘 닦은 운명 시에도 행사를 잘하여야 할 것이거니와, 평시에 염불했다 하여도 법대로 못한 사람은 운명할 때에 행사를 잘하지 아니하면 극락에 왕생하기 어렵다. 평시에 염불을 아니 한 사람이라도 운명할 때에 행사를 잘하면 극락에 왕생할 수가 있는 것이다. 세상 사람들은 이 운명 전후의 행사가 망자에게 이와 같이 큰 관계가 있음을 알지 못하는 까닭에, 사람이 운명하려 할 때에는 빨리 운명하기만 기다리고 운명한 후에는 속히 장사하려는 생각만 하고 긴요한 행사를 하지 아니하니 참으로 통탄할 일이다. 그러므로 그 운명 전후에 행할 일과 주의할 것은 다음과 같다.

1. 서방삼성의 상을 모실 것

운명할 사람의 방에는 극락세계의 삼성의 상(像 : 흙이나 나무나 금속이나 돌로 만든 불상) 또는 화상을 모시되, 동향으로 아미타불을 모시고 아미타불의 왼쪽에 관세음보살, 오른쪽에 대세지보살을 모실 것이며, 만약 삼성의 상을 구하기 어려우면 아미타불 상만 동향하여 모시고 불상 앞에는 향로와 아미타경 등 왕생에 관한 경책 이외에는 다른 물건을 많이 놓지 말 것이다. 불상이 없으면 '나무아미타불' 여섯 자나 '아미타불' 넉 자를 글씨로 크게 써서 모셔도 좋고, 그것도 할 수 없으면 다만 서향하여 염불할 것이다.

2. 운명하는 사람은 일심으로 염불할 것

운명하는 사람은 자기 일신상의 일이나 집안일이나 세상사를 모두 놓아버리고 오직 극락왕생만을 발원하고 일심으로 염불할 것이며, 설사 병고가 중하더라도 죽음을 두려워하지 말고 염불만 할 것이다.

이렇게 염불하는 사람은 만약 목숨이 다하였으면 반드시 극락에 왕생할 것이다. 또 만약 목숨이 다하지 아니하였으면 병이 속히 나을 것이니, 이는 매우 성실한 마음의 염불로 인하여 지난 세상의 업장을 없애 버리는 까닭이다.

그러나 잡념을 하거나 병이 나을 생각만 하고 염불을 성실하게 하지 아니한 사람은 왕생하지 못할 것이니, 이는 병이 낫기만 바라고 왕생을 구하지 아니한 까닭이며 설사 목숨이 다하지 아니하였더라도 병이 속히 낫지 못하고 도리어 병고가 더하게 되느니라.

3. 다른 이는 염불을 권하며 조념할 것

행자가 평시에 염불법을 알고 법대로 수행한 사람도 운명할 때에 가족 친척들이 옆에서 조념(助念)함이 매우 유익하거니와, 염불을 알지 못하는 사람이나 염불을 하였더라도 성실히 수행하지 못한 사람의 운명할 때에는 조념하는 것이 더욱 필요하다.

그러나 운명할 사람이 조념 할 경우와, 조념을 싫어하여 반대할 경우에는 조념하는 방법이 같지 아니하다.

1) 운명할 사람이 병이 없거나 병이 가벼워 정신이 있고 조념을 희망 혹은 반대하지 않는 때에는, 친족들이 반을 짜서 매일 교대로 염불하여 염불소리가 운명할 사람의 귀에 들리게 하며 운명할 때까지 계속하되, 소리의 높음과 낮은 것과 느린 것과 빠른 것과 목탁을 치는 여부는 운명할 사람의 의사에 의할 것이다.

2) 운명할 사람이 정신이 혼미하거나 병이 무거워 자신이 염불하지 못하더라도 조념하는 사람들은 매일 반을 짜서 교대하여 운명할 때까지 고성으로 염불할 것이고, 혹 운명할 사람이 염불하기를 싫어하거나 자기는 물론 조념까지도 반대할 경우에는 운명할 사람에게 염불 소리를 듣는 것이 크게 이익 되는 것을 간절히 설명할 것이며, 운명할 사람이 듣고 듣지 않는 것에 불구하고 운명할 때까지 염불을 계속하는 것이 좋다.

4. 운명할 때의 앉고 누움은 자유로 하게 할 것

평소에 염불을 하지 아니하였거나 성실하게 수행하지 못한 사람이면 운명할 때의 몸 가지는 태도를 자유에 맡길 것이고 억지로 서향하게 하지 말 것이다. 그러나 평시에 법대로 수행한 사람이면 운명할 때에 몸 가지는 태도에 다음의 세 가지가 있다.

1) 서향하여 쌍가부좌 혹은 반가부좌하고 합장하거나, 혹은 아미

타불 수인을 맺고 염불하면서 운명하는 것.

2) 서향하여 오른쪽으로 누워 염불하는 것이니 이것을 길상와(吉
祥臥)라 한다. 석가모니불께서도 열반하실 적에 이렇게 누우셨다.

3) 서향하여 곧게 서서 합장하거나 아미타불 수인을 맺고 운명하
는 것이다.

5. 가족이 주의할 일

가족이나 친족들은 운명할 사람에게 언어와 행동을 매우 조심하
여 왕생의 큰일에 장애가 되지 않게 할 것이다.

1) 운명할 사람에게 슬픈 기색을 보이거나 눈물을 흘리지 말아야
한다.

2) 운명할 사람에게 애정을 못 이기어 섭섭한 말이나 집안일이나
세상일을 말하지 말아야 한다.

3) 요란하게 떠들지 말아야 한다.

이상과 같은 일로 인하여 운명하는 사람에게 슬픈 마음을 일으키
거나 애정에 끌리거나 다른 일에 마음이 산란하게 되면 정념(正念)
을 잃고 악도에 떨어지게 되는 것이다.

또 무당, 판수, 외도들의 하는 행사를 혼용하지 말 것이니, 이것
은 해만 있고 이익이 없을 뿐만 아니라 불법의 위엄을 떨어뜨리는
까닭이 된다. 운명한 후에도 조념을 계속하되 염(殮)하는 시간을 제
하고는 49일까지 영전에서 가족들이 염불할 것이며, 또 선지식을
청하여 중유에게 설법하되 "중유가 어떠한 경계를 당하든지 조금도
마음을 움직이지 말고 서방 극락세계에 왕생하기를 발원하고 일심
으로 나무아미타불을 염불하라."고 설명하여 들려주면 중유는 염불
하는 소리와 선지식의 설법을 듣고 부처님의 힘을 얻어 극락에 왕

생할 수 있는 것이다.

또 망자가 정신을 잃은 후에 곧 울거나 옷을 갈아입히거나 손발을 거두거나 몸을 자리를 움직여서 옮기지 말고, 신식이 다 떠나간 후에 최소한 8시간 이후에 행사하여야 한다.

그 이유는 시체에 만약 한 곳이라도 따듯한 기운이 있으면 신식이 아직 다 떠난 것이 아니고, 그 시체가 다만 입으로 말만 못하고 몸을 움직이지 못할 뿐 지각(知覺)은 아직 남아 있으므로, 이때에 우는 소리를 들으면 애정이 생기고 불법 생각이 식어지는 까닭으로 애정의 마음을 따라서 몇 번이고 형상을 바꾸어서 다시 태어나는 것에서 해탈할 수 없다. 몸을 자리를 움직여서 옮기면 고통이 되어 성난 마음이 생기고 불법 생각이 적어져서 악도에 떨어지기 쉽다.

이때에 가장 이익을 얻는 것은 염불이 제일이고, 가장 해를 끼치고 왕생에 절대 불가한 것은 떠드는 소리나 흔드는 것이다.

또 우리나라에서는 망인이 운명하자마자 손발을 거둔다고 손목과 발목을 묶어서 염(殮)할 때까지 두는 습관이 있으나, 이것은 운명 후에 시체를 그대로 두면 골절이 굽어 굳어져서 염하기가 불편하다고 해서 하는 일이다. 만일 신식이 시체에서 떠나기 전에 손발을 거두다가 신식이 고통을 느끼어 성이 나면 안 될 것이니, 손발을 거두지 말고 그대로 두는 것이 좋다. 그대로 두었다가 설사 굽어 굳더라도 뜨거운 물에 수건을 담갔다가 물을 짜고 굳은 곳에 대어 두면 굳은 것이 부드러워지는 것이니 염려할 것 없다.

또 유가(儒家)의 습관인 초혼(招魂)도 부를 필요가 없으니 지성으로 염불하여 망자의 명복을 빌면 부처님의 원력으로 명부(冥府)에 가지 않고 곧 극락으로 직행할 수 있는 것이다.

우리나라에서 흔히 시체를 염할 적에 금강경탑다라니, 천수탑다라니, 수구다라니 등을 넣어서 망인이 다라니의 공덕으로 선도(善

道)에 태어나기를 원한다.

그러나 위의 다라니 외에 대관정광진언(大灌頂光眞言), 즉 광명진언(光明眞言)이 가장 좋으니 이것은 글자 수가 간단하여 20여 자에 불과하고 또 범자(梵字)의 획(劃)이 시체에 닿으면 정토에 태어난다는 게송이 있으니 다음과 같다.

진언 범자를 주검의 뼈에 대나니　眞言梵字觸屍骨
망자는 곧 정토 중에 태어나　　　亡者卽生淨土中
부처님 뵙고 불법을 들어 친히 수기 받아　見佛聞法親授記
빨리 위 없는 대 보리 증득하소서　速證無上大菩提

망인을 위하여 복을 짓는 도(道)는 보시가 위주이며, 그중에서도 망인의 유물로 복을 짓는 것이 가장 좋으니 망인이 많은 이익을 얻는 까닭이다.

무상경(無常經)에는 "망인의 예전의 옷 또는 새 옷이나, 몸에 따라 쓰던 물건을 세 부분으로 나누어 그 망인을 위하여 불법승 삼보에 보시하면, 이로 인하여 망자의 업장이 가벼워지고 공덕 복리의 이익을 얻을 것이니, 좋은 의복을 시체에 입혀 보내는 일은 하지 말라." 하였다.

그러므로 망인의 유산이 있으면 돈으로 바꾸어서 불상을 장엄하고 경전을 출판하고 승가에 보시할 것이며, 또 가난한 사람을 구제하고 생물을 놓아 보내는 등 유정에게 유익한 일을 할 것이다.

우바새계경(優婆塞戒經)에는, "만일 부모가 죽어서 아귀도에 낳았을 때에 그 자손이 망령을 위하여 복을 지으면 아귀가 곧 이익을 얻을 것이요. 만일 망령이 천도(天道)에 낳았으면 천도에는 뛰어나게 기묘한 보장(寶藏)을 성취하였으므로 인간의 물건을 생각하지 않을 것이고, 만약 지옥에 낳았다면 몸에 극심한 고를 받으므로 다른 생각을 할 겨를이 없고 축생도 그러하다. 아귀도 원래 탐하고 아끼고 인색하기를 좋아했기 때문에 아귀도에 떨어진 것이므로 아귀가 된 후에는 항상 그 허물을 후회하고 천도의 이익을 생각하므로 그 이익을 얻는 것이니 슬기가 많은 사람은 아귀를 위하여 부지런히 복덕을 지을 것이라." 하였다. (슬기가 많은 사람이란 지자智者의 뜻이다)

관정수원왕생시방정토경(灌頂隨願往生十方淨土經)에는, "유정(有情)이 불법승 삼보를 믿지 않고 불법의 계율을 행하지 아니하다가, 죽은 뒤에 삼도팔난(三途八難)에 떨어져서 모든 고통을 받을 적에 친족들이 망인을 위하여 복을 닦으면 7분의 1의 복을 망인이 얻는다." 하였다.

지장보살본원경에는, "세상에 있을 때에 착한 인[善因]을 닦지 아니하고 많은 중죄를 지은 사람이 죽은 뒤에 그 친척들이 망인을 위하여 온갖 성스러운 일[聖事]을 지으면 망인은 7분의 1 공덕을 얻고 6분 공덕은 산 사람이 얻는다." 하였다.

6. 법사는 도행이 구족한 이를 청할 것

상중(喪中)에 법사(法師)를 청할 때에는 될 수 있는 대로 도행(道行)이 진정(眞正)하고 지해(智解)가 명철한 이를 택한다. 법사의 계행이 깨끗지 못하였거나 법요(法要)의 의식(儀式)이 분명하지 못하거나 사리(私利)를 탐하는 일이 있거나 하면 중유가 신통력이 있어서 아는 까닭에 실망하거나 회한(悔恨)하여 성난 마음이 생기면 고취(苦趣)에 떨어지기 쉽다.

중국의 송(宋)나라 소흥년간(紹興年間)에 회음(准陰) 지방의 어떤 사람이 딸이 죽어 한식이 지나도록 천도하지 못함을 한탄하여 그 어머니가 머리털을 잘라 팔아 돈 6백을 만들어 법사를 청하여 불사를 하려 하였다. 마침 승려 다섯 사람이 문 앞을 지나가므로 맞아들여서 불사를 청하였다. 그 승려들이 서로 미루다가 그 중 한 승려가 허락하고 금광명경(金光明經) 일부를 독송하여 회향하고 집으로 돌아가다가 노상에서 먼저 간 네 사람의 동행을 만나 술집에 들어갔더니, 별안간에 창밖에서 소리하여 부르기를, "경 읽은 스님은 술을 마시지 말라." 하는지라 승이 누구냐고 물었더니 "나는 스님이 금광명경을 읽던 집주인의 죽은 딸로서 오랫동안 어두운 데 빠져 있다가 법사의 독경 공덕으로 죄업을 벗고 나오게 되었는데 법사가 만일 술을 먹어서 재(齋)를 깨트리면 나는 벗어날 수 없노라." 하고 어디론지 가버렸다.

그리하여 그 승려들은 이 말을 듣고 마침내 지계 수행하여 도를 이루었다 한다.

7. 제사에 살생하지 말 것

제사에 생물을 죽이는 것은 크게 금하고 꺼려야 할 것이니, 즉 살생으로 인하여 중유가 악보를 받게 되는 것이다. 중유가 살생하는 것을 보고는 살생하지 말라고 가족에게 이르지만 가족이 알아듣지 못하고 살생하면 중유는 성난 마음을 내어 곧 악도(惡道 : 축생, 아귀, 지옥)에 떨어지게 된다.

그러므로 가족들은 제물에 살생하지 말고 채소 음식으로 차리고, 조객에게도 육류를 대접하지 말 것이며, 설사 조객에게는 불만이 있을망정 망인에게는 죄를 얻게 할 수는 없는 것이다.

지장보살본원경에, "너희들이 살생한 것으로 음식을 차려 놓고 아무리 절을 하고 제사를 지내더라도 망인에게는 터럭만큼도 이익이 되지 못하고 단지 죄연(罪緣)만 맺게 되어 죄가 더욱 깊고 무거워질 뿐이다.

가령 내세나 현세에 성분(聖分)을 얻어서 인간이나 천상에 태어날 것이라도, 임종 시에 권속들이 살생 같은 악한 원인을 지은 탓으로 망인에게 누가 되어 인간이나 천상에 태어나는 일이 늦어질 것이다. 하물며 망인이 생시에 조금도 선근이 없으면 각각 본업(本業)에 따라 스스로 악한 과보를 받게 되겠거늘, 어찌하여 권속들의 잘못으로 망인의 업을 더하게 하랴. 비유컨대 먼 곳에서 오는 사람이 양식은 끊어진지가 삼일이 되었고 등에 짊어진 짐은 무게가 백 근이 넘는데, 만일 별안간 이웃 사람을 만나서 또 다른 물건을 더한다면 짐이 무거워서 꼼짝할 수 없는 것과 같다."고 하였다.

8. 왕생의 징조와 서응(瑞應)에 구애되지 말 것

염불인 중에 극락에 왕생할 사람은 죽을 때에 이상한 징조나 여러 가지 길한 징조가 나타나 보이는 것이다. 하지만 염불인은 그런 일에 구애되지 말고 극락왕생만 발원하고 일심으로 염불만 해야 한다.

가령 길한 징조가 나타나는 것이 보이더라도 거기에 마음이 움직여 염불이 한결같지 못하거나 염불을 중단하여서는 옳지 않다. 길한 징조가 나타나는 것이 보일수록 더욱 침착하며 일심으로 염불을 계속해야 한다. 또 길한 징조가 나타나는 것이 보이지 않더라도 역시 일심으로 염불을 계속해야 한다.

부처님께서 중생들을 구제하시는 일은 드러나게 하시기도 하고 보이지 않게 하시기도 하여 범부로서는 추측할 수 없는 것이니, 설사 일시에 길한 징조가 나타나는 것이 보이지 않더라도 그로 인하여 실망하지 말고 일심으로 염불해야 한다. 이 일심으로 염불하는 것이 극락에 왕생하는 요결이다.

제11장 구품왕생과 그에 대한 의심을 가림

무량수경에는 삼배생(三輩生)이 있지만 관무량수불경에는 그 삼배생을 구품(九品)으로 나누었다. 극락정토에 왕생하는데 그 행업(行業)의 우열에 따라서 구품의 위계등급을 세운 것이다.

1) 상품상생(上品上生)은 금강대(金剛臺)를 타고 저 나라에 가서 태어난다.

2) 상품중생(上品中生)은 자금대(紫金臺)를 타고 가서 저 나라에 가서 태어나되, 하룻밤을 지낸 뒤에 연꽃이 핀다.

3) 상품하생(上品下生)은 금연화(金蓮華)를 타고 가서 태어나되 하루 낮 하루 밤을 지낸 뒤에 연꽃이 핀다.

4) 중품상생(中品上生)은 연화대(蓮華臺)를 타고 가서 태어나되 오래지 아니하여 연꽃이 핀다.

5) 중품중생(中品中生)은 칠보연화(七寶蓮華)를 타고 가서 태어나되 7일을 지낸 뒤에 연꽃이 핀다.

6) 중품하생(中品下生)은 연화대 말이 없고 곧 극락세계에 가서 태어난다는 말 뿐이다.

7) 하품상생(下品上生)은 보연화(寶蓮華)를 타고 가서 태어나되 일곱 칠일을 지낸 뒤에 연꽃이 핀다.

8) 하품중생(下品中生)은 천화(天華)를 타고 가서 나되 6겁을 지낸 뒤에 연꽃이 핀다.

9) 하품하생(下品下生)은 금연화를 타고 가서 나되 12대겁(大劫)을 지낸 뒤에 연꽃이 핀다.

관무량수불경에 상품하생자와 하품하생자가 타는 연화를 모두 금연화라 하였는데, 이에 대한 해석은 다음과 같다.

[문] 구품왕생은 수행에 우열이 있고, 성중이 맞는데 많음과 적음이 있고, 연꽃이 피는데 이름과 늦음이 있고, 진대(珍臺) 보화(寶華)에 모두 차별이 있는데, 상품하생과 하품하생에 같이 금연화라 하여 차별이 없으니 무슨 까닭인가?

(답) 이에 대하여 세 가지 해석이 있다.

1) 하품하생의 금연화는 왕생하는 사람이 타는 것이 아니고 맞으러 오신 부처님이 타신 연화인가 한다. 그 사람이 업장이 무거워서 부처님은 뵙지 못하고 오직 부처님의 좌대만 뵙는데, 그것도 분명치 못하며 일륜(日輪)이라 한 것은 꽃[華]을 일륜에 비유한 것이고 그 양(量)이 큰 것을 형용한 것이다. 그러므로 몽롱하게 보는 것이다.

2) 하품하생의 사람이 업장이 무거워서 부처님이 맞으시는 것을 뵙지 못하고 오직 금연화만 얻어 정토에 나는 것이다. 그러므로 관무량수경에는 금연화가 그 사람 앞에 머문다 하였으니, 만일 이것이 타는 연화라면 어찌하여 보화(寶華)에 앉는다고 말하지 아니하였으랴.

3) 하품하생의 금연화는 타는 연화니 상품하생의 금연화와 이름은 같으나 크고 작은 것과 승(勝)하고 열(劣)한 것과 추하고 묘한 것이 다른 것이다.

관무량수불경에 중품하생하는 사람은 부처님이 와서 맞으신다는 말이 없는데 대한 해석은 다음과 같다.

[문] 구품왕생은 모두 아미타불의 본원력으로 인하여 염불행자를 맞아서 불국토에 낳게 하시는 것인데, 오직 중품하생은 성중이 와서 맞는다는 말이 없으니 무슨 까닭인가?

(답) 이에 대하여 해석이 두 가지가 있다.

1) 아미타불의 사십팔원에 "행자의 임종 때에 만일 와서 맞지 아니한 다 하면 정각(正覺)을 취하지 아니한다." 하였고 또 하품하생에도 성중이 와서 맞는다는 말이 있는데 중품하생에는 그 말이 없는 것은 혹은 번역한 사람이 뺐거나 혹은 생략하고 말하지 아니한 것일 게다.

2) 아미타불의 사십팔원 중에, "시방 중생이 보리심을 발하여 모든 공덕을 닦고 지심으로 발원하여 내 나라에 나려 하는데, 그 임종 때에 가령 대중으로 더불어 그 사람 앞에 나타나지 아니한다면 정각을 취하지 않는다." 하셨으니, 이 보리심을 발한다는 것은 무상대보리심(無上大菩提心)을 발하는 것인데 중품의 세 사람은, 무상 대보리심을 발하지 못하고 오직 공덕만 닦아서 왕생하려는 것이므로, 왕생할 때에 오셔서 맞으신다는 말이 없는 것이 경문에 빠진 것이 아니고, 부처님이 와서 맞으시지 않더라도 그 본원에 어김이 없는 것이다.

정법(正法)을 비방한 자는 제외하고 오역(五逆) 십악(十惡)을 짓더라도 왕생할 수 있다는데 대한 해석은 다음과 같다.

[문] 무량수경에는 "왕생하기를 원하는 이는 모두 왕생할 수 있으나 오직 오역을 범했거나 정법을 비방한 자는 제외한다." 하였고, 관무량수경에는 "오역 십악을 짓고 모든 불선(不善)을 갖추었더라

도 왕생할 수 있다." 하였으니 이것을 어떻게 해석하는가?

(답) 무량수경에는 "오역을 범하거나 정법을 비방한 두 가지 중죄로 인하여 왕생하지 못한다."한 것이고, 관무량수경에는 오역 십악 등 의 죄를 지었으나 정법을 비방하지 아니하였으므로 왕생하게 된다는 것이다. 이것은 오역죄를 지었더라도 정법을 비방하지 아니하였으면 왕생할 수 있고, 오역죄를 짓지 아니하였더라도 정법을 비방하면 왕생하지 못한다는 것이다. 그 이유는 경에 "오역죄인은 아비대지옥에 떨어져서 1겁의 중죄를 받고, 정법을 비방한 자는 아비지옥에 떨어졌다가 이 겁이 다하면 또다시 다른 곳의 아비지옥으로 옮겨서 이리저리 돌아다니면서 백천 아비지옥을 지나는데, 부처님도 그 나올 시절을 알지 못한다." 하셨으니 정법을 비방한 죄가 극히 무거운 까닭이다. 또 정법은 곧 불법이니 못나고 어리석은 사람이 정법을 비방하면서 어찌 정토에 나기를 원할 이가 있겠는가. 가령 부처님 국토가 안락한 것만 탐하여 왕생을 원하는 이가 있다 하면, 이것은 물이 아닌 얼음을 구함이며 또 연기 없는 불을 구함과 같으니 어찌 그 얻을 이가 있으리오.

정법 비방에 대한 해석은 다음과 같다.

[문] 어떤 것이 정법을 비방하는 것인가?

(답) 만약 부처도 없고 불법도 없으며, 보살도 없고 보살법도 없다는 소견을 자기가 생각하였거나, 다른 사람에게서 듣고 그 마음이 결정된 것이 모두 비방이다.

[문] 이런 것은 단지 자기에게 관한 것인데 중생에게 무슨 해독이 있어서 오역 중죄보다 더 중하다 하는가?

(답) 여러 부처님과 보살이 세간 출세간의 선법(善法)을 설법하시지 아니하면 중생을 교화하는 이가 어떻게 선악을 가려낼 수 있겠

는가. 이와 같은 세간의 온갖 선법이 모두 없어지고 출세간의 모든 현성이 모두 없을 것이 아닌가. 그대는 오직 오역죄가 중한 줄만 알고 오역죄가 정법이 없는 데서부터 나는 줄을 알지 못하는 것이다. 그러므로 정법을 비방하는 죄가 가장 무거운 것이다.

오역죄가 있어도 왕생할 수 있다 하고 혹은 왕생하지 못한다 하므로 이에 대한 해석은 다음과 같다.

[문] 관무량수경에는 오역죄 등을 범하고도 왕생할 수 있다 하고, 무량수경에는 오역죄 등을 범하면 왕생하지 못한다 하였으니 이것을 어떻게 해석하는가?

(답) 이에 다음 두 가지 해석이 있다.

1) 사람에 대하여 해석한 것첫째, 오래 전부터 대승심(大乘心)을 발한 사람이 악연을 만나서 역죄(逆罪)를 지은 것이다. 예컨대 아사세왕의 경우와 같은 것인데, 이것은 비록 역죄를 지었으나 반드시 깊이 후회하고 발심하여 깨달은 세계로 들어가기를 구하므로 능히 중죄를 없애 버리고 왕생할 수 있는 것이니, 이는 관무량수경의 뜻이다. 둘째, 자고이래로 대승심을 발하지 못한 사람이 또 역죄를 짓고도 많이 후회하지 못하면서 능히 보리심을 발하지 못하므로 왕생하지 못하는 것이니, 이는 무량수경의 뜻이다.

2) 행(行)에 대하여 해석한 것인데 행에 정(定)과 산(散)이 있다. 첫째, 사람이 다시 역죄를 지었더라도 능히 16정관(正觀)의 선행(善行)을 닦고 깊이 불덕(佛德)을 관하면 중죄를 없애 버릴 것이므로 왕생하게 되는 것이니, 이는 관무량수경의 뜻이다. 둘째, 사람이 역죄를 지은 뒤에 능히 관불삼매(觀佛三昧)를 닦지 못하면 비록 여선(餘善), 즉 다른 선행(善行)을 지었더라도 능히 죄를 없애 버릴 수 없으므로 왕생하지 못하는 것이니, 이는 무량수경의 뜻이다.

제12장 염불왕생 실제 사례

우리나라와 중국에서 극락에 왕생한 사람들이 심히 많으나 이들 가운데서 몇 사람만 다음에 적어 본다.

1. 우리나라 사람

광덕 (光德)과 엄장 (嚴莊)

신라의 문무왕(文武王) 때에 광덕(光德)과 엄장(嚴莊)이라는 두 사문이 있었다. 사이가 매우 두터워서 항상 서로 약속하기를 먼저 극락에 가는 사람이 뒤 사람에게 알려 주자고 하였다. 광덕은 경상북도 경주에 있는 분황사(芬皇寺) 서쪽 마을에 은거하면서 신 삼는 일을 업으로 하고 아내를 두고 살았다. 엄장은 남악(南岳)에 있으면서 농사를 짓고 혼자 살았다.

하루는 석양볕이 산마루 옆으로 비스듬히 비치어 소나무 그늘이 고요히 내리는데 광덕이 창 밖에서 "나는 벌써 서방 극락에 갔으니 그대는 잘 있다가 나를 따라 오라" 말했다. 그 소리에 엄장이 문을 열고 나가 보니 구름 속에서 풍악 소리가 들리며 광명이 땅에까지 뻗치었다. 이튿날 광덕을 찾아가 보니 과연 죽었다.

엄장은 광덕의 아내와 함께 장사를 치르고 그 아내에게 "광덕이 죽었으니 나와 함께 사는 것이 어떠한가?" 하였다. 그 아내가 허락하므로 그 집에 그대로 머물러 살게 했다. 어느 날 엄장이 광덕의 아내에게 동침을 요구하였더니 그녀는 이상하게 여기면서, "스님이 정토에 왕생하려 함은 마치 나무에 올라가서 생선을 잡으려 함과 같소."하였다.

그러므로 엄장이 "광덕도 그랬을 터인데 어찌하여 나는 그렇지 못하는가?" 하였다.

광덕의 아내는 또 말하기를 "남편이 나와 십 년을 같이 살았지만 한 번도 한자리에서 잔 적이 없었는데, 하물며 몸을 더럽힐 리가 있겠소. 남편은 매일 단정히 앉아서 일심으로 아미타불을 염불하거나 혹은 16관(十六觀)을 닦았으며, 그러다가 관(觀)이 성취되고 달빛이 창틈으로 들어오면 달빛 위에 올라가 가부좌하고 앉아서 지성으로 공부하였으니, 그러고야 서방 극락세계에 아니 가고 어디로 가겠소. 천리 길을 가는 사람은 첫 걸음부터 알 수 있다는데, 이제 스님의 하는 것을 보면 동으로는 갈지 모르나 서방으로는 갈 것 같지 못합니다." 하였다.

엄장은 망신을 톡톡히 당하고 부끄럽게 여겨 돌아와서 원효(元曉)스님을 찾아보고 정성껏 공부하는 방법을 물었더니 원효스님은 쟁관(諍觀)하는 법을 가르쳐 주었다.

엄장은 그 후부터 일심으로 관을 닦다가 역시 서방 정토에 왕생하였다.

욱면 (郁面)

신라 경덕왕(景德王) 때 강주(康州), 지금의 진주(晉州)에서 신남(信男 : 재가 남성 불자)이 수십 명이 모여 서방에 왕생하기를 원하여 그 고을 경내에 미타사(彌陀寺)를 처음으로 세우고 만일 기한으로 염불회를 결성하고 염불하였다.

이 때 아간귀진(阿干貴珍) 집의 계집종 욱면이 상전을 따라와서 길 뜰 가운데 서서 염불을 하곤 하였다.

주인이 저할 일을 아니하고 따라와서 염불하는 것을 밉게 여겨 매일 곡식 두 섬씩을 주면서 하루 저녁에 찧게 하였더니, 욱면은 일경(一更)쯤 되어 벌써 찧어 마치고 곧 절에 가서 또 염불을 하면서 밤낮으로 게으르지 아니하였다.

마당 가운데 좌우 양쪽에 긴 말뚝을 세우고 두 손바닥을 노끈으로 묶어서 길게 말뚝에 연결해 매고는 합장한 채로 좌우로 왔다 갔다 하면서 지성으로 수행하더니 한 번은 공중에서 소리 나면서 "욱면 아씨도 법당에 들어가서 염불하라" 하는 것이었다.

대중이 이 소리를 듣고는 욱면을 권하여 법당에 들어가서 대중과 함께 염불하게 하였다.

그런지 얼마 후에 하늘 풍악이 서쪽에서 들려오면서 욱면이 자리에서 솟아서 지붕을 뚫고 공중으로 올라가서 서쪽으로 향하더니, 교외에 이르러 형체를 버리고 진신(眞身)을 나타내어 연화 위에 앉아 광명을 놓으면서 천천히 서방으로 가는데, 풍악 소리가 그치지 아니하였다.

승전(僧傳)에는 동량화주(棟樑化主) 팔진(八珍)은 관음보살이 변하여 나타나신 것으로 신도 천 명을 데리고 있으면서 두 반으로 나누어 한 반은 노력을 제공하고 한 반은 수행하였다.

노력하는 반에서 일 보는 사람이 계(戒)를 지키지 못하고 축생도에 떨어져서 부석사(浮石寺)의 소가 되어 항상 경을 싣고 다니더니, 경을 실었던 공력(功力)으로 아간귀진의 집에 변해 낳아서 계집종이 되었으니 이름이 욱면이었는데 볼 일이 있어 하가산(下柯山)에 갔다가 꿈을 꾸고 보리심을 발하였다 한다.

아간의 집이 혜숙법사(惠宿法師)가 처음으로 세운 미타사에서 떨어진 거리가 멀지 아니하였고, 아간이 매양 미타사에 가서 염불하였는데 욱면도 따라 가서 뜰 가운데서 염불하였다 하며, 이렇게 염불하기 9년 동안하고, 을미년 정월 21일에 예불하다가 지붕을 뚫고 공중으로 올라가다가 소백산(小伯山)에 가서 신 한 짝을 떨어뜨렸

는데 그곳에 보리사(菩提寺)를 지었고, 산 밑에 이르러 육신을 버렸
는데 그곳에 두 번째 보리사를 짓고 현판을 '욱면등천지전(郁面登天
之殿)'이라 하였다 한다.

염불사 (念佛師)

경주(慶州)의 남산 동족에 피리촌(避里村)이 있고, 촌중에 절이 있
으니 이름을 피리사(避里寺)라 하였다.

그 절에 스님이 있으나 이름을 말하지 않았다. 항상 아미타불을
염불하는 소리가 성중(城中) 3백6십 방(坊) 17만 호(戶)가 다 같이
듣게 되는데, 그 소리가 크지도 작지도 않고 언제나 한결같이 들리
었다. 그래서 사람들이 이상하다고 존경하면서 '염불스님'이라고 불
렀다.

염불스님이 입적한 뒤에 흙으로 등상을 만들어서 민장사(敏藏寺)
에 모시고, 그가 있던 피리사는 염불사라고 이름을 고치고, 그 절
곁에 있는 작은 절 이름을 양피사(讓避寺)라 하였다.

포천산의 다섯 비구

삽양주(歃良州) 동북쪽 20리쯤에 포천산(布川山)이 있고 산중에
석굴이 있어 매우 이상하고 고와서 마치 사람이 일부러 파서 만든
것 같았다.

다섯 비구가 그 굴에 와서 있었는데 이름은 알 수 없고, 항상 아
미타불을 염불하기 수십 년이 되었다.

하루는 문득 성중이 서쪽으로부터 와서 맞으므로, 다섯 비구가
각각 연화대에 올라 앉아 공중에 떠서 가다가 통도사(通度寺) 문밖
에 이르러 머물면서 천상음악이 울려 퍼졌다.

절승이 나가 보니 다섯 비구가 무상(無常), 고(苦), 공(空)의 이치

를 풀어 밝히고는, 육신을 벗어 버리고 대광명을 놓으면서 서쪽으로 가버렸다. 육신을 버린 곳에 절의 승려들이 정사를 짓고 치루(置樓)라 이름하였는데 지금도 있다 한다.

발징화상 (發徵和尙)

신라 경덕왕(景德王) 때 발징화상이 건봉사(乾鳳寺)에서 염불만일회(念佛萬日會)를 결사하고 지성으로 염불하다가 도반(道伴) 31명과 함께 허공으로 올라가 왕생한 일은 제3장 5에 있다.

2. 중국 사람

혜원대사 (慧遠大師 : 정토종 초조)

대사는 동진(東晉) 때 안문(雁門)의 번루(煩樓) 사람으로 성은 가(賈)씨요 이름은 혜원(慧遠)이다.

나이 31세에 출가하고 태원(太元) 15년에 여산(廬山)의 동림사(東林寺)에서 승려와 속인 123인과 함께 백련사(白蓮社)를 결성하고, 염불 수행하면서 30년 동안 산 밖에 나가지 아니 하였다. 처음 11년 동안에 세 번이나 극락세계의 모습이 나타는 것을 뵈었으나 말하지 아니하다가, 그 후 19년 만에 즉 의희(義熙) 12년(서기 416년) 7월 그믐날 정(定)에서 일어날 때에 아미타불의 몸이 허공에 가득하고 원광(圓光) 속에 무수한 화신(化身)들이있으며, 관세음과 대세지 두 보살이 모시고 서 계셨는데 아미타불이 말씀하시기를, "내가 본원력으로 와서 너를 위안하노니 네가 7일 후에는 마땅히 내 나라에 나리라."하시고, 또 불타야사(佛陀耶舍), 혜지(慧持), 혜영(慧永), 유정지(劉程之) 등이 옆에 있다가 읍(揖)하면서 "사(師)가 우리보다 먼저 뜻을 세웠는데 지금에야 오십니다 그려." 하였다.

이해 8월 초하룻날에 병이 나더니 초엿새 날에 제자들을 모아 훈계하고 단정하게 앉아서 입적하니 나이가 83세였다.

선도대사 (善導大師 : 정토종 제2조)

대사는 당(唐)나라 사람으로 정관년(貞觀年) 중에 서하(西河) 도작선사(道綽禪師)의 구품도량(九品道場)을 보고 기뻐하여 말하기를, "이것이 참으로 부처님세계에 들어가는 핵심요점이다. 다른 행업(行業)을 닦아서는 구불구불 에돌아가서 성취하기 어렵다. 오직 이 법문아라야 속히 생사를 뛰어넘어 벗어나리라." 했다. 그래서 주야로 예송하되 집에 있어서는 무릎 꿇고 부처님 명호을 부르고, 밖에 나가서는 정토법문을 연설하면서 30여 년 동안 잠을 자지 아니하였으며, 계행을 깨끗이 가져 범하지 아니하고 좋은 음식은 남에게 주고 나쁜 것은 자기가 먹으며, 가사와 병과 발우 등도 자기가 지고 다니며 다른 사람에게 의뢰하지 아니하였으며, 타인과 동행하면 세상의 일을 말하게 된다고 항상 혼자 다녔다.

또 아미타경 10만여 권을 쓰고, 정토변상(淨土變相) 3백 벽을 그렸으며, 탑과 절을 수리하며 건축하고, 항상 사람을 교화하였다. 그의 교화를 받은 사람 중에는 아미타경을 10만 번 내지 50만 번을 외운 이가 있었고, 아미타불 명호를 만 번 내지 10만 번을 하루 일과로 하는 이도 있어서, 그중에 염불삼매를 얻어 정토에 왕생한 이도 많았다.

어떤 이가 "염불하면 정토에 왕생하느냐?" 물으면 대사는 답하되, "나와 같이 염불하면 너의 소원을 이루리라." 하고는 대사가 스스로 소리내어 한 번 염불하니 한 광명이 입에서 나오고, 열 번 하고 백 번 하매 광명도 또한 그 횟수대로 나왔다. 대사가 하루는 "나는 이제 서방으로 돌아가겠다." 하고 절 앞에 있는 버드나무에 올라

가서 서향하여 축원하되 "부처님이 나를 접인하시고 보살들이 나를 도우시어 나로 하여금 정념(正念)을 잃지 않고 안양(安養 곧 極樂)에 왕생케 하소서." 하고 몸을 던져서 죽었다. 당 고종(高宗)이 그 신비하고 기이함을 알고 절 현판을 내려 주면서 '광명(光明)'이라 하였다.

영명지각 연수대사 (永明知覺 延壽大師 : 정토종 제6조)

대사는 북송(北宋)때의 단양(丹陽)사람으로 이름은 연수(延壽) 자(字)는 충현(沖玄)이고 호(號)는 포(抱) 한 자이다.

나이 30이 넘어서 출가하여 영명사(永明寺)에 머물렀으므로 세상에서 영명선사라 칭하였다. 또 오월(吳越)의 충의왕(忠懿王)이 지각선사(知覺禪師)라 호를 내려 주었다.

대사가 출가 후 처음에 선종의 법안종에 속하였다. 뒤에 염불의 정업만 오로지 닦아 매일 108가지 일을 행하여, 밤에는 별봉(別峰)에 가서 행도염불(行道念佛)하는데 옆의 사람들이 천상의 음악소리를 들었다.

대사는 15년 동안 영명사에 있으면서 제자 1천7백 인을 출가시켰고 계(戒)를 준 것이 만여 명, 40만 본(本)의 미타탑(彌陀塔)을 찍어서 보시하고, 또 관음변재(觀音辯才)로써 염불을 권장하여 정토염불법문을 널리 퍼뜨려 실행되게 함에 진력하였다. 세상 사람들은 미륵보살이 하생하였다고 일컬었다. 대사는 임종 때에 갈 때를 미리 알고 개보(開寶) 8년 2월 26일 새벽에 일어나 분향하고 가부좌하고 앉아서 입적하였다. 세수가 72세였다.

운서연지 주굉대사 (雲棲蓮池株宏大師 : 정토종 제8조)

대사는 명(明)나라 때 항주(杭州) 인화현(仁和縣)사람으로, 성은 심씨(沈氏) 이름은 주굉(株宏), 자(字)는 불혜(佛慧)이고 호는 연지 (蓮池)이다. 대사는 나이 40이 넘어서 출가 하였는데 세상에서 연지 대사(蓮池大師) 또는 운서화상(雲棲和尙)이라 불렀다.

처음에 대사의 이웃집에 한 노파가 있어서 일과로 부처님 명호를 수천 번씩 부르므로, 그 까닭을 물으니 노파가 말하기를, "돌아가신 아버지가 염불하다가 병 없이 죽었다."고 했다. 대사는 그 말을 듣고 염불 공덕이 불가사의함을 알고는 그 후부터 정토에 마음을 두어 책상머리에 나고 죽는 일이 크다는 의미인 '생사사대(生死事大)' 넉 자를 써서 스스로 경책하고, 그 후에 선종의 여러 스승들을 만나 진리를 깨달았으나 더욱 정토종을 널리 퍼뜨려 실행되게 함에 전력 하면서 널리 염불을 권장하였다. 대사는 「살생경계문[戒殺文]」 등 을 지어 계율을 다시 일으키고 많은 선행을 널리 닦아서 정업을 도 왔다. 또 아미타경소초(阿彌陀經疏抄) 등의 저서가 많이 있는데 후 세의 사람이 집록하여 운서법휘(雲棲法彙)라 하였다.

대사가 만력(萬曆) 40년 7월 7일 저녁에 말하기를 "나는 내일 가 겠다." 하더니 이튿날 저녁에 조금 아파서 눈을 감고 앉았다가 다시 눈을 뜨고 대중에게 말하기를, "착실히 염불하라." 하고 서쪽을 향 하여 염불하면서 앉아서 입적하니 나이 81세였다.

승예 (僧叡)

진(晉)나라 때의 장악(長樂) 사람으로 여산(廬山)에 들어가 혜원 (慧遠)에 의하여 염불의 정업을 닦아서 극락에 왕생하기를 원하여 걷거나 머물거나 앉거나 눕거나 서쪽을 등지지 않더니 원가(元嘉) 16년에 병 없이 문득 승려대중을 모아 작별을 고하고 목욕한 후에, 서향하여 앉아서 합장하고 입적하니 오색향연(五色香煙)이 가득하 였다. 나이 67세였다.

유정지 (劉程之)

진(晉)나라의 팽성(彭城) 사람으로 성은 유(劉)씨 이름은 정지(程之)이고 자(字)는 중사(仲思) 호(號)는 유민(遺民)이다.

정지는 처음에 부참군(俘叅軍)이 되었다가 공경(公卿)들의 천거를 모두 사퇴하고 여산(廬山)에 들어가서 혜원대사와 함께 백련사를 결성하고 정토업을 닦았다.

정지가 선정 중에 부처님의 광명이 땅에 비치어 금색이 되는 것을 보았다. 또 염불할 때에 아미타불의 미간의 옥호광(玉毫光)이 비치며 손을 드리워 위로하고 접인하시는 것을 뵈옵고 정지가, "어찌 감히 여래께서 저의 정수리를 만지시며 옷으로 덮어 주시기를 바라겠습니까." 하니, 부처님이 이마를 만지시며 가사를 끌어 덮어 주셨다. 다른 날 꿈에는 칠보지(七寶池)에 들어가 청백색의 연화를 보고 그 물이 잠잠한데 목에 둥근 광명이 있고 가슴에 만자가 있는 사람이 연못물을 가리키면서 "팔공덕수를 마시라." 하매 정지가 그 물을 마셨더니 맛이 달았다. 꿈을 깬 뒤에도 이상야릇하게 좋은 향기가 털구멍에서 발하는지라, 이에 대중에게 말하기를, "내가 정토의 연(緣)이 왔다."하고는 불상에 대하여 분향재배하면서 축원했다. "내가 석가모니불이 남기신 가르침에 의하여 아미타불이 계신 것을 알았으니 이 향을 석가여래께 공양하고 다음에 아미타불과 묘법연화경에 공양하고 일체 유정중생이 모두 정토에 태어나기를 원하나이다." 그리고는 서향하여 합장하고 앉아서 입적하니 때는 진나라 의희[晋義熙] 6년이요. 세수가 59세였다.

문언박 (文彦博)

송(宋)나라 때 분주(分州) 개휴(介休)의 사람인데 자(字)는 관부(寬夫)이다. 송나라의 인종(仁宗), 영종(英宗), 신종(神宗), 철종(哲宗)

네 황제에 걸쳐 벼슬했다. 전방에 나아가면 장수요 조정에 들어오면 재상으로서 50여 년의 관직생활하면서 벼슬이 태사(太師)에 이르고 역경윤문사(譯經潤文使)를 겸하여 노국공(潞國公)에 봉(封)해졌다.

노국공은 원래 불법에 귀의 신앙하였고 만년에는 아미타불만 오로지 외우고 발원하기를 "내가 항상 잡념을 버리고 오로지 불도에만 열중하여 일체의 선행을 부지런히 닦기를 원하며 내가 심종(心宗)을 깨달아 널리 모든 중생을 제도하기를 원한다." 하고 경사(京師)에서 정엄법사(淨儼法師)와 함께 10만 명을 모아 정토회(淨土會)를 만들었다. 사대부로서 따르는 사람들이 많았다. 임종에 편안히 염불하며 앉아서 입적하니 세수가 92세였다.

왕일휴 (王日休)

송(宋)나라 때의 여주(廬州) 용서(龍舒) 사람으로 자(字)는 허중(虛中)이다.

사람됨이 마음이 바르고 얌전하며 검소하고 깨끗하였다. 고종황제 때 국학진사(國學進士)가 되었으나 벼슬을 버리고 나가지 아니하였다. 경학과 역에 박통하였으나 하루아침에 버리고 말하기를 "이것은 모두다 업습(業習)이요, 구경법(究竟法)이 아니니, 나는 서방극락으로 돌아가겠다." 했다. 그로부터 염불에 잡념을 버리고 오로지 불도에만 열중하였다. 나이 60에 일반 백성으로서 채식하면서 1천 배를 올리면서 「용서정토문(龍舒淨土文)」을 지었다. 왕공이나 사대부로부터 백정, 거지, 노복, 계집종, 광대, 기생 등에 이르기까지 정토법문에 귀의하도록 권하고 인도하였으며, 쉬운 말로써 간곡히 알아듣게 일러 주는 것이 마치 부형이 자제를 가르치듯이 하였다.

왕일휴는 죽기 3일 전에 여러 친지들에게 작별을 고하면서 다시 보지 못하겠다는 말을 하더니, 기일에 이르러 평소와 같이 염불하다가 문득 큰 소리로 아미타불을 부르고 "부처님이 와서 맞으신다." 하면서 서서 입적하였다.

서뢰 (徐雷)

중화민국 절강(浙江) 낙청(樂清) 사람으로 음주와 기생들을 좋아하여 먹고 마시고 즐기는 잔치로 세월을 허송하였다. 그런데 경신년(庚申年), 즉 1920년 정월 보름날 밤 꿈에 어떤 사람이 수족을 네 기둥에 얽어 묶인 채 두 귀졸들이 몽둥이로 그 등을 치는데 참혹하기 이를 데 없었다. 서뢰가 가까이 가서 보니 곧 자기 자신이었다. 놀랍고 두려운 중에 사지는 얽어 매였고 등은 아프게 몽둥이질을 당하므로 아픔을 참지 못하여 큰 소리로 부르짖다가 공중에서 염불소리가 나는 것을 듣고 따라서 염불하다가 깨어났다. 등은 아직도 아프면서 몹시 무서웠다. 평일에 삿된 행위를 하던 것을 생각하니 부끄럽고 후회되기 짝이 없었다.

문득 깨닫기를, "내가 들으니 불도를 배우면 가히 생사를 마칠 수도 있고 지옥의 고를 면할 수도 있다더라." 했다. 그 후부터 앞서 저지른 악행을 통절히 회개하고 매일 아미타불의 명호와 화엄경보현행원품을 외웠다. 하루는 저녁에 그 처에게 말하기를 "내일은 불보살이 오셔서 나를 접인하실 터이니 방을 깨끗하게 하고 분향 예배하라."하고 이튿날에 목욕한 뒤에 옷을 갈아입고 단정히 앉아서 염불하면서 죽었다.

정진비구니 (淨眞尼)

당나라 때의 여승으로 장안(長安)의 적선사(積善寺)에 있으면서 열성 있고 진실하게 염불하였다. 하루는 제자들에게 말하기를 "다섯 달 동안에 열 번 부처님을 뵈었고 또 보련화(寶蓮華) 위에 동자가 유희하는 것을 보았으니 나는 상품생을 얻었노라." 하고는 가부좌하고 입적하니 상서로운 빛이 절 안에 가득하였다.

과인비구니 (果仁尼)

중화민국 팽택(彭澤) 도(陶)씨의 딸로서 광서(光緒) 병오년(丙午年)에 읍(邑)의 정토암(淨土庵)에서 출가하였다. 중화민국 원년(元年), 즉 서기 1911년에 정토법문을 듣고 곧 신심을 일으켜 부지런히 염불하였다. 갑자년 겨울에 대단하지 않은 병이 있었는데, 그녀의 제자 상삼(常參)이 섣달 8일 꿈에, 동자 넷이 앞에서 당번(幢幡)을 들고 또 네 사람은 뒤에서 가마를 메고 말하기를 '이 집 사장(師丈)을 접인하여 서방으로 간다.' 하였다. 다음해 을축년 4월 20일 과인비구니의 꿈에는, 어떤 스님이 왼손에는 연화발우를 들고 오른손은 아래로 무릎이 지나도록 내려뜨렸는데 과인비구니에게 말하기를 "너는 마땅히 6월 5일에 연화좌에 오른다." 하였다. 또 6월 3일 상삼의 꿈에는 어떤 스님의 신장이 열 자가 넘으며 붉은 가사를 입고 가슴 앞에 한 가닥의 띠를 비스듬히 걸었는데 '나무서방아미타불'이라 썼고 머리에는 연꽃잎 모자를 쓰고 이마에는 백련화 한 송이를 나타내고, 한 부처님이 그 위에 가부좌하고 앉으셔서 "이 집 사장을 청하여 같이 간다." 하셨다.

6월 초 5일에 과인비구니가 서쪽으로 돌아갈 것을 예언하여 제자들이 와서 조념(助念)하였고 점심 후에 과인비구니가 대중에게 이르기를 "날씨가 매우 덥고 나는 어느 때나 갈 터이니 각기 집에 돌아가서 목욕하고 다시 와도 늦지 않다." 하였다.

그래서 대중이 제 각기 집으로 돌아갔다가 다시 와서 보니 과인

비구니는 가부좌하고 앉아서 염불을 몇 번 하더니 입적하였다.

이튿날 감(龕)에 넣었을 때에도 용모가 생시와 같았고 유서에 의하여 뼈와 재를 길에 흩어서 중생들과 연을 맺게 했다.

독고황후 (獨孤皇后)

수(隨)나라 문제(文帝)의 황후(皇后)로서 성은 독고(獨孤)이다. 황후는 비록 궁중에 있으나 여자의 몸을 싫어하고 대승을 존경하고 사모하여, 항상 아미타불을 염불하며 염불할 때에는 반드시 먼저 깨끗한 옷으로 갈아입고 침수향을 씹어서 입을 깨끗이 하였다.

인수(仁壽) 2년, 즉 서기 602년 8월 갑자일에 영안궁(永安宮)에서 죽었는데, 기이한 향기가 방에 가득하고 천상음악이 공중에서 울렸다.

문제(文帝)가 범승(梵僧 : 인도인 승려) 사제사나에게 무슨 길조이냐고 물었더니, 범승은 서방정토에 아미타불이 계시는데 황후가 정토에 왕생하셨으므로 이런 길조가 있는 것이라고 대답하였다.

왕 씨 (王氏)

송(宋)나라 형왕(荊王)의 부인으로 성은 왕씨인데, 정업을 한결같은 마음으로 닦아 밤과 낮에 끊임없이 쉬지 아니하였다. 모든 첩과 계집종들을 인도하여 서방 정토에 마음을 돌리게 하였는데, 그 중의 한 첩이 게으르므로 왕부인이 꾸짖기를 "너 한 사람으로 나의 규범을 깨뜨릴 수 없다." 고하니 그 첩이 뉘우치고 마음을 단단히 먹고 정력을 다하여 나가다가 하루는 동무들에게 말하기를 "나는 가노라." 하더니, 그날 밤에 이상야릇하게 좋은 향기가 방안에 가득하면서 병 없이 죽었다.

이튿날 그 동무가 왕부인에게, 자신의 꿈에 그 죽은 첩을 만났는데 "부인의 훈계책망 때문에 서방극락에 왕생케 되어 그 덕에 한량 없이 감사드린다." 하더라고 말하였다. 왕부인은 내가 꿈을 꾸어야 믿겠다 하였다. 그날 밤 왕부인의 꿈에 죽은 첩이 나타나 여전히 그렇게 감사하는지라, 왕부인이 "나도 서방 정토에 가 볼 수 있느냐?" 하니 첩이 갈 수 있다면서 죽은 첩이 부인을 인도하여 한 곳에 이르렀다. 큰 연못 속에 연화가 있는데 크고 작은 것이 사이사이 섞여있으며 혹은 무성하게 잘 핀 것도 있고 혹은 시들은 것도 있었다. 부인이 그 까닭을 물으니 죽은 첩이 말했다. "세상 사람이 서방 정토를 닦는 이가 겨우 일념을 발하여도 이 못에 연꽃 한 송이가 생기는데, 정력을 다하여 나가는 이는 성하게 잘되고 게으른 이는 시드는 것입니다. 만일 오래오래 정력을 다하여 나가서 쉬지 아니하면 염(念)이 성숙하고 관(觀)이 성취되어 육신을 버리고 이 가운데에 태어나는 것입니다." 하였다. 그런데 그 중에 한 사람은 조복(朝服)을 입고 보관(寶冠)과 영락(瓔珞)으로 몸을 장엄하고 앉았으므로 왕부인이 누구냐고 물으니 죽은 첩이 '양걸(楊傑)'이라고 말했다.

또 한 사람은 조복을 입고 앉았으나 꽃이 시들었으므로 누구냐고 물으니 죽은 첩이 '마우(馬玗)'라고 했다.

왕부인이 나는 어느 곳에 나느냐 물었더니 죽은 첩이 왕부인을 인도하여 수 리를 가서 바라보니, 한 화대(華臺)가 황금색과 푸른색이 찬란하고 광명이 휘황한데, 죽은 첩이 이것이 부인의 태어날 곳으로서 금대(金臺) 상품상생이라 하였다.

부인이 꿈을 깨니 기쁨과 슬픔이 번갈아 들었다.

부인은 그해 생일에 일찍 일어나 향로를 받들고 관음각(觀音閣)을 바라보면서 섰거늘 권속들이 앞에 가서 자세히 보니 이미 입적하였다.

염불할머니 (念佛婆)

원(元)나라 때에 어떤 염불할머니가 있었는데 지순(至順) 원년(元年) 경오년(庚午年), 즉 서기 1320년에 절서지방(浙西地方)에 여러 해 흉년이 들어 굶어 죽는 이가 많았다.

굶어 죽은 송장들을 육화탑(六和塔) 뒷산 큰 구렁에 가져다가 버렸더니, 그 중에 한 여자 송장은 수십 일이 지났어도 썩지 아니하고 언제나 여러 송장들 위에 올라와 있는지라 이상하게 여겨, 그 송장의 몸을 뒤져 본즉 품속에 작은 주머니가 있고, 그 속에 아미타불 그림이 세 폭이 들어 있었다.

이 일을 관청에서 알게 되어 관에 넣어 화장하였는데 화염 속에 보살상(像)이 나타나고 광명이 찬란하였다.

이로 인하여 발심 염불하는 이가 심히 많았다 한다.

장선화 (張善和)

당(唐)나라 때 사람으로서 소 잡는 직업을 하였다. 임종 때에 수십 마리 소가 사람의 말을 하면서 "네가 나를 죽였으니 내 목숨을 도로 내노라." 하므로 장선화는 대단히 무서워서 처를 불러 급히 스님을 청하여 염불하게 하여달라 했다. 처가 스님을 청하니 스님이 와서 말하기를 "관무량수경에 말씀하시기를 '만일 중생이 불선업(不善業)을 지어서 마땅히 악도에 떨어질 사람이라도 아미타불을 지성으로 십념하면 80억 겁 생사의 죄를 없애 버리고 곧 극락세계에 왕생한다.' 하셨으니 곧 염불하라." 하였다. 장선화는 지옥이 조금의 여유도 없이 매우 급하게 되었으니 향로를 가져 올 겨를이 없다 하면서, 왼손으로 불을 들고 오른손으로 향을 잡고서 서향하여 소리를 높여 염불하니, 열 번을 불러 채우기도 전에 문득 말하기를 '"부처님이 오시어서 나를 맞으신다." 하고 죽었다.

지옥이 조금의 여유도 없이 매우 급한 것을 보고 안타깝고 황급하여 그 간절한 정성이 다시 딴생각이 없으므로, 이때의 열 번 염불이 다른 때의 백천만억 번의 염불을 뛰어넘는 것이니, 결정코 왕생하는 이치가 실로 이와 같은 것이다.

인광대사 (印光大師 : 정토종제13조)

인광대사의 이름은 성량(聖量)이요 별호는 상참괴승(常慚愧僧)이다. 속성은 조(趙)씨로서 섬서성(陝西省) 합양현(郃陽縣) 적성동촌(赤城東村) 사람으로 1860년에 태어났다.

21세에 종남산(終南山) 연화동사(蓮華洞寺)에서 도순(道純)화상에게 출가 하였다. 이때가 중국 청나라 광서(光緖) 7년이었다.

22세 때 흥안(興安) 쌍계사(雙溪寺)에서 구족계를 받았다. 용서정토문(龍舒淨土文)을 읽고 정토법문이 성불의 요도(要道)임을 알았다. 홍라산(紅螺山) 자복사(資福寺)가 정토전수도량임을 듣고는 가서 입당(入堂) 염불하며 정업(淨業)만을 깊이 닦았다. 여가에 대승경전을 읽고 연구했다. 이로부터 경장(經藏)에 깊이 들어가 지혜가 바다와 같아졌다.

광서 9년, 보타산(普陀山) 법우사(法雨寺)에서 화문(化聞)화상이 북경에 들어가 대장경을 청하러 가는데 스님더러 도와달라고 하여 남하하여 법우사에 머물렀다. 두 번 엄관(掩關)하였는데 그 기간이 6년으로 학행(學行)이 배로 증진하였다.

중화민국 원년(1911년) 스님 나이는 52세였다. 고학년(高鶴年) 거사가 그의 글을 보고 상해불학총보(上海佛學叢報)에 넣어 간행하였다. 또 이를 서울여(徐蔚如) 거사가 편집하여 인광법사문초(印光法師文鈔)라는 책명으로 출판하여 국내외에 유행하였다.

스님은 정토법문으로 사람들을 이끌되 특히 지성과 공경[誠敬]을 중요시하라고 하였다. 스님은 "내가 항상 말하는데, 불법의 이익을 얻고자 한다면 공경 속에서 구해야 한다. 한 푼을 공경하면 죄업이 한 푼 소멸하고 복덕과 지혜가 한 푼 늘어난다. 열 푼 공경하면 복덕과 지혜가 열 푼이 늘어난다. 만약 공경하지 않고 무람하면 죄업이 날마다 늘어나고 복덕과 지혜는 갈수록 줄어든다 ! "고 말했다.

또 말했다. "염불이라는 한 법문은 지극히 간단하고 쉬우며 지극히 넓고 큰 법인데, 반드시 간절하고 지성스러워야 감응의 도리가 교차하여 금생에 몸소 실익을 얻는다. 만약 게으르고 해태하면서 조금도 경외하지 않는다면, 비록 먼 원인은 심을지라도 무람한 죄는 감히 생각조차 할 수 없을 것이다. 그리고 불상을 진짜 부처님처럼 보아야지 흙이나 나무나 구리나 철 등으로 보아서는 안 된다. 경전은 삼세제불의 스승이요 여래의 법신사리(法身舍利)이므로 역시 진짜 부처님으로 보아야지 종이나 먹으로 보아서는 안 된다. 경전을 대할 때는 충신이 임금을 대하듯 효자가 부모의 유서를 읽듯 해야 한다. 이와 같이 한다면 소멸시키지 못할 업장이 없으며 늘어나지 않을 복덕과 지혜가 없다."

또 말하기를 "지성과 공경이라는 말은 온 세상 사람들이 다 알고 있다. 그럼에도 그 도리는 온 세상 사람들이 모르고 있다. 고덕들의 수행의 훌륭한 본보기를 찾아보면서 지성과 공경이야말로, 범부를 뛰어넘어 성인의 영역에 들어가며 생사를 마치고 해탈하는 지극히 미묘한 비결임을 알게 되었다."고 했다.

스님은 인과응보의 이치를 지극히 중요하게 여겼다. 범부로부터 성불에 이르기까지의 모든 과정이 인과를 벗어나지 않기 때문에 매번 간곡하게 말했다. "보살은 원인을 두려워하고 중생은 결과를 두려워한다. 보살은 악한 과보를 받을까 두려워하여 악한 원인을 미리 끊어버린다. 그러므로 죄업장애가 소멸하고 공덕이 원만하다.

중생은 항상 악한 원인을 지으면서도 악한 과보를 면하려고 한다. 비유하면 해 아래서 그림자를 없애려는 것과 같아 헛된 일이다."

한 제자가 병에 걸려 자신이 아직 염불을 잘 못하여 왕생하지 못할까 걱정하자 스님이 가르쳐 말했다. "네가 그렇게 생각하면 서방 극락세계에 가지 못한다. 염불 잘한다는 것이 무엇이냐? 열 번만 염불해도 왕생하는데 너는 자신이 왕생할 수 없다고 의심하고 있다. 이 한 생각이 바로 장애가 되어 왕생할 수 없다. 염불법문은 믿음과 발원이 중요하다. 믿음이 진실하고 발원이 간절하기만 하면 마음속이 아직 청정해지지 않았더라도 왕생할 수 있다. 이는 마치 강이나 바닷물이 비록 아직은 동요하는 모습이 조금도 없는 정도까지는 아니더라도 사나운 바람과 거대한 파도가 없다면 하늘 가운데 밝은 달의 그림자가 또렷이 나타날 수 있는 것과 같다."

1928년 스님은 보타(普陀)를 떠나 소주(蘇州)의 보국사(報國寺)에서 지냈다. 1930년 영암산(靈巖山)으로 옮겨 지내면서 사람들에게 불법을 가르치되, "오직 공경함을 위주로 하고 지성스러움을 품으며, 인과를 깊이 믿고, 염불하여 아미타불 정토에 태어나기를 구하라. 이 말은 평범하지만 하루도 떠나서는 안 된다."고 하였다.

1940년 음력 겨울 10월 대중에게 말했다. "나는 늙었다. 영암사 방장을 오랫동안 미정상태로 두어서는 안 된다." 대중이 묘진(妙真) 화상을 추대하여 취임날짜를 택했는데, 처음에 11월 초 아흐레로 택하자 스님이 너무 늦다고 했다. 다시 11월 초 나흘로 택하자 스님은 그 날 자신의 일이 있다고 하여 다시 11월 초하루로 택하였다. 그러자 스님은 허락하였다. 초하룻날이 되자 스님은 몸소 대중과 직사(職事)들을 인솔하여 묘진화상을 취임케 하였다. 행사를 마치고 미질을 보였다.

초나흘 오전 1시 30분에 침상에서 일어나 말했다. "염불하면 부처님을 뵙고 결정코 서방극락에 왕생한다.” 물을 가져오라고 하여 손을 씻은 다음 일어서서 말했다. “아미타불이 맞이하러 오셨다. 나는 가겠다!” 그리고는 침상 가에서 의자로 걸어갔다. 시자가 “아직 단정하지 않습니다.”고 하자 스님은 다시 일어서서 몸을 단정히 하고 바르게 앉은 다음 낮은 소리로 염불했다. 묘진화상이 오자 스님이 유언했다. “그대는 도량을 유지하면서 정토법문을 널리 보급하라. 기세등등하게 거드름 피우는 것을 배우지 말기 바란다.” 그런 뒤에는 더 이상 말하지 않고 입술만 미동하면서 염불할 뿐이었다. 5시까지 그러시더니 선정에 들어간 듯 미소 짓는 모습이 부드러우면서 대중의 염불소리 속에 편안히 떠나가셨다. 세수는 80이요 승랍은 59년이었다.

그 이튿날 오후 3시에 입감하였는데 처음 그대로 살아있는 사람 같았다. 대중이 장례절차를 논의 결정하기를 백일장(百日葬)으로 하여 그 다음해 2월15일 부처님 열반재일에 장례를 지내기로 했다.

장례일에 만여 명이 넘는 조문객이 모여 염불을 하는데 그 소리가 마치 우레 소리처럼 천지를 진동하였다. 상여를 메고 다비처로 가는 길가에는 온 동네 사람들이 나와 부모상을 당한 듯 슬퍼 통곡하며 전송하였다.

다비식 화장대에 불을 붙이니 백설 같은 흰 연기가 하늘 높이 솟아 오색찬란하게 빛나면서 흩어지지 않고 저 멀리 서쪽 하늘로 길게 뻗쳐갔다. 아름다운 향냄새가 온 산천에 가득 풍겼다.

그날은 날이 저물어 습골(拾骨)하지 못하고 그 다음날도 비가 내려 오후 늦게야 주지스님과 대중이 다비소에 가서 요기를 헤쳐 보았다. 오색찬란한 사리가 수없이 드러났다. 모두 거두어 보니 천여 과가 넘었다. 그 형태가 여러 가지였다. 어떤 것은 구슬처럼 둥글고 어떤 것은 꽃송이 같기도 하며 연꽃잎처럼 생긴 것도 있었다. 유골은 백옥같이 희면서 단단하기가 돌덩이와 같고 무겁기가 쇳덩이 같았으며 서로 부딪치면 쇳소리가 났다. 32개의 치아가 고스란히 남았으며 오색사리 수천 과를 거두어 영암사에 탑을 세워 모셨다.

스님은 홍화사(弘化社)를 창립하여 불학서적 5백만 권과 불상 도화 백만 장을 인쇄 보급하였다. 남긴 저서로는 1백만 자에 가까운 인광대사문초(印光大師文鈔)가 있으며 귀의한 제자는 수십만 명이었다. 세상에서는 그를 정토종 제13조로 추대하였다.

황념조 (黃念祖) 거사

황념조거사는 법호는 용존(龍尊)이며 별호는 노념(老念), 불퇴옹(不退翁)이다

1913년 생으로 어려서 부친을 잃었다. 모친 매(梅)부인은 독실한 불교신자였다. 삼보에 예경하고 정행(淨行)이 남다르며 천성이 순수하고 효성스러웠다. 맡아야할 책임감에 용감했으며 일상의 예절이 마땅하지 않음이 없어서 다들 소년이 어른스럽다고 칭찬했다. 늘 어머니를 모시고 경전과 불법을 들었으며, 정토종의 대덕인 외삼촌 매광희(梅光義) 노거사로부터 듣고 배우며 훈도 받았다. 지향하는 바가 남달랐다. 과거생에 심은 복덕의 뿌리가 깊고 튼실했다.

20세에 북경공학원(北京工學院)에 입학하였다. 맨 처음 읽은 경전이 금강경이었는데 '머무름 없이 마음을 낸다[無住生心]'는 미묘한 이치를 깊이 이해하고 큰 감동을 받았다. 끝까지 읽어가는 과정에서 제호관정(醍醐灌頂)을 받은 듯 심신이 안팎으로 시원하고 윤택함을 여러 차례 느꼈다. 그리고 범부심으로써 이런 경계에 도달하는 데는 오직 염불이나 진언 수지가 있을 뿐이라는 생각이 일어났다. 이로부터 불법을 배움에 대해 큰 숭경심(崇敬心)이 일어났다.

22세에 탄광에서 직장생활을 시작했는데, 첫 깨달음이 있었다.

중일(中日)전쟁기간 중에 불법을 배움에 더욱 정성스러웠으며 당대의 선종 대덕인 허운(虛雲) 노화상께 귀의하고 밀종의 홍교(紅敎) 대덕인 누오나(諾那)조사의 전법제자인 연화정각(蓮花正覺) 왕상사(王上師)와 백교(白敎)의 대덕인 공까(貢嘎)상사에 귀의하였다. 그 후 1959년 연화정사의 금강아사리 위(位)를 계승하여 왕상사의 의발과 유촉을 받았다.

32세 때 중일전쟁이 끝난 후 매광희 거사를 통하여 선종과 정토종의 대덕인 하련거(夏蓮居) 거사를 만나 깊이 지도받고 그의 입실 제자가 되었다. 하련거 거사는 유교와 불교의 현교, 밀교, 선종, 정토종을 융회관통하고 저작이 많았다. 그는 무량수경의 이역본들을 모아 불설무량수장엄청정평등각경(佛說無量壽莊嚴淸净平等覺經 : 이하 '대경'이라고 함)으로 정리하였는데, 황념조거사는 친히 그의 대경강해를 듣고 자세히 기록하였다. 황념조거사는 선종과 정토종의 법요를 깊이 얻고 1960년대 초에 「대경현의제강(大經玄義提綱)」을 지어 하련거 거사에게 감수해줄 것을 청했다. 하련거 거사는 그를 깊이 인가했다. 아울러 황념조거사에게 대경을 널리 홍양할 것을 당부하고 황거사 자신의 견해를 그대로 표시하여 뜻대로 발휘 강해라고 명했다.

40세 때 천진(天津)대학 교수가 되었다. 정성으로 불법을 닦고 경전을 읽었다. 홀연히 어느 날 영감이 떠올라 게송을 지었는데 하련거 거사에게 보여드리자 진정으로 깨달았다고 인정하고 마음으로 허락하는 유일한 제자라고 불렀다. 왕상사께도 평해달라고 보여드리니 역시 확실히 깨달았다고 확정해주었다.

문화혁명 동란 중에 시련과 어려움을 겪으면서도 수지를 잠시도 게을리 하지 않고 오히려 갈수록 용맹 정진하였다.

황념조거사는 본디 법등(法燈)을 전할 뜻과 정토법문을 홍양할 원, 그리고 중생구제의 소망을 품고, 또 부처님과 스승의 은혜에 보답하고자 많은 경론을 두루 보고 고심하면서 연구하고 구상을 미리 준비하였다. 1979년부터 두문불출하고 손님을 사절한 채 대경 주석에 온 마음을 다 기울여 1981년에 초고를 완성했다. 1982년 2고를 완성하고 1984년 3고를 완성했다. 6년간에 걸쳐 원고를 완성 1987년 대경해[불설무량수장엄청정평득각경해]가 출판되어 국내외에 유통되었다. 그의 저작으로는 대경해 이외에도 정토자량(淨土資糧), 곡향집(谷響集), 화엄염불삼매론강기, 심성록(心聲錄) 등과 미완의 원고인 대경백화해(大經白話解)가 있다.

1980년 이래 황념조거사는 여러 가지 질병에 시달려 요양을 해야 마땅했으나 불법 홍양의 큰일을 위해 그 자신을 치지도외하였다. 1990년부터 더욱 불법을 홍양하기 위해 대경백화해의 저술에 착수하여 늘 침식을 잊는 한편 불자들을 접인하고 가르치느라 종일 피로하였지만, 매일 일과로 정해놓고 염불과 진언을 3~4만 번 씩 외었다. 마침내 1992년 3월 27일 새벽 질병을 보이고 왕생하였다. 임종 전에 말을 하고자 하여도 할 수 없을 때 시원스럽게 한 번 웃어 보임으로써 전혀 근심이 없었다.

거사의 시신이 집에 머물고 있는 동안 모두들 밤낮을 극락왕생기원염불을 했다. 미국의 제자인 섭(葉)부인은 여러 차례 영체(靈體)에서 나는 기이한 향냄새를 맡았다. 또 미국의 주패진(周佩臻) 제자도 여러 차례 기이한 향냄새를 맡았다. 이들 두 제자는 기이한 향을 맡은 후 곧 미국에서 항공편으로 북경에 도착했다. 3월 28일 새벽 북경의 제(齊)거사가 영전에서 극락왕생기원 염불을 하고 있을 때 유체가 있는 곳에서 황념조 노거사가 모든 사람들과 함께 나무아미타불을 외고 있는 소리를 들었다.

4월 2일 노인이 왕생한 지 7일째 되는 날 대만의 연화정사의 심(沈)거사가 집의 불당(佛堂)에서 노인을 위해 극락왕생기원 염불을 했는데 염불이 지극히 청정한 경계에 이르렀을 때 갑자기 한 번 마음이 일어나 문득 보니, 노인의 영전에 켜 놓은 기름등 심지에서 두 알갱이의 원보(元寶)사리가 튀어나왔다. 이 두 알의 사리는 지금 사리탑에 모셔져 있다. 심거사는 대만에 있는 황념조거사의 밀교 제자였다.

4월 3일은 거사의 유체를 다비하는 날이었다. 돌아가신지 이미 8일째 되는 날로 가족들이 유체를 들었을 때 유체가 가볍고 손가락들이 모두 움직일 수 있었다. 그리고 유체가 뚜렷이 가벼워졌음을 느꼈으며 때때로 기이한 향냄새가 났다. 10시 15분부터 10시 50분까지 화장하는데 화장을 보려는 사람들이 너무 많아 모두 밖으로 나오도록 요청했다. 오직 북경의 통교사 창도(昌圖) 비구니와 성혜(聖慧) 비구니 두 사람만 몰래 화장통제실에 들어갔다. 두 사람은 유체가 화장되는 동안 붉은 광명과 초록 광명이 세 차례 방광하고, 유체 위 허공에 빛으로 이루어진 백련화가 나타나는 것을 목도하였다.

화장 후에 보니 노인이 몸에 지녔던 염주가 큰 불에도 타지 않았으며 유골은 흰 옥과 같았다. 골회(骨灰) 속에서 오색사리 3백 여과를 수습했다.

제13장 연종 사성예문

염불행자는 매일 아침저녁으로 서쪽을 향한 후 다음의 사성예문
(四聖禮文) 1 이나 예문 2에 따라 사성예를 올리고 독송한다.

예문 1

정삼업진언(淨三業眞言) (한번 왼다)
옴 사바바바 수다살바달마 사바바바 수도함 (세번 왼다)

아금지차일주향 변성무진향운개
봉헌극락사성전 원수자비애납수
我今持此一炷香 變成無盡香雲蓋 奉獻極樂四聖前 願垂慈悲哀納受
　　(한번 외고 한번 절한다)

나무 서방정토 극락세계
대자대비 대원대력 접인도사 아미타불
南無 西方淨土 極樂世界 大慈大悲 大願大力 接引導師 阿彌陀佛
　　(세번외고 세번 절한다)

나무 서방정토 극락세계 만억자금신 관세음보살마하살
南無 西方淨土 極樂世界 萬億紫金身 觀世音菩薩摩訶薩
　　(세번 외고 세번 절한다)

나무 서방정토 극락세계 무변광지신 대세지보살마하살

南無 西方淨土 極樂世界 無邊光智身 大勢至菩薩摩訶薩
　　(세번 외고 세번 절한다)

나무 서방정토 극락세계 만분이엄신 청정대해중보살마하살
南無 西方淨土 極樂世界 滿分二嚴身 清淨大海衆菩薩摩訶薩
　　(세번 외고 세번 절한다)

유원 사성대자대비 수아정례 명훈가피력
원공법계제중생 동입미타대원해
唯願 四聖大慈大悲 受我頂禮 冥熏加被力
願共法界諸衆生 同入彌陀大願海
　　(한번 외고 한번 절한다)

대자보살찬불참죄회향발원게(大慈菩薩讚佛懺罪回向發願偈)
　　(한번 왼다)
시방삼세 부처님 가운데 아미타불이 제일이십니다,
구품연화대로 중생을 제도하시고 그 위덕이 무궁하옵니다.
제가 이제 크게 귀의하오며 몸·입·마음 삼업 죄를 참회하옵고,
제가 지은 모든 복덕 선행은 지극한 마음으로 회향하옵니다.
원하옵나니 함께 염불하는 사람들 모두 극락세계 왕생하여,
아미타불 뵙고 생사고통 마치고 부처님처럼 일체중생제도케하소
서.
　　시방삼세불 十方三世佛　　아미타제일 阿彌陀第一
　　구품도중생 九品度衆生　　위덕무궁극 威德無窮極
　　아금대귀의 我今大皈依　　참회삼업죄 懺悔三業罪
　　범유제복선 凡有諸福善　　지심용회향 至心用回向

원동염불인 願同念佛人　진생극락국 盡生極樂國
견불요생사 見佛了生死　여불도일체 如佛度一切
　　(한번 왼다)

원하옵나니 제가 임종하려할 때 모든 장애가 없어져서,
저 아미타불을 뵈옵고 즉시 극락세계 왕생케하소서.
원아임욕명종시 願我臨欲命終時
진제일체제장애 盡除一切諸障礙
면견피불아미타 面見彼佛阿彌陀
즉득왕생안락찰 卽得往生安樂剎
　　(한번 왼다)

왕생하길 간절히 간절히 원하옵나니
아미타불 회중에 있으면서
향과 꽃을 바쳐 항상 공양케 하소서.
원왕생　원왕생 願往生　願往生
원재미타회중좌 願在彌陀會中坐
수집향화상공양 手執香華常供養
　　(한번 왼다)

왕생하길 간절히 간절히 원하옵나니
극락세계 왕생하여 아미타불 뵈옵고
정수리 어루만져 성불수기 받게 하소서.
원왕생　원왕생 願往生　願往生
원생극락견미타 願生極樂見彌陀
획몽마정수기별 獲蒙摩頂授記莂

(한번 왼다)

왕생하길 간절히 간절히 원하옵나니
화장연화세계에 태어나서
저와 모두가 일시에 불도를 이루게 하소서.
원왕생 원왕생 願往生 願往生
원생화장연화계 願生華藏蓮華界
자타일시성불도 自他一時成佛道
    (한번 왼다)

행자는 아침저녁으로 위의 사성예문을 외는 동시에 다음의 아미
타경과 왕생주등을 소리 내어 읽는다.

아미타경 (한번 외고 한번 절하거나, 세 번외고 세번 절한다)

생략 (아미타경 원문과 한글번역문은 사성예문 2를 보기 바랍니
다)

무량수불설왕생정토주(無量壽佛說往生淨土呪)   (한번 왼다)
나모 아미다바야 다타가다야 다지야타 아미리도 바비 아미리다
싯담바비 아미리다 비가란제 아미리다 비가란다 가미니 가가나 기
다가례 사바하   (세번 왼다)

결정왕생정토진언(決定往生淨土眞言)   (한번 왼다)
나모 사만다 못다남 옴 아마리 다바베 사바하   (세번 왼다)
상품상생진언(上品上生眞言)   (한번 왼다)

옴 마리다리 훔훔바닥 사바하　　　(세번 왼다)

아미타불심주(阿彌陀佛心呪)　　　(한번 왼다)
다냐타 옴 아리다라 사바하　　　(세번 왼다)

아미타불심중심주(阿彌陀佛心中心呪)　　　(한번 왼다)
옴 로게 새바라 라아 하릭　　　(세번 왼다)

무량수여래심주(無量壽如來心呪)　　(한번 왼다)
옴 아미리다 제체 하라훔　　(세번 왼다)

무량수여래근본다라니(無量壽如來根本陀羅尼)　　　(한번 왼다)
나모라 다나다라야야 나막 알야 아미다바야 다타아다야 알하제
삼막 삼못다야 다냐타 옴 아마리제 아마리도 나바베 아마리다 알베
아마리다 싯제 아마리다 제체 아마리다 미가란제 아마리다 미가란
다 아미리 아마리다 아아야 나비가레 아마리다 냥노비 사바레 살발
타 사다니 살바갈마 가로삭사 염가레 사바하　　(세번 왼다)

대보부모은중진언(大報父母恩重眞言)　　　(한번 왼다)
나무 사만다 못다남 옴 아아나 사바하　　　(세번 왼다)

선망부모왕생정토진언(先亡父母往生淨土眞言)　　　(한번 왼다)
나무 사만다 못다남 옴 출제류리 사바하　　(세번 왼다)

불삼신진언(佛三身眞言)　(한번 왼다)
옴 호철모니 사바하　　(세번왼 다)

454 나무아미타불이 팔만대장경이다

법삼장진언(法三藏眞言) (한번 왼다)
옴 불모규라혜 사바하　(세번 왼다)

승삼승진언(僧三乘眞言) (한번 왼다)
옴 수탄복다혜 사바하　(세번 왼다)

계장진언(戒藏眞言)　(한번 왼다)
옴 흐리부니 사바하　(세번 왼다)

정결도진언(定決道眞言) (한번 왼다)
옴 합불니 사바하　　(세번 왼다)

혜철수진언(慧徹修眞言) (한번 왼다)
옴 라자바니 사바하　(세번 왼다)

행보불상충의주(行步不傷蟲蟻呪) : 걷는중에 벌레나 개미를 밟아
죽이지 않는 진언　(한번 왼다)
축언 (祝言)
이른 아침부터 저녁까지 일체중생을 스스로 피해서 보호하되, 혹
시 잘못으로 밟혀 상해 입거든 그대 즉시 극락정토 왕생하소서.
종조인단직지모 從朝寅旦直至暮
일체중생자회호 一切衆生自回護
약어족하오상시 若於足下誤傷時
원여즉시생정토 願汝卽時生淨土
　　(한번 왼다)
옴 지리지리 사바하　　(일곱번 왼다)

답살무죄진언(踏殺無罪眞言) : 밟아죽이더라도 죄가 없는 진언
     (한번 왼다)

축언(祝言)

이른 아침부터 저녁까지 일체 중생을 스스로 피해서 보호하되,
혹시 발에 밟혀 상해 입거든 그대 즉시 극락정토 왕생하소서.

   종조인단직지모 從朝寅旦直至暮
   일체중생자회호 一切衆生自回護
   약어족하상기형 若於足下傷其形
   원여즉시생정토 願汝卽時生淨土   (한번 왼다)

   옴 이데리니 사바하   (일곱번 왼다)

참회게(懺悔偈)

제가 이전에 지은 모든 죄업은 모두 탐욕 성냄 어리석음 때문에,
몸과 입과 마음에서 일어난 것으로 이 모든 것을 이제 다 참회하옵
니다.

   아석소조제악업 我昔所造諸惡業
   개유무시탐진치 皆由無始貪瞋癡
   종신구의지소생 從身口意之所生
   일체아금개참회 一切我今皆懺悔   (한번 왼다)

   참회진언(懺悔眞言)   (한번 왼다)
   옴 살바 못자 못지 사다야 사바하 (일곱번 왼다)

보회향진언(普回向眞言)   (한번 왼다)
옴 삼마라 삼마라 미마나 사라마하 자거라바 훔   (세번 왼다)

원성취진언(願成就眞言) (한번 왼다)
옴 아모까 살바다라 사다야 시베훔   (세번 왼다)

보궐진언(補闕眞言)   (한번 왼다)
옴 호로호로 사야목케 사바하   (세번 왼다)

회향발원문(回向發願文)

절하옵나니 서방 극락세계에 계시면서 중생을 접인하시는 대도
사이시여, 제가 이제 왕생을 발원하오니 자비로 가련히 여겨 거두
어 주소서.

계수서방안락찰 稽首西方安樂刹
접인중생대도사 接引衆生大道師
아금발원원왕생 我今發願願往生
유원자비애섭수 唯願慈悲哀攝受

원하옵나니 이 공덕이 모두에게 두루 미치어,
저와 중생들이 다음 생에 극락세계 왕생하여,
함께 아미타불 뵈옵고 다함께 불도를 이루소서.

원이차공덕 願以此功德
보급어일체 普及於一切
아등여중생 我等與衆生
당생극락국 當生極樂國
동견무량수 同見無量壽
개공성불도 皆共成佛道   (한번 왼다)

사성예문 2

향찬(香讚)

향로속의 향 피우자 곧 법계에 두루 퍼져,

모든 부처님과 바다와 같이 큰 법회가 다 멀리서 맡고,

그 연기는 어느 곳이나 길상의 구름 맺으며,

정성의 뜻 간절하자 곧 모든 부처님들 온 몸을 나타내시네.

노향작열 법계몽훈 제불해회실요문 수처결상운 성의방단 제불현전신 (爐香乍熱 法界蒙熏 諸佛海會悉遙聞 隨處結祥雲 誠意方殷 諸佛現全身)

나무향운개보살마하살 (세 번 외고 세 번 절한다)

南無香雲蓋菩薩摩訶薩

개경게(開經偈)

위없는 깊고 깊은 미묘한 법

백천만겁에도 만나기 어려워라

제가 이제 듣고 보고 수지하오니

여래의 진실한 뜻 이해하여지이다

무상심심미묘법 백천만겁난조우 아금문견득수지 원해여래진실의 (無上甚深微妙法 百千萬劫難遭遇 我今聞見得受持 願解如來眞實義)

나무연지해회불보살   (세 번 외고 세 번 절한다)

南無蓮池海會佛菩薩

아미타경(阿彌陀經)

이와 같이 나는 들었다. 어느 때 부처님께서 사위국의 기수급고독원에서 대비구들 1,250인과 함께 계시었다. 이들은 대아라한으로서 대중들이 다 아는 분들이었으니, 장로 사리불, 마하목건련, 마하가섭, 마하가전연, 마하구치라, 리바다, 주리반타가, 난타, 아난타, 라후라, 교범바제, 빈두로파라타, 가룩타이, 마하겁빈나, 박구라, 아누루타 등과 같은 많은 대제자들이었다. 그밖에도 보살마하살들로는 문수사리법왕자와 아일다보살, 건타하제보살, 상정진보살 등과 같은 대보살들과, 석제환인 등 헤아릴 수 없이 많은 천상세계의 대중들도 함께 있었다.

여시아문 일시불재사위국기수급고독원 여대비구승천이백오십인구 개시대아라한 중소지식 장로사리불 마하목건련 마하가섭 마하가전연 마하구치라 리바다 주리반타가 난타 아난타 라후라 교범바제 빈두로파라타 가류타이 마하겁빈나 박구라 아누루타 여시등제대제자 병제보살마하살 문수사리법왕자 아일다보살 건타하제보살 상정진보살 여여시등제대 보살급석제환인등 무량제천대중구

如是我聞 一時佛在舍衛國祇樹給孤獨園 與大比丘僧千二百五十人俱 皆是大阿羅漢 衆所知識 長老舍利弗 摩詞目乾連 摩詞迦葉 摩詞迦㫋延 摩詞拘絺羅 離婆多 周利槃陀伽 難陀 阿難陀 羅睺羅 憍梵波提 賓頭盧頗羅墮 迦留陀夷 摩詞劫賓那 薄俱羅 阿㝹樓馱 如是等諸大弟子 幷諸菩薩摩詞薩 文殊師利法王子 阿逸多菩薩 乾陀詞提菩薩 常精進菩薩 與如是等諸大菩薩 及釋提桓因等 無量諸天大衆俱

그 때 부처님께서 장로 사리불에게 말씀하시었다.

"이 사바세계로부터 서쪽으로 십만 억의 불국토를 지나서 한 세계가 있으니, 그 이름을 극락이라 하느니라. 그 불국토에 부처님이 계시는데 명호를 아미타불이라 하며, 지금 현재도 설법하고 계시느니라.

이시불고장로사리불 종시서방과십만억불토 유세계명왈극락 기토유불호아미타 금현재설법

爾時佛告長老舍利弗 從是西方過十萬億佛土 有世界名曰極樂 其

土有佛號阿彌陀 今現在說法

사리불이여, 저 불국토를 어찌하여 극락이라 하겠는가? 그 불국토 중생들은 모든 괴로움이 없고 온갖 즐거움만 누리므로 극락이라 하느니라.

사리불 피토하고명위극락 기국중생무유중고 단수제락고명극락
舍利弗 彼土何故名爲極樂 其國衆生無有衆苦 但受諸樂故名極樂

또 사리불이여, 극락국토에는 일곱 겹의 난간들이 있고, 일곱 겹의 그물들이 있으며, 일곱 겹의 가로수 행렬이 있는데, 이 모두는 금, 은, 유리, 파려의 네 가지 보배로 이루어져 있느니라. 그러므로 저 불국토를 극락이라 하느니라.

우사리불 극락국토 칠중난순칠중라망칠중항수 개시사보주잡위요 시고피국명왈극락
又舍利弗 極樂國土 七重欄楯七重羅網七重行樹 皆是四寶周匝圍繞 是故彼國名曰極樂

또 사리불이여, 또 극락국토에는 일곱 가지 보배로 이루어진 연못이 있는데, 여덟 가지 공덕을 갖춘 물이 가득하고, 연못 바닥은 순전히 금모래로 깔려 있느니라.
그 사방주변의 층계 길은 금, 은, 유리, 파려가 섞여서 이루어져 있으며, 그 층계 길 위에는 누각이 있는데 역시 금, 은, 유리, 파려, 자거, 붉은 진주, 마노의 일곱 가지 보배로 장엄하게 꾸며져 있느니라. 연못에는 수레바퀴 같은 크기의 연꽃들이 피

어 있고, 푸른 연꽃에서는 푸른 광채가 나고, 노란 연꽃에서는 노란 광채가, 붉은 연꽃에서는 붉은 광채가, 하얀 연꽃에서는 하얀 광채가 나는데, 미묘하면서 향기롭고 정결하니라.

사리불이여, 극락국토는 이와 같은 공덕장엄이 성취되어 있느니라.

우사리불 극락국토유칠보지 팔공덕수충만기중 지저순이금사포지 사변계도 금은유리파리합성 상유누각 역이금은유리파리차거적주마노 이엄식지 지중연화대여거륜 청색청광 황색황광 적색적광 백색백광미묘향결 사리불 극락국토성취여시공덕장엄

又舍利弗 極樂國土有七寶池 八功德水充滿其中 池底純以金沙布地 四邊階道 金銀琉璃頗梨合成 上有樓閣 亦以金銀琉璃頗梨車璖赤珠馬瑙 以嚴飾之 池中蓮華大如車輪 青色青光 黃色黃光 赤色赤光 白色白光微妙香潔 舍利弗 極樂國土成就如是功德莊嚴

또 사리불이여, 저 불국토는 항상 천상의 음악이 울려 퍼지고, 황금으로 이루어진 땅 위에는 밤낮 여섯때에 천상의 만다라 꽃비가 내리느니라. 그 불국토의 중생들은 항상 이른 아침에 저마다 가지가지의 미묘한 꽃을 옷자락에 담아 다른 불국토들의 십만 억 부처님들께 나아가 한 분 한 분께 공양하고, 곧 식사 때 본래의 극락국토로 돌아와 식사하고는 경행하느니라.

사리불이여, 극락국토는 이와 같은 공덕장엄이 성취되어 있느니라.

우사리불 피불국토 상작천악 황금위지 주야육시천우만다라화 기국중생상이청단각이의극성중묘화 공양타방십만억불 즉이식시환도

본국 반사경행 사리불 극락국토성취여시공덕장엄

又舍利弗 彼佛國土 常作天樂 黃金爲地 晝夜六時天雨曼陀羅華
其國衆生常以淸旦各以衣裓盛衆妙華 供養他方十萬億佛 卽以食時
還到本國 飯食經行 舍利弗 極樂國土成就如是功德莊嚴

그리고 또 사리불이여, 저 불국토에는 갖가지 기묘한 여러
색깔의 새들로서, 백조와 공작과 앵무새, 사리새, 가릉빈가, 공
명새 등이 있는데, 이런 새들은 밤낮 여섯때에 모여 합창하여
온화하고 우아한 소리를 내느니라. 그 소리는 오근과 오력과
칠각지, 팔정도 등과 같은 가르침을 설하느니라. 그 불국토의
중생들은 이 소리를 듣고 나면 모두 부처님을 생각하고 불법을
생각하고 승가를 생각하느니라.

부차사리불 피국상유종종기묘잡색지조 백곡공작앵무사리가릉빈
가공명지조 시제중조 주야육시출화아음 기음연창오근오력칠보리
분팔성도분여시등법 기토중생문시음이 개실염불염법염승

復次舍利弗 彼國常有種種奇妙雜色之鳥 白鵠孔雀鸚鵡舍利迦陵
頻伽共命之鳥 是諸衆鳥 晝夜六時出和雅音 其音演暢五根五力七菩
提分八聖道分如是等法 其土衆生聞是音已 皆悉念佛念法念僧

사리불이여, 그대는 이 새들이 실제로 죄업의 과보로 생겼다
고 말하지 말라. 왜냐하면 저 불국토에는 삼악도가 없기 때문
이니라.

사리불이여, 그 불국토에는 삼악도라는 이름조차도 없는데,
하물며 실제의 삼악도가 있을 리가 있겠는가? 이런 여러 새들
은 모두 아미타불께서 불법의 소리를 널리 알려 퍼지도록 하고

자 변화하여 만들어진 것이니라.

사리불 여물위차조실시죄보소생 소이자하 피불국토무삼악취 사
리불 기불국토상무삼악도지명 하황유실 시제중조 개시아미타불 욕
령법음선류변화소작
舍利弗 汝勿謂此鳥實是罪報所生 所以者何 彼佛國土無三惡趣
舍利弗 其佛國土尚無三惡道之名 何況有實 是諸衆鳥 皆是阿彌陀
佛 欲令法音宣流變化所作

사리불이여, 저 불국토는 미풍이 불 때면 보배로 된 가로수
들과 보배 그물들이 흔들리면서 미묘한 소리를 내는데, 마치
백천 가지 음악이 동시에 울려 퍼짐과 같으니라. 이 소리를 듣
는 자는 누구나 부처님을 생각하고 불법을 생각하고 승가를 생
각하는 마음이 저절로 우러나느니라.
사리불이여, 그 불국토는 이와 같은 공덕장엄이 성취되어 있
느니라.

사리불 피불국토 미풍취동제보항수급보라망출미묘음 비여백천
종악동시구작 문시음자개자연생염불염법염승지심 사리불 기불국
토성취여시공덕장엄
舍利弗 彼佛國土 微風吹動諸寶行樹及寶羅網出微妙音 譬如百千
種樂同時俱作 聞是音者皆自然生念佛念法念僧之心 舍利弗 其佛國
土成就如是功德莊嚴

사리불이여, 그대 생각에 어떠한가? 저 부처님을 무슨 까닭
으로 아미타라고 하겠는가?

사리불이여, 저 부처님의 광명은 한량이 없어서, 시방세계의 모든 불국토를 두루 비춤에 걸림이 없기 때문에 아미타라고 하느니라.

또한 사리불이여, 저 부처님의 수명과 그곳 사람들의 수명은 한량없고 끝없는 아승기겁이기 때문에 아미타라고 하느니라.

사리불이여, 아미타불께서 성불하신 지는 지금까지 십겁이 지났느니라.

사리불 어여의운하 피불하고호아미타 사리불 피불광명무량 조시방국무소장애 시고호위아미타 우사리불 피불급기인민수명무량무변아승지겁 고명아미타 사리불 아미타불성불이래어금십겁

舍利弗 於汝意云何 彼佛何故號阿彌陀 舍利弗 彼佛光明無量 照十方國無所障礙 是故號爲阿彌陀 又舍利弗 彼佛及其人民壽命無量無邊阿僧祇劫 故名阿彌陀 舍利弗 阿彌陀佛成佛已來於今十劫

사리불이여, 저 부처님께는 한량없고 끝없이 많은 성문제자들이 있는데, 모두가 아라한들로서 그 수는 숫자로 헤아려서 알 수 있는 것이 아니니라. 많은 보살 대중들 또한 이와 같으니라.

사리불이여, 저 불국토는 이와 같은 공덕장엄이 성취되어 있느니라.

또 사리불이여, 극락국토에 왕생한 중생들은 모두 아비발치이며, 그 중에는 일생보처(一生補處)의 지위에 있는 자도 참으로 많아서, 그 수는 숫자로 헤아려서 알 수 있는 것이 아니라 다만 한량없고 끝없는 아승기라고만 말할 수 있을 뿐이니라.

우사리불 피불유무량무변성문제자 개아라한 비시산수지소능지
제보살역부여시 사리불 피불국토성취여시공덕장엄

우사리불 극락국토중생생자개시아비발치 기중다유일생보처 기
수심다 비시산수소능지지 단가이무량무변아승지겁설

又舍利弗 彼佛有無量無邊聲聞弟子 皆阿羅漢 非是算數之所能知
諸菩薩亦復如是 舍利弗 彼佛國土成就如是功德莊嚴

又舍利弗 極樂國土衆生生者皆是阿鞞跋致 其中多有一生補處 其
數甚多 非是算數所能知之 但可以無量無邊阿僧祇劫說

사리불이여, 중생이 이와 같은 극락세계를 들었다면 마땅히
저 불국토에 왕생하기를 발원해야 하느니라. 어찌하여 그런가
하면, 이와 같이 많은 상등의 선인들과 한 데 모여 지낼 수 있
기 때문이니라.

사리불 중생문자 응당발원원생피국 소이자하 득여여시제상선인
구회일처

舍利弗 衆生聞者 應當發願願生彼國 所以者何 得與如是諸上善人俱
會一處

사리불이여, 적은 선근과 복덕의 인연으로는 저 불국토에 왕
생하지 못하느니라.

사리불 불가이소선근복덕인연득생피국

舍利弗 不可以少善根福德因緣得生彼國

사리불이여, 만약 어떤 선남자나 선여인이 아미타불에 대한

설법을 듣고 그 명호를 마음에 확고히 새겨 지니고 부르되, 하루나 이틀 혹은 사흘·나흘·닷새·엿새 혹은 이레 동안, 한마음이 산란하지 않는다면, 그 사람이 목숨이 다하려 할 때에 아미타불께서 여러 성인 대중과 함께 그의 앞에 나타나시고, 그 사람은 목숨이 다하는 순간 마음이 뒤바뀌지 않고 곧바로 아미타불의 극락국토에 왕생하느니라.

사리불 약유선남자선여인 문설아미타불 집지명호 약일일 약이일 약삼일 약사일 약오일 약육일 약칠일 일심불란 기인임명종시 아미타불여제성중 현재기전 시인종시심부전도 즉득왕생아미타불극락국토

舍利弗 若有善男子善女人 聞說阿彌陀佛 執持名號 若一日 若二日 若三日 若四日 若五日 若六日 若七日 一心不亂 其人臨命終時 阿彌陀佛與諸聖衆 現在其前 是人終時心不顚倒 卽得往生阿彌陀佛極樂國土

사리불이여, 나는 이런 이익이 있음을 보기 때문에 이런 말을 하는 것이니, 만약 어떤 중생이 이런 말을 들었다면 마땅히 저 불국토에 왕생하기를 간절히 발원해야 하느니라.

사리불 아견시리고설차언 약유중생문시설자 응당발원생피국토

舍利弗 我見是利故說此言 若有衆生聞是說者 應當發願生彼國土

사리불이여, 내가 지금 아미타불의 불가사의한 공덕의 이익을 찬탄하는 것처럼 이 사바세계로부터 동쪽으로 무궁무진한 세계에 계시는 아촉비불, 수미상불, 대수미불, 수미광불, 묘음

불 등과 같은, 갠지스 강의 모래알 수만큼이나 많은 부처님들 께서도 저마다 자신의 불국토에서, 두루 삼천대천세계를 덮는 넓고 긴 혀의 모습으로써 간곡하고 진실하게 말씀하시기를, '여러분 중생들이여, 그 불가사의한 공덕을 찬탄하시면서 일체 모든 부처님들이 보호하고 늘 생각하시는 이 경을 마땅히 믿으라.'고 하시느니라.

사리불 여아금자찬탄아미타불불가사의공덕 동방역유아촉비불 수미상불 대수미불 수미광불 묘음불 여시등항하사수제불 각어기국 출광장설상 변부삼천대천세계설성실언 여등중생당신시칭찬불가사 의공덕일체제불소호념경

舍利弗 如我今者讚歎阿彌陀佛不可思議功德 東方亦有阿閦鞞佛 須彌相佛 大須彌佛 須彌光佛 妙音佛 如是等恒河沙數諸佛 各於其 國出廣長舌相 遍覆三千大千世界說誠實言 汝等衆生當信是稱讚不 可思議功德一切諸佛所護念經

사리불이여, 이 사바세계로부터 남쪽으로 무궁무진한 세계 에 계시는 일월등불, 명문광불, 대염견불, 수미등불, 무량정진 불 등과 같은, 갠지스 강의 모래알 수만큼이나 많은 부처님들 께서도 저마다 자신의 불국토에서, 두루 삼천대천세계를 덮는 넓고 긴 혀의 모습으로써 간곡하고 진실하게 말씀하시기를, '여러분 중생들이여, 그 불가사의한 공덕을 찬탄하시면서 일체 모든 부처님들이 보호하고 늘 생각하시는 이 경을 마땅히 믿으라.'고 하시느니라.

사리불 남방세계유일월등불 명문광불 대염견불 수미등불 무량정

진불 여시등항하사수제불 각어기국출광장설상 변부삼천대천세계
설성실언 여등중생당신시칭찬불가사의공덕일체제불소호념경

舍利弗 南方世界有日月燈佛 名聞光佛 大焰肩佛 須彌燈佛 無量
精進佛 如是等恒河沙數諸佛 各於其國出廣長舌相 遍覆三千大千世
界說誠實言 汝等衆生當信是稱讚不可思議功德一切諸佛所護念經

　　사리불이여, 이 사바세계로부터 서쪽으로 무궁무진한 세계
에 계시는 무량수불, 무량상불, 무량당불, 대광불, 대명불, 보
상불, 정광불 등과 같은, 갠지스 강의 모래알 수만큼이나 많은
부처님들께서도 저마다 자신의 불국토에서, 두루 삼천대천세
계를 덮는 넓고 긴 혀의 모습으로써 간곡하고 진실하게 말씀하
시기를, '여러분 중생들이여, 그 불가사의한 공덕을 찬탄하시
면서 일체 모든 부처님들이 보호하고 늘 생각하시는 이 경을
마땅히 믿으라.'고 하시느니라.

　　사리불 서방세계유무량수불 무량상불 무량당불 대광불 대명불
보상불 정광불 여시등항하사수제불 각어기국출광장설상 변부삼천
대천세계설성실언 여등중생 당신시칭찬불가사의공덕일체제불소호
념경

舍利弗 西方世界有無量壽佛 無量相佛 無量幢佛 大光佛 大明佛
寶相佛 淨光佛 如是等恒河沙數諸佛 各於其國出廣長舌相 遍覆三
千大千世界說誠實言 汝等衆生 當信是稱讚不可思議功德一切諸佛
所護念經

　　사리불이여, 이 사바세계로부터 북쪽으로 무궁무진한 세계
에 계시는 염견불, 최승음불, 난저불, 일생불, 망명불등과 갈

은, 갠지스 강의 모래알 수만큼이나 많은 부처님들께서도 저마
다 자신의 불국토에서, 두루 삼천대천세계를 덮는 넓고 긴 혀
의 모습으로써 간곡하고 진실하게 말씀하시기를, '여러분 중생
들이여, 그 불가사의한 공덕을 찬탄하시면서 일체 모든 부처님
들이 보호하고 늘 생각하시는 이 경을 마땅히 믿으라.'고 하시
느니라.

사리불 북방세계유염견불 최승음불 난저불 일생불 망명불 여시
등항하사수제불 각어기국출광장설상 변부삼천대천세계설성실언
여등중생 당신시칭찬불가사의공덕일체제불소호념경
舍利弗 北方世界有焰肩佛 最勝音佛 難沮佛 日生佛 網明佛 如是
等恒河沙數諸佛 各於其國出廣長舌相 遍覆三千大千世界說誠實言
汝等衆生 當信是稱讚不可思議功德一切諸佛所護念經

사리불이여, 이 사바세계로부터 아래쪽으로 무궁무진한 세
계에 계시는 사자불, 명문불, 명광불, 달마불, 법당불, 지법불
등과 같은, 갠지스 강의 모래알 수만큼이나 많은 부처님들께서
도 저마다 자신의 불국토에서, 두루 삼천대천세계를 덮는 넓고
긴 혀의 모습으로써 간곡하고 진실하게 말씀하시기를, '여러분
중생들이여, 그 불가사의한 공덕을 찬탄하시면서 일체 모든 부
처님들이 보호하고 늘 생각하시는 이 경을 마땅히 믿으라.'고
하시느니라.

사리불 하방세계유사자불 명문불 명광불 달마불 법당불 지법불
여시등항하사수제불 각어기국출광장설상 변부삼천대천세계설성실
언 여등중생 당신시칭찬불가사의공덕일체제불소호념경

舍利弗 下方世界有師子佛 名聞佛 名光佛 達磨佛 法幢佛 持法佛
如是等恒河沙數諸佛 各於其國出廣長舌相 遍覆三千大千世界說誠
實言 汝等衆生 當信是稱讚不可思議功德一切諸佛所護念經

사리불이여, 이 사바세계로부터 위쪽으로 무궁무진한 세계
에 계시는 범음불, 숙왕불, 향상불, 향광불, 대염견불, 잡색보
화엄신불, 사라수왕불, 보화덕불, 견일체의불, 여수미산불 등
과 같은, 갠지스 강의 모래알 수만큼이나 많은 부처님들께서도
저마다 자신의 불국토에서, 두루 삼천대천세계를 덮는 넓고 긴
혀의 모습으로써 간곡하고 진실하게 말씀하시기를, '여러분 중
생들이여, 그 불가사의한 공덕을 찬탄하시면서 일체 모든 부처
님들이 보호하고 늘 생각하시는 이 경을 마땅히 믿으라.'고 하
시느니라.

사리불 상방세계유범음불 수왕불 향상불 향광불 대염견불 잡색
보화엄신불 사라수왕불 보화덕불 견일체의불 여수미산불 여시등항
하사수제불 각어기국 출광장설상 변부삼천대천세계설성실언 여등
중생 당신시칭찬불가사의공덕일체제불소호념경
舍利弗 上方世界有梵音佛 宿王佛 香上佛 香光佛 大焰肩佛 雜色
寶華嚴身佛 娑羅樹王佛 寶華德佛 見一切義佛 如須彌山佛 如是等
恒河沙數諸佛 各於其國 出廣長舌相 遍覆三千大千世界說誠實言
汝等衆生 當信是稱讚不可思議功德一切諸佛所護念經

사리불이여, 그대 생각에 어떠한가? 무슨 까닭으로 이 경의
이름을 '일체 모든 부처님들이 보호하고 늘 생각하시는 경'이라
고 하겠는가?

사리불이여, 만약 어떤 선남자나 선여인이 이 경을 듣고 마음에 받아들여 잊지 않고 지니거나, 저 많은 부처님들의 명호를 들었다면, 이런 선남자 선여인들은 일체 모든 부처님들이 보호하고 늘 생각하시므로 누구나 아뇩다라삼먁삼보리에서 물러나지 않는 불퇴전을 얻게 되기 때문이다. 그러므로 그대들은 마땅히 나의 말과, 저 모든 부처님들이 하신 말씀을 그대로 믿고 받아들여야 하느니라.

사리불 어여의운하 하고명위일체제불소호념경 사리불 약유선남자선여인 문시경수지자 급문제불명자 시제선남자선여인 개위일체제불공소호념 개득불퇴전어아뇩다라삼먁삼보리 시고사리불 여등개당신수아어급제불소설

舍利弗 於汝意云何 何故名爲一切諸佛所護念經. 舍利弗 若有善男子善女人 聞是經受持諸 及聞諸佛名者 是諸善男子善女人 皆爲一切諸佛共所護念 皆得不退轉於阿耨多羅三藐三菩提 是故舍利弗汝等皆當信受我語及諸佛所說

사리불이여, 어떤 사람이든 아미타불의 불국토에 왕생하기를 이미 발원하였거나, 이제 발원하거나, 장차 발원한다면 이런 사람들은 모두 아뇩다라삼먁삼보리에서 물러나지 않는 불퇴전을 얻게 되고, 저 불국토에 이미 왕생하였거나, 이제 왕생하거나, 장차 왕생할 것이니라. 그러므로 사리불이여, 선남자나 선여인으로서 믿음을 가진 자라면 응당 저 불국토에 왕생하기를 발원해야 하느니라.

사리불 약유인이발원 금발원 당발원 욕생아미타불국자 시제인등

개득불퇴전어아뇩다라삼먁삼보리 어피국토약이생 약금생 약당생 시고사리불 제선남자선여인 약유신자 응당발원생피국토

舍利弗 若有人已發願 今發願 當發願 欲生阿彌陀佛國者 是諸人 等 皆得不退轉於阿耨多羅三藐三菩提 於彼國土若已生 若今生 若 當生 是故舍利弗 諸善男子善女人 若有信者 應當發願生彼國土

사리불이여, 내가 이제 모든 부처님들의 불가사의한 공덕을 찬탄하는 것처럼, 저 모든 부처님들께서도 나의 불가사의한 공 덕을 찬탄하시기를, '석가모니불께서 참으로 어렵고 희유한 일 을 능히 하셨도다. 사바세계의 오탁악세로서 시대가 혼탁하고, 견해가 혼탁하고, 번뇌가 혼탁하고, 중생이 혼탁하고, 수명이 혼탁한 가운데서도, 능히 아뇩다라삼먁삼보리를 얻으시고, 모 든 중생들을 위하여 일체 세간에서 믿기 어려운 법문을 설하셨 도다.' 하시느니라.

사리불이여, 마땅히 알라. 내가 오탁악세에서 이 어려운 일 을 행하여 아뇩다라삼먁삼보리를 얻고서, 일체 세간의 중생들 을 위하여 이 믿기 어려운 법문을 설하는 것은 참으로 어려운 일이니라."

사리불 여아금자칭찬제불불가사의공덕 피제불등 역칭설아불가 사의공덕 이작시언 석가모니불능위심난희유지사 능어사바국토오 탁악세 겁탁 견탁 번뇌탁 중생탁 명탁중 득아뇩다라삼먁삼보리 위 제중생 설시일체세간난신지법 사리불당지 아어오탁악세 행차난사 득아뇩다라삼먁삼보리 위일체세간 설차난신지법 시위심난

舍利弗 如我今者稱讚諸佛不可思議功德 彼諸佛等 亦稱說我不可 思議功德 而作是言 釋迦牟尼佛能爲甚難希有之事 能於娑婆國土五

濁惡世 劫濁 見濁 煩惱濁 衆生濁 命濁中 得阿耨多羅三藐三菩提
爲諸衆生 說是一切世間難信之法 舍利弗當知 我於五濁惡世 行此
難事 得阿耨多羅三藐三菩提 爲一切世間 說此難信之法 是爲甚難

　부처님께서 이 경을 다 설하시자, 사리불과 모든 비구들 그
리고 일체 세간의 천인·아수라 등이 부처님의 말씀을 듣고 나
서는, 기뻐하면서 믿고 받아들인 다음 예배하고 물러갔다.

　불설차경이 사리불급제비구 일체세간천인아수라등 문불소설환
희신수 작례이거
　佛說此經已 舍利弗及諸比丘 一切世間天人阿修羅等 聞佛所說歡
喜信受 作禮而去

　　무량수불설왕생정토주(無量壽佛說往生淨土呪)　　　(한번 왼다)

　나모 아미다바야 다타가다야 다지야타 아미리도 바비 아미리다
싯담바비 아미리다 비가란제 아미리다 비가란다 가미니 가가나 기
다가례 사바하　　(세번 왼다)

　　찬불게 (讚佛偈)

　아미타부처님 몸은 황금색이며,
　상호와 광명은 견줄 데 없어라.
　백호는 오른쪽으로 감겨 다섯 개의 수미산만 하고,
　검푸른 눈동자 맑고 큼은 네 개의 큰 바다 같네.
　광명속의 화신불 무수 억분이며,

변화한 보살중도 가없어라.

48대원으로 중생을 제도하시어,

9품연화대로 모두 피안에 오르게 하네.

아미타불신금색 상호광명무등륜 백호완전오수미 감목징청사대
해 (阿彌陀佛身金色 相好光明無等倫 白毫宛轉五須彌 紺目澄淸四大海)

광중화불무수억 화보살중역무변 사십팔원도중생 구품함령등피
안 (光中化佛無數億 化菩薩衆亦無邊 四十八願度衆生 九品咸令登彼岸)

나무서방극락세계 대자대비아미타불 (南無西方極樂世界 大慈大悲
阿彌陀佛)

나무아미타불...아미타불 ...   (적어도 5백번 내지 천 번한다)

南無阿彌陀佛...阿彌陀佛...

나무관세음보살마하살   (세 번 외고 세 번 절한다)

(南無觀世音菩薩摩訶薩)

나무대세지보살마하살   (세 번 외고 세 번 절한다)

(南無大勢至菩薩摩訶薩)

나무청정대해중보살마하살   (세 번 외고 세 번 절한다)

(南無淸淨大海衆菩薩摩訶薩)

회향게(回向偈)

원하옵나니 서방정토 가운데 태어나,

구품연화를 부모로 하고,

연꽃 피어 부처님 뵙고 무생을 깨달으며,

불퇴전 보살들로 법우를 삼게 하소서.

원생서방정토중 구품연화위부모 화개견불오무생 불퇴보살위반
려 (願生西方淨土中,九品蓮華爲父母,華開見佛悟無生, 不退菩薩爲伴侶)

발원문 1

자운참주 정토문

일심으로 극락세계에 계신 아미타불께 귀의하옵니다.

원하옵나니, 청정한 광명으로 저를 비추어주시고 자비로운 서원
으로 저를 거두어주소서.

제가 지금 바른 생각으로 부처님 명호를 불러 보리도를 위하여
정토에 왕생하기를 구하옵니다.

아미타불께서는 과거에 세운 본원에 "만약 어떤 중생이 저의 나
라에 왕생하기를 바라면서 지극한 마음으로 즐거이 믿고 내지 열
번만 염불하여도 왕생하지 못한다면 정각을 이루지 않겠다." 하셨
나이다.

이 본원에 의지하여 염불하는 인연으로 여래의 큰 서원 바다 가
운데에 들어가,

부처님의 자비력을 받아 모든 죄는 소멸하고 선근은 자라나며,

임종이 다가온다면 왕생할 때가 이르렀음을 스스로 알고,

몸에는 병고가 없고 마음은 미련을 두지 않으며 의식은 선정에
드는 듯 뒤바뀌지 않아서

아미타불과 극락성중이 손에 연화좌를 가지고 오시어 저를 맞이
하여 주시어,

한 생각 순간에 극락세계에 왕생하여 연꽃으로 피어 아미타불 뵈
옵고,

일불승 가르침을 듣고는 단박에 부처님 지혜가 열려서,

널리 중생을 제도하고 보리의 원을 이루게 하옵소서.

시방삼세일체제불 일체보살마하살 마하반야바라밀

발원문 2

연지대사 극락왕생발원문

서방극락세계에 계시면서

중생을 이끌어 주시는 아미타불께 절 올리옵고

제가 왕생하기를 지금 발원 하오니

대자대비의 원력으로 가련히 여겨 거두어주옵소서.

제자 (누구)는

은혜를 베풀어주신 부모 · 중생 · 나라 · 불법승 삼보와

그리고 삼계(三界)의 육도사생(六道四生)의 중생들과

더 나아가 한량없는 법계의 중생들을 널리 제도하기위하여

모든 부처님의 일승(一乘)의 무상보리도를 구하는 까닭에

아미타불의 공덕을 다 갖추고 있는 위대한 명호를 지니고 외워

극락세계에 왕생하기를 원하옵니다.

또 악업은 무겁고 선업의 복은 가벼우며

속세와 심신의 장애는 깊고 방편과 진실의 지혜는 얕으며

탐욕 · 성냄 · 어리석음의 더러운 마음에는 물들기 쉽고

계율 · 선정 · 지혜의 깨끗한 공덕은 이루기 어려운 까닭에

이제 부처님 앞에 온 몸과 마음을 던져

지극한 정성으로 예배하고 참회하옵니다.
저와 중생들은 아득한 옛적부터 오늘까지
본래의 청정한 마음을 미혹하고
탐욕 · 성냄 · 어리석음을 멋대로 부렸으며
몸 · 입 · 마음의 삼업을 한량없이 더럽히고
십악오역(十惡五逆)의 죄악을 한량없이 지었으며
그 맺은 원한의 업이 한량없는 바
이 모두가 소멸되기를 원하옵니다.
오늘부터 깊은 서원을 세우오니
나쁜 짓을 멀리하여 맹세코 다시는 하지 않겠습니다.
부처님의 가르침을 부지런히 닦아 맹세코 물러나지 않겠으며,
맹세코 정각을 이루고 맹세코 중생을 제도하겠습니다.

아미타불이시여!
대자대비의 원력으로 마땅히 저를 증명하시고
저를 가엽게 여기시고 저를 가피하여주십니다.
원하옵나니
열여섯 가지 선정 관상(觀想)속에서나 꿈속에서나,
아미타불의 금빛 몸을 뵈옵고
아미타불의 보배들로 장엄된 국토를 거닐며
아미타불의 감로를 저의 정수리에 뿌려 주시고
아미타불의 광명으로 저를 비춰주시며
아미타불의 손으로 저의 머리를 만져주시고
아미타불의 옷으로 저의 몸을 덮어주셔서,
숙세의 미혹 · 악업 · 고통의 과보의 장애는 저절로 소멸되고
계율 · 선정 · 지혜의 선근은 자라나며

번뇌가 빨리 비워지고 무명은 단박에 깨져서

원각(圓覺)의 묘한 마음을 훤히 깨달아

상적광토(常寂光土)의 진실 경계가

항상 앞에 나타나게 하옵소서.

또 이 목숨 마칠 때 갈 시간 미리 알고

몸에는 일체의 병 고통과 액난이 없으며

마음에는 세속의 은혜와 사랑 등 일체의 탐착미련과

아미타불이 맞이하러 안 오실까 의심하는 등 의혹이 없으며

눈·귀·코·혀·몸의 오근(五根)은 기쁘고 즐거우면서

의근(意根)은 정념(正念)이 분명하며

이 업보의 몸을 침착하게 버림이 마치 선정에 들 듯 하옵거든

아미타불께서 관세음보살과 대세지보살

그리고 여러 성현대중과 함께 광명을 놓아 저를 맞으시며

저의 손을 잡아 인도하옵소서.

그때에 장엄한 누각들과 아름다운 깃발들

기이한 향기와 천상의 음악 등

서방극락세계의 모습이 눈앞에 분명히 보여서

많은 중생들 보고 듣는 이

환희하고 감탄하여 보리심을 일으키게 하옵소서.

저는 그 때 금강대 연화좌를 타고

부처님 뒤를 따라 순식간에

극락세계 칠보 연지의 뛰어난 연꽃 속에 태어나서

연꽃이 열리어 아미타불 뵈옵고

보살님들 뵈옵고 미묘한 법문 들어 무생법인을 얻으며

순식간에 모든 부처님들 섬기옵고 수기를 친히 받게 하옵소서.

수기를 받은 후

법신·보신·응신의 세 가지 몸과
성소작지·묘관찰지·평등성지·대원경지의 네 가지 지혜와
육안·천안·혜안·법안·불안의 다섯 가지 눈과
천안통·천이통·타심통·신족통·숙명통·누진통의
여섯 가지 신통과 무량백천다라니법문 등
일체의 공덕이 모두다 이루어지옵소서.
그런 다음 극락세계를 떠나지 아니하면서
사바세계로 다시 돌아와
한량없는 화신으로 시방국토에 두루 나타나서
불가사의한 자재한 신통력과 가지가지 방편으로
중생들을 제도 해탈하게 하여
모두 견혹·사혹·무명혹의 번뇌를 떠나
법신·반야·해탈의 청정한 마음으로 돌아가도록 하며
서방극락세계에 함께 태어나
무상보리도에서 물러나지 않는 지위에 들어가게 하옵소서.
이와 같은 크나큰 원은
세계가 다함이 없고 중생이 다함이 없고
업과 번뇌와 일체가 다함이 없듯이
저의 원도 다함이 없나이다.
원하옵건대
지금 예불하고 발원하고 수행한 공덕을
모든 중생들에게 회향 보시 하옵나니
네 가지 은혜가 다 갚아지고
삼계의 육도사생들이 함께 제도 받고
더 나아가 법계 중생들이 다 같이
일체종지가 원만히 이루어지이다.

나무 아미타불 !

나무 아미타불 !

나무 대자대비 아미타불 !

삼귀의(三皈依)

스스로 부처님께 귀의하옵니다.

원하옵나니 중생들이 대도를 체득하고

무상보리심을 일으키소서.

스스로 법에 귀의하옵니다.

원하옵나니 중생이 경장에 깊이 들어가

지혜가 바다와 같아지소서.

스스로 승단에 귀의하옵니다.

원하옵나니 중생이 법사 되어 대중을 이끌어감에

모든 일에서 서로 장애가 없으소서.

자귀의불 당원중생 체해대도 발무상심

(自皈依佛 當願衆生 體解大道 發無上心)

자귀의법 당원중생 심입경장 지혜여해

(自皈依法 當願衆生 深入經藏 智慧如海)

자귀의승 당원중생 통리대중 일체무애

(自皈依僧 當願衆生 統理大衆 一切無碍)

성중께 절한다

和南聖衆

태상감응편(太上感應篇)

송찬문 번역

태상노군(太上老君 : 노자)께서 말씀하셨다.
화(禍)와 복(福)은 들어오는 일정한 문이 없고
오직 사람이 스스로 지어 불러들일 따름이니,
선악응보는 마치 그림자가 형체를 따르는 것과 같으니라.

그러므로 천지간에는 죄악의 기록을 맡은 신명이 있어서,
사람이 저지른 죄악의 가볍고 무거움에 따라
그 사람의 수명을 삭감하느니라.

수명이 삭감되면 곧 빈궁해지고
대부분 근심과 환난을 당하며,
사람들이 모두 그를 싫어하게 되느니라.

또 형벌이나 재앙이 그를 뒤따르고,
길상(吉祥)과 경사는 그를 피하며,
악신별이 재앙을 내리고,
수명이 다하면 죽느니라.
또 장수와 요절을 관장하는 삼태신(三台神)과
선악을 관찰하는 북두신(北斗神)이
사람의 머리 위에 있으면서
사람의 죄악을 기록하여,

그 수명을 십이 년이나 백일 씩 삭감하느니라.

또 삼시신(三尸神)이 사람의 몸속에 있으면서,
육십갑자일 중 경신일(庚申日)마다
곧 천상에 올라가 그 사람의 죄과를 보고하며,
음력으로 매달 그믐날에는
부엌신도 또한 그렇게 하느니라.

무릇 사람에게 죄과가 있으면,
크게는 십이 년의 수명을 빼앗고,
작게는 백일의 수명을 삭감하는데,
그러한 크고 작은 죄과는 수백 가지나 되느니라.

따라서 장수하기를 바라는 자는
먼저 그러한 죄과를 피해야 하며,
도리에 맞는 일은 나아가 하고
도리에 맞지 않는 일은 물러나 하지 말며,
사악한 길은 밟지 말고,
남이 보지 못하는 곳에서도 나쁜 생각이나 행동을 하지 말아야하
느니라.

끊임없이 인품덕성과 선행공적을 쌓아갈지니
그 근본은 모든 생명에게 자비로운 마음을 지니는 것이니라.
맡은 일에 충실하고 부모에 효도하며
형제사이에 우애 공경하라.
자기를 바르게 하고 남을 감화시키라.

고아와 과부를 불쌍히 여기고
노인이나 장애자를 공경하고 어린이를 보살펴 주라.
곤충이나 초목이라도 함부로 해를 끼치지 말라.

마땅히 남의 불행은 걱정해주고
남의 선행은 좋아하라,
남에게 급히 필요한 것은 도와주고
남의 위험과 재난은 구해 주라.
남이 얻은 것을 보면 마치 자기가 얻은 것처럼 하고,
남이 잃은 것을 보면 마치 자기가 잃은 것처럼 하라.

남의 단점을 드러내지 말고
자기의 장점을 자랑하지 말라,
악행은 저지하고 선행은 널리 알리며,
나누어 가질 때는 많이 양보하고 적게 가지라.

모욕을 당해도 원한을 품지 말고
총애를 받을 때는 두려운 듯이 하라.
은혜를 베풀어도 보답을 바라지 말고,
남에게 주었으면 후회하지 말라.

이른바 착한 사람은,
사람마다 모두 그를 공경하고,
천지자연의 도리가 그를 보우하며,
복록부귀가 그를 따르고,
사악한 일들이 그를 멀리하고

신령이 그를 호위하며,
하는 일마다 반드시 성취되고
신선이 되는 것도 바랄 수 있느니라.

하늘의 신선[天仙]이 되기를 바란다면
일천삼백 가지 선행을 쌓아야 하며,
땅의 신선[地仙]이 되기를 바란다면
삼백 가지 선행을 쌓아야 하느니라.
사람이 마땅히 해서는 안 되는데 마음을 움직여
천리에 어긋나게 행하는 악행들은 다음과 같으니라.

악행을 능사로 여기는 것이요
생명을 잔인하게 해치는 것이요

선량한 사람을 음해하는 것이요
군주와 부모를 몰래 속이는 것이요
스승을 얕잡아보는 것이요
자신이 응당 모셔야 할 윗사람을 배반하는 것이요

우매 무지한 사람들을 속이는 것이요
학우들을 비방하는 것이요
허위나 무함이나 사기나 위장으로 남을 공격하는 것이요
종친의 개인적인 비리나 잘못을 들춰내고 공격하는 것이요
강직하고 횡포하면서 어질지 못하는 것이요
악랄하고 삐뚤어졌으면서 자기만 옳다고 여기는 것이요

옳고 그름의 판단이 뒤바뀌어 타당하지 않는 것이요

악한 사람에게 향하고 선한 사람을 등져서 마땅함에 어긋나는 것이요

아랫사람을 학대 희생시켜 자신의 공적으로 취하는 것이요

윗사람에게 아첨하여 비위를 맞추는 것이요

은혜를 받고도 감사하고 보답하지 않는 것이요

서운함을 당하면 원망을 그치지 않는 것이요

천하 백성을 천하게 여기는 것이요

국가 정치를 교란하는 것이요

불의한 자에게 상을 주는 것이요

죄 없는 사람에게 형벌을 내리는 것이요

남을 살해하여 재물을 취하는 것이요

모함으로 남을 밀어뜨리고 그 자리를 차지하는 것이요

이미 항복한 사람을 살육하는 것이요

정직한 사람을 헐뜯고 깎아 내리고 어질고 재능 있는 자를 배척하는 것이요

고아와 과부를 업신여겨 핍박하는 것이요

법을 무시하고 뇌물을 받는 것이요

곧은 것을 굽었다고 하고

굽은 것을 곧다고 하는 것이요

가벼운 죄를 무거운 형벌에 처하는 것이요

사형수가 사형을 당하려 할 때 불쌍히 여기지 않고 분노를 덧보태는 것이요

잘못을 알고도 고치려하지 않는 것이요

착한 일을 보고도 행하지 않는 것이요
자기의 죄악에 남을 끌어들이는 것이요
유익한 약 처방이나 기술의 유통을 가로막는 것이요
성현과 그 저술을 조롱하거나 비방하는 것이요
도덕이 있는 자를 침해 능욕하는 것이요

새나 짐승을 사냥하는 것이요
땅속에서 잠자는 곤충을 파헤치거나 나무에 사는 새를 놀라게 하
는 것이요
벌레가 사는 구멍을 막거나 새 둥지를 파괴하는 것이요
짐승의 태를 해치거나 새알을 깨버리는 것이요

남에게 잘못이 있기를 바라는 것이요
남을 무너뜨리고 공적을 이루는 것이요

남을 위태롭게 하고 자기를 안전하게 하는 것이요
남의 재물을 덜어 자기의 이익을 도모하는 것이요
나쁜 것을 몰래 남의 좋은 것과 바꿔치기 하는 것이요
사적인 이익을 위해 공적인 이익을 버리는 것이요

남의 능력성과를 표절하는 것이요
남의 좋은 점을 덮어 가리는 것이요
남의 추한 일을 드러내는 것이요
남의 사생활을 폭로하는 것이요
남의 재물을 소모시켜 이익을 챙기는 것이요
남의 가족을 이간질하는 것이요

남이 애지중지하는 것을 빼앗는 것이요

남이 나쁜 짓을 하도록 도와주는 것이요

멋대로 위세를 부려 남을 업신여기는 것이요

남을 모욕하여 이기려 하는 것이요

남의 농작물을 망치는 것이요

남의 혼인을 파괴하는 것이요

부당하게 부자가 되고서도 교만을 부리는 것이요

요행히 형벌을 면하고도 부끄러움이 없는 것이요

은혜는 자기 것으로 챙기고 잘못은 남에게 미루는 것이요

재앙은 남에게 전가하고 죄악은 남에게 떠넘기는 것이요

헛된 명예를 탐내어 사들이는 것이요

음험한 마음을 품는 것이요

남의 장점을 꺾는 것이요

자기의 단점을 감싸는 것이요

위세를 이용하여 남을 협박하는 것이요

포악한 사람이 무고한 사람을 살상해도 내버려두는 것이요

까닭 없이 옷을 가위질하거나 자르는 것이요

가축이나 물고기를 제사 등의 예의상 부득이 잡거나 요리하지 않
는 것이요

오곡의 식량을 낭비하는 것이요

쓸데없는 일로 백성을 수고시켜 해를 끼치는 것이요

남의 집안을 파괴하여 그 재물 보배를 차지하는 것이요

고의로 제방을 터서 물을 방류하거나 불을 질러

백성과 그 가옥재산을 해치는 것이요

어떤 일의 계획된 규모를 어지럽게 하여
남의 일을 중도에 망치게 하는 것이요
남의 그릇이나 물건들을 손상시켜
사람이 사용하기 어렵게 만드는 것이요

남이 높은 지위에 올라 귀하게 됨을 보면
그가 유배되고 지위가 강등되기를 바라는 것이요
남이 부유함을 보면 그의 재산이 탕진되기를 바라는 것이요
남의 아름다운 여색을 보면 간사한 사심을 일으키는 것이요
남에게 재물을 빚지고 있으면 그 사람이 빨리 죽기를 바라는 것이요
남에게 어떤 것을 부탁했으나 뜻대로 이루어지지 않으면 곧 저주와 원한을 일으키는 것이요
남이 뜻을 이루지 못하는 일이 있으면
곧 그의 평소의 허물을 들춰내는 것이요
남이 장애자임을 보면 비웃는 것이요
남의 재능이 뛰어나면 얕잡아보는 것이요

나무인형을 땅에 묻거나 주문으로 남을 해코지하는 것이요
독약으로 나무를 살상하는 것이요

스승을 미워하는 것이요
부모나 형이나 언니에게 거슬리며 달려드는 것이요

분수 아닌 재물을 억지로 취하고 일을 억지로 구하는 것이요
간사한 꾀로 몰래 취하기를 좋아하고 세력으로 빼앗기를 좋아하
는 것이요
약탈로 부자가 되는 것이요
권세에 빌붙어 기회주의로 승진을 꾀하는 것이요

상과 벌이 불공평한 것이요

안일과 향락을 절제하지 못하는 것이요
아랫사람을 가혹하게 학대하는 것이요
남을 공갈 협박하는 것이요

일이 뜻대로 안되면 하늘을 원망하고 남을 탓하는 것이요
바라는 대로 오지 않는다고 바람을 꾸짖고 비를 욕하는 것이요
다투도록 남을 부추기거나 소송을 알선하는 것이요
함부로 동맹이나 모임을 결성하는 것이요
아내나 첩의 말을 쉽게 믿거나 따르고
부모의 가르침을 어기는 것이요
새 사람을 얻으면 지난 사람을 잊어 박정하고 의리가 부족한 것
이요
말과 속마음이 다른 것이요

재물을 탐하여 윗사람을 속이는 것이요

유언비어를 만들어 무고한 사람을 비방하는 것이요
남을 헐뜯으며 자기가 정직하다고 말하는 것이요

신명을 모욕하며 자기가 공정하다고 말하는 것이요

도리에 따르기를 버리고 그에 거역함을 본받는 것이요
가족에게는 등 돌리고 남을 친근히 하는 것이요
천지를 가리키며 자신의 비열한 생각을 목격한 증인으로 삼는 것
이요
신명을 끌어다 자신의 무람한 행위를 살펴주시라고 하는 것이요
베풀어주고 나서 후회하는 것이요
빌린 것을 돌려주지 않는 것이요

분수 밖의 명리를 얻으려 추구하는 것이요
여지를 남기지 않고 지나치게 힘을 쏟아 부어 무엇을 취하려 하
는 것이요

음욕이 정도에 지나치는 것이요

마음은 악독하면서 겉모습은 인자하게 하는 것이요
더럽고 상한 음식을 남에게 먹도록 주는 것이요
이단(異端)과 사도(邪道)로써 사람들을 미혹시키는 것이요

물건의 길이나 폭을 속이고
저울눈금이나 되를 속이며
가짜 물건을 진짜 물건으로 뒤섞어
간사한 방법으로 이익을 부당하게 취하는 것이요

양가집 자녀를 세력으로 핍박하여 노비 등 천민으로 삼는 것이요

어리석은 사람을 기만하여 이용하는 것이요

재물에 탐욕을 부려 만족할 줄 모르는 것이요
신명 앞에 주문을 외며 자신의 정직을 증명하려 하는 것이요
술을 좋아해 도리에 어긋나고 어지럽게 행동하는 것이요

가족 간에 서로 미워하고 다투는 것이요
남편으로서 충실 선량하지 않는 것이요
아내로서 현숙하지 않는 것이요
부부가 화목하지 못하는 것이요
부부가 서로 공경하지 않는 것이요
늘 자기 자랑이나 과시를 좋아하는 것이요
시기질투를 일삼는 것이요
처자식에 대해 올바른 행동이 없는 것이요
시부모에게 예절이 없는 것이요
조상의 영혼을 경시 태만히 하는 것이요

윗사람의 지시나 명령을 어기고 거역하는 것이요

쓸데없는 짓을 하는 것이요
몰래 딴 사람을 편애하는 마음을 품는 것이요
자기를 저주하고 남을 저주하는 것이요
누구를 편향적으로 미워하거나 사랑하는 것이요

우물이나 부엌을 뛰어넘는 것이요
음식이나 사람을 뛰어넘는 것이요

갓난애를 해치거나 태아를 지우는 것이요

광명정대하지 못하고 숨기는 행실이 많은 것이요

설날 · 단오날 · 칠석날 · 10월그믐날 · 섣달그믐날에 노래하거나 춤추는 것이요
초하루나 이른 아침에 원망하는 소리를 하거나 분노하는 것이요
북쪽을 향해 코를 풀거나 침을 뱉거나 오줌을 싸는 것이요
부엌을 향해 노래하거나 우는 것이요
부엌의 불로 향을 사르는 것이요
더러운 땔감으로 밥을 짓는 것이요
밤에 일어났을 때 벌거벗고 있는 것이요
입춘 · 춘분 · 입하 · 하지 · 입추 · 추분 · 입동 · 동지 이 여덟 절기에 형벌을 집행하는 것이요
별똥별을 향해 침을 뱉거나 무지개를 손가락질하는 것이요
해나 달이나 별을 손가락질하는 것이요
해나 달을 오랫동안 바라보고 있는 것이요
봄에 들불을 놓아 사냥을 하는 것이요
북쪽을 향해 악담과 욕설을 퍼붓는 것이요
아무런 이유 없이 거북이를 살해하거나 뱀을 때려죽이는 것 등이니,

이와 같은 죄악들은
수명을 담당하는 신명들이 그 경중에 따라
길게는 십이 년 가볍게는 백일의 수명을 삭감하느니라.
그 수명이 다 삭감되면 죽고

죽어도 죄의 책임이 있으면 마침내 그 재앙이 자손에게 미치느니라.

또 남의 재물을 가로채거나 빼앗은 자들에 대해서는
그 처자식이나 가족들의 상황을 계산하여 그에 상당한 응보를 받게 하여 점차 죽음에 이르게 하느니라.
만약 죽음에 이르지 않으면,
수재 · 화재 · 도적 · 기물의 유실 · 질병 · 구설 등의 재앙으로
그가 가로챈 재물 가치만큼 갚느니라.

또 남을 억울하게 살해한 자는
창칼을 바꾸어 서로 살해하게 되느니라.
의롭지 못한 재물을 취한 자는
마치 독이 있는 고기로 굶주림을 채우고
독약 탄 술로 목마름을 푸는 것과 같아서,
잠깐이라도 배가 부르지 않을 뿐만 아니라,
곧바로 죽음도 뒤따르느니라.
마음이 착한 생각을 일으키면,
아직 그 선행을 하지는 않았더라도,
길한 신명이 이미 그를 따르며,
마음이 악한 생각을 일으키면,
아직 그 악행을 하지는 않았더라도,
흉한 귀신이 이미 그를 따르느니라.

설사 악한 일을 한 적이 있더라도,
뒤에 스스로 회개하고,

어떤 악행도 하지 않으며

많은 선행을 해서

오래오래 하다 보면 반드시 길함과 경사를 얻을 것이니,

이것을 일러 화를 복으로 바꾸는 것이라 하느니라.

그러므로 길상한 사람은 선을 말하고

선을 보며 선을 행하느니

하루에 선행을 세 가지씩 해가면

삼년 안에 하늘이 반드시 그에게 복을 내리며,

흉악한 사람은 악을 말하고

악을 보며 악을 행하느니

하루에 악행을 세 가지씩 해가면,

삼년 안에 하늘이 반드시 그에게 화(禍)를 내리느니라.

그러니 어찌 선행을 하고 악행을 그침에 힘쓰지 않겠는가?

부록 2
공덕과 죄과의 경중 일람표

공덕은 현재 또는 미래에 행복을 가져올 선행을 말하며, 죄과는
죄가 되는 악이나 그릇된 허물을 말한다.

▷ 100점짜리 공덕

*한 사람 죽을 것을 구제해 주는 것

*한 여자의 정절을 지켜 주는 것

*한 자녀를 물에 빠뜨려 죽이려고 하는 것을 저지하는 것 (기타 여러 죽음을 저지하는 것)

*다른 사람의 자손(후사)를 이어 주는 것

▶ 100점짜리 죄과

*한 사람을 죽게 만드는 것

*한 부녀자의 정절을 잃게 하는 것

*다른 사람이 한 자녀를 물에 빠뜨려 죽이도록 찬조하는 것 (기타 여러 죽음으로 유도하는 것)

*한 사람의 후사를 끊는 것

▷ 50점짜리 공덕

*낙태를 못하게 하는 것

*욕망에 오염되려고 하는 처지에 부딪쳐서도 정도(正道)를 지키고 오염되지 않는 것

*의지할 데 없는 사람을 거두어 양육해 주는 것

*주인 없는 해골(시신)을 거두어 장례 지내 주는 것

*한 사람이 유랑을 하지 않도록 구해 주는 것

*한 사람이 유배나 징역 등의 무거운 죄 짓는 것을 모면하도록 구해 주는 것

*한 사람의 원통함(억울함)을 씻어(풀어)주는 것

*좋은 말 한 마디 해서 그 이익이 백성에게 미치는 것

▶ 50점짜리 죄과

*한 번 낙태하는 것

*한 쌍의 결혼을 파경에 이르게 하는 것

*한 해골을 버리는 것
*남의 아내나 딸을 범하려고 꾀하는 것
*한 사람을 못 살게 굴어 떠돌도록 만드는 것
*한 사람에게 유배나 징역의 무거운 죄를 짓게 만드는 것
*한 사람에게 불충, 불효나 큰 죄악을 짓도록 교사하는 것
*백성에게 해를 끼칠 한 마디의 말을 하는 것

▷ 30점짜리 공덕
*한 뙈기 장지(묘지)를 땅이 없는 사람에게 제공하는 것
*비행을 저지른 한 사람을 교화하여 행실을 바꾸게 하는 것
*한 수계 제자를 인도하는 것
*부부간의 이별 · 이혼 · 싸움 · 파탄 등의 불화를 화해시켜 다시
살게 하는 것
*주인 없이 버려진 아이를 데려다 기르는 것
*한 사람의 덕을 이루도록 도와주는 것

▶ 30점짜리 죄과
*근거 없는 비방을 하여 한 사람을 모욕, 훼손하거나 함정에 빠뜨
리는 것
*남이 사사로이 은밀히 어떤 나쁜 짓을 행하려다 참회하여 그만
둔 일을 적발하여 떠벌리는 것
*한 사람에게 소송을 교사하는 것
*한 사람의 청정한 계율을 훼방 수행을 훼방 놓는 것
*스승과 어른을 배반하는 것
*부모 형제에게 거역, 반항하는 것
*남의 가족 사이를 이간시키는 것

*흉년에 오곡을 사재기해 놓고 폭리를 취하는 것

▷ 10점짜리 공덕

*덕망 있는 사람을 천거하여 인도하는 것

*한 사람의 해악을 제거해 주는 것

*모든 법문과 경전(진리의 말씀)을 편찬하는 것

*의술이나 약 처방으로 한 사람의 중병을 치료해 주는 것

*지극히 덕 있는 말을 하는 것

*부릴 수 있는 재력과 권세가 있는데도 그것을 부리지 않는 것

*자기에게 속박된 첩이나 노비를 잘 대해 주고 해방시켜 주는 것

*사람에게 보답할 힘이 있는 짐승의 생명을 구해 주는 것

▶ 10점짜리 죄과

*덕망 있는 사람을 배척하고 따돌리는 것

*나쁜 사람을 천거하여 등용시키는 것

*고아를 능욕하거나 과부를 핍박하는 것

*절개 잃은 한 과부를 받아들여 소실로 거느리는 것

*중생을 죽일 수 있는 기구 하나를 간직해 두는 것

*존친이나 스승, 훌륭한 이에게 악담(욕설)하는 것

*남을 해칠 수 있는 독약을 만들거나 조제하는 것

*관리가 죄수에게 불법 고문하는 것

*모든 정법 경전을 훼손하거나 파괴하는 것

*경전을 읽을 때 마음속에(단순한 잡념망상이 아니라 죄가 될 수 있는 살기나 음심 등의) 나쁜 일을 생각하는 것

*사이비 외도나 간사한 법을 남에게 전수해 주는 것

*덕을 손상시킬 수 있는 말을 내뱉는 것

*사람에게 조금이나마 보답할 힘이 있는 가축을 한 마리 죽이는

것

▷ 5점짜리 공덕
*한 사람의 법정 소송을 그치도록 권하는 것
*한 사람에게 심성과 생명을 보호하고 유익하게 하는 일을 전해 주는 것
*심성과 생명을 보존하고 증진시키는 법문을 한 권 편찬하는 것
*약 처방이나 민간요법 등으로 한 사람의 가벼운 질병을 고쳐 주는 것
*남의 악을 퍼뜨리지 말도록 권하는 것
*한 어질고 착한 사람을 공양하는 것
*중생을 위해 천재지변이 없게 해 달라고 기도할 때, 단지 착한 원만 발하고 제물로 희생을 잡지 않는 것
*사람에게 조금이나마 보답할 힘이 없는 가축의 생명을 구제해 주는 것

▶ 5점짜리 죄과
*일체 정법과 경전을 비방하고 험담하는 것
*풀어(씻어)줄 수 있는 원통한(억울한) 사정을 보고도 그 원통함을 풀어 주지 않는 것
*한 병자가 구제해 줄 것을 청하는 데도 구제해 주지 않는 것
*한 도로나 교량을 막거나 끊어 버리는 것
*교화(미풍양속)를 훼손시키는 문장이나 시를 만들어 퍼뜨리는 것
*명예를 손상시키는 가요(유언비어)를 만들어 퍼뜨리는 것
*험담으로서 좋은 사이를 깨뜨리는 것

*사람에게 조금이나마 보답할 만한 힘이 없는 가축 한 마리를 죽이는 것

*적절한 요리법에 의하지 않고 생물을 삶아 죽이거나 털째(털 달린 채)구워 죽이는 등 극도의 고통을 당하게 하는 것

▷ 3점짜리 공덕
*뜻밖의 횡액(봉변)을 당해서도 화내지 않는 것
*남의 비방을 감당하면서 변명하지 않는 것
*귀에 거슬리는 말을 듣고도 화내지 않는 것
*마땅히 책망할 한 사람의 책임을 면제(용서)해 주는 것
*양잠·어부·수렵인·도살꾼 등에게 직업을 바꾸도록 권하는 것
*저절로 죽은 가축을 묻어 주는 것

▶ 3점짜리 죄과
*귀에 거슬리는 말을 듣고 화를 내는 것
*위아래의 차례(어른과 어린이 사이 등)를 어기는 것
*마땅히 책망치 않아야 할 사람을 책망하거나 한 사람의 잘못을 남에게 퍼뜨리는 것
*두 말로서 사람을 이간질시키는 것
*무식한 사람을 속여(등쳐) 먹는 것
*남이 공덕을 이루는 것을 방해하는 것
*남의 근심 걱정을 보고 마음속으로 쾌재를 부르는 것
*남이 이익을 잃고 명예를 잃는 것을 보고 마음속으로 기뻐하는 것
*남이 부귀한 것을 보고, 그가 망해 빈천해지기를 바라는 것

*일이 여의치 않아 상심하거나 실의한 경우, 하늘을 원망하고 남을 탓하는 것
*자기 분수 외의 것을 탐하고 추구하는 것

▷ 1점짜리 공덕
*한 사람의 선(착한 일)을 칭찬하는 것
*한 사람의 악을 덮어 주는 것
*한 사람의 싸움을 그치도록 권하는 것
*사람이 한 가지 나쁜 일을 못하도록 저지하는 것
*한 사람 배고픈 것을 구제해 주는 것
*돌아갈 곳이 없는 사람을 하룻밤 잠재워 주는 것
*한 사람의 추위를 구제해 주는 것
*약 한 첩을 주는 것
*남을 제도하도록 권하는 글을 나누어 주는 것
*경전 한권을 독송하는 것
*반성참회의 예로 절을 백 배 올리는 것
*부처님이나 보살의 성스러운 명호를 천 번 염송하는 것
*선법을 강연하여 열 사람에게 가르침이 미치는 것
*좋은 일을 일으켜 그 이익이 열 사람에게 미치는 것
*내버려진 글 일천 자를 주워 처리하는 것
*한 스님에게 한 끼 공양드리는 것
*스님 한 사람을 잘 보호하고 지켜 주는 것
*걸인이 구걸하는데 거절하지 않는 것
*사람이나 가축이 일시 피곤한 것을 구제해 주는 것
*남이 근심하는 것을 보고 잘 위로해 풀어 주는 것
*육식을 하는 사람이 하루 동안 육식 않고 재계하는 것

*짐승을 잡는 것을 보거나 그 비명소리를 들으면, 차마 그 고기를 먹지 않는 것

*자기를 위해 죽인 짐승의 고기를 먹지 않는 것

*저절로 죽은 짐승(야생) 한 마리를 잘 묻어 주는 것

*한 생명(방생)을 구해서 살려 주는 것

*한 미세한 습생과 화생(곤충이나 벌래)을 구해 주는 것

*공덕과 과업을 쌓아 회향해서 지옥에 떨어진 영혼들을 천도하는 것

*돈과 곡식, 옷 등을 베풀어 사람을 구제하는 것

*남의 부채를 용서(연기 또는 면제)해 주는 것

*남이 잃어버린 물건을 주워 돌려주는 것

*의롭지 못한 재물을 취하지 않는 것

*다른 사람을 대신해서 그 빚을 다 갚아 주는 것

*땅을 양보하고 재산을 양보하는 것

*남에게 재산을 내어 갖가지 공덕을 쌓으라고 권하는 것

*남이 맡긴 재물을 가로채지 않는 것

*창고를 지어 곡식을 저장하게 하고(곡식 가격 안정, 흉년대비) 길이나 다리를 새로 놓거나 복구하고, 막힌 강물을 뚫고 우물을 파 사람들에게 이롭게 하고, 도량을 짓고 삼보의 불상들을 만들거나 향이나 등촉 등 필요한 공양물을 보시하고, 길손에게 차나물 등을 보시하고 죽을 사람을 위하여 관목을 보시하는 것 등, 일체 사람을 이롭게 하는 일을 하는 것 등

▶ 1점짜리 죄과
*한 사람의 선을 못하게 방해하는 것

*한 사람의 투쟁(싸움)을 교사(선동)하는 것

*마음속에 은밀히 남을 해칠 악의를 품는 것

*남이 한 가지 나쁜 일을 하도록 돕는 것

*남이 조그만 물건을 훔치는 것을 보고도 저지하지 않는 것

*남이 근심하고 놀라는 것을 보고도 위로하지 않는 것

*남의 가축을 부리면서, 그 가축이 피곤하고 힘든 것을 동정하지 않는 것

*남에게 말하지 않고서 그 사람의 바늘이나 볏짚 하나라도 취하는 것

*글씨가 써진 종이를 버리는 것

*오곡이나 하늘(자연)이 주신 사물(천연물)을 함부로 내버리고 방치하는 것

*한 번 약속을 어기는 것

*취해서 한 사람을 침범하는 것

*한 사람의 굶주림과 추위를 보고도 구제하지 않는 것

*경전을 독송할 때 한 글자나 구절을 잘못 읽거나 빠뜨리는 것

*스님이 시주를 구하는데 주지 않는 것

*한 걸인의 구걸을 거절하는 것

*술, 고기, 오신채를 먹고 경전을 독송하거나 도량에 들어가는 것

*법복이 아닌 옷을 입는 것

*사람에게 조금이나마 보답할 수 있는 힘이 있는 가축의 고기를 먹는 것

*미세한 습생이나 화생(곤충이나 벌레)의 생명을 죽이거나, 새집을 뒤집어 알을 깨는 것

*대중의 공익을 위반해서 사적인 이익을 취하거나, 남의 재물을 손상시키고 사용하는 것

*남에게 빌린 물건(빚)을 돌려주지 않는 것

*남이 흘린 물건을 돌려주지 않는 것

*남이 맡긴 물건을 돌려주지 않는 것

*공적인 일을 빙자하거나 권세를 이용하여 남에게 재물을 달라고 요구하거나 약취하여 자기 소유로 가지는 것

*불법승 삼보의 형상이나 도량(법당) 및 그곳에서 쓰는 기물 등을 파괴하는 것

*저울이나 되(도량형)를, 내줄 때는 작은 용량으로, 받을 때는 큰 용량으로 사용하여 차익을 먹는 것

*도살에 쓰이는 칼이나 어망을 파는 것 등

편역자 **송찬문**(宋燦文)

1956년생으로 금융기관에서 20년 근무하였다. 대학에서 중어중문학을 전공했으며 1990년 대만담강대학 어학연수, 1991년 대만경제연구원에서 연구하였다. 1998년 이후 유불도 삼가 관련 서적들을 번역중이다.

번역서로는 남회근 선생의 '논어강의', '생과 사 그 비밀을 말한다', '불교수행입문강의', '원각경 강의' 등이 있으며,

편역 저서로는 '21세기 2천자문', '삼자소학', '그림으로 배우는 한자 첫걸음', '나무아미타불이 팔만대장경이다'가 있다.

다음카페 홍남서원 (http://cafe.daum.net/youmawon)

e-mail : youmasong@naver.com

마하연의 책들

1. **나무아미타불이 팔만대장경이다** 송찬문 편역

참선법문과 염불법문은 어떻게 다른가? 나무아미타불의 심오한 의미는 무엇인가? 극락세계는 어떤 곳인가? 왜 염불법문이 뛰어난가? 등 염불법문의 기본교리를 이해하도록 이끌어 준다.

2. **생과 사 그 비밀을 말한다** 남회근 지음, 송찬문 번역

생사문제를 해설한 기록으로 사망에 대해서부터 얘기를 시작하여 사람의 출생을 설명한다. 인간의 정상적인 생명의 윤회환생 변화를 기준으로 말한 것으로, 불법의 원리에서 벗어나지 않지만 종교의식에 물들지 않고 순수하게 생명과학의 입장에서 한 상세한 설명이다. 진귀한 자료로서 자세하고 명확하여 독자의 마음속에 있는 적지 않는 미혹의 덩어리를 풀어준다.

3. **원각경 강의** 남회근 지음, 송찬문 번역

원각경은 인생의 고통과 번뇌를 철저히 해결해주는 경전으로서, 어떻게 수

행하여 성불할 것인가를 가리켜 이끌어 주는 경전이다. 남회근 선생의 강해는 쉽고 평이하면서도 어떻게 견성할 것인가와 수행과정에서의 문제들을 분명히 가려 보여준다. 참선을 하려거나 불교를 연구하고자 하는 사람이 반드시 보아야 할 책이다.

4. 논어 강의 (상, 하) 남회근 지음, 송찬문 번역

논어로 논어를 풀이함으로써 지난 2천년 동안 잘못된 해석을 바로잡은 저자의 독창적인 견해가 담긴 대표작이다. 동서고금과 유불도 제자백가를 넘나들면서 흥미진진한 강해를 통해 고유문화의 정수를 보여주어 현대인들로 하여금 전통문화를 이해하게 하고 나아가 미래를 창조하게 하는 교량 역할을 한다.

5. 역사와 인생을 말한다 남회근 지음, 송찬문 번역

논어별재(論語別裁), 맹자방통(孟子旁通), 노자타설(老子他說)등 남회근 선생의 여러 저작들 가운데서 생동적이며 유머가 있고 뛰어난 부분들을 골라 엮은 책으로 역사와 인생을 담론하고 있다

6. 선(禪)과 생명의 인지 강의 남회근 지음, 송찬문 번역

생명이란 무엇일까요? 당신의 생명은 무엇일까요? 선은 생명 가운데서 또 어떠할까요? 당신은 자신의 지성(知性)을 이해합니까? 당신은 자신의 생명을 장악할 수 있습니까? 범부를 초월하여 성인의 영역으로 들어가고 싶습니까? 그 가장 빠른 길은 무엇일까요? 등, 선과 생명과학과 인지과학에 대한 강의이다.

7. 신정과 지혜 수행입문 원환선 남회근 합저, 송찬문 번역

원환선 선생과 그 문인인 남회근 선생이 지관수정(止觀修定)에 대하여 강의한 기록을 모아 놓은 책이다. 선 수행자나 정토 수행자에게 올바른 지견과 진정한 수행 방법을 보여 주는 것으로 초학자에게 가장 적합하다.

8. 사람은 어떻게 태어나는가 남회근 지도 이숙군 역저 송찬문 번역

사람이 모태에 들어가기 전에 자기의 부모를 인식할까요? 모태에 있을 때 어떤 과정을 거칠까요? 모태에 있을 때 교육을 받아들일 수 있을까요? 모태에 있을 때 심신은 어떻게 변화할까요? 이런 문제 등을 논술하고 있는 입태경은 인간 본위의 생명형성의 심신과학을 내포하고 있으며 범부를 뛰어넘어 성자가 되는 관건을 언급하고 있음에도 1천여 년 동안 마땅한 중시를 받지 못했습니다. 그래서 저자는 남회근 선생의 치밀한 지도 아래 입태경을 현대의학과 결합하는 동시에 전통 중의학 개념과도 일부 결합하여 풀이합니다. 태교부분에서는 3천여 년 전부터 현대까지를 말하면서 동서의학의 태교와 태양의 정화를 융합하고 있습니다. 그러므로 이 책은 부모 되는 사람은 읽지 않으면 안되며 심신과학에 흥미가 있는 사람이라면 더더욱 읽어야 합니다.

9. **장자 강의**(내편) (상, 하) 남회근 강술 송찬문 번역

장자 내7편에 대한 강해이다. 근대에 많은 학자들이 관련된 주해나 어역(語譯)이나 주석 같은 것들을 참고로 읽어보면 대부분은 문자적인 해석이거나 다른 사람의 주해를 모아 논 것일 뿐 일반 독자들의 입장에서 보면 사실 그 속으로부터 이익을 얻기가 어렵다. 남회근 선생은 청년 시기에 이미 제자백가의 학문을 두루 연구했고 30대에는 경전 도법(道法)에 깊이 들어가 여러 해에 걸쳐서 몸소 힘써 실제 수증하였다. 그러므로 그의 장자강해는 경사자집(經史子集)에서 노닐고 있다. 또 통속적인 말로써 깊은 내용을 쉽게 풀어내서 독자 청중을 위하여 문을 열어주고 있다. 남선생의 강의가 따로 일가의 품격을 갖췄다고 일컫더라도 과분한 칭찬이 되지 않을 것 같다.

10. **능엄경 대의 풀이** 남회근 술저 송찬문 번역

옛사람이 말하기를 "능엄경을 한 번 읽은 뒤로부터는 인간세상의 찌꺼기 책들을 보지 않는다"고 했듯이, 이 경은 우주와 인생의 진리를 밝히는 기서(奇書)이며, 공(空)의 이치를 깨달아 들어가는 문이자, 단계적인 수행을 거쳐 최후에 부처의 과위에 이르기까지 거울로 삼아야 할 경전이다. 옛날부터 난해하기로 이름난 이 경전을 현대적 개념으로 대의만 풀이했다.

11 **유마경 강의** (상, 중, 하) 남회근 강술 송찬문 번역

어떤 사람은 말하기를, 유마경을 조금 읽고 이해하고 나면 마음의 크기가 자기도 모르는 사이에 확대되어서, 더 이상 우리들이 생활하는 이 사바세계에 국한하지 않고, 동경하는 정토세계에도 국한하지 않으며, 무한한 공간에까지 확대될 것이라고 합니다. 또 어떤 사람은 말하기를, 이 경전은 온갖 것을 포함하고 있어서 당신이 부처님을 배우면서 어떻게 해야 할지 모를 때에는 당신에게 줄 해답이 본 경전에 들어있으며, 당신이 사리(事理)를 이해하지 못할 때에는 당신에게 줄 해답도 본 경전에 들어있다고 합니다. 남회근 선생이 1981년에 시방서원에서 출가자와 불교도를 위주로 했던 강의로 수행방면에 중점을 두었기 때문에 일반적인 불경강해와는 다르다. 유마경은 현대인들에게 원전 경문이 너무 예스러운데 남선생은 간단명료한 말로써 강해하였기에 독자들이 이해하기 쉽다.

12. **호흡법문 핵심 강의** 남회근 강의 유우홍 엮음 송찬문 번역

남회근 선생은 석가모니불이 전한 가장 빠른 수행의 양대 법문이 확실하고 명확함을 얻지 못한 것이 바로 수행자가 성공하기 어려웠던 주요 원인이라고 보고 최근 수년 동안 남선생님은 수업할 때 항상 '달마선경(達磨禪經)' 속의 16특승안나반나(特勝安那般那)법문의 해설과 관련시켰다.

이 책은 남회근 선생님의 각 책과 강의기록 속에 여기저기 흩어져 보이는 안나반나 수행법을 수집 정리하여 책으로 모아 엮어서 학습자가 수행 참고용으로 편리하도록 한 것이다.

13. **중용 강의** 남회근 저 송찬문 번역

자사(子思)가『중용(中庸)』을 지은 것은 증자의 뒤를 이어서「곤괘문언(坤卦文言)」과『주역』「계사전」으로부터 발휘하여 지은 것입니다. 예컨대『중용』이 무엇보다 먼저 제시한 '천명지위성(天命之謂性)'으로부터 '중화(中和)'까지는「곤괘문언」에서 온 것입니다. 이런 학술적 주장은 저의 전매특허입니다."

남회근 선생의 강해는 '경문으로써 경문을 주해하고[以經註經]', 더 나아가 '역사로써 경문을 증명하는[以史證經]' 방법으로『중용』을 융회관통(融會貫通)하고 그 심오한 의미를 발명하여 보여주고 있다.